Sur l'auteur

Jean d'Aillon, né en 1948, vit à Aix-en-Provence. Docteur d'État en sciences économiques, il a fait une grande partie de sa carrière à l'université en tant qu'enseignant en histoire économique et en macroéconomie, puis dans l'administration des Finances, avant de démissionner en 2007 pour se consacrer à l'écriture. Il a reçu en 2011 le Grand Prix littéraire de Provence pour l'ensemble de son œuvre.

JEAN D'AILLON

LA RANÇON DU ROI JEAN

Récits du temps de Charles V

10/18

ROBERT LAFFONT

ISBN 978-2-264-08281-7
Dépôt légal : janvier 2024

Les *Récits du temps de Charles V* comprennent :

L'Archiprêtre et la Cité des Tours
La Rançon du roi Jean
Les Assassins d'Étienne Marcel

LES PRINCIPAUX PERSONNAGES

Ludovico Abruzzes, compagnon de Pietro da Sangallo
Amédée V, comte de Savoie
Jean le Bon, roi de France
Gui de Boulogne, cardinal, beau-frère de Jean le Bon
Raffaello de Buondelmonti, écuyer de Pietro da Sangallo
Georgio Castracani, capitaine de milice de Milan
Arnaud de Cervole, dit l'Archiprêtre, capitaine de la Compagnie blanche.
Charles, dauphin, duc de Normandie, régent de France, futur Charles V
Jean de Dormans, chancelier du duc de Normandie
Édouard III, roi d'Angleterre
Luchino d'Este, chevalier, aîné des bâtards d'Azzon Visconti
Theodoro d'Este, chevalier, cadet des bâtards d'Azzon Visconti
Maître Farolfi, marchand
Francesco, servant de Pietro da Sangallo
Jean de Fricamp, dit Friquet, chevalier au service du roi de Navarre
Bertrand du Guesclin, lieutenant de Normandie
Jean de Ham, chambellan du roi de Navarre

Jean Maillart, drapier parisien
Gilles Mallet, valet de chambre de Charles V
Charles de Navarre, comte d'Évreux, beau-fils du roi Jean le Bon
Gaston de la Parade, chevalier et compagnon de Cervole
Gaucher de Passac, chevalier
Philibert le Picard, marchand
Guillonnet Le Petit et son fils Sanson, guides
Francesco Petrarca, dit Pétrarque, poète et ambassadeur
Philippe de Picquigny, chevalier, partisan du roi de Navarre
Robert de Picquigny, chevalier, partisan du roi de Navarre
Guiot du Pin, capitaine de compagnie
Sance de Portalis, épouse de Pietro da Sangallo
Jean de La Rivière, chambellan du dauphin Charles
Pietro da Sangallo, *condottiere*, capitaine de la milice de Florence
Jean de Sault, dit le Bascon de Mareuil, chevalier
Ugolino, moine, médecin et aventurier
Gian Luca Vicini, faux moine
Galéas Visconti, seigneur de Milan
Perrin Billouart de Viviers, chevalier

Les enfants d'Édouard III : Édouard de Woodstock, prince de Galles, dit le prince Noir, Jean de Gand, duc de Lancastre

Les gardes milanais : Mario, Giovanni, Cionne, Maccio, Giuseppe, Niccolo, Maneto, Chiaro, Ruggiero
Les valets milanais : Vittore, Bonaccorso, Tomaso, Ranuccio
Les ménestrels : Josse, Arnoul et Clémence

PREMIÈRE PARTIE

CHARLES LE MAUVAIS

1

Le jeudi 21 octobre 1360,
jour de la Saint-Maurice

L'attente devenait insoutenable. Depuis quatre mois, il se trouvait à Calais, quasiment enfermé dans cet hôtel, à prier chaque jour le Seigneur pour l'arrivée de sa rançon et sa libération.

La fureur le prenait de plus en plus souvent. Il maudissait les Anglais, leur roi et tous ceux qui l'avaient abandonné. Avec des hurlements de possédé, il brisait tout ce qui était à sa portée. Il saisissait chaises, pots ou tréteaux et en frappait les murs jusqu'à ce qu'il n'ait plus que des débris en main. Dès qu'une crise s'annonçait, ses serviteurs se volatilisaient et ne revenaient que lorsqu'ils pouvaient l'entendre haleter et gémir.

Roi de France ! Il était roi de France, et pourtant traité comme le plus misérable des vilains !

Debout devant la fenêtre, en robe écarlate fourrée de renard, coiffé d'un haut bonnet en feutre de martre, Jean le Bon ressassait ses malheurs et retenait ses larmes de rage, tout en priant pour que celui qu'il attendait apparaisse enfin.

C'était un homme grand, vigoureux, bouillant, colérique, au visage parfois sévère, mais le plus souvent aimable pour autant qu'on ne s'oppose pas à lui. Et il ne supportait d'être ni enfermé ni empêché dans ses mouvements. Il avait besoin de grand air, de chevauchées, d'efforts violents, de tournois et de batailles.

Or, depuis quatre ans, il était privé de tout ce qui faisait le sel de sa vie, même si, mis à part ces derniers mois, il avait été bien traité par les Anglais.

Il était leur prisonnier depuis le 19 septembre 1356, depuis cette honteuse défaite à Poitiers.

Emmené à Londres, il n'avait été ni enchaîné ni jeté dans un cachot humide comme beaucoup d'autres captifs. Au contraire, le roi d'Angleterre l'avait courtoisement traité en invité. Attitude toutefois naturelle puisqu'ils étaient cousins. N'avait-il pas pour grand-père le frère de Philippe le Bel, qui était le grand-père d'Édouard III ? Une étroite parenté, d'ailleurs cause de leur conflit, le roi d'Angleterre affirmant déraisonnablement être l'héritier légitime du trône de France par sa mère Isabelle, fille du roi de fer[1].

Son cousin l'avait donc magnifiquement reçu à Londres où bals, fêtes et banquets s'étaient succédé dans des tourbillons de plaisirs. À part revenir en France, toutes ses requêtes étaient accordées. Il avait pu faire envoyer de Paris sa garde-robe et ses bijoux, ses meubles et ses serviteurs, et même son bouffon personnel.

Pour logis, on lui avait donné le manoir de Savoy[2], près de Westminster. Grâce à l'argent que lui envoyaient

1. Philippe le Bel.
2. Construit par le comte de Savoie, oncle d'Aliénor d'Aquitaine.

les États d'oc, il pouvait mener grande vie, tout en se tenant informé de ce qui se passait dans son royaume et des difficultés qui s'accumulaient pour rassembler sa rançon.

Il jouissait d'une grande liberté, chassait chaque jour, recevait à dîner la noblesse anglaise pour laquelle il avait fait venir de France sa vaisselle d'argent. Il s'était lié d'amitié avec la mère du roi, Isabelle de France, la fille de Philippe le Bel[1], qui lui prêtait ses plus beaux livres. La lecture était l'un de ses plus grands plaisirs.

De plus, Jeanne de Wallingford, la maîtresse du roi, que chacun à la cour considérait comme la plus belle femme d'Angleterre, lui accordait ses faveurs. Quant à l'argent, il ne manquait jamais puisqu'il était devenu négociant en vendant le surplus – qu'il ne pouvait boire – des énormes cargaisons de vin offertes par les villes du Languedoc.

Hélas, cette douce vie avait pris fin quand Édouard III avait saisi une lettre destinée à son fils, le dauphin Charles, dans laquelle il assurait qu'il ne tiendrait jamais les promesses faites à l'ennemi. Son aîné ne devait donc pas s'inquiéter de ses concessions, car il faisait semblant d'accepter ; jamais, en vérité, il ne céderait un pouce du royaume de France à l'Anglais.

En représailles, le roi d'Angleterre avait tout d'abord rogné ses libertés et limité ses visites ainsi que le nombre de ses serviteurs. Puis, voyant que la somme demandée pour sa rançon n'était toujours pas réunie, il l'avait d'abord enfermé dans une forteresse éloignée de Londres, puis dans la sinistre tour de cette dernière. Dès lors, adieu les chasses, les grandes chevauchées et les banquets. L'Anglais avait même éloigné ses fidèles,

1. Sur Isabelle, voir *La Vengeance du Baphomet*, 10/18, n° 5818.

comme le comte de Dampmartin[1], et, pis encore, Tassin du Breuil, valet de chambre et gardien de sa garde-robe. Seul son médecin, Giles Coulon, avait le droit de le visiter.

Malgré tout, la vie demeurait supportable. Mais maintenant qu'il était retenu prisonnier à Calais, il ne pouvait même plus sortir de sa chambre. Ses seuls confidents étaient Tassin, autorisé à le servir, et Dampmartin, enfermé ailleurs dans la ville et qui avait malgré tout reçu l'autorisation de lui rendre visite.

Sentant de nouveau la fureur l'envahir, en dépit de la fraîcheur et de l'humidité, Jean le Bon ouvrit la fenêtre afin d'emplir ses poumons de grandes goulées d'air. Baissant les yeux, il aperçut dans la cour une mignonne meschinette qui se pressait et songea à Jeanne de Wallingford. Comme il aimerait la retrouver ! Comme il aimerait tout oublier entre ses seins !

Et en particulier effacer la maudite bataille de Poitiers qu'il ressassait, vouant aux gémonies ses maréchaux et ses capitaines qui n'avaient pas fait leur devoir, et plus encore Philippe de Navarre, le frère de son gendre, qui avait rejoint l'armée du prince de Galles.

Comment avait-il pu être vaincu alors qu'il menait trois fois plus d'hommes que les Anglais ? Avec le temps, il avait conclu que la pleutrerie des siens était la principale cause du honteux revers. Ces invincibles en parole, comme il avait surnommé les péroreurs qui narguaient les Anglais à Paris, s'étaient égaillés devant l'ennemi. Parmi ces bravaches, il n'avait que mépris pour son frère, le duc d'Orléans, pris d'une

1. Charles de Trie, comte de Dampmartin, fait prisonnier par le comte de Salisbury à Poitiers en 1356.

telle couardise dans la bataille qu'il avait tourné talon avec sa compagnie.

Même ses enfants – hormis Philippe qui l'avait protégé jusqu'au bout[1] – ne s'étaient guère montrés combatifs. Quant aux mercenaires qu'il payait si cher, comme à leur habitude ils n'avaient témoigné d'aucun goût à se faire tuer sur place. Lui seul s'était battu jusqu'au bout, criant aux siens : « Frappez, chevaliers, ces Anglais ne sont que merdaille ! »

Étouffant sous les assauts de ces souvenirs aussi douloureux, Jean le Bon se retourna et son regard tomba sur un coffre de fer qui lui rappela pourquoi il était toujours prisonnier.

Maudite rançon ! Si Édouard avait été moins exigeant, moins cupide, il serait déjà à Paris, libre !

Mais l'Anglais réclamait trois millions de florins ! Trois millions… Pourquoi pas dix, cent ou mille ? Sans compter qu'il demandait également la moitié de son royaume.

Où dénicher pareille finance ? Les bourgeois ne voulaient rien lâcher, pas plus que les plus fortunés de ses barons, et encore moins les cauteleux prélats de l'Église. Déjà, avant la funeste bataille de Poitiers, quand il avait réuni les États, il n'avait rien obtenu d'eux, ou si peu. Après la défaite, son fils Charles s'était laissé berner par cet Étienne Marcel et son beau-frère, le comte d'Évreux et roi de Navarre, un homme qu'il aurait dû faire pendre avant de partir en campagne.

Marcel était mort maintenant, tant mieux ! Mais les siens n'avaient pas suffisamment payé leur rébellion. Dès son retour à Paris, il veillerait à ce que justice soit

1. Il deviendra le Hardi, futur duc de Bourgogne.

faite. Quant au comte d'Évreux… Quelle erreur de lui avoir donné sa fille !

Il n'avait pas été clairvoyant, là était son unique faute. Mais comment imaginer pareille perversité et esprit d'intrigue si méchant chez un neveu plein de talent et de feu, aussi éloquent que persuasif ? Il avait cru se l'attacher en le choisissant comme gendre… mais en avait fait un ennemi. Certes, l'attitude qu'avait eue sa grand-mère aurait pu lui laisser imaginer sa malfaisance[1].

Et son fils Charles, pourquoi l'avait-il laissé s'évader ? Ce misérable méritait le pire des cachots… Non… Un cachot était encore trop de bonté. C'est sa tête qu'il fallait trancher. Ou alors devait-il être mis à la hart. Avec un sourire mauvais, Jean le Bon se souvint de ce que lui avait un jour déclaré le comte de Dampmartin : le comte d'Évreux méritait d'être coulé vif dans du plomb fondu. Hélas, pour adoucir sa détention, lui, le reclus, avait promis au roi d'Angleterre de pardonner. À lui et à ses partisans. Un engagement qu'il tiendrait ?

De nouveau, il enragea. La promesse lui avait été extorquée ! En songeant qu'Édouard avait qualifié ce félon sournois de « franc chevalier et gentil seigneur », il serra les poings avec tant de force qu'il fut pris d'une violente crampe.

Il pensa alors à son fils, au dauphin. Et le doute le tenailla à nouveau. Pire, lui tortura le cœur. Il le savait : son propre enfant, Charles, avait comploté contre lui, et peut-être même souhaité sa mort ! Pourquoi tant de haines et traîtrises ?

1. Il s'agissait de Jeanne de Navarre, épouse de Louis le Hutin, emprisonnée après avoir été accusée d'infidélité. Voir *La Vengeance du Baphomet*, *op. cit.*

Des bruits de cavalcade retentirent dans la cour. Il revint à la fenêtre. Une forte troupe de cavaliers, dont plusieurs brandissaient des bannières aux trois lions passants et semis de fleurs de lys, y pénétrait.

Le roi d'Angleterre, son geôlier, lui rendait visite.

*

Jean le Bon était arrivé à Calais le mercredi 8 juillet précédent avec le prince de Galles[1], le duc de Lancastre[2], le comte de Warwick, John Chandos et d'autres seigneurs et capitaines anglais. En touchant la terre de France, bien que Calais fût occupé par l'Angleterre, il s'était persuadé de sa prochaine libération.

Comme la rançon s'élevait à trois millions d'écus[3], somme impossible à rassembler en peu de temps, Édouard III avait accepté cinq versements et une libération de son prisonnier une fois un premier dépôt de six cent mille florins effectué. Avec échéance en juillet et une garantie assurée de paiement des suivants représentée par quelques douzaines d'otages, dont les frères du dauphin.

Ce dernier, nommé régent du royaume, prévenu de l'arrivée de son père, avait le dimanche suivant quitté Paris pour Saint-Omer afin d'y retrouver les envoyés du roi d'Angleterre et de leur remettre le premier acompte.

1. Qui sera plus tard surnommé le prince Noir.

2. Jean de Gand, duc de Lancastre, est le troisième fils d'Édouard III. Son fils prendra le pouvoir sous le nom d'Henry IV. Voir à ce sujet la série *Les Chroniques d'Edward Holmes*, du même auteur.

3. Le florin et l'écu d'or avaient à peu près le même poids.

Seulement, bien qu'ayant mis villes, abbayes et communautés à contribution forcée et même obtenu une aide du Saint-Père, le fils aîné de Jean le Bon n'était parvenu qu'à réunir quatre cent mille pièces d'or. Le trésor était vide, les riches affirmaient être ruinés, personne ne voulait prêter, les États[1] refusaient une nouvelle imposition, tenir l'engagement relèverait du miracle. À Saint-Omer, le dauphin avait donc demandé un délai de quelques jours ou semaines, le temps de réunir le solde. Pour négocier, il avait envoyé à Calais le cardinal de Boulogne, porteur d'une proposition qui permettrait, pensait-il, de gagner du temps.

Gui de Boulogne, archevêque de Lyon et cardinal, petit-neveu de Saint Louis, était le beau-frère de Jean le Bon, sa sœur Jeanne ayant épousé le roi, ce qui avait permis à ce dernier de mettre la main sur la Bourgogne.

Diplomate et proche du souverain pontife, Gui, grand voyageur, s'était déjà rendu en Hongrie, à Rome et dans de nombreuses seigneuries d'Italie. Habile négociateur, homme de paix, il correspondait amicalement avec Jean de Lancastre et s'était efforcé à plusieurs reprises de réconcilier Charles de Navarre avec sa belle-famille. Ce qui lui avait d'ailleurs causé de nombreux torts. Quand Jean était monté sur le trône, une bonne entente régnait entre son nouveau gendre et lui. Mais, très vite, le premier s'était livré à maintes manigances contre son beau-père, y compris des crimes. En particulier, il avait lâchement assassiné le favori du roi, le connétable Charles de La Cerda.

1. Assemblée des députés des États de langue d'oïl répartis selon la noblesse, le clergé et le tiers, qui représentaient les habitants des seigneuries.

Le cardinal de Boulogne s'était retrouvé dès lors pris au piège. Sa famille étant étroitement liée à celle du comte d'Évreux, quand il avait appris que Jean le Bon envisageait d'emprisonner le roi de Navarre, il avait prévenu ce dernier. En retour, le courroux du souverain avait été terrible et Boulogne, disgracié, contraint de s'exiler à Avignon. Après la défaite de Poitiers, fâché contre un roi qui l'avait maltraité, il avait ouvertement soutenu le comte d'Évreux. Jusqu'à ce qu'il prenne conscience de la duplicité et de la méchanceté de son parent. Il s'était depuis rapproché du jeune dauphin et l'avait entouré de quelques fidèles pour le conseiller.

Or, au printemps de cette année 1360, Boulogne avait reçu une lettre d'un ami, le poète Francisco Petrarca – Pétrarque –, qui avait longtemps vécu à la cour d'Avignon et se trouvait maintenant au service de Galéas Visconti, le seigneur de Milan. Grand admirateur de Jean le Bon, Visconti souhaitait ardemment œuvrer pour sa libération. Par chance, il était riche, très riche, lui qui possédait Milan mais aussi la plupart des cités de Lombardie. Arrivé à l'apogée de sa puissance, ce capitaine du peuple aspirait maintenant à une brillante alliance afin d'assurer son État et rejoindre la race des princes. Pour faire partie de la famille de celui qu'il nommait « le premier roi du monde », il offrait donc six cent mille florins. À une seule condition : que le monarque français consente aux noces de sa fille Isabelle de France avec son fils aîné.

Une fois ce dernier devenu gendre d'un descendant de Saint Louis, il se faisait fort d'obtenir de l'empereur d'Allemagne, son suzerain, que les terres de Milan soient érigées en duché.

2

En entendant pareille suggestion, Jean était demeuré un instant abasourdi. Puis, comme tout gentilhomme s'estimant insulté dans son honneur – qu'un petit seigneur lombard manieur d'argent, à peine plus qu'un Juif, peut-être même pas chevalier, ose lever les yeux vers la fille d'un roi de France, d'un descendant de Charlemagne, était un outrage d'une audace inimaginable –, il avait invectivé son beau-frère pour s'être permis d'avancer pareille mésalliance.

Mais le cardinal de Boulogne, pas impressionné, avait insisté. Il n'y avait aucun autre moyen, avait-il affirmé. D'ailleurs, il en avait parlé à ses fils, en particulier au dauphin, qui avaient accepté que leur sœur de douze ans parte en Italie, avec la promesse d'être traitée comme une princesse.

Diable, après mûre réflexion, la proposition apparut sous un nouveau jour au coléreux monarque. Pis, la refuser, c'était avouer au roi d'Angleterre que la rançon ne serait jamais payée, ce qui impliquerait son retour en Angleterre et sans doute sa mort au fond d'un cachot !

En fin de compte, convaincu, le roi de France avait demandé audience à son cousin anglais.

Édouard III, lui, était entré dans une franche colère en apprenant que, malgré les promesses données, le premier versement ne serait pas complet. Il avait menacé Jean le Bon des pires représailles.

Gui de Boulogne, bien sûr présent à l'entretien, avait alors présenté la solution milanaise. Puisque les Français semblaient donner leur accord, le roi anglais l'avait acceptée, à condition que le versement lui soit remis en or. Le dauphin Charles ayant déjà rassemblé les deux tiers de la finance, il ne manquait plus que deux cent mille florins.

Un autre écueil surgit : transporter depuis Milan la somme promise par Visconti à travers les montagnes, puis dans un pays où les grandes compagnies faisaient la loi, était impossible, à tout le moins extrêmement périlleux. « Songez-y, noble roi, il faudrait, au moins, un train d'une vingtaine de mulets et une escorte d'une centaine d'hommes d'armes pour pareille quantité d'or ! » avait expliqué le cardinal.

Gui avait alors fait état de la proposition milanaise : Galéas remettrait les six cent mille florins en contrats et lettres de paiement encaissables chez Collard de Marke, Guillaume Ruyelle et Pierre d'Audenarde, honorables changeurs à Bruges, chez Alberto et Bernardo degli Alberti, Lombards de la même ville, ainsi que dans quelques banques londoniennes de moindre importance.

Hélas, cette solution ne convint point à Édouard III. Tout d'abord, il savait qu'un parchemin n'était que chiffon, lui qui en avait fait l'expérience à son avantage, vingt ans auparavant. À l'époque, cherchant à financer la campagne militaire qu'il s'apprêtait à lancer contre la France, il avait emprunté plus d'un million de florins à des compagnies bancaires florentines – en particulier à la banque Bardi, la plus importante de Toscane, qui disposait d'un comptoir en Angleterre –, sociétés qui payaient une rente à ceux qui leur laissaient un dépôt et utilisaient les sommes déposées pour les prêter à un taux d'intérêt supérieur. Or, son incapacité à rembourser avait provoqué la faillite de Bardi et de milliers de déposants. Édouard avait pu constater qu'il était fort simple de ne pas honorer une dette inscrite sur un morceau de parchemin et il ne tenait en aucun cas à être, à son tour, victime de banquiers plus malhonnêtes que lui.

Le cardinal de Boulogne l'avait rassuré : les lettres de paiement qu'il recevrait ne proviendraient pas d'une compagnie financière mais du seigneur Visconti en personne, l'un des hommes les plus riches d'Italie. L'argument avait partiellement convaincu l'Anglais.

Sa seconde réticence tenait aux lieux de paiement. Si les Flandres étaient désormais sous sa coupe, certaines compagnies financières de Gand lui avaient réclamé d'anciennes dettes florentines. À quoi lui serviraient les lettres de paiement si les changeurs les gardaient sans les honorer ?

À cela, le cardinal avait répondu avoir choisi des changeurs de Bruges et de Londres n'ayant aucun rapport avec ceux de Florence, banquiers qui ne prendraient jamais le risque de contrarier le puissant Visconti.

Au final, Édouard avait accepté quelques lettres, mais exigeait toujours la majeure partie de l'acompte en or. Après de nombreuses et difficiles discussions en présence de ses clercs et trésoriers, il avait été décidé que le dauphin remettrait au moins cinq cent mille écus en or. Comme il en avait déjà quatre cents, il se ferait prêter les cent mille supplémentaires par des évêques et des abbés grâce à la garantie des Visconti. Édouard III, lui, accepterait cent mille florins en lettres de change.

De son côté, Galéas enverrait cinq cent mille florins en lettres et cent mille en or. Une somme importante, mais qui pouvait être répartie sur une dizaine de coursiers.

Quant aux cinq cent mille florins en lettres, le cinquième serait directement porté à Calais. Le reste servirait au roi Jean pour rembourser les prêts souscrits.

Il s'agissait certes d'un arrangement compliqué, mais le cardinal de Boulogne faisait son affaire des difficultés. Dans l'immédiat, le roi de France annoncerait le mariage de sa fille qui partirait pour le comté de Savoie avant de rejoindre Milan. Les messagers qui l'accompagneraient se rendraient ensuite dans cette ville afin de se faire remettre les lettres de change qu'ils rapporteraient en France.

Ne resteraient donc que les cent mille florins en or que le seigneur Galéas s'occuperait de faire acheminer et qui seraient remis au roi Jean à Paris, à charge pour lui de s'acquitter des avances qu'on lui avait accordées. Si, par bonne fortune, ces prêts étaient déjà couverts, la somme servirait au second versement qui ne pouvait être retardé car Édouard III garderait comme otages les trois fils et le frère de Jean, et n'hésiterait pas à les punir en cas de non-respect du traité. Ce deuxième versement, comme les trois suivants, devrait être effectué en or.

*

L'accord étant conclu, Édouard, le prince de Galles et le duc de Lancastre étaient rentrés en Angleterre tandis que le roi de France demeurait dans l'hôtel qui lui avait été affecté, sous la garde de quatre chevaliers dont il devait payer les frais de logement et de bouche.

Au cours du mois d'août, ayant donné son accord à Visconti, Jean le Bon avait participé aux négociations quant au mariage de sa fille Isabelle. Il s'était engagé à lui offrir plusieurs seigneuries, tandis que le cardinal de Boulogne obtenait pour elle deux principautés italiennes.

À l'automne, Jean le Bon apprit par ailleurs, avec soulagement, que les difficultés financières s'amenuisaient grâce à un don de cent mille écus des habitants de la prévôté de Paris et d'autres, venus de villes d'Artois et de Picardie.

Au début d'octobre, Édouard et les siens revinrent à Calais. Isabelle devait être arrivée à Milan[1] et les lettres de financement de Galéas Visconti n'allaient plus tarder. Les deux rois et leurs conseillers mirent alors au point les ultimes détails d'un traité qui serait négocié à Brétigny : la France cédait à l'Angleterre le Limousin, l'Angoumois, le Quercy, le Rouergue et le Poitou. Si elle conservait l'Anjou et la Normandie, Jean le Bon confirmait la possession de Calais et du comté de Guînes par les Anglais. Par ailleurs, de nombreuses villes comme La Rochelle, Arras, Lille, Amiens, Reims, Toulouse ou Lyon demeureraient occupées par des garnisons anglaises tant que la rançon ne serait pas entièrement versée. En ce qui concernait les otages, Édouard III acceptait que Philippe, le plus jeune des fils de Jean II, celui que l'on surnommait le Hardi, reste en France.

1. Elle y fut le 8 octobre.

Les jours suivants, les deux rois se donnèrent des témoignages d'amitié mutuelle. Ils soupèrent ensemble, firent leurs dévotions côte à côte et s'efforcèrent d'atténuer leurs différends. C'est ainsi que Jean le Bon dut confirmer, à contrecœur, qu'il pardonnerait à son gendre, le comte d'Évreux, ainsi qu'à trois cents de ses partisans, une fois de retour sur le trône.

Pour autant, le roi de France n'était point dupe de la complaisance des Anglais. Pour l'heure, il demeurait prisonnier, donc faisait profil bas. Une fois dans sa chambre, ni ses serviteurs personnels ni lui ne pouvaient en sortir sans autorisation du chevalier qui montait la garde. Et lorsqu'il s'informait sur sa libération, on lui répondait de façon évasive qu'elle était proche et que, dans quelques jours, il pourrait partir pour Boulogne afin de retrouver son fils Charles, le dauphin.

Sa liberté dépendait toujours de l'arrivée du cardinal Jean de Boulogne avec les lettres de change italiennes, l'or promis et les futurs otages. La veille, le comte de Warwick l'avait rassuré : ça aurait certainement lieu le lendemain.

Il avait donc attendu le cardinal. Toute la journée. Priant sans répit et rappelant sans cesse au Seigneur qu'il Lui avait juré de faire le voyage à pied, dans une mortifiante procession, s'il était libéré avant dimanche. Mais Dieu ne lui avait envoyé aucun signe. Aussi le désespoir l'avait-il envahi lorsqu'il avait entendu la cavalcade.

*

Quelques instants plus tard, Édouard et ses fils, le prince de Galles et le duc de Lancastre, pénétraient dans sa chambre.

Après des accolades, vigoureuses à défaut d'être franches, le prince de Galles annonça :

— Vous êtes libre, noble roi ! La rançon vient d'arriver au château, avec les otages. Le cardinal de Boulogne règle les derniers détails et viendra vous retrouver sous peu. Mon père souhaite que vous soyez encore notre hôte demain de manière à procéder à l'échange des serments samedi, car nous attendons l'abbé de Cluny qui célébrera la messe.

Un jour ! Encore un jour ! enragea intérieurement Jean le Bon, qui prit sur lui et sourit faussement en remerciant le prince de Galles de sa bonté.

— Dès à présent, bien sûr, vous êtes libre de sortir, ajouta fielleusement Lancastre tandis qu'Édouard toisait son prisonnier sans dissimuler sa satisfaction.

Il jugeait avoir rondement mené cette guerre et ne doutait plus de parvenir bientôt à devenir roi de France. Et de remplacer ce nigaud de Valois.

Les Anglais ne s'attardèrent point. Ils souhaitaient fêter leur réussite et, après que le prince de Galles eut expliqué comment se déroulerait la journée de samedi, ils se retirèrent.

Une heure plus tard apparut le cardinal de Boulogne.

Homme rondelet et courtaud, à la mine souriante et joviale sous une tonsure grise, il savait plaire et cachait bien son jeu car si son affabilité et sa bonhomie le rendaient charmant et plaisaient à tous, en vérité elles dissimulaient une nature retorse, cauteleuse et brutale.

Les deux hommes s'embrassèrent, sans arrière-pensée. Après les fâcheries à cause du roi de Navarre, Jean avait désormais toute confiance en Gui.

Ayant fait venir du vin et des pâtisseries, le roi demanda d'abord des nouvelles de son aîné Charles, de ses autres fils, et enfin de la rançon. Pas un mot sur ses filles. L'aînée était l'épouse de Charles de Navarre, et il ne s'intéressait plus à elle. Quant à l'autre, partie à Milan, il savait qu'il ne la reverrait jamais.

Boulogne le rassura, tout était prêt pour sa libération et, si le second versement survenait dans les temps, ses deux fils retenus en otage regagneraient la France.

Subsistait toutefois une difficulté, expliqua-t-il : le transport des cent mille florins en or…

— Galéas Visconti a prévu d'engager des soldeniers de confiance. Jusqu'en Savoie, cette troupe ne devrait pas rencontrer d'obstacles. Mais, en Bourgogne, les choses seront différentes. Vous le savez, s'y sont installées plusieurs compagnies franches comptant souvent des centaines d'hommes. Les gens de Galéas, pour valeureux qu'ils soient, ne seront jamais à même de les tenir en respect. Ils devront donc les éviter. Mais, ne connaissant pas le pays, ils auront besoin d'un guide de confiance.

— Tu connais de tels guides puisque tu t'es rendu à plusieurs reprises en Italie et que tu as fait conduire ma fille en Savoie, objecta Jean le Bon.

— Oui. J'avais Gérald d'Avout, à mon service depuis vingt ans. C'est lui qui a rapporté les lettres de change. Hélas, il a croisé les gens de la compagnie du Petit Meschin en Bourgogne. Prudent, il a fui devant eux, mais il s'est blessé en tombant de cheval quand sa monture a reçu un vireton. Plus de peur que de mal, car l'un de ses compagnons l'a heureusement pris en croupe, mais il ne pourra pas monter avant plusieurs mois, ayant une jambe brisée. Il avait avec lui deux rudes gaillards, Guillonnet Le Petit et son fils Sanson. Je leur ai parlé et ils sont d'accord pour repartir à Milan. Seulement, je souhaite qu'un chevalier les accompagne. J'ai donc songé à Gaucher de Passac, qui s'est déjà rendu en Bourgogne et en Savoie.

— Passac… le nom me dit quelque chose, fit le roi en fronçant les sourcils.

— Il était à Jean d'Armagnac qu'il a quitté pour la compagnie de Geoffroi de Penne. Il a combattu à Poitiers avec lui.

— Je m'en souviens, maintenant.

Jean le Bon médita un moment, allongeant ses lèvres en une lippe indécise accompagnée d'un balancement de tête.

— Penne a le cœur incertain. Il s'est fait payer par les Anglais, lâcha-t-il.

— Je le sais. Mais Gaucher de Passac l'a abandonné avant cette félonie. Il se trouvait à Amiens quand je l'ai rencontré. Il parle toscan et m'a paru à la fois bon et franc gentilhomme.

Le roi joignit ses mains et fit un signe d'acceptation.

— Entendu ! Si tu te portes caution de sa loyauté, engage-le. As-tu confiance dans les Guillonnet ?

— Ce sont des gens de rien, mais ils m'ont donné leur foi et sont de parole.

— Alors, tu leur diras de garder un œil sur leur chef.

Brusquement, il ajouta :

— Et écris à Galéas Visconti. C'est lui qui est responsable de mon or tant que je ne l'aurais pas. Dis-lui de choisir une solide compagnie pour escorte.

— J'ai, bien sûr, prévu de le faire.

— Autre chose… Que se passerait-il si l'or était volé ?

— Ce serait mauvais… Très mauvais. On ne pourrait livrer le deuxième versement… Édouard menacerait vos fils… Jusqu'où irait-il ?

— Sauf si je retournais en Angleterre.

— Y songez-vous, mon roi ?

— Parfois... Quand je pense aux difficultés qui m'attendent... À l'état du royaume... La tâche m'apparaît insurmontable. Après tout, je dois reconnaître que mon fils s'est montré adroit régent jusqu'à présent. Et dans une telle éventualité je négocierais avec Édouard d'être bien traité... Le temps que Charles rassemble les autres versements.

— Je préfère ne pas poursuivre sur ce sujet, Majesté, fit sèchement le cardinal. La France a besoin de vous.

— Tu as raison, je m'égare. Comment vas-tu agir avec Gaucher de Passac ?

— L'un de mes clercs le retrouvera à Paris après votre libération. Il doit loger à la *Croix de fer*, rue Saint-Denis, où l'attendent déjà les Guillonnet. Ils partiront dès que mon serviteur leur aura donné instructions, lettres et laissez-passer.

3

Château d'Évreux,
le vendredi 23 octobre 1360

Dans la chambre seigneuriale, au premier étage du château d'Évreux, assis sur une haute chaire à coussins surmontée d'un dais, un jeune homme de petite taille, revêtu d'une courte robe de soie écarlate semée de fleurs de lys et brodée de chaînes dorées disposées en croix – les armes de Navarre –, écoutait attentivement deux chevaliers installés sur un banc placé entre des embrasures à coussiège.

Les yeux vifs du damelot pétillaient de satisfaction pendant que ces hommes faisaient état de leur rencontre, la veille à Calais, avec le roi d'Angleterre. Une entrevue qui s'était déroulée dans la plus grande discrétion.

Si un magnifique feu crépitait dans la cheminée, un souffle glacial s'introduisait par les fenêtres dont plusieurs carreaux de verre étaient dessertis de leur plomb. Aussi les gentilshommes avaient-ils conservé leur mantel. Celui du jeune homme était en épaisse laine azur fleurdelisée. Pour tenir ses mains au chaud, il les gardait à l'intérieur des immenses emmanchures bleu et or de sa robe.

Les lys qu'il affichait sur sa vêture affirmaient sa royale origine. Car il s'agissait de Charles II, roi de Navarre qui, malgré son titre, était bien français de France puisqu'il était également comte d'Évreux.

Comme il aimait à le dire, il était issu des lys de tous côtés. Par son père, Philippe de Navarre, fils de Louis d'Évreux, lui-même fils de Philippe III le Hardi et demi-frère de Philippe le Bel, il était l'arrière-arrière-petit-fils de Saint Louis. Par sa mère, Jeanne de France, fille de Louis le Hutin, il était arrière-petit-fils de Philippe le Bel et également descendant de Saint Louis.

Que n'était-il roi de France ? me direz-vous.

De fait, il aurait dû l'être, et il le clamait haut et fort. Seulement, sa grand-mère, Marguerite de Bourgogne, épouse de Louis le Hutin, avait été compromise dans l'effroyable affaire de la tour de Nesle[1]. Comme ses belles-sœurs Jeanne et Blanche, on l'avait accusée d'avoir un amant et elle avait fini ses jours en prison. Dès lors, à la mort de Louis le Hutin, les autres fils de le Bel avaient fait état d'une possible bâtardise de l'enfant – en sachant qu'il n'en était rien – et avaient exclu du trône la petite Jeanne afin de mieux s'approprier le royaume de France. Une mise à l'écart qui serait justifiée par une loi salique forgée pour l'occasion.

Depuis toujours, Charles de Navarre affirmait donc être le seul authentique rejeton capétien et qualifiait la lignée des Valois de branche usurpatrice. Il eût été roi si sa mère avait été un homme, affirmait-il, et Jean le Bon n'était qu'un imposteur.

Sa royale origine, sa richesse, son éloquence, sa prodigalité et son affabilité lui avaient valu un cortège de partisans et la faveur du peuple. Peu étaient conscients

1. Voir *La Vengeance du Baphomet*, *op. cit.*

que sous la faconde intarissable du descendant de Philippe le Bel se tapissait un tigre qui prenait plaisir à montrer patte de velours à ceux qu'il prévoyait d'égorger. Ainsi, en Navarre, au lendemain de son couronnement, il avait fait pendre et décapiter les députés de ses villes qui avaient osé des remontrances à son égard. Depuis, on l'avait surnommé El Malo. Le Mauvais.

En hérigauts fourrés de petit-gris, ouverts sur de longues cottes de drap armoriées de trois traits azur avec les chaînes d'or de Navarre, les deux chevaliers qui faisaient face au comte d'Évreux se ressemblaient singulièrement, même si le plus âgé était plus grand et plus corpulent que son compagnon. Ils possédaient le même nez camus, une semblable bouche aux lèvres trop épaisses, et d'identiques petits yeux noirs et brillants enfoncés sous des fronts imposants et obtus. Celui du plus jeune était marqué d'une cicatrice rougeâtre.

Il s'agissait des frères Picquigny.

Robert, qui étalait une barbe roussâtre à deux pointes, était l'homme à la marque frontale. L'autre, glabre, se prénommait Philippe. Celui-là arborait à sa taille une grande escarcelle et un coutelas à manche d'argent dans un étui de fer. Une coiffe plate couvrait ses cheveux bouclés, quand son cadet demeurait tête nue.

Tous deux étaient des fidèles parmi les fidèles, comme l'avait été leur frère aîné Jean, qui avait fait évader Charles de Navarre deux ans plus tôt, après que le roi Jean le Bon l'eut fait mettre en prison.

Hélas, voici quelques mois, Jean de Picquigny, pris d'une crise de folie furieuse, avait dans ce même château d'Évreux étranglé son chambellan et, ensuite, dévoré ses propres mains. Cette effroyable démence, qui trouvait son origine dans une tare familiale, n'avait pas empêché le comte d'accorder aux cadets les titres de maréchal tant il appréciait leur obéissance, leur adresse… et leur férocité.

Il avait aussi confié à Robert le capitanat de Pont-Audemer et à Philippe la lieutenance du château d'Ivry.

— Le premier versement de la rançon a donc eu lieu et mon beau-père est sur le point d'être libéré, soupira Navarre, songeur, le bras appuyé sur l'accoudoir de la chaire et le menton sur la main qu'il avait sortie de sa manche.

— C'est ce que nous a déclaré le roi d'Angleterre, monseigneur, précisa Robert de Picquigny. Mais quatre autres versements devront encore être livrés. Et si l'un n'est pas honoré, Jean a donné sa parole de retourner en prison, sous peine de voir une partie des otages, dont ses fils, pendus.

— Toutefois pas avant plusieurs mois, observa Charles en faisant la moue. D'ici là, mon beau-père aura moult occasions de me nuire.

C'est que les rancœurs étaient grandes entre les deux souverains. Pourtant, au début de son règne[1], Jean le Bon tenait en estime le jeune roi de Navarre, somme toute son cousin, à qui il ne trouvait que des qualités. Il lui avait même donné sa fille Jeanne pour épouse[2]. Mais il avait mal jugé l'ambition du damelot de se faire nommer lieutenant du royaume afin de l'évincer.

Quand Jean le Bon avait donné le comté d'Angoulême à son favori le connétable Charles de La Cerda, Charles d'Évreux avait eu un coup de sang.

1. 1350.
2. 1352.

Ce gouvernement lui revenait de droit, soutenait-il. Et lorsque ce même La Cerda avait traité publiquement son frère, Philippe de Navarre, de faux-monnayeur, il avait décidé de venger l'honneur de sa famille.

Apprenant que le connétable allait coucher près d'Évreux, dans l'auberge de *La Truie qui file*, il avait rassemblé ses frères et ses féaux – en particulier le comte d'Harcourt –, ainsi que quelques Gascons. La bande avait encerclé l'hôtellerie. Les hommes chargés de l'exécution avaient gagné la chambre de La Cerda. Le favori du roi avait été assassiné de quatre-vingts coups d'épée.

Sachant que Jean le Bon se vengerait, Navarre avait recherché la protection d'Édouard III tout en s'efforçant d'attirer à lui Charles, le dauphin de France, jeune homme de dix-huit ans qui l'admirait fort et que son père écartait des affaires publiques.

Pour ruiner cette inquiétante entente, le roi avait donné à son aîné le duché de Normandie, décision qui avait surtout renforcé la complicité entre les deux Charles désormais voisins, puisque le dauphin vivait à Rouen et Navarre, à Évreux. Ainsi, en avril 1356, le nouveau duc de Normandie avait décidé de donner un grand festin dans son château de Rouen pour fêter son titre ducal et convié son cousin et beau-frère avec toute la noblesse de la province, en particulier le comte d'Harcourt, l'un des assassins de La Cerda. Prévenu, son père avait été convaincu que s'ourdissait un complot contre lui. Ne disait-on pas que Navarre voulait le faire empoisonner ?

La veille, durant la nuit, le roi, son frère Orléans et son fils Anjou étaient entrés dans le château de Rouen par une poterne, accompagnés d'une centaine d'hommes en armes. Cachés jusqu'à l'heure du banquet, ils avaient surgi dans la salle alors que la fête battait son plein.

— Que nul ne bouge s'il ne veut être mort de cette épée ! avait clamé le capitaine de la troupe alors que le roi se précipitait pour attraper Navarre par le cou en hurlant :

— Or sus, traître, tu n'es pas digne de t'asseoir à la table de mon fils !

Ignorant les supplications du dauphin, Jean le Bon avait fait saisir tous ceux qui avaient meurtri La Cerda avant de déclarer rageusement :

— Charles, mon fils, ils ne sont tous que traîtres et méchants et leurs faits les découvriront !

Le soir même, le comte d'Harcourt et ses proches avaient eu la tête tranchée hors les murs du château, sur un terre-plein appelé le Champ du pardon. Et le dauphin était contraint d'assister à ce qui s'était révélé une boucherie, le bourreau ayant dû frapper de son fer à six reprises pour trancher le col du principal condamné.

Les jours suivants, Charles de Navarre avait été transféré au Grand-Châtelet, puis à la forteresse d'Arleux, près de Douai.

En l'absence de son frère, pour se protéger, Philippe de Navarre avait alors reconnu Édouard III comme roi de France et lui avait prêté hommage.

Furieux, Jean le Bon avait assiégé et pris le château d'Évreux, puis incendié la cathédrale et une partie de la ville. Il s'attaquait aux autres forteresses du comte quand il lui avait fallu se retourner contre les Anglais qui venaient d'entrer en Bretagne et dans le Poitou. Aux environs de Poitiers, il s'était heurté à l'armée du prince de Galles, dont près de la moitié des piétons étaient justement des Gascons du roi de Navarre.

Mais, mauvais stratège, il avait été battu et fait prisonnier, puis envoyé à Londres.

Durant son absence, les frères Picquigny avaient préparé l'évasion de leur suzerain emprisonné, et y étaient parvenus. Libéré et revenu à Paris, Charles de Navarre avait profité de son influence sur le dauphin pour l'affaiblir par ses mauvais conseils. Mais ce dernier avait enfin compris à qui il avait affaire et s'était révélé un adversaire autrement plus coriace que son père. Désormais, le comte d'Évreux se retrouvait avec le père et le fils contre lui.

— Édouard III nous a assuré avoir contraint le Valois à vous pardonner, monseigneur. Il demeure votre allié et ne veut pas vous voir subir quelque mauvais sort. Il vous protégera quoi qu'il arrive, précisa Robert de Picquigny. Il nous a d'ailleurs montré un rôle de trois cents noms, sur lequel nous sommes inscrits, pour lesquels il a imposé la rémission à Jean le Bon.

— J'ai eu hier cette liste de mes fidèles. Prions pour que mon beau-père respecte sa parole... Quant à moi, tant que j'y aurai intérêt, je soutiendrai l'Anglais... Vous retournerez donc le remercier avant qu'il ne rembarque et lui remettrez un rubis que je ferai préparer...

Le rideau de l'ostevent remua et Philippe de Picquigny, fronçant les sourcils, se leva sans un bruit, main sur la poignée de son coutelas.

— Laisse, c'est mon valet de chambre ! Entre, Guillemin ! lança Charles de Navarre.

Le domestique pénétra dans la pièce. Homme dans la quarantaine aux traits impassibles, il s'inclina avec déférence :

— Messire de Crèvecœur vous fait savoir que messires de Sault et Fricamp viennent d'arriver, monseigneur.

Jean de Crèvecœur était le maître d'hôtel du château.

— Va les chercher ! J'ai hâte d'apprendre enfin ce qui s'est passé avec cette maudite rançon.

Charles de Navarre suivait depuis des années les préceptes et conseils qu'avait formulés à son intention Guillaume de Machaut[1] :

Car je te promets et t'affirme
Que mieux vaut une bonne espie[2]
Qui fait son œuvre sûrement
Qu'un avocat en parlement ;
Qu'on ne peut, sans bien espier,
Ses ennemis bien combattre.

1. Dans l'ouvrage *Confort d'ami* (1357).
2. Un bon espionnage.

4

Quelques instants plus tard se présentèrent deux chevaliers encore dans leur harnois de chevaucheur : jacquets de cuir matelassés descendant aux genoux, munis de longues manches boutonnées avec, pardessus, un haubergeon court et large, une ceinture sur les hanches qui supportait lourde épée, dague, couteau et boursette.

L'âcre puanteur, mélange d'odeur de crasse et de transpiration humaine et animale, qui les enveloppait investit la pièce, provoquant un reniflement et une grimace de dégoût chez le comte d'Évreux, mimique accompagnée d'un bref mouvement de recul.

Les nouveaux venus étaient des individus vigoureux à la démarche assurée, même si le plus maigre boitait un peu. Le premier, trapu et au visage sombre, empâté, à la barbe hirsute et aux lippes épaisses, affichait une expression maussade, tandis que l'autre, plus grand, présentait une face osseuse, aux joues creusées et à la barbe grise et jaune aux poils clairsemés. Une figure plutôt disgracieuse tempérée par une ombre de sourire sarcastique sur des lèvres fines. Un chaperon, simple capuchon à goulée, lui couvrait tête et épaules.

Le trapu se nommait Jean de Sault. Bâtard de Guillaume de Mareuil, on le surnommait le Bascon[1]. Fidèle du comte d'Évreux qui lui avait souvent confié la garde de châteaux, c'est lui qui, le premier, avait frappé Charles de La Cerda à l'auberge de *La Truie qui file*, après l'avoir arraché de sa cachette sous le lit.

Celui à la face osseuse n'était pas le même profil de guerrier. Ses yeux en amande et ses gestes calculés témoignaient d'une évidente prudence ainsi que d'une forme de matoiserie. Jean de Fricamp, surnommé Friquet, était issu d'une ancienne famille de Picardie au service des comtes d'Eu. Après la mort de Raoul d'Eu, décapité sur ordre de Jean le Bon sous la fausse accusation de trahison, Fricamp, comme bien d'autres serviteurs de cette famille, avait fait allégeance au roi de Navarre. Gouverneur de Caen quand il avait été arrêté à ses côtés à Rouen, lors du banquet donné par le dauphin, enfermé au Châtelet de Paris, il s'en était évadé après avoir subi des interrogatoires fort violents et douloureux. Il montrait d'ailleurs à qui voulait les voir les traces des pinces, là où l'exécuteur l'avait tenaillé. Navarre le respectait pour son courage et admirait sa force d'âme, regrettant toutefois que cet homme lige ne lui ait jamais dit comment il était parvenu à s'enfuir. Mais Friquet ne révélerait rien de ses complices.

Les deux chevaliers plièrent genou et le comte, satisfait, les fit lever tout en les dévisageant d'un air sombre.

— La rançon a été remise, leur déclara-t-il de but en blanc. Ainsi, malgré mes efforts, le Milanais est parvenu à faire porter à Paris les six cent mille florins promis. Avez-vous appris comment il s'y est pris ?

1. Bascon : bâtard.

*

Quelques semaines plus tôt, en juin, Charles de Navarre avait été invité aux festivités du mariage d'Isabelle de France, la fille cadette de Jean le Bon – qui avait douze ans – juste avant son départ pour l'Italie. C'est à cette occasion qu'il avait eu connaissance de l'arrangement entre le roi et Galéas Visconti et c'est peu dire qu'il en avait été stupéfait.

Il avait tenté d'en savoir plus auprès du cardinal de Boulogne, son parent et allié, mais ce dernier s'était montré distant et évasif comme de plus en plus souvent depuis la mort d'Étienne Marcel. Quant au dauphin et à ses frères, ils n'avaient même pas salué leur cousin, qui n'avait été convié à la noce que pour des raisons protocolaires.

Cet accord inattendu avec le seigneur de Milan avait fort marri le comte d'Évreux. Depuis des mois, il s'efforçait de convaincre villes et communautés de ne rien verser pour la rançon royale afin que son beau-père demeure prisonnier. Pourquoi ce petit seigneur milanais venait-il gâcher tous ses efforts ?

Son esprit tortueux avait vite trouvé une parade à cette nouvelle difficulté : il suffisait de saisir la rançon, rapinage qui, de surcroît, l'enrichirait.

Six cent mille florins en or ne pourraient être transportés que par un important convoi. Pareille troupe, provenant de Savoie ou du Dauphiné, devrait obligatoirement traverser la Bourgogne. Certes, l'escorte serait considérable, mais lui-même pouvait rassembler un millier d'hommes en faisant appel à des mercenaires. Il avait donc engagé le capitaine d'une compagnie franche qui ravageait le Forez : Elias Machin, surnommé le Petit Meschin. Comme gage, il lui laisserait le tiers du butin, s'il parvenait à s'en emparer.

Le Petit Meschin, homme de rien, était un ancien valet de guerre d'une noble famille, mis à son compte. Par ses prouesses, sa science des armes et sa violence, il avait attiré nombre de pendards avides de pillage et possédait maintenant une importante malemaisnie.

L'aventurier avait donné son accord et promis de placer ses gens un peu partout sur les routes de Bourgogne, duché qu'il occupait, huit semaines après le départ de Paris d'Isabelle de France.

Un mois serait en effet nécessaire à la princesse pour gagner la Savoie, où elle devait séjourner quelque temps avant de se rendre à Milan. Ensuite, il faudrait encore une quinzaine de jours pour que la rançon et son escorte atteignent le duché de Bourgogne.

Entre-temps, Édouard III avait débarqué à Calais avec son royal prisonnier. Mais, nous l'avons dit, le dauphin n'avait réuni qu'une partie des six cent mille écus. Ceci, le comte d'Évreux l'avait appris du prince de Galles, avant que ce dernier ne rembarque avec son père, laissant Jean le Bon emprisonné. Cependant Édouard avait prévenu que, s'il acceptait un report d'échéance de trois mois, il n'irait pas au-delà, faisant clairement comprendre que la vie du roi de France était en jeu.

Charles de Navarre s'en était réjoui. Il avait maintenant la certitude que le dauphin ne réunirait pas la somme exigée et il avait envoyé les frères Picquigny auprès du Petit Meschin pour s'assurer que le convoi de la rançon soit bien saisi.

C'est alors qu'il avait appris que les florins milanais venaient d'arriver à Paris.

Par quel miracle ?

Aucun convoi n'était passé par la Bourgogne et, pourtant, les florins étaient là puisque le dauphin avait quitté Paris pour Saint-Omer avec la rançon et les otages.

Malgré son dépit, Navarre avait voulu tenter le tout pour le tout et demandé au Bascon et à Friquet de suivre le train du dauphin jusqu'à Saint-Omer, accompagnés de quelques chevaucheurs chargés de le prévenir s'ils découvraient une opportunité d'attaquer le transport pour s'emparer de l'or.

Mais pareille entreprise s'était révélée impossible. Le convoi comptait plusieurs centaines de chevaliers, dont les otages devant partir en Angleterre, tous accompagnés de hardis combattants, ce qui faisait monter l'escorte à plus de deux mille guerriers.

Depuis l'arrivée de ces gens à Saint-Omer, Navarre attendait donc des nouvelles de ses deux sbires.

*

— Oui, monseigneur, répondit Friquet avec un sourire cauteleux.

— L'or milanais aurait-il voyagé par l'Allemagne ?

— Il n'y a pas eu d'or, monseigneur.

— Mais… la rançon a été remise ! insista le comte d'Évreux.

— Il s'agissait de parchemins, monseigneur. Des lettres permettant un paiement auprès de changeurs lombards.

— Impossible ! On m'a souvent prêté ou fait parvenir de l'argent de cette manière, mais il ne s'agissait que de quelques milliers d'écus. Comment des changeurs de Saint-Omer ou de Calais auraient-ils pu régler plusieurs centaines de milliers de florins ?

— Je ne connais pas les détails, monseigneur. Et même si on me les avait donnés, les aurais-je compris ? Vous le savez, je n'ai pas le tempérament d'un Lombard…

Les frères Picquigny s'esclaffèrent. Malgré sa contrariété, Navarre esquissa un sourire.

— D'ailleurs, il n'est question que de cent mille florins en lettres de change payables à Gand, le reste, soit quatre cent mille florins, devait être gardé à Paris et servir de caution car le dauphin a rassemblé ce qui manquait, c'est-à-dire cinq cent mille écus d'or.

— Mon cousin Charles serait parvenu à réunir autant ? L'on m'avait dit qu'il ne dépasserait pas quatre cent mille écus.

— On lui a prêté le manquant avec la garantie des lettres de paiement du seigneur de Milan.

Le comte d'Évreux se frotta le menton avec une expression de perplexité contrariée. Il n'avait pas songé à pareille solution. Le porteur des lettres avait donc traversé la Bourgogne sans que personne imagine ce qu'il transportait. S'il l'avait su, tout aurait été différent !

Il fit la remarque à haute voix d'un ton dépité, mais Friquet secoua la tête :

— N'ayez point de regret, monseigneur. Dans le cas où les lettres auraient été volées, elles n'auraient pu être honorées.

— Pourquoi ?

— Deux messagers sont venus à Paris, chacun avec une escorte. L'un gardait les lettres et l'autre, cousin de messire Visconti, ne s'approchait jamais de lui à moins de plusieurs lieues. Celui-là a contresigné les documents à Paris et y a apposé le sceau de son seigneur, ceux-ci, sinon, n'auraient pas été payables.

Décidément, ce Milanais est un habile fripon, songea un Navarre dépité, tandis que le silence s'installait.

L'expression arborée par les frères Picquigny révélait qu'ils n'appréhendaient pas comment un parchemin pouvait remplacer des pécunes sonnantes et trébuchantes. À l'inverse, le Bascon demeurait indifférent. À coup sûr, Friquet lui avait expliqué longuement la manière dont travaillaient les Lombards et changeurs.

Philippe de Picquigny voulut alors montrer combien il était avisé :

— Si j'étais changeur et si j'avais de l'or, je ne le donnerais pas contre un parchemin !

Il bomba le torse avec l'expression de celui qui ne saurait se laisser duper. Son frère approuva de hochements de tête.

— Les échanges se font dans les deux sens, lui répliqua Navarre d'un ton sec. Les marchands utilisent ces lettres et les échangent dans les foires. Ainsi, un drapier qui vend pour cent livres de drap pourra accepter en paiement un parchemin engagé à la valeur de cent livres. Après la foire, il rentrera tranquillement chez lui et remettra cet écrit à un changeur qui lui donnera la somme en pécunes. Il aura ainsi voyagé sans prendre le risque qu'on le rapine. Et quand un autre marchand, qui connaît ledit changeur, voudra acheter, disons, de la laine dans une autre contrée, il donnera cent livres en espèces au changeur contre le même parchemin qu'il fera porter à son vendeur pour paiement de sa marchandise. Les changeurs troquent aussi pareilles lettres entre eux. De cette façon les écus ne circulent pas, et ne peuvent donc être volés.

Si le comte d'Évreux connaissait le mécanisme, il n'en ignorait point les dangers. C'est la raison pour laquelle il n'avait pas songé que le roi anglais l'accepte. Ne lui avait-on pas raconté que, une vingtaine d'années auparavant, ce dernier s'était fait prêter d'une compagnie de Florence un million de florins qu'il n'avait jamais remboursé ? Il était si facile de ne pas honorer une promesse sur un morceau de parchemin.

— Je n'imaginais pas des Lombards acceptant des documents pour cent mille florins, soupira-t-il. Comment as-tu appris ces choses-là, Friquet ?

— Il faut vous raconter notre expédition, monseigneur, intervint le Bascon, qui voulait faire état de son rôle dans la découverte du pot aux roses.

— Vas-y, je suis curieux d'apprendre !

— Après vous avoir prévenu qu'on ne pouvait s'en prendre au convoi, nous sommes restés à bonne distance de la troupe et l'avons suivie jusqu'à Saint-Omer, monseigneur. Mais, sur place, impossible d'entrer dans le bourg car ils exigeaient un sauf-conduit pour franchir les portes. De surcroît, l'endroit regorgeait de sergents, d'écuyers et de chevaliers dont plusieurs capables de nous reconnaître. En fin de compte, on a trouvé logis dans un moulin d'Arques, à une lieue.

— Les moulins d'Arques appartiennent à l'abbaye de Saint-Bertin, intervint Jean de Fricamp. Aussi, on y croisait plus de moines bénédictins que de rats. Je me suis dit que passer pour l'un d'eux me permettrait d'entrer dans le bourg. De plus, les gens ne se méfient pas des frocards et, une fois dans Saint-Omer, je me faisais fort de convaincre quelques clercs de la suite du dauphin de révéler ce qu'ils savaient.

— C'est ce que tu as fait ? s'enquit Navarre, à la fois amusé et satisfait de l'habileté de son chevalier.

— Il y avait quand même quelques difficultés à surmonter. D'abord la tonsure, mais le Bascon s'en est chargé. Ma foi, si un jour il renonce aux armes, vous pourrez le garder comme tonsor, monseigneur.

— Déjà, il pourrait se tailler la barbe ! clama Philippe de Picquigny en désignant la broussaille de Jean de Sault, ce qui provoqua l'hilarité de son frère.

— Robert, quand tu veux, j'arrache les barbichettes qui te font ressembler à un bouc en rut, rétorqua le Bascon d'un ton mi-plaisantin mi-menaçant.

— Pas question ! Les louvières[1] des drôlesses aiment trop ça ! lui rétorqua Robert en riant.

— Continue, Friquet ! ordonna Navarre, agacé par ces digressions.

— Une fois tonsuré, j'ai gardé ce chaperon pour qu'on ne remarque pas le changement. Ensuite, il fallait une coule de bénédictin. Avec le Bascon, on s'est installés en embusque derrière une haie, sur le chemin conduisant au bourg. On a attendu qu'un moine passe, et on l'a saisi. J'ai pris sa robe, et sa place.

Personne ne demanda ce qu'il était advenu du religieux mais tous devinaient qu'il avait rejoint le paradis plus tôt qu'il ne l'aurait souhaité.

— Je suis facilement entré dans le bourg. L'habit fait le moine, non ? ricana Jean de Fricamp. En vérité, je n'étais pas tant rassuré. Ne connaissant pas Saint-Omer, je n'osais pourtant pas poser de questions, le prévôt et le bailli ayant à coup sûr prévenu les habitants du danger des espions. Quiconque s'avérant curieux pouvait en être.

— On t'aurait pris, tu aurais mal fini, observa Philippe avec une once de méchanceté.

— Crois-moi, je n'en menais pas large. Je ne suis pas aussi courageux que toi. Dès qu'on m'adressait

1. Sexe de femme.

la parole, je marmonnais en égrenant le chapelet du moine. Heureusement, personne n'a insisté.

» Après avoir erré en ville, j'ai trouvé la maison d'un marchand de vin, à l'enseigne d'un paon, où l'on pouvait boire dans une sorte de grange. Le pire cabaret que j'aie jamais connu ! Installé avec d'autres, j'ai ouvert mes oreilles et bien surveillé la populace de cet endroit très fréquenté, car placé entre le château et l'abbaye, qui ne désemplissait pas. La plupart des clients étaient des gens de l'escorte et des clercs.

» J'ai vite repéré un dortoir dans le fenil. À un moment, je suis allé voir le cabaretier et lui ai raconté que j'arrivais de Saint-Amand[1], que j'avais porté une lettre au prieur de Saint-Bertin et devais attendre la réponse. Qu'à l'abbaye, on ne pouvait pas me loger, car les membres de l'escorte royale occupaient toutes les places, même les cours et les greniers. Qu'on m'avait conseillé de trouver un lit dans un des moulins d'Arques, mais que je préférais rester en ville. Lorsque je lui ai demandé si je pouvais obtenir un coin dans son étage, contre le quart d'un blanc[2], ça l'a décidé.

» Au bout de deux jours, à force de partager mon broc de vin, je me suis fait des amis. Alors j'ai jeté mon dévolu sur un clerc qui avait annoncé avec fierté appartenir au cardinal de Boulogne.

1. Abbaye bénédictine proche de Saint-Omer.
2. Le blanc, pièce d'argent, valait dix deniers.

5

La moue de Charles de Navarre, accompagnée d'un regard des plus sombres, montra la mésestime que le comte éprouvait pour le cardinal. Et pour cause ; longtemps il avait cru que Boulogne, son parent, deviendrait un sincère allié pour ses prétentions, somme toute naturelles, mais, depuis le banquet du Louvre, il avait compris combien celui-ci jouait un double jeu : toujours amical, voire paternel à son égard, muet sur les intrigues qu'il conduisait avec le roi et le dauphin. Depuis lors, le seigneur d'Évreux s'était promis de faire un sort à Gui de Boulogne. De la même eau que celui réservé à La Cerda.

— Mon clerc buvait comme un trou et parlait sans réfléchir, continua Jean de Fricamp. Je me suis montré admiratif devant sa fermeté et son courage, tant il en fallait, flattais-je, pour demeurer auprès du cardinal, dont on assurait qu'il transportait une grande partie de la rançon royale. Ne craignait-il pas d'être meurtri si des voleurs l'agressaient ? Dans un rire d'ivrogne, il m'a révélé l'affaire des lettres. Et quand il a été fin soûl, il m'a même confié qu'Édouard avait exigé de prime abord uniquement de l'or mais finalement accepté cent mille florins payables à Gand. Ce que je viens de vous raconter… Et, ce n'est pas tout…

Satisfait de son effet, Friquet se tut, ses yeux balayèrent la pièce comme s'il la découvrait.

Navarre comprit.

— Toi, tu as des choses intéressantes à m'apprendre, dit-il. Seulement, je déteste languir. J'attends ta râtelée !

— Pardonnez-moi, monseigneur, mais ma gorge est douloureuse car sèche comme un hareng, déclara le chevalier espion en portant une main à son cou.

Il désigna son compère de voyage.

— Nous chevauchons depuis ce matin.

— Prenez l'autre banc, tous les deux ! soupira le comte, qui héla ensuite : Guillemin ! Porte du cidre, de la bière et du pain.

Le Bascon de Mareuil alla s'asseoir et Jean de Fricamp l'imita. Une fois bien calé sur un coussin, il poursuivit :

— Édouard exigeait donc cinq cent mille écus d'or pour le premier versement. Or, le dauphin en avait rassemblé un peu plus de quatre cent mille, en dons et aides de diverses communautés.

— Il en manquait donc cent mille, observa Charles le Mauvais.

— Vous comptez juste, monseigneur. Ces cent mille-là, l'évêque et les chanoines de Notre-Dame les ont prêtés pour trois mois. Grâce à eux, la rançon a pu être payée. Jean le Bon doit néanmoins les rembourser avant la fin de janvier.

— Il utilisera les lettres de Visconti. Si je compte bien, mon beau-père a gardé quatre cent mille florins.

— Jamais il ne trouvera à Paris de changeurs

possédant pareille somme en or, monseigneur ! On leur a déjà tout pris !

— Alors ?

— Eh bien, le cardinal de Boulogne a prévu la difficulté. Il a obtenu du Milanais que le paiement de la donzelle Isabelle soit constitué certes de cinq cent mille florins en lettres de change, mais également de cent mille en or. Un petit trésor qui doit arriver à Paris courant décembre.

— Mais puisque le premier versement est fait, peu nous chaut leurs arrangements, observa Robert de Picquigny d'un air obtus.

— Il y aura un deuxième paiement, et d'autres par la suite ! répliqua le comte d'Évreux du ton brusque que l'on prend quand on a affaire à un simplet. Jean a donc d'ores et déjà besoin de rassembler les sommes pour les prochaines échéances.

Il se tut un instant avant de lâcher :

— Par la barbe de mon père… Ces cent mille florins me seraient utiles, et leur absence au second versement aurait des conséquences qui me réjouiraient : mon beau-père repartirait pour l'Angleterre et je n'aurais plus qu'à éliminer son fils pour me saisir du trône. Que sais-tu d'autre sur ces jolis florins ?

— Bien que dans les brumes du vin, mon clerc s'est rendu compte qu'il en avait trop dit et il m'annonça qu'il lui fallait rentrer à l'abbaye, où il logeait. Il devait jacasser plus, mais comment l'y forcer ?

— Le Bascon sait faire chanter les muets ! sourit Robert de Picquigny. Je l'ai vu à l'œuvre !

— Dans une ville dégorgeant d'ennemis ? persifla Friquet en regardant son contradicteur avec un brin de dérision. C'était impossible, il n'y avait aucun endroit discret où l'attirer. Le lendemain et les jours suivants, je demeurai donc compagnon de beuverie de ce nouvel ami et ne lui parlai surtout plus de la rançon. Mieux valait l'attirer hors des murs. Mais sous quel prétexte ?

Si Jean de Fricamp n'avait été homme de guerre, il aurait pu être trouvère, tant son talent de conteur agissait. Navarre comme les Picquigny demeuraient suspendus à ses lèvres alors qu'il écartait les mains en signe d'impuissance.

Ce fut durant cette brève interruption que Guillemin Petit apparut accompagné d'un autre domestique. Ils apportaient des cruches de cervoise et de quoi manger. Le valet de chambre alla prendre un hanap d'argent sur le dressoir, l'emplit et le porta à son seigneur qui le vida en de rapides goulées. Le second valet s'empara de deux coupes en étain avec anse et les remplit. L'une alla aux frères Picquigny et l'autre, aux nouveaux arrivants, tandis que Guillemin distribuait d'épaisses tranches de pain au lard.

Le comte fit signe aux serviteurs de se retirer et, tout en mastiquant, Friquet reprit son récit :

— En parlant de choses et d'autres, j'avais observé que mon frocard regardait les garces qui rôdaient dans la salle à la recherche de clients. Évidemment, les jannetons n'étaient pas dans ses moyens. Comme il devait y avoir une centaine de drôlesses dans le bourg, avec plus de deux mille hommes, elles avaient triplé leurs prix pour forniquer. J'amenai donc le sujet en annonçant que je ne serais pas à la relevée, car on m'avait indiqué une bougresse pas chère, qui travaillait aux moulins.

» J'ai lu l'envie dans ses yeux, aussi lui proposai-je de m'accompagner. Nous partîmes peu après, tant il était pressé de baudouiner. Lorsque nous fûmes sortis du bourg, après avoir eu la prudence de prévenir les sentinelles que nous allions revenir, j'expliquai à mon compère que la paltonière officiait près de la rivière, mais que j'ignorais l'endroit exact. Puisqu'il ne connaissait pas mieux les lieux que moi, il se laissa conduire. Et dès que nous fûmes seuls, j'assénai un coup sur sa nuque pour l'étourdir. Ensuite, je l'ai attaché à un arbre en utilisant ma cordelière et l'ai réveillé avec de l'eau glacée.

» Il a voulu crier, mais quelques claques l'ont calmé. Je lui ai alors expliqué la situation : il répondait à mes questions, et je le laisserais là, mais vivant. Tôt ou tard, au moins, on viendrait le délivrer. Sinon, je le torturerais jusqu'à ce qu'il parle.

» Je lui ai donc demandé comment les cent mille florins arriveraient à Paris et le sot m'a juré l'ignorer. J'ai dû insister, précisa Friquet d'un ton fataliste. Alors, il m'a révélé ceci : parmi les messagers envoyés par le seigneur Visconti, celui qui gardait les lettres de change était accompagné d'un chevalier français qui s'était précédemment rendu en Italie pour escorter le cardinal de Boulogne. Il avait avec lui deux montagnards du Dauphiné bons connaisseurs des routes. Ces trois-là devaient retourner à Milan afin de servir de guides à l'escorte du seigneur Visconti qui apporterait l'or. Seulement, le chevalier ayant été blessé en Bourgogne, il ne pouvait reprendre la route.

— Ces Dauphinois vont donc repartir seuls ? interrogea Navarre.

— Mon clerc l'ignorait et je crois qu'il ne mentait pas, car, après quelques nouvelles calottes, il m'a révélé d'autres choses. Un, que les montagnards sont père et fils. Deux, que l'un se nomme Guillonnet Le Petit et l'autre Sanson. Trois qu'ils ont pris chambre à Paris à la *Croix de fer*, rue Saint-Denis, où ils seront rejoints par un chevalier engagé par le cardinal. Ensuite, je n'ai rien pu en tirer de plus.

— C'est déjà bien, murmura le comte d'Évreux qui plongea dans ses réflexions.

En terminant son pain, Philippe de Picquigny s'adressa à Jean de Fricamp :

— J'espère que tu t'es débarrassé du clerc.

— Non, je l'ai laissé attaché à son arbre.

— Pourquoi ? s'étonna Navarre en sortant de ses pensées.

— Si on l'avait retrouvé mort et le visage tuméfié, le cardinal de Boulogne aurait vite compris qu'il avait été interrogé, et qu'il avait parlé. Dès lors, n'aurait-il pas changé ses projets ?

— Une fois libéré, ton clerc parlera tout autant ! En plus, il te décrira, ricana Robert.

Jean de Fricamp gratifia le cadet Picquigny d'un sourire où se mêlaient mépris et ironie. De ces expressions que l'on affiche quand on a affaire à un esprit lourd.

— Si cela t'était arrivé, serais-tu allé raconter à monseigneur que tu as révélé ses secrets ? questionna-t-il.

Navarre planta son regard dans celui de Robert. Il attendait la réponse.

Mal à l'aise, le chevalier hésita, avant de dire :

— Je n'aurais jamais parlé.

Le comte d'Évreux secoua la tête avec une expression amusée dans laquelle perçait quand même la méfiance.

— Je l'espère ! Sinon je t'aurais fait pendre !

Il se tourna vers son espion :

— Tu as eu raison, Friquet, ton clerc n'ira rien révéler. On n'avoue pas ses faiblesses lorsqu'on a trahi.

À cet instant, un éclair de méchanceté perça son regard et Jean de Fricamp s'interrogea sur ce qui traversait l'esprit du maître.

— Il racontera qu'il a participé à une rixe pour justifier son visage tuméfié, précisa-t-il d'un ton égal.

— Pour ma part, intervint le Bascon de Mareuil, je l'aurais fait taire en lui coupant la langue ou en lui brisant la mâchoire.

Tout le monde éclata de rire et Navarre demanda :

— Où étais-tu pendant ce temps ?

— Dans un moulin, avec une belle meunière !

Nouveaux rires.

— Parlons de la suite, maintenant, ordonna le comte d'Évreux. Cette fois, il faudra à coup sûr saisir le convoi en Bourgogne. La difficulté tient aux innombrables chemins entre Chalon et Paris. Certes, il serait possible de placer des guetteurs partout, mais bien compliqué et il y aurait maintes fausses alertes. L'idéal demeure de connaître l'itinéraire. Or, pour cela, il n'existe qu'un moyen : l'obtenir des guides.

» Friquet, tu vas donc partir à Paris. Tâche de faire parler ces montagnards. Je t'en sais capable.

Le chevalier laissa poindre une moue de désaccord.

— As-tu une meilleure idée ? interrogea Charles de Navarre, qui avait surpris l'expression.

— Pour connaître la route du convoi, mieux vaudrait en faire partie. Ou le suivre, monseigneur.

— Comment y parvenir ?

— En me rendant à Milan. Personne ne m'y connaît. J'aviserai sur place.

— Pour encore y faire l'espie ? questionna l'aîné Picquigny avec dédain.

— Si cela fait gagner la cause de notre seigneur, pourquoi pas ? rétorqua Jean de Fricamp.

Navarre demeura silencieux. L'idée, bonne, lui paraissait impossible à réaliser.

— Admettons que tu parviennes à suivre le convoi, comment préviendras-tu le Petit Meschin ?

— À moins d'un grand détour, les Milanais arriveront par la Savoie ou le Dauphiné. Dans tous les cas, ils passeront par Chalon, ville que je connais bien. Que quelqu'un m'attende sous le porche de l'église Saint-Georges, à quelques pas du Châtelet, et je lui communiquerai la route qu'ils suivront. L'embusque sera alors aisée.

Nouveau silence du comte d'Évreux qui joignit ses mains, comme s'il priait, et ferma à demi ses paupières, plongé dans ses réflexions. Personne ne l'interrompit, mais les frères Picquigny pouvaient suivre le fil de ses pensées : il approuvait le projet de Jean de Fricamp tout en mesurant les difficultés et les risques d'échec : suivre le transport de rançon pouvait s'avérer impossible, et les Milanais pouvaient éviter Chalon.

— Les choses seraient plus simples si les guides étaient acquis à ma cause, lâcha-t-il enfin. Par ailleurs, seul à Milan, tu ne disposeras d'aucun soutien. Connais-tu le toscan qu'on parle là-bas ?

— Le latin et un peu de langue d'oc me suffiront.

— Ce seigneur Visconti me paraît un homme adroit et à ne pas sous-estimer. Il se doute forcément que des espions rôderont autour de ce transport. On dit les compagnies franches nombreuses en Italie – on les appelle des *condotte* – et certainement lorgneront-elles sur cet or. Donc tout étranger sera suspect.

Cette fois, Friquet ne sut que répondre. Regrettait-il déjà sa proposition ?

— Le Bascon pourrait venir avec moi, proposa-t-il après un moment.

Ce dernier fit la moue. Il ne connaissait pas l'Italie et n'avait pas envie de la découvrir.

— À deux, on vous repérera d'autant plus, objecta Philippe de Picquigny.

— Je préfère avoir plusieurs fers au feu, décida Navarre. J'ai toujours des partisans à Paris. Je vais y envoyer Jean de Ham, qui ne risque plus rien à se montrer là-bas puisqu'il a été pardonné par le roi. Ancien ami d'Étienne Marcel, il connaît du monde dans la capitale. Si quelqu'un parvient à acheter les guides, ce sera lui.

Les frères Picquigny approuvèrent.

Jean de Ham, bourgeois et échevin d'Amiens, avait rallié tôt le roi de Navarre. Accompagnant Jean de Picquigny lors de l'évasion de leur maître, il était devenu depuis l'un de ses chambellans. Évidemment, le dauphin l'avait traité en ennemi. Aussi, dans le cadre de l'accord de paix avec les Anglais, le comte d'Évreux avait-il demandé sa rémission et la restitution de ses biens confisqués[1].

— Mais tu tenteras aussi ta chance en Italie. Je vais prévenir Jean Le Sénéchal – le maître de ma chambre aux deniers –, il a un commis très adroit, Braccio, qui vient de Florence. Jusqu'à ton départ, tu resteras avec lui. Il t'apprendra tout ce qu'il connaît de Milan et des autres villes lombardes. Il parle plusieurs dialectes et pourra t'enseigner deux ou trois choses utiles. Quant à toi, le Bascon, tu te rendras auprès du Petit Meschin pour lui donner mes instructions. Ensuite, tu

1. Jean de Ham faisait partie des trois cents partisans du comte d'Évreux auxquels le roi avait accordé son pardon.

iras à Chalon où tu attendras Friquet comme il vient de le dire.

— Combien de temps ? demanda Jean de Sault qui avait horreur de se morfondre quelque part et qui, de surcroît, avait entendu des rumeurs sur la présence de la peste dans cette ville dont le quart des habitants était mort.

En se frottant le menton de la main gauche, Friquet réfléchit avant de lâcher :

— Les guides et ce Passac partiront début novembre. Ils n'atteindront pas Milan avant le milieu du mois. J'y serai aussi. Je doute que ceux qui porteront la rançon prennent la route avant les premiers jours de décembre. Toutefois, par sécurité, attends-moi à compter du début de ce mois et jusqu'à la fin janvier. Que j'aie réussi ou échoué, j'y serai certainement avant.

— Deux mois à moisir, dehors, dans le froid et peut-être la neige ? protesta le Bascon.

— Il y a de belles filles à Chalon ! Pour te laisser un peu de liberté, disons que je te rencontrerai avant none. Tu auras donc tout le reste de la journée pour boire et paillarder.

Le bâtard grimaça son accord.

— Et nous, monseigneur ? questionnèrent alors les frères Picquigny.

— J'ai prévu autre chose vous concernant.

Quoi donc ? se demanda Friquet.

6

Calais, samedi 24 octobre 1360

Au lever du jour, en l'église Saint-Nicolas, il fut procédé à la prestation de serment entre les rois. Pour en marquer la solennité, la cérémonie fut précédée de trois messes.

Les monarques anglais et français s'agenouillèrent ensuite entre les évêques de Thérouanne et de Winchester pour écouter l'abbé de Cluny qui énuméra les clauses du pacte. Jean II et Édouard III jurèrent de le respecter quoi qu'il arrive mais, à la fin, l'Anglais avait ajouté d'un ton glacial :

— Beau-frère, prenez bien garde d'observer bonnement et loyalement toutes les choses traitées entre nous et vous.

La menace était claire. Le roi de France la comprit ainsi. Il baissa les yeux et hocha lentement la tête.

La formule du serment fut répétée par les deux souverains, auxquels se joignirent les trois fils de Jean le Bon, son frère Orléans et quelques autres, ainsi bien sûr que les enfants d'Édouard.

Le lendemain dimanche, avec ses serviteurs, ses fidèles et son fils Philippe, le roi de France prit, à pied, la route de Boulogne.

Escorté par une troupe conduite par le prince de Galles et le duc de Lancastre, il avait neuf lieues de marche et n'arriverait au château de Boulogne qu'à la nuit tombée.

*

Ce même dimanche 25 octobre 1360,
dans une chambre d'apparat
du château de Boulogne

Assis sur une haute chaire à coussin, un jeune homme de bonne taille, large et carré d'épaules mais aux jambes courtes, au front large et haut et au visage harmonieux gâté toutefois par un trop long nez, lisait les dernières missives que les messagers venaient de lui apporter à son retour de la chapelle où il avait entendu une messe basse. Son teint se révélait d'une grande pâleur.

Ce damelot, fils aîné du roi de France, était Charles de Valois, duc de Normandie et dauphin du Viennois, et, pour quelques heures encore, régent du royaume.

Ce matin, la fistule de son bras droit le faisait souffrir et c'est avec une grimace qu'il déposa la dernière lettre arrivée dans la nuit.

Ainsi, à la fin de cette journée triste et glaciale, il ne tiendrait plus les rênes de la France, songea-t-il, les yeux dans le vague. Certes il savait depuis des mois que ce moment arriverait et, la veille même, il avait été avisé par un chevalier du prince de Galles venu en grand apparat avec écuyers, bannières, trompettes et deux douzaines d'archers en jaquette bipartie aux lions passant et aux fleurs de lys que le souverain de France partirait dimanche à pied de Calais et ferait procession, comme il l'avait promis au Seigneur. Il arriverait donc à Boulogne après vêpres.

Charles y avait songé une partie de la nuit et, au réveil, en faisant ses dévotions, avait pris sa décision. Il n'irait point à la rencontre de son père et de ses frères, demeurant seulement à la porte de la ville. Il n'avait pas à faire allégeance ou contrition, persuadé d'avoir agi au mieux pour le royaume, contrairement à son géniteur.

En cinq ans, s'était creusé entre eux un fossé de défiance qui ne pourrait jamais être comblé. Il le regrettait et reconnaissait sans déni qu'une partie des torts lui en revenait.

Bien avant ses dix-huit ans, le roi l'avait écarté du conseil, ce qui l'avait profondément meurtri. Certes, les fautes lui incombaient, mais son père ne lui avait jamais marqué d'affection ni n'avait voulu l'instruire des affaires du royaume.

À la fois ulcéré et naïf, il avait, sinon ouvertement comploté contre lui, du moins accepté sans mot dire d'entendre les accusations de son cousin Navarre, qui répétait sans cesse que son beau-père causait moult préjudices au royaume de France par ses traficotages sur la monnaie et son refus de négocier avec les Anglais.

À présent, Charles regrettait de l'avoir écouté, tout en reconnaissant que son cousin n'avait pas tort, à l'exception d'un point : l'Anglais était l'ennemi et devait être chassé de la terre de France. Par ailleurs, son père avait admis ses erreurs quant à la monnaie.

Après plusieurs correspondances, il venait d'agréer sa proposition de créer une pièce d'or aussi solide et immuable que le florin : elle prendrait le nom de franc et remplacerait l'écu.

Toutefois, malgré cette promesse, le dauphin craignait que le roi ne continue dans ses errements, dépense sans compter l'argent qu'il n'avait pas, pressure le peuple et s'en prenne à nouveau aux Anglais de façon inconséquente. Bref, qu'il continue à se comporter en mauvais souverain.

Quant à lui, il s'était juré de ne plus se mêler des affaires du royaume. En attendant le jour qui le verrait couronné sous le nom de Charles V, si cela devait arriver – car son géniteur était encore jeune – il demeurerait à Rouen, dans son duché, ou gagnerait le Dauphiné, sa principauté, laissant le souverain de France agir à sa guise en priant seulement le Seigneur qu'Il l'empêche de commettre trop d'erreurs.

Il avait encore, cependant, une dernière affaire à régler : veiller à ce que les cent mille florins de Galéas Visconti arrivent au Louvre.

Messire Gilles Mallet, fidèle valet de chambre qui attendait dans un coin de la pièce, vit que son maître avait terminé sa lecture et se permit de l'interrompre dans ses pensées en demandant s'il souhaitait prendre sa collation.

— Oui, apporte-la. Je n'ai pas faim, mais je dois me forcer. Renseigne-toi aussi pour savoir si monseigneur de Boulogne est arrivé.

Parmi les lettres qu'il venait de lire, l'une, expédiée de Calais, venait du cardinal qui racontait la journée de samedi. Il annonçait aussi qu'il partirait à la nuit tombée et arriverait vers minuit. Le dauphin avait prévenu le gouverneur du château, car il n'avait pas envisagé de veiller pour l'attendre. Il aurait largement le temps, durant la journée de dimanche, d'interroger le prélat.

Depuis qu'il était à la tête du royaume, Charles savait la précipitation mauvaise conseillère. C'était à cause de cette impulsivité, de cette impatience qu'il ne pouvait maîtriser, que son père avait autorisé ses capitaines à attaquer l'armée du prince de Galles à Poitiers sans prendre le temps de manœuvrer ses troupes, ce qui aurait pourtant permis d'éviter le danger des archers anglais.

Quant à lui, après quatre ans de régence, ses maîtres mots étaient : ordonnance et réflexion. Il pesait chacun de ses actes à la balance de la raison et ne décidait jamais hâtivement.

Le valet parti, il se leva pour se rendre à la fenêtre. On ne voyait pas grand-chose au travers des carreaux de verre coloré. Tout juste les lueurs vacillantes des flambeaux attachés aux murs de la forteresse. Mais il avait besoin de ne pas rester immobile et ordonnait mieux ses pensées debout qu'assis.

Quatre ans ! songea-t-il. Durant quatre ans, il avait tenu les rênes du royaume. Mal tenu, au début, il en était conscient. Il avait à peine dix-huit ans quand il avait regagné Paris après la très cruelle défaite de Poitiers. Combien d'erreurs avait-il commises ? Combien de fois avait-il été trompé par ceux qu'il croyait de bon conseil ? Au moins, à leur école, s'était-il endurci et avait-il appris. Instruit de ses fautes, il avait cultivé la méfiance et, surtout, découvert ses vrais fidèles.

Les souvenirs revinrent par vagues, la plupart déplaisants.

Tout avait commencé par sa faute. Alors qu'il n'était encore qu'un damelot, il admirait fort son cousin et beau-frère Charles qui possédait, outre la Navarre, tout le pays d'Évreux.

Lui n'était qu'un meschin turbulent qui passait son temps à se divertir et à courir les donzelles. On le jugeait tête creuse et on avait raison. Son cousin était un modèle à ses yeux car il se montrait plein d'esprit, astucieux, drôle et d'une rare éloquence. Certes, ses prétentions au trône de France, soi-disant justifiées par sa mère, Jeanne de Navarre[1], n'étaient pas acceptables mais, à travers elles, il cherchait surtout à obtenir une charge digne de son lignage. Et lui, jeune dauphin, ne jugeait pas la requête répréhensible.

Cependant, le comte d'Évreux tentait aussi de le convaincre que son père, mauvais souverain, devait être écarté du trône.

— Charles, lui disait-il souvent, tu dois prendre sa place. Je te connais bien, je sais que tu feras un grand et juste monarque pour le royaume de France.

Jusqu'au jour où son cousin avait osé suggérer :

— Allons ensemble rencontrer ton oncle l'empereur[2]. Je suis sûr qu'il nous écoutera et te donnera les moyens d'agir.

Cette fois, malgré sa naïveté, il avait compris que Navarre voulait l'entraîner dans le chemin de la félonie. Alors, il avait tout raconté à son père. Pour le récompenser, et l'inciter à se comporter enfin en futur roi, à l'approche de ses dix-huit ans ce dernier lui avait offert en apanage le duché de Normandie.

1. Voir *La Vengeance du Baphomet*, *op. cit.*

2. Il s'agit de l'empereur d'Allemagne, Charles IV de Luxembourg.

Couronné duc le jour de l'Épiphanie, dans la cathédrale de Rouen, Charles s'était enfin senti maître de son destin.

Il se trompait.

Les jours suivants, il avait réuni les États de sa province pour écouter son peuple, mais avait surtout entendu le comte d'Harcourt déclarer à propos de son père :

— Par le sang de Dieu, ce roi est mauvais homme et n'est pas un bon roi !

Par crainte de se fâcher avec la noblesse de son duché, il n'était pas intervenu. Lâchement.

Quelques semaines plus tard, en avril, il avait décidé d'un grand banquet en son château de Rouen pour fêter dignement son avènement et rencontrer la noblesse de la province. Ce devait être l'occasion de convaincre le comte d'Évreux et le seigneur d'Harcourt de faire la paix avec le roi de France.

Cette journée devait le marquer pour le restant de sa vie. Il se souvenait du soin avec lequel il l'avait pourtant préparée. Il voulait s'affirmer auprès de ses vassaux et avait fait tailler des vêtements luxueux pour l'occasion : une cotardie[1] ajustée bipartie en soie azur et écarlate brodée d'or, gonflée aux épaules avec de larges manches qui couvraient ses mains. De longues poulaines cérulées comme chausses. Une ceinture d'argent et de vermeil avec dague ciselée, offerte par son oncle l'empereur à la taille. Enfin, un haut chapeau de castor noir.

Il sourit tristement en y repensant. Les invités l'avaient admiré et lui en avait éprouvé de la satisfaction stupide.

1. Cotte hardie.

À table, son cousin se trouvait près de lui. S'imaginant fin diplomate, pour lui complaire, il avait de nouveau écouté ses divagations sans protester. Il s'était même senti flatté quand cet éloquent beau-frère l'avait une nouvelle fois assuré qu'il ferait un meilleur souverain que son père.

Combien il regrettait d'avoir prêté une oreille complaisante à ce serpent ! La honte le submergeait chaque fois qu'il y songeait. D'autant qu'il s'était rendu compte de son erreur dès le début du banquet lorsqu'un conseiller de Navarre lui avait fielleusement glissé que le roi lui avait donné le duché de Normandie uniquement pour l'endormir, car, en vérité, il le haïssait et s'apprêtait même à le faire assassiner.

Charles avait haussé les épaules et, un peu plus tard, allait répondre à l'insidieux quand, soudain, son père avait surgi de derrière une tenture, accompagné de son oncle Orléans, de son frère Anjou et d'une troupe armée dont le capitaine avait déclaré : « Que nul ne bouge, quoi qu'il voie, s'il ne veut être mort. »

Jean le Bon avait alors saisi Navarre en l'accusant de traîtrise.

Charles posa ses mains sur ses yeux en se remémorant l'horrible scène comme si cela pouvait tout effacer. Convaincu que son père allait tuer le comte d'Évreux, son propre gendre, perdu, pétrifié puis terrorisé, il l'avait supplié de l'épargner, arguant qu'on le déshonorait en maltraitant ses invités. Mais le roi, sans l'entendre, avait fait entraver, conduire hors du château et décapiter plusieurs convives, dont le comte d'Harcourt et ses proches. Et, en l'absence de bourreau, les mises à mort avaient tourné au dépeçage.

Ces images terribles, sanglantes, les hurlements des

victimes, revenaient toujours hanter ses nuits à travers d'épouvantables cauchemars.

Quant à Navarre, et à ceux qui n'avaient pas été occis, on les avait emprisonnés en attendant qu'une décision soit prise à leur sujet. Torturés, plusieurs avaient reconnu un complot visant à assassiner leur monarque.

S'interrogeant sur la réalité de cette cabale, Charles était allé interroger lui-même l'un des captifs, Jean de Fricamp, qui avait reconnu les faits. Pour le récompenser de sa franchise, il avait obtenu sa libération en laissant croire qu'il s'était évadé.

Dès lors, même s'il avait demandé pardon à son père, les liens d'affection entre eux avaient été rompus. C'était pourtant après ce drame qu'il s'était juré de changer.

L'enchartrement de Charles de Navarre n'avait pas marqué le terme des affrontements entre le roi et son gendre. En effet, le comte d'Évreux avait un frère, Philippe, qui pour se protéger et défendre les biens de sa famille tandis que son aîné se trouvait emprisonné, avait prêté hommage à Édouard III. Et même demandé de l'aide au roi anglais qui, profitant de l'aubaine, avait débarqué sur le rivage normand avec une armée.

Dans les semaines suivantes, son fils, le prince de Galles, qui se trouvait en Guyenne, avait rassemblé des milliers d'Anglais et de Gascons pour une chevauchée en direction de la Loire afin de faire la jonction avec l'armée d'invasion. Ainsi, il aurait pris à revers le roi de France qui tentait, autour d'Évreux, de venir à bout des fidèles de son beau-fils.

Devant pareil danger, Jean le Bon avait convoqué les États des pays d'oïl pour obtenir une aide qui servirait à engager des mercenaires, mais les députés avaient majoritairement refusé. Il avait alors convoqué l'ost, l'arrière-ban des seigneurs du royaume et, après des semaines perdues pour tenter de rassembler suffisamment de chevaliers, déployé ces forces contre les Anglais, qu'il avait attendus près de Poitiers.

Les images précédant la défaite lui revinrent en mémoire. En tant qu'aîné et dauphin de France, ce jour-là Charles était capitaine d'un corps de bataille de l'ost qui comprenait aussi ses frères Louis[1] et Jean. Toutefois, dans les faits, il ne commandait rien car il devait obéir à Jean de Châtillon, le maître de l'hôtel de son père, qui dirigeait les manœuvres. Or ce dernier, d'un optimisme béat, affirmait que la victoire serait facile. Que les forces françaises atteignaient cinquante mille hommes alors que l'ennemi était dix fois moins nombreux.

Mais une fois les armées en position, il avait pressenti, lui, que les Anglais préparaient quelque traîtrise. Dissimulés dans des trous et des haies, comme des rats ou des lapins, pourquoi étaient-ils invisibles ? De ce soupçon il s'était ouvert aux autres capitaines, mais ceux-ci se moquaient de voir l'adversaire. La victoire était à portée de main et l'assurance régnait chez eux. « Ce ne sont que merdaille ! clamaient les chevaliers en parlant des godons. Ils fuiront dès le début des combats ou accepteront nos conditions », poursuivaient-ils. La rumeur circulait en effet que les négociations avaient commencé et que son père exigeait deux cent mille nobles d'or du prince de Galles pour le laisser retourner en Guyenne.

1. Louis d'Anjou et Jean de Berry.

Il se remémorait combien ces bruits l'avaient rassuré. De plus, il y avait autour de lui de solides compagnies, en particulier celle de son oncle Orléans et celle de son père avec son frère Philippe : comment imaginer une débâcle ?

Le lundi matin, l'ennemi avait lentement commencé à se retirer. Mais comme aucun accord n'avait abouti, les maréchaux avaient décidé de charger pour l'anéantir. Seul Jean de Clermont hésitait.

Après avoir entendu ses conseillers lui assurer qu'il aurait une bonne journée, son père avait donné son accord pour attaquer.

En tête de son corps de bataille, protégé par Jean de Clermont, Charles s'était précipité sur l'adversaire. Pique en avant. Et à pied car, depuis la défaite de Crécy au cours de laquelle les archers anglais avaient exterminé la cavalerie française, les capitaines du roi de France se méfiaient de ces maudits piétons armés de *long bow*. Comme ses compagnons, il avait hurlé pour se donner du courage : « Montjoie ! Saint-Denis ! Mortaille ! »

Seulement, il leur avait fallu courir sur quatre cents toises pour enfin approcher l'ennemi, avec des armures pesantes dans un sol détrempé par de récentes pluies. Ils étaient donc arrivés éreintés. Malgré cela, les corps-à-corps avaient été acharnés.

Le dauphin se souvenait s'être bien battu et avoir fait reculer moult godons, jusqu'au moment où la troupe avait été submergée par des renforts qui étaient restés dissimulés. Ses hommes avaient alors battu en retraite. Autour de lui, les chevaliers tombaient les uns après les autres. Il avait même pris peur quand il avait vu surgir Salisbury, le captal de Buch, et une bande de Gascons massacrant les Français à grands coups de hache et de marteau d'armes. Pourtant, il ne se serait pas débandé s'il n'y avait été contraint par ceux chargés de le protéger.

Avec ses frères, il avait donc rejoint son père et découvert que la moitié des chevaliers de son corps de bataille étaient morts ou prisonniers. Jean de Clermont avait été tué près de lui.

Par prudence, le roi lui avait ordonné de rentrer à Paris. Le dauphin de France devait rester vif. Une décision acceptée avec soulagement. Avait-il été un lâche ? La question le hantait encore. Les cris des agonisants, de ceux à qui on avait tranché bras, main ou brisé le crâne résonnaient toujours à ses oreilles.

Son valet revint, accompagné de plusieurs domestiques, du chapelain et des trois ménestrels de la Bonne Compagnie.

Il installa une table à tréteaux sur laquelle, après avoir mis une épaisse nappe blanche, il déposa une assiette d'argent qui reçut une tranche de pain de froment. Un autre serviteur apporta une chaise curule.

Charles s'y assit.

Son panetier répandit alors sur le pain un bouillon de poisson tiré d'une soupière, un autre emplit un hanap avec un peu de vin et beaucoup d'eau. Pas de viande. Charles ne la supportait plus.

Il se mit à manger tandis que les ménestrels, deux hommes et une femme, commençaient à jouer.

Le plus âgé utilisait le luth, son frère, la flûte à cinq trous, accompagnée d'un tambourin attaché à son bras, et leur cousine jouait de la harpe en chantant doucement.

L'aîné se nommait Josse, le cadet, Arnoul et la meschinette, Clémence. Son maître d'hôtel les avait engagés quand il avait réintégré le Louvre, après la mort d'Étienne Marcel. Depuis, Charles les avait gardés près de lui tant il appréciait leur musique – qui avait le don de le reposer – autant que leurs autres talents.

... Advienne qu'avenir pourra
Je demande au tard aura
Allez regrets mon seul plaisir
Jamais mon cœur joie n'aura...

— Advienne qu'avenir pourra, murmura le dauphin quand il eut terminé sa repue.

7

Dimanche 25 octobre 1360, château de Boulogne

Oui, tout était de sa faute, ressassait Charles en mastiquant sans plaisir. S'il avait rejeté plus tôt son cousin Navarre, jamais il n'aurait organisé ce banquet à Rouen. Son père n'aurait pas emprisonné le comte d'Évreux, ni Édouard III débarqué en Normandie. Le prince de Galles n'aurait entrepris sa chevauchée, et la bataille de Poitiers, point eu lieu.

Mais le passé ne pouvait être changé.

Le repas léger terminé par des confitures, il bavarda un moment avec les ménestrels, leur demandant s'ils étaient bien logés et ne regrettaient point trop Paris.

Tous trois assurèrent être satisfaits partout où leur seigneur se trouvait et le remercièrent avec sincérité, « car ils l'aimaient moult ».

Les serviteurs avaient débarrassé les plats et la table. Charles revint à la fenêtre, songeant que sa rencontre avec ces troubadours avait marqué la fin d'une rude période : son conflit avec Étienne Marcel.

De nouveau, les souvenirs se bousculèrent.

*

Paris, automne de l'an de grâce 1356

Charles était arrivé dans la capitale à la fin du mois de septembre, quelques jours après la défaite de Poitiers, en compagnie de son oncle Orléans, de son frère Louis d'Anjou, du comte d'Alençon, du chancelier de France et de quelques dizaines de chevaliers.

Son père et son frère Philippe avaient été capturés, la fine fleur de la chevalerie, occise, dont son beau-père le duc de Bourbon. Sur le chemin du retour, les nouvelles les avaient rattrapés : on parlait de trois mille morts et d'autant de prisonniers français.

Une fois dans Paris, la troupe gagna directement le Louvre. Les habitants avaient déjà connaissance de l'effroyable défaite. Beaucoup s'étaient rassemblés sur leur chemin. Certains pleuraient, d'autres les saluaient, mais la plupart les insultaient, les traitaient de couards et de félons.

Ils ne répliquaient pas. À quoi bon ? La noblesse et la chevalerie s'étaient déshonorées.

Dès le lendemain, à l'abri des murailles du Louvre, il avait entendu Paris gronder.

C'est à lui, le dauphin, qu'on demandait des comptes.

C'était à lui de prendre en main la destinée de la France. Et il ne savait que faire.

Son oncle décida à sa place : il fallait de l'argent pour poursuivre la guerre, et surtout pour défendre Paris si le prince de Galles se ruait sur la capitale. Or, les caisses du trésor étaient vides. Il n'avait donc pas d'autre choix, assura Orléans : il devait convoquer les États, s'expliquer et quémander.

Cela avait pris quelques jours.

Malheureusement, dès leur assemblée dans le palais, les députés des États avaient annoncé qu'ils exigeaient, avant toute chose, le contrôle de ses dépenses et décisions. Ils rejetaient la corruption et le gaspillage qui avaient régné jusqu'alors dans les affaires du gouvernement et réclamaient des procès et des condamnations pour les prévaricateurs et ceux qui, par leurs mauvaises décisions, avaient provoqué une telle déroute.

En son for intérieur, il les approuvait. Son père et les gens de son conseil étaient responsables de la terrible situation financière du pays. Corruption, malversations et favoritisme régnaient à la cour. Mais lui, en tant que dauphin et capitaine du royaume, ne pouvait accepter ces doléances qui auraient provoqué la fin de la royauté.

Il avait parfaitement identifié ceux qui voulaient le mettre sous tutelle. En premier lieu le prévôt des marchands d'eau, Étienne Marcel, un drapier énergique qui défendait les intérêts des bourgeois, des négociants et des artisans de la capitale, certainement aussi ceux du royaume. Un député sévère, déterminé, mais loyal à la France et à son souverain. Seulement, autour de lui, se trouvaient également des suppôts du comte d'Évreux. Le plus éloquent, et le plus dangereux, s'appelait Robert Le Coq, évêque duc de Laon, ancien chambellan de son père qui, en sous-main, s'activait pour qu'on libère le roi de Navarre et confie à ce dernier les rênes du royaume.

Marcel et Le Coq, alliés de circonstance, n'avaient en commun que le désir de gouverner le pays. Ils feignaient d'ignorer que Navarre avait soutenu et aidé les Anglais et que son frère Philippe avait combattu dans les rangs ennemis.

Sur leurs exigences, Charles avait tergiversé des semaines, arguant qu'un dauphin ne pouvait prendre des décisions qui relevaient du roi, lequel ne lui avait donné aucun titre, aucun mandat, ayant même conservé le sceau de France.

Après avoir suffisamment fait attendre sa réponse, il avait suspendu les États pour quelques semaines, sous prétexte de devoir se rendre à la diète d'empire qui se tenait à Metz. Une assemblée prévue de longue date à l'occasion de laquelle il avait à prêter hommage à l'empereur Charles IV, son oncle, pour le Dauphiné, terre impériale dévolue à l'aîné du roi de France.

Lors de cette entrevue, l'empereur lui avait accordé un prêt de cinquante mille livres, sous condition. Une disposition dont il n'avait pas, à ce moment-là, perçu les implications, ayant encore grande confiance dans son oncle. Hélas, lui aussi l'avait abusé.

Charles IV voulait mettre au pas la Provence, terre vassale qui lui échappait. Pour y parvenir, il avait décidé d'envoyer sur place Arnaud de Cervole, un chevalier qui avait combattu à Poitiers, y avait été blessé et fait prisonnier[1]. Après sa libération, Cervole avait rassemblé une franche compagnie de pillards et de routiers qu'il louait à qui pouvait payer. L'empereur voulait que cet arroir dévaste le comté de Provence et en pille la capitale. Après avoir connu l'épouvante, les Provençaux supplieraient l'empereur, leur suzerain, de les protéger. Et celui-ci poserait ses conditions.

Cependant Charles IV souhaitait ne pas être mis en cause pour les méfaits et les crimes que commettrait Cervole. Ce serait donc lui, le dauphin de France, qui assumerait l'envoi du chef mercenaire en Provence. Bien sûr, l'empereur ne lui avait pas dévoilé cet abominable projet.

1. Voir *L'Archiprêtre et la Cité des Tours*, du même auteur.

Novice, croyant à la bonté de son oncle, Charles de France n'avait pas vu le piège et donné son accord. C'est seulement après l'entrevue que Robert de Clermont, qui l'accompagnait, lui avait appris que Cervole, surnommé l'Archiprêtre à cause de bénéfices ecclésiastiques qu'il recevait d'un archiprêtre, était l'un des plus effroyables capitaines de franche compagnie. Et que sa *societa dell'acquisto*[1] ne savait faire que le mal.

Presque deux ans plus tard, peu après la mort d'Étienne Marcel, il avait rencontré l'aventureur venu à Paris demander de le confirmer dans la charge de lieutenant général du Berry et du Nivernais, que la comtesse de Nevers venait de lui offrir pour lutter contre les brigands.

Il savait Cervole engagé par Étienne Marcel quand il se trouvait encore en Provence. Mais aussi que, lorsque l'Archiprêtre avait gagné Paris pour se mettre au service du prévôt des marchands, celui-ci venait d'être assassiné. Aussi le mercenaire était-il resté dans le Berry où il avait épouse et châtellenie.

Lors de cette entrevue, Cervole avait justifié sa requête de devenir lieutenant général par le fait qu'il avait toujours été un fidèle sujet. Il avait semé la terreur en Provence selon les souhaits du maréchal de Normandie, Robert de Clermont. Et s'était presque excusé de n'avoir pu piller la capitale, Aguensi[2], tout en se vantant d'avoir détruit la ville des Tours[3] et de ne pas y avoir laissé un habitant vif.

Sans révéler que ce n'étaient ni lui ni Clermont qui

1. Société des gens qui convoitent le bien d'autrui.
2. Aix.
3. Un des bourgs de la capitale de la Provence.

l'avaient payé pour de telles abominations, le dauphin lui avait demandé de raconter ce qui s'était passé.

Avec une étonnante naïveté, l'Archiprêtre avait reconnu avoir échoué dans la prise d'Aguensi à cause d'un *condottiere* florentin venu porter une aide pécuniaire à la ville afin qu'elle achète des armes. Cet homme, Pietro da Sangallo, l'avait mis en échec, mais le chef de la *societa dell'acquisto* ne lui en voulait pas car le Toscan s'était montré honorable et courageux adversaire.

Intrigué et empreint de curiosité, le régent s'était enquis du pourquoi d'un pareil jugement, ce à quoi l'Archiprêtre avait répondu que ce capitaine d'aventure était un preux comme on en rencontrait peu. *Condottiere* en Italie, certes, mais véritable gentilhomme sans peur ni reproche.

— Qu'est-il devenu ? avait-il interrogé.

— Il est retourné à Florence en emmenant la sœur du prévôt d'Aguensi pour la marier, avait répondu Arnaud de Cervole.

L'histoire avait plu au dauphin, qui aurait aimé rencontrer ce Sangallo capable de braver moult dangers et de gagner une épouse, face-à-face qu'il savait ne pouvoir survenir. Il avait alors interrogé le mercenaire sur son engagement auprès d'Étienne Marcel. Était-il un partisan de l'ancien prévôt ?

La question avait fait rire l'Archiprêtre :

— Je suis à ceux qui me payent, monseigneur. Toutefois, je vous l'affirme, jamais je ne serai aux Anglais ou à Navarre qui s'est compromis avec eux, avait-il répondu. J'aurais pu être fidèle à Marcel, qui voulait le bien de la France, et peu m'importait que ce soit contre vous, car la seule loyauté que je reconnais est celle due au roi votre père.

Dans une autre situation, riche et puissant, Charles aurait fait pendre ce capitaine de pillards réputé pour le plaisir qu'il éprouvait à faire écorcher les hommes et violer les religieuses. Mais, à ce moment-là, il avait besoin de tous les soutiens possibles. Peut-être aussi avait-il été touché par la franchise du chef de la *societa dell'acquisto*, qui semblait homme de parole.

Il lui avait donc accordé la charge de lieutenant général. Mais avec une contrepartie.

Depuis la mort d'Étienne Marcel, le comte d'Évreux demeurait aux portes de Paris et menaçait la capitale. Certes, il savait qu'il lui serait désormais impossible de devenir roi de France, mais le seigneur normand voulait causer le plus de désolation possible tant il aimait faire le mal. Le cousin du dauphin encourageait donc ses hommes à piller et ravager les faubourgs. Saint-Denis en avait fait les frais. Charles El Malo désirait affamer les Parisiens et, pour cela, faisait brûler les récoltes. Les frères Picquigny, ses lieutenants, alliés à des bandes anglaises, semaient partout la terreur.

Sans troupes suffisantes, le dauphin n'avait pu empêcher ces désordres, mais la visite de Cervole lui offrait de nouvelles opportunités. Il allait utiliser la valeur et l'expérience du capitaine de compagnie contre son beau-frère.

L'Archiprêtre avait accepté de le servir jusqu'à la fin de l'année 1359 en n'étant payé que plus tard. Il disposait de deux mille combattants, tant cavaliers que piétons, ce qui permettrait d'écarter les hordes du Navarrais. Une condition toutefois : sa *societa dell'acquisto* ayant aussi mauvaise réputation que les bandes du comte d'Évreux, le dauphin avait requis d'en changer le nom.

Désormais la horde de routiers s'appellerait la Compagnie blanche et ses hommes d'armes porteraient une croix de même teinte sur l'épaule.

Nos souvenirs s'emmêlent et, comme souvent, lorsque l'on fait remonter dans sa mémoire des faits qu'on s'est efforcé d'oublier, les émotions surgissent et ravivent la souffrance. Ce fut le cas pour le dauphin. En se remémorant son entrevue avec son oncle, puis la venue de Cervole et les effroyables récits du mercenaire, il avait repensé à son amitié, à son estime, à son attachement envers Robert de Clermont, maréchal de Normandie lâchement assassiné par les partisans d'Étienne Marcel.

Un crime – des crimes plutôt, puisque le maréchal de Champagne avait aussi été navré ce funeste jour – commis au début de l'année 1358.

*

Année 1357

Revenu de Lorraine en janvier, le dauphin avait réussi à tergiverser quant aux demandes des bourgeois parisiens qui exigeaient l'arrestation et le jugement des mauvais conseillers, mais avait quand même dû accepter le principe d'une grande ordonnance qui instaurerait un conseil royal de vingt-huit membres, dont nombre seraient des députés des États.

Heureusement pour lui, en avril, un courrier de son père le roi annulait cette décision, ce qui lui offrit un répit.

Pas pour longtemps. Sans argent, il avait dû accepter

une nouvelle réunion de cette assemblée en novembre suivant. À cette occasion, les députés voteraient un impôt qui permettrait d'engager une armée pour lutter contre le brigandage des Anglais et des Navarrais dans les faubourgs.

Or, à peine réunis, les représentants avaient appris que le comte d'Évreux s'était échappé de sa prison d'Arleux, près de Douai. Et que Jean de Picquigny, le gouverneur de l'Artois, avait conduit l'affaire en présentant un faux ordre de libération.

Même s'il s'efforçait de toujours conserver son calme, Charles était encore parcouru de frissons quand il y pensait. La situation était alors terrible et sans issue pour lui, son père et ses proches. De plus en plus de députés voulaient même mettre la royauté sous tutelle, avec, derrière eux, les amis de Navarre à la manœuvre.

Parmi ces adversaires, le dauphin redoutait surtout Robert Le Coq. Audacieux dans ses remontrances, orateur éloquent, ambitieux dans ses propositions, l'évêque de Laon avait le premier proposé la tenue de ce grand conseil, dont la majorité des membres seraient issus des États. Surtout, il ne cachait pas son inclination pour le comte d'Évreux qu'il aurait bien vu roi de France.

Pour des raisons tactiques, Robert Le Coq avait le soutien du prévôt des marchands, Étienne Marcel. Lors de la première réunion des États, l'année précédente, le jeune Charles ne s'était pas vraiment inquiété de ce riche drapier qu'il avait souvent rencontré au palais avant la défaite de Poitiers.

À l'image de bien des négociants, Marcel proposait des draps de Flandre à l'hôtel du roi. C'était un honnête homme à la réputation irréprochable mais certains de ses confrères, y compris dans sa propre famille, se révélaient autrement plus entreprenants.

Ceux-là offraient des crédits ou prenaient à ferme des ressources royales en les avançant et en se chargeant ensuite, moyennant un boni, de les recouvrer. Des marchands qui passaient alors du statut de négociants à celui d'officiers financiers ou de maîtres des monnaies, et se faisaient même parfois anoblir. Le grand-père d'Étienne Marcel était ainsi à la fois changeur et drapier rue de la Draperie, dans la censive Saint-Éloi. L'un de ses enfants avait même été anobli et marié à la fille d'un maître d'hôtel de Philippe le Bel.

Le père d'Étienne Marcel, moins talentueux, moins ambitieux, ou simplement trop honnête, était demeuré, lui, drapier et son fils n'avait pas connu le succès financier de ses cousins. Malgré cela, il avait successivement fait deux beaux mariages, en particulier le second avec la fille de Pierre des Essars, riche banquier maître des comptes de Philippe VI.

Mais Marcel n'avait pas profité de ses secondes noces car, au décès de son beau-père, il avait refusé la succession par crainte de perdre de l'argent. De fait, après la défaite de Crécy, Pierre des Essars avait été mis en cause pour avoir trafiqué sur l'armement et s'était vu condamné à une lourde amende.

La mort du père de sa femme, si elle ne l'avait pas enrichi, n'avait néanmoins pas entravé son ascension sociale. Comme la plupart des bourgeois, il appartenait à diverses confréries. Homme pieux réputé pour sa droiture, il avait été choisi comme prévôt de la Grande Confrérie de Notre-Dame et, en 1354, désigné par ses pairs prévôt des marchands de Paris, charge qui, assistée de quatre échevins, s'occupait de l'approvisionnement de la ville, des travaux publics et de l'assiette des impôts. Si son rôle était limité aux affaires commerciales, dans les faits, le prévôt défendait les intérêts des bourgeois face aux abus de la royauté.

Fin connaisseur des communes flamandes avec qui il commerçait, Marcel soutenait les propositions de contrôle des dépenses de l'État exigées par Robert Le Coq et suggérait même de transformer les États en un parlement permanent des communautés. Pour ces raisons, il ne montrait pas de soutien ostensible au comte d'Évreux et écartait l'idée qu'il remplace le fils du roi comme capitaine du royaume. Un Jean le Bon affaibli par la tutelle des bourgeois lui convenait. En revanche, il se méfiait du dauphin, et surtout de ses conseillers.

Or, à peine libéré, Charles de Navarre s'était précipité à Paris où, bien sûr, le jeune duc de Normandie avait voulu l'empêcher de pénétrer.

Mais l'aîné du roi n'avait pu y parvenir car, à la demande de Robert Le Coq et des députés, le prévôt des marchands s'y était opposé. Pis, voulant montrer au dauphin qu'il faudrait désormais compter avec lui, il l'avait mis en garde par ces paroles :

— Faites aimablement ce qu'on vous requiert, monseigneur, ou il sera fait, que vous le vouliez ou non.

Ce fut leur premier affrontement.

Charles de Navarre entra donc triomphalement dans la capitale le 29 novembre 1357. Sous la pression de sa tante et de la bourgeoisie parisienne, le dauphin dut lui faire bon accueil et, contre son gré, lui restituer les seigneuries et places qu'il possédait avant son arrestation. Et ce, alors qu'au même moment, son frère, allié aux Anglais, dévastait la Normandie.

Le futur Charles V avait vite compris que la guerre

civile ne pourrait être évitée. Des espions lui avaient d'ailleurs révélé que son cousin, revenu dans le comté d'Évreux, traitait avec des chefs de compagnies franches afin de se constituer une armée. Aussi avait-il à son tour rassemblé des gens d'armes, pour beaucoup en provenance du Dauphiné. Mais, sans pécune, il ne pouvait en engager autant qu'il l'aurait souhaité.

L'orage éclata en janvier 1358. En ce début d'année, Marcel avait demandé aux Parisiens de s'armer et d'arborer un chaperon bleu et rouge portant l'inscription : « À bonne fin, en signe d'alliance de vivre et mourir avec ledit prévôt contre toutes personnes. » Dès lors, ceux qui désapprouvaient le prévôt de Paris se trouvaient immédiatement identifiés. Pour éviter de se voir accusés d'être partisans du dauphin et de subir des représailles, beaucoup d'habitants avaient quitté la capitale.

C'est un incident mineur qui provoqua le drame : à la suite d'une querelle, un trésorier du duché de Normandie fut tué par un changeur à qui il devait de l'argent. Craignant la justice, à raison, le meurtrier s'était réfugié dans l'église Saint-Jacques-la-Boucherie, lieu d'asile autorisé, pour quelques jours seulement. Furieux de la mort de son serviteur, le dauphin avait demandé au prévôt de Paris et à Robert de Clermont de se saisir du coupable. Sorti de l'église par la force, l'assassin avait été conduit au Châtelet et, le lendemain, avait eu le poing coupé avant d'être pendu.

Pour les bourgeois parisiens, pareil châtiment sans respect du droit ni jugement constituait une nouvelle preuve de la tyrannie de ceux qui avaient mené le pays à la ruine. L'évêque de Paris ayant fait dépendre le malheureux, la dépouille eut droit à un cortège, Marcel et son entourage à sa tête.

Le dauphin, lui, avait suivi les obsèques de son trésorier.

Durant les semaines suivantes, les rancœurs ne se calmèrent point et même s'amplifièrent à cause des exactions commises par les bandes de routiers contre lesquels le jeune Charles de Normandie se montrait impuissant.

L'exaspération devint telle qu'Étienne Marcel rassembla les métiers de la capitale pour se rendre en nombre au palais afin de contraindre le dauphin à prendre enfin des mesures contre le brigandage. Un officier du duc de Normandie, qui voulut prévenir son maître, fut poursuivi par la foule et écharpé. Les émeutiers n'eurent alors aucune peine à forcer les défenses du palais de la Cité, à l'envahir entièrement et à atteindre la chambre du dauphin, lequel se trouvait avec ses proches, dont Robert de Clermont et le maréchal de Champagne.

Ceux-ci s'efforcèrent de dresser un rempart humain protégeant leur maître, mais il n'y eut pas affrontement car le prévôt de Paris prit la parole et expliqua qu'il venait solennellement demander que l'on écoute les désirs du peuple et que les gens du roi combattent enfin l'insécurité et les pillards autour de Paris.

Charles, qui avait repris son sang-froid, répondit avec aigreur qu'il le ferait volontiers si on lui en donnait les moyens, mais que, puisque les États avaient confié les finances à d'autres, c'était à eux d'agir.

Marcel déclara alors d'une voix à la fois grave et menaçante :

— Sire, ne vous ébahissez pas des choses que vous allez voir, car elles ont été décidées par nous, et il convient qu'elles soient faites.

En un éclair, les émeutiers qui l'entouraient tirèrent

épées, dagues et haches et frappèrent le maréchal de Champagne et Robert de Clermont, éclaboussant de sang la robe du dauphin. Épouvanté, celui-ci crut qu'il allait subir le même sort mais le prévôt des marchands le rassura :

— Sire, vous n'avez garde. Ce qui s'est fait s'est fait pour éviter de plus grands périls et de la volonté du peuple.

Il lui donna son chaperon rouge et bleu et se saisit du sien en échange.

Les jours suivants, des assemblées se succédèrent et le dauphin, chaperon des séditieux sur la tête, accepta toutes les exigences de la bourgeoisie, en particulier la mise en place d'un conseil qui lui ôtait tout pouvoir. En échange, Étienne Marcel lui demanda de prendre le titre de régent, pour que ses actes aient force de loi.

À compter de cette date, il signerait les actes du royaume : « Charles, aîné fils du Roi, régent le royaume, duc de Normandie et dauphin du Viennois ».

Lui ayant accordé ce titre, le prévôt des marchands, persuadé de la victoire du peuple, était convaincu que le damelot acceptait de bonne foi le conseil qui l'assisterait pour diriger le pays. D'autant que le roi de Navarre revint à Paris, approuva l'émeute, et que Robert Le Coq et Étienne Marcel s'employèrent à le réconcilier avec le dauphin.

Ce dernier, complètement soumis, parut reconnaître sa défaite.

Or il n'en était rien. La veille de Pâques, il quitta la capitale sous le prétexte de rencontrer ses sujets d'Artois et de Champagne pour discuter d'un traité avec les Anglais.

8

Dimanche 25 octobre 1360,
château de Boulogne

Clermont ! Son ami, son second père. Charles le voyait encore, gisant dans son sang, percé de dizaines de coups, secoué de convulsions, alors que la vie l'abandonnait.

En cet instant terrible, il était persuadé d'être la prochaine victime. Pourtant, Marcel l'avait épargné.

Ce fut durant les jours qui suivirent qu'il comprit pourquoi. En vérité, le prévôt des marchands avait besoin du dauphin pour ne pas tomber sous la coupe du comte d'Évreux. Dès lors, il avait perçu le moyen de le vaincre : en le poussant dans le gouffre navarrais.

Pour autant, il comprenait que triompher d'Étienne Marcel provoquerait un sinistre gâchis car, malgré ses abominables crimes, le maire de Paris était un homme sincère et honnête qui recherchait moins le pouvoir que la prospérité des Parisiens. En d'autres circonstances, il aurait même pu s'entendre avec lui puisque tous deux voulaient que le peuple et la monarchie s'unissent afin de rendre au royaume sa puissance et sa grandeur. Mais Étienne Marcel avait assassiné ses amis et choisi de fraterniser avec un serpent. Désormais, il était un ennemi et connaîtrait le sort réservé aux renégats.

Pour manger avec le diable, dit-on, il faut utiliser une longue cuiller, instrument que le drapier ne possédait pas. À coup sûr, le comte d'Évreux le tromperait et causerait sa ruine. Il suffisait, en somme, d'être patient.

Charles l'était. La précipitation n'avait pas de place dans ses décisions.

*

Suite de l'année 1358

Les faits devaient lui donner raison, au prix toutefois d'effroyables misères pour les Français.

Après avoir quitté la capitale, il s'était rendu en Champagne, province loyale qui condamnait d'autant plus les agissements des Parisiens que ceux-ci avaient assassiné Jean de Conflans, le maréchal de Champagne, la tête de la noblesse champenoise.

Il avait visité toutes les châtellenies de cette province et du Parisis afin d'obtenir de chaque seigneur un serment de fidélité. Grâce à ces soutiens, ses troupes s'étaient emparées de la forteresse de Meaux, qu'on appelait le Marché. De cette place, en retenant la navigation sur la Marne, ses hommes empêchaient l'approvisionnement de la capitale.

Il avait alors convoqué les États à Compiègne et non à Paris. Pour gagner les députés à sa cause, il avait accepté un accord sur la réforme de l'État. Toutefois, comme l'agrément de son père était nécessaire, et que celui-ci y était hostile, rien n'avait été acté.

Les Parisiens l'avaient alors supplié de revenir. Lui avait posé comme condition qu'on lui livre au préalable les assassins de Clermont et Conflans en s'engageant à n'en meurtrir aucun. Seulement, Étienne Marcel ne l'avait pas cru, ce en quoi il avait eu tort, car si les coupables avaient fait acte de contrition, il aurait pu pardonner.

Durant ces discussions, il n'avait eu de cesse de faire venir des hommes, des armes et de l'argent de Bourgogne, du Dauphiné et de la majeure partie des États de langue d'oïl.

Appâtés par l'idée de s'emparer de la capitale puis de la piller, aventuriers, frappards, brabançons et cottereaux accouraient nombreux se placer sous ses ordres.

Au mois de mai 1358, Paris étant sans roi ni maître, Charles de Navarre y était revenu avec ses fidèles, accompagné de routiers, ce qui ne rassurait en rien les bourgeois. Étienne Marcel avait tenté de recruter ses propres mercenaires en envoyant l'un des siens à Avignon afin d'engager Arnaud de Cervole, mais la compagnie de l'Archiprêtre n'arriverait pas sur place avant l'été.

Dans ce pays à la dérive, sans cap ni capitaine, des vilains du Beauvaisis s'en étaient alors pris à la noblesse qu'ils accusaient d'avoir abandonné leur roi à Poitiers et de ne pas les défendre des malemaisnies de Navarre. Le mouvement avait bientôt gagné le pays d'Amiens, de Corbie, le Valois, le Laonnois et le Soissonnais. Partout des miséreux, qu'on nommait les Jacques, s'attaquaient aux seigneurs, massacrant, torturant et violant leurs familles avant d'incendier leurs châteaux. Les plus sauvages faisaient cuire les châtelains à la broche et contraignaient femmes et enfants à les manger. Mais était-ce vrai ? Tant de rumeurs insensées circulaient !

Le dauphin n'avait pu intervenir contre pareille insurrection, car ses troupes étaient trop faibles et parce que lui-même craignait les exactions des Jacques. D'ailleurs, par prudence, il avait mis à l'abri les siens, c'est-à-dire son épouse, sa fille et ses proches, dans le château de Meaux, réputé imprenable.

Ceux à la tête des hordes de vilains savaient leur cause perdue s'ils demeuraient sans alliés, aussi avaient-ils demandé l'aide des bourgeois parisiens. Après tout, assuraient-ils, nous avons les mêmes ennemis : la noblesse corrompue.

Marcel n'avait pas rejeté leur demande. Il leur avait envoyé quelques hommes en suggérant à tous de s'emparer du château de Meaux afin de saisir la famille du dauphin, laquelle servirait d'otage. Un calcul périlleux, car pareil coup de main pouvait entraîner les pires atrocités s'il réussissait. Grâce à quelques chevaliers venus en renfort, l'assaut avait échoué. Les vilains, eux, avaient été massacrés.

Le régent étant impuissant, en désespoir de cause, les gentilshommes des terres où les Jacques agissaient en forcenés avaient demandé au roi de Navarre de les protéger. Par calcul, espérant délier cette noblesse de son serment de loyauté aux Valois, ce dernier était intervenu avec le soutien d'une troupe anglaise, ce qui avait entraîné un grand massacre des révoltés, sans même les juger. Les vilains saisis étaient écartelés et découpés vifs sans la moindre miséricorde, une méthode sauvage qui avait mis fin à l'insurrection. Mais pas au ressentiment.

Après ces « exploits », le comte d'Évreux était revenu à Paris où les bourgeois qui le soutenaient l'avaient choisi comme capitaine de la ville, lui proposant même de devenir capitaine du royaume. Une charge à laquelle le prévôt des marchands n'avait pas donné son approbation, ayant eu connaissance de la nature des sévices de Navarre contre la jacquerie. Enfin, il avait pris conscience de l'inhumanité de son allié.

Seulement, désormais, il ne pouvait s'en séparer.

Étienne Marcel n'avait pas de longue cuiller pour dîner avec lui.

Le dauphin, lui, empêchait toujours l'approvisionnement de Paris. Sous la pression de l'Église et de sa tante, il avait juste accepté de rencontrer son cousin ainsi que quelques plénipotentiaires de la ville. Des conciliabules s'étaient déroulés sur le pont de Charenton pour n'aboutir qu'à un accord boiteux : si le régent permettait le ravitaillement de la capitale et acceptait de ne pas laisser ses troupes piller celle-ci, les Parisiens demanderaient à être pardonnés et accepteraient ses conditions.

Mais pareil arrangement ne pouvait tenir car Navarre jouait double jeu en rassemblant, de son côté, des bandes anglaises et navarraises afin d'investir la cité, tandis qu'en face, l'armée du régent avait commencé à se disloquer lorsque ses soudoyers apprirent qu'on ne leur laisserait pas mettre à sac celle-ci ni forcer les femmes des bourgeois.

*

Dimanche 25 octobre 1360,
château de Boulogne

Toujours debout près de la fenêtre de sa chambre, le dauphin songeait au découragement qui l'avait envahi en apprenant que son cousin le trompait une nouvelle fois et qu'il n'avait plus les moyens de s'opposer à lui.

Une désespérance renforcée par la maladie qui le torturait. Il perdait ses cheveux et la fistule dans son bras droit se montrait parfois si douloureuse qu'il devait prendre une thériaque à l'opium. Gervais Chrétien, l'un de ses maîtres médecins, lui avait affirmé qu'il s'agissait d'un empoisonnement. Après une enquête serrée, son chancelier Jean de Dormans avait trouvé celui qui avait versé le venin dans son verre : un homme qui avait reconnu avoir été payé par le comte d'Évreux, avant d'être écartelé !

Se sentant incapable de poursuivre la lutte, le dauphin avait décidé de regagner Meaux et, avec les siens, de se réfugier ensuite en Dauphiné. Que Marcel se débrouille avec Navarre.

Et advienne que pourra.

— Monseigneur, messire Jean de Dormans vient d'arriver.

C'était Gilles Malet, seigneur de Soisy, son valet de chambre.

— Fais-le entrer !

Le visiteur devait attendre de l'autre côté de la porte car il parut aussitôt, derrière Malet.

La cinquantaine, plus peut-être si l'on se fiait à sa barbe et à ses moustaches blanches, en coule noire avec chasuble à capuchon et chapeau plat, le visiteur affichait un doux sourire révélant l'amour sincère qu'il portait au dauphin.

Jean de Dormans et son cadet Guillaume étaient fils d'un procureur au Parlement. Tous deux avaient d'abord été avocats au parlement de Paris avant de se mettre au service du cardinal Gui de Boulogne. Ce dernier les avait fait entrer au conseil du régent et Jean était devenu chancelier du duché de Normandie.

— Je ne voulais pas vous déranger, monseigneur, dit-il. Maître Mallet m'a dit que depuis la fin de votre repue vous songiez devant une fenêtre.

— Je songeais, oui ! Qu'ai-je d'autre à faire en attendant mon père ? Dans quelques heures, je ne serai plus rien et seule me restera la brume des souvenirs. Alors, j'essaie dès maintenant de l'éclaircir, de comprendre ce que j'ai bien fait et les erreurs que j'ai commises.

En entendant ces aigres paroles, le chancelier préféra ne pas répondre. Il était persuadé que le roi Jean, contrairement à son fils aîné, onques ne regardait en arrière ni ne remettait en cause ses décisions passées. Quand il reprendrait les rênes du royaume, il conduirait une nouvelle fois la France à la ruine.

— Te souviens-tu d'un roi qui ait connu autant d'embûches que moi ? Et autant de revirements en si peu de temps ? s'enquit Charles avec un triste sourire.

— Non, monseigneur. Et votre père devrait louer votre habileté pour les avoir surmontées.

Soudain, le dauphin planta ses yeux dans ceux de son conseiller.

— Mon habileté ? Tu sais pourtant ce qui me hante.

— Oui, monseigneur, mais saurons-nous jamais la vérité ?

— J'allais conclure un accord avec Étienne Marcel. J'étais prêt à lui accorder rémission et à conduire enquête sur ce qu'il me demandait. Il le savait, après avoir lu les actes que maître Gayte avait trouvés à la Chambre des comptes. Dès lors, pourquoi le prévôt des marchands aurait-il décidé de livrer la capitale aux Anglais et aux Navarrais afin qu'ils la ravagent ?

— Question sans réponse, monseigneur. Qui peut comprendre les secrets de l'âme humaine ? Je connaissais Marcel depuis longtemps. Il n'était pas homme à trahir la France ni à livrer une ville qu'il aimait plus que tout aux hordes du comte d'Évreux. Mais peut-être me suis-je trompé sur ses sentiments. Toutefois, j'avoue que les râtelées[1] de maître Maillart ne m'ont pas totalement convaincu. À Brétigny, je l'ai interrogé plusieurs fois dans l'espoir d'apprendre comment il avait su que Marcel allait se renier, mais il refusait de parler de ce qui était arrivé cette nuit-là. Il était l'ami de Marcel, depuis toujours, et pourtant il l'a féri d'un coup de hache sur la tête. Les véritables raisons de l'altercation, et ce qui s'est réellement passé, demeureront pour toujours un mystère puisque les seuls témoins vivants sont les assassins.

Un silence, puis ces mots du dauphin :

— Et s'il y avait eu piperie ? Et si on m'avait trompé ? Jean Belot paraissait sincère quand je l'ai rencontré seul à seul au pont de Charenton. Et lorsque maître Gayte a été reconnu et saisi, Marcel aurait pu le faire pendre, or il l'a libéré.

— Mais il ne lui a pas laissé les papiers dénichés aux archives de la Chambre des comptes. D'ailleurs, selon maître Gayte, ces documents étaient incomplets.

— Ils contenaient tout de même des indices solides en faveur des affirmations de Marcel.

1. Récits.

— Sans aucun nom, sinon ceux de personnes trépassées ou ne pouvant être interrogées. Et tous les témoignages que j'ai obtenus se sont révélés en défaveur du prévôt des marchands.

— Je sais. Pourtant j'ignore toujours si le président de la Chambre des comptes faisait partie de ceux qui ont frappé Marcel, comme certains l'ont affirmé. Maillart a sans cesse répété que, dans le grand tumulte de l'estourmie, il n'avait pas prêté attention à ceux qui étaient là.

— Les témoignages étaient contradictoires, et Jean de Charny a juré avoir seulement participé au pillage de la maison de l'orfèvre Joceran de Mâcon, entreprise pour laquelle vous lui avez accordé rémission. Quant à maître Maillart, vous n'avez eu qu'à vous louer de lui. J'ai fort apprécié sa loyauté quand nous avons négocié le traité de Brétigny.

— Je le sais aussi. C'est pour cette raison que je lui ai demandé de rejoindre mon conseil, que je lui ai assigné cinq cents livres de terre à Parisis, le tabellionage et le scel de Meaux, et l'hôtel de Léry à Pont de l'Arche. Tout comme j'ai offert une charge de majordome à Philippe des Essars, car, sans le grand et loyal service qu'ils ont rendu à la couronne de France, je ne serais peut-être pas là. Néanmoins j'aurais aimé pouvoir parler de cela à mon père.

— Mieux vaut l'éviter, monseigneur. Vous connaissez le tempérament fougueux du roi. Il est homme à faire pendre et à interroger ensuite.

L'affirmation dessina un triste sourire sur le visage de Charles de Valois.

9

Juillet 1358, un an et demi plus tôt

Découragé, le dauphin était donc retourné à Meaux et avait donné ordre qu'on prépare son voyage pour le Dauphiné. Néanmoins, il avait décidé de reporter ce départ au 1er août à la suite d'une discussion privée avec l'un des bourgeois de la délégation venue négocier au pont de Charenton.

Il s'agissait d'un échevin nommé Jean Belot, un fidèle d'Étienne Marcel qui, d'ailleurs, faisait partie des émeutiers ayant assassiné les maréchaux de Normandie et de Champagne. Charles avait, de prime abord, refusé d'entendre cet individu qu'il considérait comme un criminel, mais Jean de Dormans avait insisté pour qu'il surmonte sa répulsion.

Belot apportait une proposition que le chancelier jugeait raisonnable et que le dauphin avait, en fin de compte, acceptée. À la suite de quoi, Jean de Dormans avait envoyé à Paris un trésorier général qui était à son service, Mathieu Gayte, ancien trésorier de guerre du Biterrois, fils d'un surintendant des Finances qui connaissait tous les arcanes de la Chambre des comptes à laquelle il appartenait.

Même s'il n'ignorait rien des difficultés auxquelles il allait se heurter, Gayte jugeait possible de réussir. Il faut dire que les archives de cette cour judiciaire, réparties en plusieurs dépôts dans l'enceinte du palais, étaient en grand désordre depuis la mort d'Hugues d'Arcy, son président clerc, et en l'absence de Jean de Charny, son président laïc[1]. L'autorité de la cour était en fait entre les mains d'un conseiller maître qui avait quitté Paris aussitôt après le départ du régent.

Gayte, sommairement grimé, était parvenu au palais sans difficulté. Il n'y avait guère de surveillance et il s'était rendu directement à la Garde des livres. Un dépôt qui conservait des dizaines de milliers d'actes dans des sacs, des registres et des rouleaux.

Les règlements de la Chambre, juridiction politique, défendaient à quiconque l'accès à ses pièces comptables : aucun officier de la Compagnie, pas même le Procureur général ou le Premier président, ne pouvait consulter un volume ou un document sans l'assentiment du bureau et la constatation du garde. Mais Mathieu Gayte connaissait tous les conseillers et les clercs greffiers. Il avait présenté une lettre royale à l'un d'eux, qu'il savait loyal partisan du régent, et l'homme l'avait laissé compulser les archives, comme le pli royal l'y autorisait.

À partir des indications données par Jean Belot, il avait trouvé un courrier compromettant de celui qui était favori de Jean le Bon à cette époque, le connétable Charles de La Cerda, et un registre faisant état d'autres

1. La Chambre des comptes avait deux présidents, un clerc qui devait être archevêque ou évêque, et un laïc qui était chevalier ou baron.

documents suspects, mais qui, hélas, avaient disparu des sacs où ils auraient dû se trouver. Sans scrupule, il s'était emparé de la lettre et avait emporté la page de registre après l'avoir arrachée, ce qui faisait deux éléments de preuve.

Mais, alors qu'il quittait les lieux, il avait été reconnu dans la cour du palais. En dépit de ses dénégations, on l'avait conduit place de Grève, à la maison aux piliers que le prévôt des marchands avait fait acheter pour loger la municipalité.

Échevins et conseillers, sachant qui il était, l'avaient accusé d'être un espieur. Toutefois, avant de le pendre, ils l'avaient fait conduire à l'église Saint-Éloi, dans la cité, où se trouvait Étienne Marcel qui souhaitait l'interroger. Pour se défendre, maître Gayte avait menti, mais les papiers qu'il transportait parlaient contre lui. Les échevins qui l'avaient questionné avaient donc décidé de le mettre à la hart, à la fois comme espion et pour avoir altéré un registre de la cour souveraine et volé des pièces comptables, ce qui était crime de lèse-majesté. Cependant, Marcel s'était opposé à la peine capitale, arguant que ce trésorier possédait une lettre royale l'autorisant à conduire des investigations sur les gratifications indues accordées par Philippe VI. Après tout, les États n'avaient-ils pas exigé que l'on enquête sur les malversations et les prévarications commises par les proches des rois ?

Le trésorier avait donc pu quitter la ville, sans toutefois emporter ce qu'il avait volé.

Certes, deux ou trois échevins auraient pu s'opposer à la décision du prévôt des marchands, mais ils avaient d'autres préoccupations tant le désordre régnait dans la capitale.

En revenant à Paris, où il avait été nommé capitaine de la ville[1], le roi de Navarre s'était fait accompagner de soudoyers anglais et de mercenaires gascons, soi-disant pour défendre la cité en cas d'attaque du régent, mais dans les faits pour affermir son pouvoir. Si une partie de ces routiers se trouvait à l'intérieur de la capitale, le plus grand nombre occupait les faubourgs.

Évidemment, ces frappards, qui avaient l'habitude de vivre sur l'habitant, se croyaient tout permis. Dans la capitale même, ils volaient les Parisiens, les chassaient de chez eux et s'en prenaient aux femmes. Des rixes éclatèrent au cours desquelles ils usèrent de leurs armes, persuadés de l'emporter sans peine puisque leurs compagnons, dans les faubourgs, pouvaient leur prêter main-forte.

Mais les Parisiens n'en eurent cure et, le 21 juillet, se déchaîna une chasse aux routiers, qu'on appelait « Anglais » bien qu'ils proviennent de plusieurs pays. Beaucoup des fredains trouvèrent refuge dans l'hôtel de Nesle, où logeait le comte d'Évreux.

L'asile n'arrêta pas la populace qui pénétra dans la noble demeure, tua bon nombre de saquemans et conduisit ceux qui restaient à la prison du Louvre.

Cette première victoire ne suffit pas à la menuaille qui voulait mettre hors d'état de nuire tous les estropiats anglais et navarrais. Le lendemain, une foule en armes envahit la place de Grève. Étienne Marcel et Charles de Navarre se trouvaient alors en conciliabule dans la maison aux piliers, ce dernier venant protester contre l'agression commise dans son hôtel.

Les émeutiers exigèrent que la municipalité et le

1. Mi-juin 1358.

comte d'Évreux les accompagnent à Saint-Denis et à Saint-Cloud pour y combattre et exterminer les fredains mercenaires restants. Leur participation serait la preuve qu'ils n'approuvaient pas les violences de ces soudoyers anglais et gascons.

Navarre et Marcel avaient tout d'abord refusé, pour des raisons évidemment différentes. Le premier, parce qu'il ne voulait pas s'en prendre à ses propres hommes ; le second, parce qu'il jugeait trop périlleux de s'attaquer à des combattants aguerris.

Cependant, tous deux durent s'incliner devant la foule menaçante désireuse de tuer de l'Anglais et, l'après-midi, dix mille volontaires répartis en deux compagnies sortirent par les portes Saint-Denis et Saint-Honoré. Le prévôt de Paris et le comte d'Évreux conduisaient la première, mais s'arrêtèrent à Montmartre en apprenant que la seconde troupe était tombée dans un piège. Une embusque conçue par Navarre, qui avait fait prévenir ses soldeniers, guet-apens où plus de six cents Parisiens trouvèrent la mort.

Après cette effroyable défaite, Étienne Marcel rentra seul à Paris. Charles de Navarre choisit, lui, fort prudemment, de rester à Saint-Denis. Après avoir exigé du prévôt des marchands la mise en liberté de ses hommes retenus prisonniers. Le 27 juillet, ce dernier se rendit au Louvre, accompagné de ses archers, et délivra les Anglais pour les conduire hors de la ville par la porte Saint-Honoré.

Étienne Marcel se rendait-il compte qu'en se comportant ainsi, il perdait la confiance de la bourgeoisie marchande ? Ou avait-il agi contre son gré, sommé par le comte d'Évreux qui avait des moyens de pression sur lui ? On ne sait. Circulait désormais la rumeur que Charles de Navarre attendait des renforts en vue de donner l'assaut à la capitale et que le prévôt des marchands ne s'y opposerait pas.

Ainsi les Parisiens étaient-ils désormais menacés par deux armées qui avaient pour projet de les piller : celle du dauphin et celle de son cousin. Reste qu'aucune de ces troupes n'aurait été capable de franchir les solides fortifications de l'enceinte construite depuis trois ans sur ordre d'Étienne Marcel. Sauf si quelqu'un ouvrait une porte de la ville et faisait entrer l'ennemi.

Le 31 juillet 1358

Quatre jours plus tard, dans la matinée, le prévôt des marchands, entouré d'une cinquantaine de fidèles armés, effectuait, à cheval, le tour des portes de la ville afin d'en déplacer les capitaines.

Que craignait-il ? Tout simplement, il se murmurait que Philippe de Navarre, le frère du comte d'Évreux, approchait avec des milliers de saquemans. L'air de la trahison flottait dans Paris.

Après en avoir discuté avec ses proches et les échevins, Étienne Marcel avait conclu que changer tous les jours les gardiens des portes réduisait les risques de félonie. De surcroît, il plaçait à chaque fortification un homme de confiance, qui le préviendrait en cas de soupçons.

À la suite d'une altercation à la bastide Saint-Denis avec celui qui commandait le passage et qui refusait de rendre les clefs, il laissa à cet endroit la moitié de ses partisans pour régler le problème et se rendit avec le reste de sa troupe à la bastide Saint-Antoine, fortification nouvellement construite constituée de deux tours qui encadraient un bastion protégé par une herse, une porte et un pont-levis donnant sur la campagne.

Au pied des degrés du perron conduisant à l'une des tours, Marcel découvrit l'un de ses beaux-frères en aimable discussion avec Jean Maillart. En les voyant ensemble, le prévôt des marchands ne put retenir une grimace de contrariété.

Nous l'avons dit, en secondes noces, il avait épousé la fille de Pierre des Essars, un maître des comptes de Philippe VI[1]. Après la bataille de Crécy, ce roi avait fait retomber la responsabilité de la déshonorante défaite sur les financiers qui, selon lui, avaient détourné les fonds prévus pour l'achat d'armes et le paiement de la solde de mercenaires. Pierre des Essars ayant été l'un des mis en cause, Philippe VI l'avait fait emprisonner et condamner à une amende de cinquante mille florins, ainsi qu'à la saisie d'une partie de ses biens. Libéré après avoir payé, il était mort des suites de son emprisonnement[2], laissant une épouse et des enfants. Parmi eux, deux filles, dont l'une, Marguerite, était la femme d'Étienne Marcel, tandis que l'autre, Pernelle, était mariée à un chambellan et secrétaire du duc de Normandie, duc qui devait devenir le roi Jean le Bon. Cet homme, ancien clerc, puis chevalier, connaissait parfaitement le monde des finances royales.

Prudent, Marcel avait hésité à accepter la succession de son beau-père car c'était prendre le risque de se voir débiteur de ses dettes. Il avait donc demandé son avis à son beau-frère qui lui avait recommandé de renon-

1. Le père de Jean le Bon.
2. Peut-être de la peste.

cer à l'héritage. Le mari de Pernelle affirmait même savoir de source sûre que le roi réclamerait l'apurement des comptes de Pierre des Essars et se paierait sur les héritiers. Confiant, bien qu'il n'ignorât pas que son beau-frère avait été mêlé à de louches affaires, Étienne Marcel avait suivi son conseil.

Or, en sous-main, ledit beau-frère avait, lui, accepté la succession pour Pernelle.

Trois ans après sa mort[1], Pierre des Essars était réhabilité par le roi Jean le Bon qui décidait de rendre l'amende à sa famille.

Étienne Marcel avait été persuadé que, par corruption et malversations, le secrétaire du duc de Normandie avait obtenu la grâce de son beau-père, aidé dans ses manœuvres par un fils de Pierre des Essars, Philippe – chevalier pugnace –, ainsi que par le nouvel époux de la veuve de l'aîné de Pierre des Essars, mort à Crécy. Spolié de dizaines de milliers de florins qui auraient dû revenir à son épouse, il s'était définitivement fâché avec ceux qui s'étaient enrichis à ses dépens. Devenu prévôt des marchands, il avait tenté de mettre au jour leurs magouilles, mais tous avaient quitté Paris.

Au moins s'était-il – en partie – vengé durant la révolte des Jacques en soudoyant quelques révoltés qui, en échange d'armes et d'une poignée de pécunes, avaient pris d'assaut les châteaux de ses beaux-frères.

Depuis qu'il était prévôt des marchands, Étienne Marcel ne les avait plus revus, aussi était-il stupéfait de découvrir Philippe, surnommé Pépin à cause de sa petitesse, en bonne entente avec son ami le riche drapier Jean Maillart. Un Maillart proche compagnon, presque un frère, à qui il avait confié les clefs de la porte

1. Mort en septembre 1349.

Saint-Antoine en raison de cette fidélité, qui connaissait parfaitement l'inimitié régnant entre Pépin et lui.

Décidé à faire la lumière sur leur conversation, il fit approcher sa monture, tout en remarquant la singulière tenue de son compère.

Habituellement, Maillart portait en effet un chapeau droit et une robe bipartie couleur feuille morte et écarlate fendue des quatre côtés pour monter à cheval. Comme lui d'ailleurs, car son ami s'entichait de l'imiter en tout. Pourtant, ce matin-là, il arborait un gippon matelassé serré à la taille, vêture des gens d'armes, sans épée toutefois, ce qui n'était pas étonnant car le drapier aimait à dire qu'il ne savait s'en servir. Mais il s'appuyait sur le manche d'une grande hache au fer courbe. Jamais Marcel n'avait vu son ami avec pareil harnois.

À sa surprise, apparurent alors des proches de la famille des Essars. Qui, tous solidement armés d'épées et de haches normandes portées dans des fourreaux accrochés à leur taille, sortaient de la seconde tour de la bastide. Parmi eux, il reconnut le visage moustachu du tavernier Guiart le Vinetier, un parent de son autre beau-frère. L'idée d'un complot traversa son esprit. Qu'il chassa en descendant de cheval. Impossible que son fidèle Maillart prépare quoi que ce soit contre la municipalité.

— Étienne, que faites-vous ici à cette heure ? demanda ce dernier d'une voix dans laquelle perçaient la surprise et une ombre d'appréhension.

— Je viens changer les capitaines, ce que je ferai désormais chaque jour. Il n'est pas bon que le chef d'une porte reste trop longtemps à son poste, car l'habitude endort la vigilance. L'heure est grave. J'ai la garde de Paris et j'y veille de tout mon cœur.

— N'as-tu plus fiance en moi, Étienne ? s'enquit l'autre en fronçant les sourcils.

— Au contraire, mon bon ami ! D'ailleurs, demain tu prendras la garde de la porte Saint-Denis. Pour aujourd'hui, c'est Philippe qui va te remplacer…

Il s'agissait de Philippe Giffart, un échevin, fils de sa cousine.

— Donne-lui les clefs, je te prie… demanda Marcel.

Il ne termina pas sa phrase, son attention attirée par Pépin des Essars qui s'éloignait pour se rendre dans la bastide.

Brusquement, il se sentit oppressé, sans doute à cause de la multitude à l'entour. Balayant du regard les gens rassemblés autour de lui et de ses fidèles, il découvrit des échoppiers et des artisans, tous équipés, qui de simple coutelas, qui de badelaire ou d'épée. Qu'y avait-il d'anormal à leur armement puisque, depuis des semaines, chacun se tenait prêt à défendre ses biens et sa famille ? Lui-même ne portait-il pas une chemise de mailles sous sa robe ? Une solide épée ne le quittait-elle plus depuis qu'il avait donné ordre d'exécuter les maréchaux ? Alors pourquoi ce malaise ? À cause de la présence des amis de Pépin des Essars parmi eux ?

— Écartez-vous ! lança-t-il à la cohue d'une voix incertaine.

Les badauds obtempérèrent sans se presser.

Les compagnons de Marcel, que la présence de la foule avait aussi inquiétés, se portèrent au côté de leur chef.

Ignorant ces mouvements, Maillart détacha, sans mot dire, les clefs qu'il avait à la taille pour les donner à Giffart.

S'inquiétant toujours de l'absence de Pépin des

Essars, Marcel avait tourné le dos à son ami et considérait maintenant avec défiance la porte de la bastide.

Il entendit alors une incroyable harangue derrière lui :

— Ce prévôt nous trahit et veut nous livrer !

La voix de Maillart ?

Un choc survint. Un fer de hache heurta sa tête, trancha la peau de son crâne, une oreille, et lui brisa l'épaule. Étourdi, surpris, ne ressentant pas encore la douleur, Étienne Marcel tomba sur les marches et aperçut, dans un brouillard, des Essars qui arrivait en brandissant une bannière à fleurs de lys et en hurlant :

— À mort ! À mort ! Tuez ce prévôt des marchands et ses alliés, car ils sont traîtres !

Les dernières images que vit le maître de Paris furent ses partisans tombant sous les coups de hache et d'épée des boutiquiers de Paris, tous complices du perfide guet-apens.

— Vous… mentez ! gémit-il.

Maillart se pencha sur lui, tenant à deux mains une hache sanglante :

— Pourquoi… me faire du mal ? Ce que j'ai fait, je l'ai fait… pour votre bien comme pour le mien, haleta le prévôt, le visage maintenant tordu par la souffrance.

Son ami, ou plutôt celui qui l'avait été, l'écoutait et hésita à le frapper à nouveau.

— J'ai fait… ce que l'ordonnance des trois États m'a fait jurer, râla Étienne Marcel dont le sang coulait maintenant abondamment.

— À la mort tout homme de son côté, car ils sont traîtres ! hurla des Essars, alors que les fidèles du prévôt encore vifs s'étaient agenouillés pour supplier miséricorde.

Giffart, percé par une épée d'estoc, venait de perdre

la vie, tenant encore dans sa main les clefs que Maillart lui avait données.

Une hache s'abattit sur la tête du prévôt des marchands, accompagnée de la clameur :

— Au roi et au duc !

Déjà la foule partait à la poursuite des fuyards tandis que ceux qui s'étaient rendus se voyaient roués de coups et attachés.

L'effroyable scène n'avait duré que quelques instants.

Maillart, encore sous l'émotion de ce qui venait d'arriver, s'éloigna en abandonnant la hache sanglante. Ses mains tremblaient.

Pépin des Essars, lui, donnait ordre à ses hommes d'attacher par les pieds les victimes et de les traîner jusque dans la cour du prieuré de Sainte-Catherine, tout proche. Plusieurs d'entre elles furent transportées à la rivière et jetées dans les flots.

Sitôt après, des messagers portèrent ces incroyables nouvelles à Meaux, où se trouvait le dauphin. Plus tard, une délégation de bourgeois s'y rendit afin de demander pardon et de supplier le fils du roi de revenir à Paris.

En les recevant, Charles se montra plus que surpris, car il ne s'attendait nullement à la mort d'Étienne Marcel avec qui il était en négociations. Néanmoins, ce qui venait d'arriver lui convenait, aussi abandonna-t-il son projet de fuite en Dauphiné.

Il revint donc dans une capitale qu'il avait quittée, quatre mois plus tôt, terrorisé par l'assassinat de ses fidèles maréchaux.

Et y rentra le 2 août en soirée avec ses partisans et, surtout, foison de gens d'armes. Une protection sans objet tant les Parisiens l'acclamèrent tout au long du trajet jusqu'au Louvre, où l'attendaient Jean Maillart et Pépin des Essars. Malgré la liesse apparente, il remarqua que la populace n'était guère serrée. Pis, dans une rue un homme lui cria farouchement :

— Par Dieu, sire, si j'en fusse, vous n'y fussiez jamais entré ! Mais au fond, on fera peu pour vous !

Comme l'un de ses barons tirait l'épée pour châtier l'insolent, Charles l'arrêta et déclara en riant à l'audacieux :

— On ne vous croira pas, beau sire !

Plus que l'incident, ce qui marqua Charles de Valois ce fut l'attitude des bourgeois armés qui entouraient ce damelot, lequel portait épée : aucun ne fit reproche au perturbateur et même ils le suivirent quand il se retira.

Nul doute que ces gens étaient des partisans de Marcel. Aussi demanda-t-il à Jean de Dormans de se renseigner sur eux.

10

Après avoir rencontré les assassins du prévôt – Pépin des Essars et Jean Maillart, qu'il complimenta d'un ton cordial, mais réservé car il avait besoin d'en savoir plus sur ce qui s'était passé –, le dauphin se rendit à l'hôtel Saint-Pol, qu'il avait acheté avant de quitter Paris, refusant dès lors de participer au banquet que les bourgeois offraient en son honneur.

Dans les jours qui suivirent, ses premières mesures furent de préparer la ville à se défendre contre Anglais et Navarrais. Il signa également un acte, préparé par son chancelier, qui annulait la confiscation des biens de Jean Maillart pour s'être rebellé contre la couronne de France et avoir commis des crimes de lèse-majesté. En revanche, pour Étienne Marcel et ses amis, les confiscations demeurèrent.

*

Dès qu'il apprit l'insurrection et le retour du dauphin dans la capitale, le roi de Navarre, furieux, s'installa dans le château de Melun, possession de sa sœur, Blanche, pour en faire un quartier général d'où il envoya ses gens d'armes et soudoyers piller le Parisis et le pays picard jusqu'à Amiens.

À Paris, le dauphin fit instruire le procès des proches d'Étienne Marcel encore vivants et décapiter une dizaine avant d'accorder un pardon collectif à tous les Parisiens. Par cette mansuétude, il évitait d'affronter à nouveau les bourgeois et restaurait la concorde.

Plus singulièrement, quelques semaines plus tard, il pardonnait au frère de Marcel et revenait sur les confiscations qui avaient frappé sa famille.

À la fin de l'année 1358, une conspiration en faveur du comte d'Évreux fut découverte et, une fois de plus, le dauphin octroya rémission aux coupables. La population parisienne, désormais gagnée à sa cause, accepta de payer quelques centaines d'archers pour défendre la ville et reprendre l'offensive.

Car hors de Paris, le calme ne revenait point. Pillages et affrontements se poursuivaient en Normandie, en Picardie et en Bourgogne entre les routiers de Charles de Navarre et les mercenaires du dauphin. Une guerre sans merci, entachée d'atroces violences et de bains de sang où les monastères n'étaient point épargnés.

Toutefois, nonobstant des troupes plus importantes en nombre, le comte de d'Évreux n'engrangeait aucun succès décisif. Pis, il échoua à prendre Amiens, alors qu'il y avait envoyé une petite armée conduite par Jean de Picquigny et Jean de Fricamp. Un chanoine félon devait lui ouvrir une poterne mais, de façon inexplicable, le complot avait été déjoué et les conjurés, exécutés.

Pareille boucherie ne pouvait durer. Les paysans avaient quitté leurs terres pour se cacher dans les forêts et la famine tuait plus encore que les brigands. Ayant obtenu des subsides des bourgeois parisiens et de son duché de Normandie, le dauphin, qui disposait déjà de la Compagnie blanche d'Arnaud de Cervole, engagea de nouvelles troupes et reprit l'offensive.

La défaite de Poitiers lui ayant beaucoup appris, il refusait désormais les grandes batailles et conduisait uniquement des prises de place fortes. Il s'était aussi résolu à ne pas se mettre en danger en prenant la tête de ses troupes. De surcroît, convaincu par expérience que la naissance et la race n'engendraient pas forcément de bons généraux, il confia les commandements à des capitaines ayant fait leurs preuves.

Ainsi, en juin 1359, il accompagna les quatre mille hommes du connétable Robert de Fiennes afin de reprendre le château de Melun occupé par les Navarrais et commandé par un chevalier que nous avons déjà rencontré : le Bascon de Mareuil.

Le dauphin assista aux combats. Et observa ainsi que l'un des plus hardis chevaliers était un Breton qui avait déjà affronté Mareuil et voulait être le premier à lui enfoncer une dague dans le cœur. Alors que ce téméraire prenait pied sur la courtine, Jean de Sault, l'ayant reconnu, lui avait envoyé une grosse pierre qui le fit tomber dans le fossé. Étourdi et contusionné, le Breton était malgré tout aussitôt reparti au combat. Si en fin de compte, le château était tombé aux mains des royaux, la garnison navarraise parvint à s'enfuir.

Après la bataille, le régent se fit présenter le valeureux Breton. Il s'agissait d'un guerrier de petite taille, aux jambes étonnamment courtes, aux bras longs, aux épaules démesurément larges, doté d'une grosse tête ronde et ingrate et d'une peau plus noire que celle d'un sanglier. Sa laideur n'avait d'égale que sa brutalité, disait-on. Il se nommait Bertrand du Guesclin.

Le preux s'était déjà distingué en Bretagne contre les Anglais. N'ayant entendu que du bien sur lui, le dauphin le nomma lieutenant de Normandie, chargé d'empêcher Navarre de nuire.

Tous ces combats mettaient le comte d'Évreux en échec, aussi, au milieu de l'année 1359, proposa-t-il un traité à son cousin. Ce dernier n'était pas homme à rejeter une chance de paix, même s'il ne croyait plus en la bonne foi de son beau-frère.

Des pourparlers se déroulèrent à Pontoise à la suite desquels Charles de Navarre revint à Paris en septembre, après avoir publiquement formulé ces mots :

— Mon seigneur et bon frère, sachez que je vous tiens pour mon propre seigneur et que, ne voulant continuer ni fomenter de guerre contre vous, serai en bon sujet du roi votre intime allié et ami.

*

À Londres, Jean le Bon avait signé un accord avec le roi anglais. En échange de sa libération, il acceptait de payer quatre millions de florins et donnait à son ennemi la moitié du royaume, c'est-à-dire tout l'héritage Plantagenêt, de l'Aquitaine à la Normandie, mais aussi la Bretagne et le littoral de Picardie jusqu'à Boulogne.

Ayant réuni les États, le dauphin leur demanda leur avis sur ce compromis qui, comme c'était prévisible, fut jugé trop légèrement accordé, ni passable ni faisable, et portant préjudice au royaume de France.

Apprenant que les Français rejetaient l'accord et que la collecte de la rançon exigée n'avançait pas, Édouard III décida de se faire couronner roi à Reims. Après tout, ses droits au trône étaient réels puisqu'il était petit-fils de Philippe le Bel. Une fois oint avec l'huile de la sainte ampoule de Clovis, qui oserait lui contester le trône de France ? Ensuite, il ferait couper la tête de son prisonnier, et tant pis pour la rançon.

Il avait donc débarqué près de Calais en novembre avec ses fils Lancastre et le prince de Galles, et chevauché jusqu'à Reims. À son grand dépit, les Rémois lui avaient refusé l'entrée. Il avait donc tenté de prendre la ville, mais en vain.

Singulièrement, à peu près au même moment, on découvrait à Paris un complot conduit par des affidés du roi de Navarre, visant à livrer la ville aux Anglais. Dès que le comte d'Évreux avait appris l'affaire découverte, il s'était enfui tandis que ses complices se voyaient démembrés vivants. La veille de Noël.

Quant à Édouard III, qui s'approchait de Paris, il chercha à livrer bataille contre le dauphin, occupant Châtillon, Issy, Vanves, Vaugirard et Gentilly. Sans jamais inquiéter la capitale. Dépité par ces échecs, il fila en Normandie pour assiéger Rouen, sans plus de succès, tout en ravageant l'Artois, la Champagne et le Nivernais.

En fin de compte, l'expédition anglaise se révélait un échec d'autant plus cuisant qu'en plein hiver, la famine et la maladie avaient décimé les envahisseurs qui manquaient de nourriture et de fourrage.

Pendant ce temps, le légat du pape, l'abbé de Cluny, s'activait pour instaurer une trêve. En mars 1360, des pourparlers commencèrent et, le 1er avril, Jean II donna pleins pouvoirs à son fils aîné pour traiter avec Édouard III. Une conférence de paix s'ouvrit à Brétigny.

Outre des envoyés du pape, les négociations étaient menées par le prince de Galles et le duc de Lancastre pour les Anglais, par Jean Maillart – l'assassin d'Étienne

Marcel, désormais membre du Conseil royal – et Jean de Dormans et son frère, Guillaume, pour la France.

Un accord se fit jour et, en juin, le traité de Brétigny fut ratifié à la tour de Londres. Un compromis plus favorable que celui accepté par Jean le Bon, puisque la rançon exigée pour sa libération passait de quatre à trois millions et que l'Anjou, la Normandie et la Picardie demeuraient à la France. De surcroît, le roi d'Angleterre abandonnait ses droits sur la couronne de Philippe le Bel.

L'accord devait toutefois être gagé par la remise de places fortes et d'otages.

En dépit de ses concessions, le traité de Brétigny était un succès pour une France vaincue et humiliée. C'était l'œuvre des frères de Dormans qui avaient âprement défendu les intérêts du royaume.

*

Retour au dimanche 25 octobre 1360,
château de Boulogne

— Tu as raison, approuva le régent. Parlons plutôt de la surprenante visite que j'ai eue à Saint-Omer et de ces cent mille florins qui doivent arriver d'Italie.

— Souhaitez-vous vraiment vous en mêler, monseigneur ? demanda Jean de Dormans. Cela concerne messire Visconti et, éventuellement, le cardinal de Boulogne.

— Si je ne fais rien, Navarre volera l'or, j'en ai la certitude. Et le second terme ne pourra être versé.

Le chancelier se frotta pensivement les lèvres de la main avant de murmurer :

— Oui.

— Parle-moi franchement, comme à un ami, le souhaites-tu ?

Jean de Dormans se mordilla la lèvre inférieure. Devait-il avouer ce qu'il pensait vraiment ? Que Jean le Bon était un mauvais roi à qui il ne fallait pas laisser les rênes du royaume ? Que son fils, après des erreurs dues à son jeune âge, avait été le prince le plus adroit et le plus réfléchi que la France ait connu depuis le Bel ?

— Si un des termes n'est pas versé, votre père devra se livrer à Édouard, et retourner en Angleterre, se contenta-t-il de répondre.

Le silence tomba. Dormans gardait les yeux baissés. Charles s'écarta de lui et, mains dans le dos, revint à la fenêtre en soupirant.

Au bout d'un moment, il se retourna vers le chancelier :

— Nous pensons la même chose, Dormans, mais mon devoir et mon honneur sont de protéger mon père avant de penser au royaume. De plus, parmi les otages se trouvent mes frères, mon oncle, le frère de mon épouse et tant d'autres nobles personnes. Dieu sait ce que déciderait ce maudit Édouard à leur sujet si le terme n'était pas versé. Donc, je ferai tout mon possible pour empêcher que Navarre vole les cent mille florins, et tu m'y aideras.

— Oui, monseigneur.

Ensuite, les deux hommes parlèrent des jours à venir.

Le roi resterait à Boulogne jusqu'après la fête de la Toussaint, date à laquelle il recevrait la noblesse du pays. Ensuite, il prendrait la route d'Amiens où il demeurerait près d'un mois, avant de gagner Paris. Durant tout le voyage, Charles se trouverait à ses côtés afin de l'informer des affaires du royaume. Il avait aussi prévu d'offrir à son père un diamant, acheté à un Génois, qui lui avait coûté une fortune et qui, il l'espérait, comblerait un peu le fossé de méfiance entre eux.

Le dauphin logerait ensuite à Paris dans son nouvel hôtel Saint-Pol, le temps que les cent mille florins arrivent. Après quoi, il retournerait dans sa bonne ville de Rouen et ne s'occuperait plus des affaires du royaume. Quant à Jean de Dormans, il quitterait Boulogne dans deux ou trois jours pour se rendre dans la capitale avec son frère.

Ils avaient nombre d'affaires du dauphin à régler avant que celui-ci ne revienne à Paris.

Le roi de France arriva après vêpres à Boulogne où il fut accueilli avec grande joie par la ville entière. Le duc de Normandie avait fait préparer un grand dîner, fort garni, auquel participèrent le prince de Galles, ses frères et tous les seigneurs accompagnant le roi. Une nouvelle fois, chacun se jura paix et amitié éternelle. Seul le dauphin demeura silencieux.

*

Le 4 novembre 1360,
hôtellerie de la Croix de fer,
rue Saint-Denis, Paris

Seul, dans un coin sombre de la salle, Gaucher de Passac méditait en attendant le retour de Guillonnet Le Petit et de son fils Sanson, partis il ne savait où. Ces deux-là s'étaient une nouvelle fois querellés. Sanson avait quitté la salle, furieux, après avoir été tancé publiquement pour avoir demandé un gros d'argent à son père afin de faire un cadeau à une avenante drôlesse de la rue Saint-Denis. Guillonnet était parti à son tour, poings serrés, et la dispute autour de la ribaude avait fait rire tout le monde à pleine gorge.

Pas Passac. Car le désaccord entre les deux hommes allait à coup sûr causer des difficultés, songeait-il, contrarié. Il allait encore devoir intervenir pour que cessent leurs disputes, et cela lui déplaisait.

Il était arrivé à la *Croix de fer* au début du mois de novembre comme le lui avait demandé le cardinal de Boulogne dont il attendait la venue d'un jour à l'autre, à moins que le noble religieux ne lui envoie l'un de ses clercs. Quel qu'il soit, le visiteur lui remettrait du courrier pour Milan, des laissez-passer, un pécule destiné au voyage et ses gages. Une pécune guère élevée mais, si tout se passait bien, et il n'en doutait pas, il resterait au service du cardinal ou passerait même à celui du roi de France. Dès lors, c'en serait fini de la vie errante et chaotique qu'il menait depuis des années.

Durant ces trois jours, Gaucher de Passac avait lié connaissance avec le père et le fils Le Petit. Le premier était taciturne et autoritaire, pieux jusqu'au fanatisme, pharisien sûr de sa personne et ne supportant aucune contradiction. Le chevalier avait voulu discuter de la route qu'ils prendraient, mais le vieux montagnard lui avait répliqué que cela ne regardait que Dieu et lui. Passac brûlait de le corriger, mais il s'était maîtrisé. Il réglerait les comptes plus tard.

Le fils, lui, était différent. Aimable et bon compagnon, il aurait volontiers participé aux parties de dés animées qui se déroulaient dans la salle si son père ne le lui avait interdit, le traitant de mécréant. Au demeurant, comment aurait-il pu jouer alors que les manches avaient pour mise un denier ? Il n'avait pas d'argent.

— Seigneur…

Le chevalier leva les yeux vers le tavernier qui l'abordait. Il se rendait compte que, plongé dans ses pensées, il s'était presque assoupi dans le confortable fauteuil près de la cheminée.

— Seigneur, un gamin vient de me dire que l'on vous attend au *Plat d'étain*.

— Moi ?

— Le chevalier de Passac, m'a dit l'enfant.

— Mais qui m'attend ?

— Il n'a pas donné de nom.

Se pourrait-il que ce soit un envoyé du cardinal ? Oui, puisque personne d'autre ne connaissait sa présence à Paris. Mais pourquoi le faire venir au *Plat d'étain* ?

Il se leva, saisit le fourrel de son épée déposé près du foyer, se couvrit de son mantel et sortit dans le froid. Le *Plat d'étain* se situait vers les Halles, dans la même rue Saint-Denis. Il s'agissait d'une importante hôtellerie fréquentée surtout par les marchands et les négociants de passage.

Passac ouvrit la porte de l'auberge, écarta l'ostevent en lourde tapisserie et pénétra dans une salle sombre et enfumée. Deux douzaines de personnes s'y trouvaient, près du feu, attablées autour de tonneaux, ou sommeillant sur des bancs, enroulées dans leur manteau. Comment repérer qui l'attendait ? Celui-là le connaissait-il ?

Il commença à circuler entre les clients en s'efforçant de les dévisager. Que des inconnus… Non, pas tout à fait ! Il aperçut dans un recoin un bourgeois vu le matin même à la *Croix de fer*. Il le reconnut à son épaisse robe en drap tissé de grandes fleurs et à son chaperon azur à cornette. Le chevalier l'avait remarqué car tout le monde semblait le connaître et chacun le saluait avec déférence. Soudain, l'individu l'interpella :

— Messire de Passac !

Intrigué, ce dernier s'avança vers lui.

— Puis-je vous offrir à boire ? Ce pot contient du vin chaud à la cannelle qui glisse dans le gosier comme du miel.

— Volontiers ! Est-ce vous qui m'avez fait chercher ?

— C'est moi. J'ai entendu parler de vous et je souhaitais faire votre connaissance.

— Pourquoi pas ce matin ? Vous étiez à la *Croix de fer*.

— Vous êtes observateur ! En effet, je m'y trouvais mais, ici, je suis presque chez moi…

Passac s'assit et l'homme tendit son pot qu'il venait de remplir. Le chevalier le vida d'un coup, claqua de la langue et, sans délayer, questionna :

— Pourquoi vous intéressez-vous à moi ?

L'homme ouvrit la main gauche. Elle contenait une dizaine de royaux d'or[1] qu'il lui tendit.

— Pour vous.

Passac prit la somme sans tiquer tout en demandant :

— À quelle fin ?

— Un renseignement.

— Entendu, si je peux ! fit le chevalier dans un sourire satisfait.

— Il y en aura dix fois plus si vous rendez service

1. Pièce équivalente à l'écu.

à un grand gentilhomme. Un prince qui pourrait, ensuite, vous prendre près de lui.

— Qui ? Pour quoi faire ?

— Le roi de Navarre. Quoi faire ? Pas grand-chose. Vous partez pour Milan…

— Comment le savez-vous ?

— Je sais beaucoup de choses et ce prince, plus encore. Mais laissez-moi continuer. Vous reviendrez de Milan avec cent mille florins.

Comme Passac plissait le front, l'inconnu leva une main.

— Ne niez pas ! Connaissez-vous Chalon ?

Hochement de tête du chevalier.

— Lors de votre retour, vous passerez par Chalon…

— Mais comment savez-vous cela ?

— Je sais beaucoup de choses, répéta le tentateur avec un sourire amusé. Le soir de votre arrivée, sous un prétexte que vous inventerez, rendez-vous à l'hôtellerie des *Lombards*, dans le quartier des changeurs, pas très loin de l'église Saint-Georges. Avant d'entrer, coiffez-vous d'un bonnet rouge avec plume de coq noire, que vous vous procurerez.

Passac demeurait impassible.

— Peut-être quelqu'un vous abordera-t-il en vous disant : « Valois ». Allez avec lui dans un coin discret et, si vous lui communiquez l'itinéraire de vos amis dans le Morvan, une bourse de cinq cents écus vous sera remise.

Passac restait silencieux. Cinq cents écus ! Une fortune. Mais aussi le prix de la trahison.

— Vous êtes un ennemi du roi de France, accusa-t-il enfin.

— Point. Je suis au service de celui qui devrait être le souverain de ce pays.

Sourire féroce.

— Je pourrais vous saisir ici même et faire venir le prévôt. Vous seriez pendu ce soir.

— N'essayez pas. Pourquoi croyez-vous que je vous aie fait venir dans cette auberge ? Ici je n'ai que des amis. Tentez quelque chose et la fin du chemin arrivera pour vous.

Il désigna le cabaretier qui les observait, près d'un tonneau en perce. C'était un colosse dans la soixantaine au visage sillonné de rides. Une lourde moustache. Un air mauvais. Des cuisses de la taille de fûts de colonne et des mains larges comme des pelles.

— Connaissez-vous maître Guiart le Vinetier, honnête bourgeois de Paris ?

Passac secoua la tête.

— Il est fidèle à mon prince. Tenez, laissez-moi vous raconter une anecdote. Un jour, un espion du dauphin a été repéré ici. Maître Guiart le Vinetier s'en est occupé. Son corps a été donné aux cochons qu'il élève dans sa cour.

Nouveau silence, puis hochement de tête de Passac.

— Je vais réfléchir.

— Prenez votre temps. Et n'oubliez pas : Chalon, vêpres, hôtellerie des *Lombards*, bonnet rouge, Valois.

L'inconnu se leva et vida les lieux par une poterne au fond de la salle. Le chevalier ne le quitta pas du regard, puis termina le cruchon en réfléchissant.

Il leva les yeux par deux fois et, à chacune, il croisa le regard de Guiart le Vinetier.

Allait-il parler de cette corruption à l'envoyé du cardinal ou faire ce qu'on lui demandait ?

Des questions épineuses pour lesquelles il n'avait pas encore les réponses.

11

12 novembre 1360,
autour de Fiesole, Toscane

Le vacarme assourdissant ébranla l'air, aussi puissant qu'un coup de tonnerre dans un orage d'automne. Une âcre fumée soufrée les enveloppa.

Quand les vapeurs infernales se dissipèrent, les trois hommes découvrirent que, sous l'action de la grenaille de fer, les fagots empilés à une dizaine de cannes d'eux s'étaient éparpillés un peu partout autour d'eux.

— *Madonna mia !* murmura le plus jeune en s'efforçant de ne pas tousser.

— Elle tient ses promesses ! déclara celui qui tenait l'engin d'un ton satisfait.

L'arme avait le fût d'une arbalète sans en être une, car son manche en bois de noyer ne disposait pas d'arc. En revanche, il était surmonté d'un tube de bronze creux de forme octogonale. De son extrémité s'échappaient des volutes de vapeurs piquantes.

— Francesco, prépare-la pour Raffaello.

Le tireur tendit l'instrument à un bonhomme trapu au visage défiguré par une profonde balafre qui courait de son front à sa gorge et lui fermait un œil. Au cours d'une bataille, une épée avait fendu son casque et labouré crâne et visage jusqu'à la mâchoire. L'individu affichait une face de poils noirs hirsutes partout où la cicatrice ne l'avait pas marquée. À la taille de sa longue cotte matelassée brodée de billettes contre-bretessées de sable, deux larges ceintures supportaient une grande escarcelle à fermeture, une doloire, un marteau d'armes et un fléau constitué d'un manche prolongé d'une chaîne sur laquelle étaient attachées trois grosses boules de fer cloutées de pointes.

— Ahgrrr ! répondit Francesco en s'emparant de l'affût de l'instrument.

L'ayant déposé sur une longue pierre plate qui servait de banc, il s'accroupit près de sacs de cuir et en tira une mèche pour l'insérer dans un trou du tube de bronze.

Les trois hommes se trouvaient dans un grand pré bordé, dans leur dos, d'une haute haie de cyprès. À leur gauche se dressait le mur de clôture du monastère de Saint-Barthélemy dont on distinguait le sommet de l'église et la toiture du bâtiment conventuel. À leur droite, un champ d'oliviers descendait en pente douce. Au-delà s'étendaient de belles collines couvertes de fruitiers. Par endroits, on distinguait les toits de tuiles et la pierre grise de quelques maisons fortes qui s'étageaient sur les coteaux. Enfin, devant eux, au loin et en contrebas de vignobles vallonnés, se déployait la merveilleuse ville de Florence dont on voyait le dôme et des portions du rempart ocre ponctué de tours.

Pendant que Francesco s'occupait de l'arme, le tireur s'était rapproché de celui qu'il avait nommé Raffaello et qui, après s'être bouché les oreilles de ses mains lors de la déflagration, avait invoqué la Madone. Il s'agissait d'un damoiseau ayant à peine poils au menton, contrairement à l'utilisateur de l'engin, lequel avait à l'évidence dépassé la trentaine depuis quelques années.

De ce dernier, la mâchoire carrée ombrée d'une barbe naissante, les yeux sombres, vifs et perçants, les joues pleines et les lèvres bien ourlées laissaient deviner une origine espagnole ou sicilienne.

Point de chapeau, mais un bonnet droit lie-de-vin sur une chevelure châtain coupée en rondeau, bien qu'assez longue. Sous son justaucorps serré, boutonné devant, se devinaient des membres souples et vigoureux. La ceinture en cordouan autour de ses reins supportait une courte mais large épée au manche tressé de cuir et une dague à poignée d'argent au pommeau en forme de faucon.

Les manteaux avaient été posés sur une souche car, en ce mois de novembre, un vent du sud apportait une chaleur accablante. C'est la touffeur qui avait chassé ces hommes de Florence pour les douces hauteurs de Fiesole.

— Votre précédente espingarde faisait-elle autant de ravages, messire da Sangallo ? s'enquit le damelot.

Ayant à peine dépassé les dix-huit ans, celui-ci arborait une chevelure longue et bouclée, épaisse et ébouriffée sous un chapeau en peau de loutre à larges bords, avec une jaque grise à maheutres aux manches en velours rouge. Deux dagues étaient accrochées à sa taille. Une longue et une courte, toutes deux du côté droit.

— Raffaello, il s'agit d'une hacquebute ainsi que je te l'ai déjà dit. Les Allemands l'appellent *hackenbüchse*, canon à crochet, à cause de ce fer pour la tenir. L'espingarde est plus grosse, le corrigea le nommé Sangallo en souriant.

— Pardonnez-moi, seigneur. C'est la force de l'habitude : mon père a utilisé une espingarde à la bataille de Casorate[1] et je me souviens qu'elle était aussi bruyante que votre hacquebute, mais elle projetait uniquement des balles de pierre guère dangereuses au-delà de trente pas. C'était d'ailleurs un sujet de plaisanterie tant elle se révélait inutile dans les combats.

— Oui, il me l'avait montrée. Je me souviens d'un canon mal formé et beaucoup plus lourd que celui de cette hacquebute. De plus, celle-ci peut tirer aussi bien de la mitraille que des balles de plomb. Je l'ai vérifié sur un vieux corselet de fer : la balle l'a traversé.

— Je suppose que cette arme vous a coûté très cher, seigneur.

— Pas autant que je le craignais, mais j'étais prêt à payer bien plus car, depuis que j'ai dû me résoudre à donner celle que je possédais, je cherchais, en vain, à la remplacer. Cela s'est révélé impossible à Florence, parce qu'on n'en trouve point. Je suis allé à Venise et à Padoue pour en dénicher une, sans plus de succès. Et puis, voici trois mois, j'ai eu la chance de rencontrer Giovanni Malatacca[2] qui possédait celle-ci, forgée à Nuremberg. Comme il ne savait pas s'en servir, il me l'a cédée pour deux cents florins, le prix de ma précédente hacquebute, laquelle était en fer, plus difficile à manier et moins précise.

Ses explications terminées, Sangallo se mit en devoir de surveiller Francesco qui faisait couler un filet de poudre dans le tube de métal.

— Pardonnez ma curiosité, seigneur, mais si vous teniez à cette hacquebute, pourquoi l'avez-vous donnée ?

1. En 1356, elle opposa les Visconti et leurs mercenaires aux *condotte* de l'empereur. Visconti l'emporta.

2. *Condottiere* faisant partie de la *Grande Compagnia* du comte Lando.

— C’est une longue histoire ! Et tu auras l’occasion de l’entendre chez nous à maintes reprises, le temps que tu deviennes chevalier puisque ton père t’a confié à moi. Francesco aussi aurait pu te narrer l’affaire, s’il pouvait parler.

— Ahgrrr ! répondit le muet qui remplissait l’engin de grenaille de fer.

— Mais je peux t’en dire deux mots. J’étais en Provence, envoyé par les prieurs et le gonfalonier porter quarante mille écus à la ville d’Aguensi, la capitale de la Provence menacée par un *condottiere* français dont tu as dû entendre parler par ton père : Arnaud de Cervole. Il a combattu auprès du roi de France à la bataille de Poitiers aux côtés de Gualtieri de Brienne[1]. J’ai été le lieutenant de Gualtieri, nous aurions donc pu nous entendre, mais nous ne nous trouvions pas dans le même camp. J’ai défendu Aguensi et il s’est emparé de l’un des bourgs de cette cité sans laisser âme qui vive. C’est alors que j’ai démasqué un félon qui voulait lui livrer la ville et Cervole a dû s’avouer vaincu. En fin de compte, nous avons négocié son départ de Provence. Comme j’avais occis nombre de ses hommes avec ma hacquebute, il la voulait et le canon à main a été l’un des termes de notre accord.

— Mon père m’a raconté que votre dame vient d’Aguensi.

— Oui, Sance était la veuve du trésorier de la ville que le félon en question avait assassiné. Son frère est viguier d’Aguensi. C’est une grande et noble dame.

Francesco avait enfoncé un morceau de tissu de

1. Gauthier de Candie, comte de Brienne, duc d’Athènes, qui avait un temps été capitaine de Florence jusqu’à ce que les habitants le chassent.

coton dans le tube et le tassait à l'aide d'une baguette de bois. Il s'arrêta en entendant son maître parler d'Aguensi.

Sangallo se tourna vers lui et le désigna :

— Francesco a ramené aussi Mitrone qui, si elle n'est pas de noble race, en a toutes les qualités. Ensemble, nous avons vécu de fortes aventures.

Il ne jugea pas utile de préciser que Mitrone était une ancienne esclave qu'il avait achetée quatre-vingts florins pour Sance.

— J'aurais aimé me trouver avec vous, seigneur. Aviez-vous un écuyer ?

— J'en avais un, répondit sombrement Pietro. Et il m'a trahi.

— Je ne vous trahirai jamais, messire da Sangallo ! Qui était ce scélérat ?

— Un sergent de Florence, pas un véritable écuyer. Il travaillait pour les Guelfes noirs, et je l'ignorais. Il s'est cependant racheté en me délivrant quand j'étais prisonnier. En ce qui te concerne, Raffaello, je n'ai aucun doute sur ta fidélité. J'ai connu ton père dans la *condotta*[1] de Brienne. Nous étions frères d'armes. Je t'ai vu aussi combattre à Casorate alors que tu n'avais que quinze ans. Ton père et ta mère sont issus des plus nobles familles de Florence. Je te sais élevé dans l'honneur.

Le damoiseau afficha un sourire satisfait en écartant une mèche blonde, geste mécanique destiné à cacher son émotion.

— Retournerez-vous un jour en Provence avec dame Sance ? demanda-t-il, les yeux brillants.

— Je ne crois pas… Je suis capitaine de la milice de

1. À l'origine, des bandes de montagnards mercenaires.

Florence. Beaucoup voudraient que je devienne gonfalonier, alors désormais ma place est ici, auprès de mon épouse et de ma fille. En vérité, je n'en sais rien.

Il se mit à rire.

— Si vous y allez, emmenez-moi ! Je parle la langue d'oc, et assez bien l'oïl.

— Pourquoi pas ? Mais ton père t'a confié à moi pour que tu apprennes les manières d'un chevalier florentin, non pour faire le routier, car tu connais déjà bien ce métier.

— Ahgrrr ! Ahgrrr ! grogna fortement Francesco en pointant de l'index le champ d'oliviers.

Sangallo et Raffaello se retournèrent. Un petit groupe venait d'apparaître sur le chemin qui serpentait entre les cyprès et le champ. Il arrivait de la ferme que possédait Sance.

En tête se trouvait une femme au noble maintien et à la démarche assurée. Revêtue d'un long surcot cramoisi aux manches évasées bordé de petit-gris, et épaules couvertes par un manteau à cordelière en drap vermeil, elle portait dans ses bras un enfantelet à qui elle faisait des baisers et glissait des mots doux quand il essayait d'attraper les perles dansantes suspendues au bourrelet de soie serrant sa chevelure divisée en deux nattes enroulées sur les oreilles.

La dame avait sans nul doute dépassé la trentaine, mais la maturité n'avait pas alourdi sa silhouette.

À ses côtés marchait une autre femme au corps généreux, lui ressemblant singulièrement sans pour autant avoir la même beauté. Sa chevelure grise était séparée en deux tresses sous une crépine émaillée. Elle portait une cotte de drap tanné à col en amigaut ainsi qu'une jupe ample et une cape de laine doublée de lin attachée par une broche armoriée à quatre pals de gueule. Les armes de la maison de Barcelone et de Catalogne. Celles des Bérenger.

Deux hommes suivaient les dames. L'un était un individu replet et souriant, en jacquet à manches coudières, hérigaut de gros bureau et chaperon à bourrelet, l'autre, un grand gaillard vigoureux, velu comme un loup brun, mine sombre, regard féroce sous des sourcils noirs et épais. Lui était revêtu d'un long surcot matelassé imagé de billettes contre-bretessées de sable et portait toque en poil de chèvre et houseaux. À sa taille, épée et hache au fer courbe.

D'un pas pressé, Pietro da Sangallo se dirigea vers le groupe, intrigué sans pour autant paraître inquiet. Avant de se rendre dans ce champ pour utiliser la hacquebute, il avait été convenu que Sance, sa chère épouse, resterait à la ferme avec leur fille Francesca et sa servante Mitrone, sous la protection de leur valet d'armes Simone di Monteverde, l'homme aux poils de loup. Mais la venue de l'individu en jacquet à manches coudières en avait à l'évidence décidé autrement. Ce dernier, nommé Rinaldo, était l'intendant de Jacopo di Lapo Brunetti, le gonfalonier qui avait remplacé Giannozzo Strozzi, l'ami de son père adoptif.

— Qu'arrive-t-il, ma gentille Sance ? demanda-t-il quand il ne fut plus qu'à quelques cannes des nouveaux venus.

— Maître Rinaldo est venu te chercher. Un visiteur nous attend à Florence, dit-elle avec un sourire amusé.

Ses yeux immenses, d'un bleu sombre et limpide, son époux les couvait d'amour.

Sangallo lança un regard interrogateur à l'intendant.

— Messire Lapo Brunetti a reçu hier la visite de maître Francesco Petrarca qui arrive de Milan pour vous rencontrer, seigneur, fit ce dernier.

— *Corpo di Christo !* Pétrarque ? L'illustre poète ?

— Oui, seigneur. Le connaissez-vous ?

— Je ne l'ai jamais rencontré, et le regrette, mais je connais ses magnifiques écrits. En revanche, ma dame l'a approché à Avignon, si je me souviens bien.

— Oui, peu après mon mariage avec Béranger, confirma-t-elle.

À l'évocation de son premier mari assassiné une ombre passa dans son regard.

— Pourquoi mes gens ne l'ont-ils pas accompagné ici ?

— Ils le lui ont proposé, mais le voyage l'avait fatigué et il était tard. Toutefois, ce matin, dès son réveil, il envisageait de venir quand mon maître lui a suggéré que ce soit moi qui aille vous chercher.

Il réprima un sourire complice avant de lâcher :

— Je crois que mon maître voulait le garder quelques heures de plus. Il est rare que Florence reçoive le prince des poètes.

— Je comprends, maître Brunetti. J'en aurais fait autant ! plaisanta Sangallo. Sance, pouvons-nous revenir à Florence sans tarder ?

— Oui. Dès que maître Rinaldo m'a dit ce qu'il en était, j'ai demandé qu'on prépare ma voiture et qu'on selle vos chevaux.

Une fois de plus, Sance devançait ses souhaits. Sangallo s'attarda un moment sur le visage de son épouse. Après lui avoir donné une fille, elle était plus belle que jamais. Il se savait incapable de dire ce qu'il préférait chez elle : son teint parfait, son front haut, ses yeux flamboyants, les fossettes de ses joues ou sa petite bouche charnue qui donnait à ses sourires un charme irrépressible. Cependant, c'était surtout son caractère qui l'avait attiré : sa hardiesse, son opiniâtreté, sa fierté et sa constance.

— Avez-vous terminé de tirer, gentils hommes ? s'enquit-elle.

— Nous reviendrons une autre fois, j'ai hâte de rencontrer Pétrarque et d'entendre les raisons de sa visite.

Francesco avait compris. Il rassembla leurs affaires et ils reprirent ensemble le chemin de la ferme, Pietro avec sa fille dans les bras, laquelle essayait de lui arracher les narines.

C'est Sance qui avait acheté le domaine sur ses propres deniers. Une vingtaine d'arpents de vignes, d'oliviers, d'arbres fruitiers, de froment et de légumes qui fournissaient à la mesnie le vivre et la boisson, sans compter la viande de moutons et de porcs. La ferme elle-même était un beau bâtiment à arcades en façade qui datait de l'époque où Fiesole était une ville aussi importante que Florence, avant que ses habitants se soient vus contraints de l'abandonner et d'aller s'installer dans la cité qui les avait vaincus. Depuis, on l'avait été solidement fortifiée et des clôtures de pierre protégeaient ses granges car les bandes de rôdeurs n'étaient pas rares dans la région. Sangallo y laissait à demeure cinq ou six gaillards de son ancienne *condotta*.

Quand ils pénétrèrent dans la cour de la bâtisse, des vilains terminaient d'attacher deux tonneaux, l'un de vin et l'autre d'huile, aux flancs d'un long chariot à quatre roues de bois, recouvert d'une bâche de toile posée sur des arceaux. L'étoffe résineuse était peinte de billettes contre-bretessées de sable, les armes de Sangallo. Le véhicule était attelé à quatre solides mulets noir et gris.

Apercevant le seigneur et sa dame, un palefrenier

alla chercher les chevaux. Les hommes d'armes de la ferme étaient là aussi, attendant leur maître.

Sance et Pietro donnèrent leurs instructions au métayer, puis le second s'entretint avec le capitaine de ses hommes. Mitrone, elle, avait couché Francesca dans le berceau placé derrière le siège des passagères, une banquette à dossier et coussin. Le reste du véhicule dégorgeait de paniers, de caisses et de tonnelets.

Francesco monta sur le siège avant, car c'est lui qui conduirait. Tout muet qu'il fût, il avait le don de se faire comprendre des animaux, ce qui était capital avec ces mulets, dont l'un s'avérait particulièrement récalcitrant.

L'écuyer, aidé du palefrenier, sella et brida les destriers et quelques instants plus tard, la troupe prit le chemin de Florence.

12

Deux heures plus tard, ils passaient l'enceinte fortifiée par la porte Santa Maria de Novella et suivaient la rue qui conduisait à l'église de même nom. La circulation s'y révélait malaisée car, si dix ans plus tôt la peste avait tué près des deux tiers des habitants de Florence, la ville s'était désormais repeuplée et le gros chariot avait du mal à se frayer un chemin dans les voies trop étroites, encombrées de nombreux passants et d'étals. Heureusement, Francesco était habitué à le conduire, et les mulets connaissaient le chemin. De plus, tous s'écartaient en découvrant que le capitaine de la milice précédait le véhicule.

Ils arrivèrent donc sans difficulté Via dei Fossi où se dressait, au coin de la rue, la tour d'habitation de Sangallo. Une grande construction carrée de cinq étages qui avait appartenu à Pietro Strozzi et dont Pietro da Sangallo avait hérité. Au niveau de la rue, une seule porte ferrée donnait accès aux celliers. Si les deux premiers étages possédaient trois fenêtres étroites, celles des niveaux supérieurs étaient plus larges et voûtées. Au dernier niveau construit en encorbellement, les ouvertures étaient gémellées avec des colonnettes torsadées.

Un bâtiment à usage d'écurie et de cuisine s'accolait à la tour. Au-dessus de son porche était gravé BEL ET BON, la devise des Strozzi.

Raffaello, qui avait devancé la troupe, avait déjà prévenu les serviteurs. Le portail étant ouvert, le véhicule, précédé des cavaliers, pénétra dans le vaste abri. Dans la salle, à la haute charpente portée par de robustes colonnes, un large escalier de pierre menait directement au premier étage de la tour. Près des marches se trouvaient un puits, un potager à braises et un foyer servant de cuisine ; un mur de brique séparait cette partie de la bâtisse de l'écurie.

Tandis que le maître des lieux, son épouse et Mitrone, qui portait la petite Francesca, gagnaient le cinquième étage par un bel escalier intérieur en bois, Raffaello et Francesco veilleraient au déchargement du chariot et aux soins des chevaux et des mulets.

Quant à l'intendant de Lapo Brunetti, il avait quitté la troupe près de l'église de Santa Maria pour rejoindre la maison du gonfalonier et prévenir maître Pétrarque de l'arrivée de messire da Sangallo, qui l'attendait avec impatience.

La Seigneurie de Florence – *Signoria di Firenze* – était une république où seuls les riches votaient pour élire les gouvernants, qu'on appelait les prieurs. Ceux-ci, au nombre de huit, deux par quartier, élus pour deux mois, étaient présidés par un gonfalonier de justice. Gardien de la bannière de la ville, ce dernier avait la responsabilité du maintien de l'ordre public.

L'un des privilèges du gonfalonier était son manteau de pourpre bordé d'hermine et brodé d'étoiles d'or. Ce fut donc dans cette tenue que Lapo Brunetti arriva à la tour des Strozzi en compagnie de Francesco Petrarca, tous deux escortés d'une douzaine d'hommes d'armes aux livrées de la cité.

Le quatrième étage de la tour constituait l'appartement de Pietro da Sangallo. Le niveau supérieur, très lumineux grâce à ses larges fenêtres, était occupé par Sance. C'était le seul disposant d'une cheminée, tout autre feu, même de chandelles dans des lanternes, étant interdit dans la tour par crainte des incendies. Au milieu de chacun de ces niveaux, un mur de renfort en briques formait voûte et, grâce à des tentures, offrait une relative intimité aux occupants en cloisonnant les espaces.

Raffaello accompagna Pétrarque et le gonfalonier chez son maître qu'ils trouvèrent debout, avec son épouse. Le couple les attendait.

Sance reconnut immédiatement le poète à sa grande taille. Francesco Petrarca était revêtu d'une robe de laine couleur terra cotta avec un hérigaut ouvert et un bonnet rond. À cinquante-cinq ans, il ne cessait d'étonner par sa vigueur. Son physique aurait pu le faire passer pour un guerrier, mais, de près, son visage imberbe à la douce expression souriante, et même timide, réfutait cette impression.

Un court instant, Pétrarque sembla indécis. Puis il s'approcha du capitaine de la milice de la ville, les bras grands ouverts :

— Messire da Sangallo, on m'a tant parlé de vous ! Je prierai le Seigneur de vous combler de ses bontés jusqu'à la fin des temps.

Il s'adressa ensuite à Sance :

— Et qu'il en fasse autant pour vous, noble dame. N'ai-je pas eu l'occasion de vous rencontrer à Avignon ?

— Oui, mon bon maître. Il y a longtemps !

— J'ai quitté Avignon voici sept ans, et depuis, c'est la première fois que je reviens à Florence.

Il montra du doigt la fresque qui couvrait l'un des murs. Elle représentait une scène champêtre : Marie donnait la main à Jésus qui jouait avec un rouge-gorge, tandis que sa grand-mère, Anne, lui offrait une grappe de raisin. Près d'eux, Marie Salomé tenait son enfant dans ses bras. Derrière, quelques moutons et, au fond, les remparts de Florence.

— Giotto ? s'enquit-il avec un sourire malicieux.

— Non, hélas ! répondit Sangallo. C'est son disciple Taddeo Gaddi qui l'a peinte pour mon père.

Pietro Strozzi était en réalité son père adoptif, mais Pietro ne le précisa pas.

Le poète parcourut du regard le reste de la pièce. Les autres murs étaient tendus de draps de laine ornés de la fleur de lys rouge de Florence. Aucune tapisserie. S'alignaient plusieurs gros coffres à peine sculptés, un dressoir avec trois coupes d'argent, une aiguière et d'autres poteries vernissées. Point de pupitre ou de livres mais, en revanche, des armes et des pièces de harnois à foison, dans le plus grand désordre : épées de toutes sortes, dans des gaines ou des fourrels ciselés ou peints, des arbalètes à divers mécanismes, des boucliers de différentes formes, des plates d'armures et des bassinets. Le poète crut même reconnaître, sous une brigandine, ce qui semblait être un canon à main. Plus loin, au-delà d'une voûte de brique, deux lits à courtines, des coffres, des bahuts et une chaise d'aisance. Un intérieur confortable, mais nullement somptueux.

— Prenez place, je vous prie, poursuivit Sangallo en désignant au poète sa chaire à coussin, et un banc à haut dossier au gonfalonier, lequel était un habitué des lieux. J'ignore la raison de votre visite, et je me doute qu'elle doit être importante puisque vous aviez refusé jusqu'à présent de revenir dans la Seigneurie.

Il se tourna vers son écuyer pour annoncer, d'un ton égal :

— Mais avant d'aller plus loin, je dois vous apprendre que Raffaello est le fils d'Uguccione de Buondelmonti.

Évidemment, le gonfalonier le savait, mais point Pétrarque, apparemment, qui hocha lentement la tête pour se donner le temps de digérer l'information.

Une vingtaine d'années plus tôt, la ville de Florence, ayant décidé d'abandonner le régime des prieurs, avait choisi Gauthier – Gualtieri – de Brienne, duc d'Athènes[1], comme capitaine. Homme dur et violent, ce Français était l'allié d'Uguccione de Buondelmonti, chevalier, magistrat justicier, chef d'une des plus puissantes familles de la cité.

Brienne ne tolérait aucune opposition et, quand quelques centaines de bourgeois lui marquèrent sa défiance, sur les conseils de Buondelmonti il décida de les occire.

Le sinistre projet fut éventé et les Florentins chassèrent le duc d'Athènes et ses amis avant que le massacre n'ait lieu. Après leur départ, les habitants restaurèrent le régime de la seigneurie et des prieurs.

Cette révolution n'était cependant qu'un épisode de plus dans les luttes intestines de la cité opposant les Guelfes, partisans du pape, dont faisait partie la famille Buondelmonti, aux Gibelins qui soutenaient

1. Gauthier était devenu duc d'Athènes après avoir épousé la veuve de son cousin qui portait ce titre. Les Brienne avaient également de nombreux fiefs à Chypre, depuis les croisades.

l'empire. Dissentiment qui se doublait de celui entre le *popolo grasso*, la haute bourgeoisie marchande et financière des arts majeurs, dont faisaient partie la plupart des prieurs, et le *popolo minuto* des artisans et boutiquiers des arts mineurs que soutenait pour l'heure Salvestro de Médicis[1].

Mais si ces conflits, toujours violents, semblaient doctrinaires, ils trouvaient surtout leur source dans des rivalités familiales. D'ailleurs, les Guelfes eux-mêmes étaient divisés entre Guelfes noirs et Guelfes blancs, ces derniers s'étant rapprochés des Gibelins.

En 1357, Buondelmonti était revenu à Florence, mais il avait suscité tant de haine qu'il vivait pour l'heure à Vérone et on disait que, bien qu'ancien capitaine des Guelfes, il ne rejetait plus les Gibelins.

Tout comme Dante, le père de Pétrarque, simple notaire, soutenait les Guelfes blancs et, pour cette raison, avait été banni de la ville. Son fils, de par sa proximité avec les papes, ne s'était pas affiché partisan de l'empereur jusqu'à ce que Benoît XII viole sa demi-sœur Selvaggia. Tous les ressentiments qu'il avait accumulés contre l'Église, que Dante appelait déjà la « putain débraillée », avaient ressurgi et il avait rejoint le parti Gibelin, empêchant ainsi Benoît XII de se rendre à Rome.

Preuve de sa défiance envers l'institution papiste, quand le Saint-Père lui avait proposé le chapeau de cardinal, Pétrarque l'avait refusé en déclarant que ce n'était ni une récompense ni un honneur, mais une infamie qu'il fallait éviter et avoir en horreur.

1. Drapiers, notaires, lainiers, banquiers, médecins, soyeux et pelletiers.

L'arrivée sur le siège de saint Pierre d'Innocent VI, qui condamnait sans pitié au bûcher les fidèles observant des préceptes de saint François d'Assise, avait achevé de marquer sa rupture avec l'Église. Plus rien ne le retenant dans le Vaucluse, puisque Laure, son grand amour, était morte, il était donc revenu en Italie, et certainement pas pour frayer avec les Guelfes dont les Buondelmonti aient été partisans.

Quant à Sangallo, même s'il soutenait les arts majeurs compte tenu de la position de sa famille adoptive, il s'était efforcé de ne pas prendre parti dans les querelles florentines, bien que sa détestation de l'Église papale le fasse pencher pour les Gibelins.

Comme le silence s'éternisait, Pietro fit signe à Sance de s'asseoir sur un banc et se plaça à ses côtés, l'écuyer restant debout.

— Maître Pétrarque, j'ai lu beaucoup de choses sur vous et j'ignore ce que vous savez sur moi, commença-t-il.

— Je vis à Milan, vous ne l'ignorez pas, et messire Galéas Visconti semble vous apprécier. Il m'a donc parlé de vous.

— J'espère qu'il n'a pas trop dit du mal, bien que j'en aie causé beaucoup. Pour tempérer le jugement que vous pourriez avoir à mon sujet, laissez-moi vous confier ce qu'a été ma vie, sans en cacher les parties les plus sombres. Je suis le fils adoptif de Pietro Strozzi. J'avais deux ans quand il m'a trouvé dans une ferme près de Naples alors qu'il combattait au côté des Provençaux avec le roi Robert d'Anjou.

— Le roi des rois, le plus illustre d'Europe, observa Pétrarque qui avait toujours admiré le grand-père de la reine Jeanne.

— C'est ce que me disait mon père adoptif. Bref, tous les habitants de cette tenure avaient été massacrés par les Impériaux. Pour quelle raison ces derniers ne m'avaient-ils pas cloué sur la porte comme ils le faisaient pour les nouveau-nés ? Mystère. Sans doute dormais-je quand la bande a assassiné mes parents et ma fratrie. À coup sûr, Strozzi fut un rude *condottiere*, mais c'était surtout un homme juste et bon. Que Dieu le garde dans son paradis. Il m'a fait transporter à Florence où son épouse m'a adopté. Tous deux m'ont donné les meilleurs professeurs. J'ai appris l'allemand et le latin. J'étais doué pour l'étude et j'aurais pu devenir clerc, comme vous, et pourquoi pas cardinal ou même pape…

Sourires amusés des invités. Sance en profita pour faire comprendre à Raffaello qu'il était temps d'offrir du vin.

L'écuyer se rendit au dressoir à colonnes dont les pieds étaient ciselés en pattes de lion. Il prit une première coupe en argent qu'il emplit avec l'aiguière de vin que Sance avait fait porter dès son arrivée. Il remit la coupe à Pétrarque, en s'inclinant avec respect, puis recommença son manège avec le gonfalonier et, enfin, ses maîtres.

Pendant ce temps, son seigneur poursuivait :

— En vérité, mon père aurait souhaité que je devienne l'égal de Dante, mais aussi que je sois un valeureux capitaine. J'ai été entraîné au métier des armes, ceci jusqu'à la peste qui a causé tant de ravages et emporté ma mère adoptive. Des revers de fortune, causés par la faillite de la banque Bardi, ont ébranlé la santé de mon père, malade à son tour. De longue date, il était prévu que j'épouse Lucrezia di Guglielmo. Hélas, le grand inquisiteur, Pierre d'Aquila, qui rançonnait ignoblement la population, la trouva à son goût. Il fit emprisonner son père et, une fois qu'elle fut sans défense, il l'enleva. Pour lui échapper, elle s'ouvrit les veines dans son cachot. Fous de rage, les Florentins ont chassé l'ignoble religieux, mais Clément VI, les menaçant d'excommunication, obligea les prieurs à le réintégrer dans sa charge. Florence céda donc lâchement à l'Église. Pour cette raison, j'ai abandonné la Seigneurie, les Guelfes et, recommandé par mon père, j'ai rejoint Gualtieri de Brienne en France.

— Si je me souviens bien, les Strozzi, votre famille adoptive, faisaient partie de ceux qui ont chassé Brienne, observa Pétrarque d'un ton doucereux.

— Mon père avait combattu Brienne tout en ayant une immense estime pour la science de la guerre du duc d'Athènes. Il estimait que personne mieux que lui me l'apprendrait. De surcroît, je voulais me mettre au service d'un adversaire de Florence qui m'avait trahi. Vous ne l'ignorez pas, Brienne réclamait une indemnisation à la ville pour l'avoir chassé et il était prêt à revenir et à la mettre à sac s'il ne l'obtenait pas. Être près de lui à ce moment-là était un moyen de punir les Florentins.

Pétrarque opina plusieurs fois du chef tandis que le gonfalonier gardait un visage de marbre.

— Le duc d'Athènes est finalement revenu en Italie en 1352. J'étais l'un de ses capitaines quand Uguccione de Buondelmonti nous a rejoints après s'être rapproché du parti Gibelin. Nous avons combattu dans le royaume de Naples pendant trois ans afin de reprendre des fiefs lui appartenant. Une rude période. L'ennemi, féroce, était partout. Ce pouvait être des habitants, mais aussi des gens de *condotte* allemandes, en particulier la compagnie de Urslingen. Souvent, on ne savait même plus contre qui on se battait. On tuait d'abord, et on découvrait ensuite qu'on avait meurtri des alliés. Massacres, incendies, viols, tortures se succédaient chaque jour. Je crois avoir tout connu des méchancetés humaines.

Pietro da Sangallo se tut en baissant les yeux et Sance lui prit la main. Alors, il poursuivit :

— Puis Brienne a été appelé par son souverain. Il a été tué un an plus tard durant cette bataille où le roi de France a été fait prisonnier.

— Poitiers, intervint Pétrarque.

— C'est cela. Après son départ, Buondelmonti et moi avons rassemblé notre propre *condotta* en engageant les hommes qu'il avait laissés. Les employeurs ne manquaient pas et étant alliés à la troupe de Pandolfo Malatesta, engagée par Galéas Visconti, nous avons accepté de le rejoindre à Milan. Les frères Visconti s'efforçaient alors de se défendre contre la puissante ligue conduite par Giovanni II Paleologo[1] qui rêvait de conquérir le Piémont, à l'instigation de l'empereur Charles IV. Nous avons vaincu Montferrat et ses alliés allemands à Casorate. Visconti avait alors le dessein de s'en prendre à Florence pour assurer sa toute-puissance sur le nord de l'Italie. J'aurais accepté de l'aider si je n'avais reçu une lettre de mon père avec qui je correspondais au moins une fois l'an. La ville avait changé, m'écrivait-il, l'inquisiteur Aquila n'était plus et la Seigneurie se montrait désormais forte et respectable. Seulement, les arts majeurs étaient sans cesse agressés par les arts mineurs à la suite de Salvestro

1. Jean II de Montferrat.

de Médicis. Le gonfalonier s'inquiétait et recherchait un capitaine de milice. Mon père avait proposé mon nom et me suppliait d'accepter pour me revoir avant de mourir. Il était temps de rentrer chez moi. Je ne voulais plus tuer.

— Malgré tout, vous êtes reparti en Provence, lâcha Pétrarque d'un ton égal.

— Comment l'avez-vous appris ?

— Je l'ai entendu dire.

— Peu le savent. Il s'agissait d'une mission pour Florence. Et c'est ainsi que j'ai rencontré Sance.

— J'espère que vous me raconterez !

— Une autre fois, peut-être. Pour conclure, Ugoccione de Buondelmonti, revenu à Florence comme moi, m'a confié son fils après son départ à Vérone. Il voulait que j'en fasse un gentilhomme florentin, ni un Guelfe ni un Gibelin. J'ai pu jauger Raffaello en de multiples occasions. Il est la droiture, le courage et l'honneur. Mais si vous le souhaitez, il se retirera.

— Je vous crois, messire, et il peut rester. D'ailleurs ce que j'ai à vous dire n'est point secret.

Il joignit les mains.

— J'ai vécu à Avignon très longtemps. Trop longtemps, même. J'aimais, vous le savez tous, la plus belle des femmes. Un amour certes platonique puisque Laure était mariée et mère de famille, mais je ne voulais pas m'éloigner d'elle. Quand la peste l'a emportée, je m'y suis pourtant résigné, car la papauté m'était devenue insupportable. Je suis resté tout de même encore quatre ans là-bas. À cause de mes amis peut-être, ou bien parce que j'aimais le Vaucluse. De surcroît, je ne savais où aller.

» Mais je ne supportais plus Innocent VI, ce nouveau

Nemrod[1] de la Babylone qu'était devenu Avignon. Avec lui, l'Église était l'épouse d'un roi et non plus d'un berger. Ce pape n'était pas pêcheur d'hommes, mais de plaisir et d'argent et il affirmait, sans honte, que les richesses terrestres étaient dues à son rang. Chaque jour, j'étais un peu plus stupéfait de voir le successeur de saint Pierre couvert d'or et de pourpre dans son palais luxueux, là où aurait dû vivre un humble pêcheur avec ses filets. Et puis, il y avait les bûchers, la fumée et les odeurs de chair humaine brûlée. Avec Innocent VI, tout opposant était désigné hérétique.

» En fin de compte, j'ai donc quitté Babylone et me suis dirigé vers Parme et Vérone où des amis m'attendaient. En chemin j'ai fait halte à Milan, alors gouvernée par l'archevêque Jean Visconti.

» Nous nous sommes rencontrés et il m'est apparu fin, adroit et ambitieux, mais plus encore cultivé et agréable. Ses conflits avec la papauté, son soutien à la cause gibeline, son désir d'unifier les villes de Toscane et de Romagne autour de l'empereur me le rendirent attirant. Je dois dire qu'il a tout entrepris pour m'attacher à lui, n'épargnant ni flatteries ni promesses. Il m'a fait don d'une maison agréable, m'a admis à siéger dans son conseil et m'a laissé agir comme il me plaisait, ayant deviné que j'attachais le plus grand prix à ma liberté.

» Hélas, ce noble seigneur a trépassé un an plus tard, laissant pour successeurs ses trois neveux. Comme vous le savez, Galéas s'est imposé. C'est un homme

1. Dans la Genèse, Nemrod, roi rebelle à Dieu, construit la tour de Babel et transforme son État en tyrannie. Il est tué par un moustique.

qui ressemble fort à son oncle, tout aussi cultivé et… ambitieux. Je suis donc demeuré avec lui à Milan, où il m'a confié de nombreuses missions.

Il se tut un moment, comme s'il attendait des questions, mais personne ne pipa mot.

— Vous savez bien sûr que messire Visconti a demandé au roi de France la main de sa fille pour son fils. J'avoue être à l'origine de cette union que j'ai proposée au cardinal de Boulogne, un ami. Par ce mariage, rien ne s'opposera désormais à ce que le fils de Galéas soit élevé à la charge de duc par l'empereur. J'ai moi-même écrit à Charles de Bohème à ce sujet et il m'a répondu favorablement.

— Monseigneur dell'Antella[1] a été invité aux festivités du mariage le mois dernier. Il m'a rapporté qu'il se disait que Galéas Visconti aurait donné trois cent mille florins au roi de France… en échange de sa fille, intervint le gonfalonier qui voyait d'un mauvais œil s'élever la puissance milanaise, et la domination des Gibelins.

De fait, la situation de Florence était préoccupante. Faisant suite à plusieurs faillites de banquiers, celle de la grande compagnie des Bardi avait laissé la ville quasiment ruinée. La peste n'avait fait qu'empirer les choses. Si Galéas Visconti ne menaçait plus directement la cité, Pise en revanche devenait de plus en plus hostile. Et Pise était gibelin, tout comme Milan.

Que deviendrait la Seigneurie face à un riche et puissant duché qui dominerait Lombardie, Vénétie et Toscane ? Ne serait-elle pas contrainte de se soumettre ? s'inquiétait le gonfalonier.

1. Filippo dell'Antella, l'archevêque de Florence.

— Il se dit tant de choses, mon ami ! chuchota Pétrarque avec un sourire patelin. Cent mille… trois cent mille… six cent mille. La vérité est que messire Visconti a acheté certaines seigneuries du royaume de France qui formeront la dot de la jeune fiancée.

— Je suppose que vous avez parlé avec la damoiselle, mon bon maître. Que pense-t-elle de son sort ? interrogea Sance.

— Isabelle a fait son entrée dans Milan le 8 octobre. J'étais là, bien sûr. Elle portait une tenue royale et a exigé que chacun se découvrît en sa présence. Elle sait qui elle est, d'où elle vient, et ce qu'elle vaut. Elle impose sa volonté, comme la duchesse qu'elle deviendra, et son jeune époux, qui n'a que huit ans, lui obéit en tout. Je ne la crois pas malheureuse et elle aurait pu connaître un pire sort. Songez à sa sœur qui a épousé Charles de Navarre, l'homme le plus vil du royaume de France. Songez que ses frères sont partis en otage pour Londres, et ignorent ce qu'ils deviendront.

Comme personne ne bronchait, Pétrarque poursuivit :

— Les festivités du mariage furent d'une exceptionnelle somptuosité. Ambassadeurs, seigneurs des villes et des communautés, évêques et archevêques, comtes et barons les plus honorables, tous y furent invités.

Le gonfalonier hocha la tête, un brin boudeur car il avait espéré être convié, mais seuls l'archevêque et son vicaire général avaient été sollicités.

— Plus de six cents femmes et mille gentilshommes étaient présents, dont beaucoup joutèrent pour le cœur des dames. Mais il est inutile que je vous en dise plus, vous devez savoir tout cela. J'en viens donc à la raison de ma visite, messire da Sangallo…

Ce dernier se permit un autre sourire. Comme il le devinait, tous ces préliminaires visaient à lui faire comprendre que le poète était l'envoyé de Visconti, et que sa visite avait à voir avec le mariage de son fils. Mais pourquoi Galéas, qu'il connaissait, ne lui avait-il pas simplement envoyé une lettre *via* un messager ? Pourquoi avoir recouru au plus illustre poète d'Italie ?

13

Francesco Petrarca poursuivit, mains jointes et index dressés :

— Pour la réussite de ces fêtes, et pour affirmer sa richesse et sa puissance, vanité que je réprouve car un grand seigneur n'a pas besoin d'afficher sa fortune – pas plus qu'un pape, d'ailleurs –, messire Visconti avait fait rechercher dans toute l'Italie quantité de joyaux, de pierres précieuses, d'étoffes de soie et de draps tissés d'or.

» Or, parmi les bijoux qu'on lui a proposés, il a obtenu une bague exceptionnelle : celle du roi Jean le Bon.

— De quoi s'agit-il ? interrogea Sance, pleine de curiosité.

— En livrant la bataille près de Poitiers, le roi de France était persuadé de son invincibilité grâce à une bague enchantée qui, lui avait assuré le vendeur, le rendrait invincible. Il s'agissait d'un anneau avec un chaton accueillant un diamant couleur escarboucle. Le souverain français s'est donc battu comme un lion, se riant du danger. Mais, même si autour de lui plusieurs de ses chevaliers se sont fait tuer sur place, d'autres ont choisi de se retirer jugeant le combat perdu. Quand il n'est plus resté que son fils[1], le souverain français a été contraint à se rendre à un gentilhomme auquel il a donné le gant de sa main droite, celle qui portait la bague. Mais à peine avait-il tendu le bras qu'une nuée de combattants gascons se sont rués sur lui, et il serait mort étouffé si des gens envoyés par le prince Noir n'avaient dispersé la canaille en la frappant à coups redoublés.

» Mais, dans la mêlée, quelque obscur aventurier a arraché l'anneau.

— Comment savez-vous tout cela, mon maître ? questionna Sangallo.

— Par celui qui a vendu la bague à messire Visconti. Un vulgaire soldenier attiré par les annonces de Galéas qui était prêt à payer cher de beaux bijoux. L'homme était-il le voleur de l'anneau ? Peut-être, bien qu'il ait juré l'avoir acheté à un autre mercenaire qui lui aurait raconté l'histoire.

» Mais peu importe. Le seigneur Visconti s'est mis en tête de rendre cette bague au roi de France. Et à cette occasion de lui en offrir une autre d'une valeur tout aussi inestimable. Il souhaite que ce soit moi qui les porte à Paris de manière à assurer au monarque son amitié et son admiration éternelle.

» Seulement, il s'agit d'un voyage plein de périls. La Bourgogne, qu'il faut traverser, est occupée par des franches compagnies. Messire Galéas me fournira bien sûr une escorte, mais il ne veut prendre aucun risque. Il connaît votre valeur. Il souhaite que vous commandiez ses hommes.

1. Philippe, dit le Hardi, qui criait : « Père, gardez-vous à droite ! Père, gardez-vous à gauche ! » Il fut le père de Jean sans Peur.

L'explication laissa Sangallo dubitatif et, comme Sance lui tenait la main, il la serra fort.

— Je suis flatté par l'honneur que me fait messire Visconti, mais la princesse Isabelle a fait ce trajet sans entrave, et je suppose que les sommes promises au roi de France ont également franchi les Alpes. Messire Visconti dispose de gens d'armes de valeur, et en grand nombre. Il n'a nul besoin de moi.

— Vous êtes dans le vrai, messire. Toutefois, dans le cas de la princesse, sachez que le seigneur Visconti avait envoyé à Paris quelques douzaines de sergents et de chevaliers. Et le comte de Savoie avait doublé cette troupe. Le dauphin de France avait également ajouté une escorte de chevaliers et de compagnons d'aventure de messire Arnaud de Cervole. Qui aurait été assez fou pour s'en prendre à pareille troupe, laquelle faisait d'ailleurs étape de château en château, chaque fois protégée par les seigneurs des terres traversées ?

— Cervole ? laissa tomber Sangallo en haussant les sourcils.

— Oui, celui qu'on nomme l'Archiprêtre. Je sais que vous avez eu affaire à lui et, à ce sujet, je serais curieux d'en savoir plus.

— Je l'ai en effet rencontré, répondit évasivement Pietro, après un regard rapide vers Raffaello et Sance.

— Quant aux sommes promises, poursuivit Pétrarque, elles ont été remises sous forme de lettres payables dans des comptoirs lombards de Flandre et d'ailleurs. Leur transport ne posait donc aucune difficulté.

— Pareil voyage d'aventure ne m'enchante guère, déclara Sangallo en faisant une moue. Je suis capitaine de la milice, j'ai épouse et enfant.

— Messire Visconti le sait, aussi l'engagement

qu'il vous propose sera-t-il rémunérateur. Il vous offre cinq mille florins et paiera tous les frais de l'entreprise.

Le Florentin écarquilla les yeux de surprise et Sance demeura bouche bée. Riche veuve à la tête d'une des plus grosses fortunes de la viguerie d'Aix, elle avait emporté avec elle quelques milliers de florins en quittant la Provence pour la Toscane. C'est avec cette somme qu'elle avait acheté la ferme de Fiesole. Quant à son époux, il avait seulement hérité de leur tour d'habitation même s'il possédait quelques rentes provenant de ses gains de *condottiere*, placés dans des banques. Le couple profitait donc d'une confortable prospérité, sans toutefois être fortuné. Or, il disposait d'une importante domesticité et payait beaucoup de gens d'armes, car les émeutes pouvaient à Florence flamber aussi vite que les feux d'été dans les forêts.

Pietro avait envisagé d'acheter un fief et un castello, or il n'en avait pas les moyens. Ce serait différent avec cinq mille florins. Cela représentait une belle fortune, largement de quoi payer ce qu'il convoitait. Une partie de la somme permettrait aussi à son épouse d'avoir du verre aux fenêtres de son appartement, qui ne fermaient que par des volets de bois et des peaux de porc. Il pourrait également lui offrir tapisseries et orfèvrerie.

Sangallo ne ferma donc pas la porte, mais se tourna vers le gonfalonier, car il voyait surgir une autre difficulté.

— La Seigneurie va avoir besoin de moi si le conflit éclate avec Pise, dit-il.

Depuis cinq ans, les querelles tournaient au vinaigre entre les deux villes. À cause de droits de douane excessifs, Florence utilisait désormais un autre port et avait développé une flotte militaire qui lui avait coûté soixante mille florins. Dans chacune des cités, on engageait des mercenaires et des gens d'armes venus d'Arezzo et de Pistoia. Un marchand florentin installé à Gênes avait déjà promis quatre cents arbalétriers à la capitale toscane.

— La guerre éclatera, Pietro, j'en ai la certitude, intervint Lapo Brunetti. Mais pas avant quelques mois, ou même un an, car nous ne sommes pas prêts. J'en ai parlé à maître Pétrarque, et Galéas Visconti est parfaitement au fait de la situation. Si tu acceptes sa proposition, le seigneur de Milan s'engage à ne pas prendre parti, et même à nous aider.

— Laissez-moi réfléchir, déclara Sangallo après un silence. En attendant, maître Pétrarque, vous êtes chez vous dans ma maison. Je vous laisse mon appartement. Je m'installerai chez Sance à l'étage supérieur, où nous dînerons tout à l'heure. Vos gens trouveront place avec les miens.

Après le départ du gonfalonier et du poète, qui reviendrait un peu plus tard avec son escorte, Sance donna ses ordres pour le dîner et discuta longuement avec son époux. Devait-il accepter la proposition de Visconti ? Que cachait-elle ? Et s'il partait pour Paris, dans combien de temps reviendrait-il ?

La table était dressée et couverte d'une épaisse nappe blanche quand Pétrarque se présenta, accompagné de Raffaello.

En embrassant la pièce d'un rapide coup d'œil, le poète se rendit compte que les appartements de l'épouse étaient plus cossus et mieux décorés que ceux de son mari. L'ameublement se révélait plus raffiné et confortable. Une longue fresque courait même sur les murs, représentant Florentines et Florentins sous les arcades d'un palais et devant des fontaines et des vergers opulents. Les poutres et les solives du plafond étaient également peintes d'étoiles et de lys de Florence sur une couleur azur.

Parmi le mobilier, Pétrarque remarqua avant tout, près de la cheminée, le grand pupitre à lectrin, qui possédait un siège à coussin et une lanterne à bougeoir permettant de lire la nuit. Lui-même possédait un meuble identique à Carpentras. À côté de ce siège de lecture, un prie-Dieu.

Par courtoisie, et refusant de se montrer indiscret, il ne laissa pas son regard s'attarder sur le pavillon en drap de Damas et les courtines brodées du lit de parade. Plus au fond de la pièce, il devina la couchette sur laquelle se reposait Mitrone, en train d'essayer d'endormir Francesca dans son berceau.

Devant le foyer, des valets faisaient réchauffer plats et soupières apportés de la cuisine. Le plateau de table posé sur des tréteaux à entretoises était couvert de deux nappes tapissées, la première, épaisse, et celle de dessus, plus fine. Sur une desserte se trouvaient deux bassines de faïence ocre pleines d'eau parfumée. Un valet présentait le linge pour essuyer les mains lavées.

— Êtes-vous bien installé, mon bon maître ? demanda Sance à son invité en l'invitant à s'approcher des récipients.

— Magnifiquement, noble dame. Je n'ai pas l'habitude de ce confort, dit Pétrarque en imitant son hôtesse qui avait plongé ses doigts dans l'eau.

— Ne l'avez-vous point chez messire Visconti ? s'étonna Sangallo qui se tenait derrière son épouse.

— Je ne le recherche. Monseigneur Visconti, l'oncle de Galéas, voulait que je loge près de lui, et j'ai refusé. J'ai besoin de liberté, de calme, de silence et de solitude. Jusqu'à l'année dernière, j'habitais une petite maison proche du monastère bénédictin de San Simpliciano. Je n'y bénéficiais d'aucune commodité, mais cela me convenait. Le matin, j'avais pour paysage les remparts de la ville et les Alpes souvent couvertes de neige. La journée, je lisais et j'écrivais.

Les ablutions terminées, Sance lui proposa de s'asseoir au siège médian. Elle se mit à sa droite, son époux à sa gauche. Raffaello s'était éclipsé.

Habituellement, quand le couple soupait avec les gens de leur mesnie, à l'étage inférieur, il n'y avait pas d'assiettes. Chacun prenait la nourriture dans les plats avec ses doigts, des couteaux et parfois des cuillères de bois. Mais, pour honorer le poète, Sance avait fait placer sur la table les trois écuelles de céramique qu'elle possédait ainsi qu'un couteau, Pétrarque, lui, utilisait le sien et Pietro, sa dague au faucon.

Deux valets déposèrent de grandes tranches de pain toscan trempé d'huile d'olive et une soupière de haricots mijotés avec des tripes dans une sauce de vin parfumée à la sauge. Le plat répandait une appétissante odeur.

Il y eut alors échange de regards et de mimiques, accompagnés de gestes d'obligeance entre le maître de maison et le poète, à la suite de quoi ce dernier accepta de dire le bénédicité. Une prière rapide et plutôt marmonnée, suivie d'un instant de recueillement.

Puis, sur un signe de Sangallo, les valets apportèrent deux coupes de vin blanc léger de Fassignano, l'une pour le couple et l'autre pour leur invité. Ensuite, chacun se servit avec des cuillers de bois avant de tremper son pain dans le brouet.

— Vous avez donc changé de logis ? demanda Sance après quelques bouchées.

Pétrarque termina son morceau de tripe et s'essuya la bouche avec la nappe avant de répondre :

— Je me retire souvent dans la chartreuse de Garegnano car l'isolement et la méditation me conviennent mieux. Je ne supporte plus cette vie instable et capricieuse qui nous détruit. L'année dernière, j'ai en effet changé de demeure, toujours près du même monastère, mais pour un habitat plus petit et avec un seul serviteur.

— Et pour votre cuisine ? s'enquit Sance, amusée.

— Le paysan le plus grossier est en état de faire ma cuisine. Les mets les plus simples, les plus dénués d'apprêt, sont ceux que je préfère. Pour vous avouer la vérité, je supporte mal les serviteurs.

Comme Sangallo haussait les sourcils, Pétrarque se permit une moue souriante et se justifia ainsi :

— J'ai beaucoup de défauts, entre autres celui de juger une partie du genre humain insupportable. Vous avez la chance d'avoir des aides silencieux. Hélas, beaucoup jacassent et sont capables de vous noyer sous les reproches ou les conseils. Sans compter les indiscrets. Mais ce rejet des domestiques n'est pas mon seul défaut…

— Quels sont les autres ? plaisanta Sance.

— Je déteste la guerre.

— Vous n'êtes pas le seul, observa-t-elle. À mes yeux c'est l'inverse qui serait un défaut.

— Certainement. Pourtant, je ne suis point naïf, elle est parfois nécessaire et je me suis mal exprimé. En vérité, ce n'est point la guerre que je hais, ce sont les mercenaires, les *condotte* et leurs capitaines, ces gens qui vendent leur foi pour l'argent ou le plaisir de détruire, de violer, d'incendier et de rapiner.

— J'ai été ce genre d'homme, observa Sangallo tandis que des sillons de confusion se creusaient sur son front.

— Mais vous ne l'êtes plus, et m'avez dit regretter l'avoir été.

— C'est juste, le regret ne fait cependant pas disparaître les fautes.

— Vous nous avez fait comprendre que vous aviez plusieurs défauts, maître Pétrarque, détourna Sance d'un ton léger, à l'évidence pour changer de sujet.

Le poète ne répondit pas d'emblée. Un valet déposa sur la table un plat de charcutaille de porc et de foies de volaille accompagné de croûtons de pain grillé et de câpres. Il en prit un qu'il tartina lentement, puis qu'il porta à sa bouche et apprécia d'un claquement de langue.

— Je goûte peu le luxe et encore moins les honneurs, déclara-t-il avec un air moqueur.

— Pourtant vous êtes au service des Visconti, lui fit remarquer Sance en choisissant de fines tranches de foie dans le plat.

— Je sais combien certains de mes amis me le reprochent, et je peux tenter de m'expliquer. J'apprécie le seigneur de Milan, comme j'aimais son oncle, l'archevêque Jean, bien qu'ils aient tous deux été qualifiés de tyrans, ce que je récuse. Mais, croyez-moi, n'en déplaise à ceux qui me critiquent, je n'ai pas une confiance excessive dans les personnages de haut rang.

Nouveau picotage, silencieux. Le poète semblait apprécier les câpres. Le couple attendait patiemment la suite en grignotant.

— Je suis chez Galéas Visconti. J'habite son territoire, c'est vrai. Mais pas sa maison. Je suis chez lui et pas sous lui. Il me comble d'honneurs, c'est une réalité aussi, mais c'est moi qui décide ce que j'accepte, et je refuse beaucoup, même si je reconnais aimer la considération qu'il me témoigne. En contrepartie, je lui rends des services diplomatiques qu'il ne pourrait obtenir par son entourage, car les princes apprécient de me recevoir et de me parler. J'agis ainsi à ma façon. Quand le matin, ses commis et ses conseillers se rendent dans les salles du palais pour préparer des actes ou discuter politique, je vais marcher dans les bois, à la recherche de lieux solitaires pour réfléchir.

Le plat ayant été bien entamé, les valets déposèrent des morceaux d'oie noyés dans une sauce aigre-douce préparée avec du raisin sec, des amandes, du vinaigre, du miel et du moût cuit.

— Quels genres de mission avez-vous conduites pour messire Visconti ? s'enquit Sangallo.

— Des affaires importantes.

Il picora dans son assiette avant d'ajouter :

— Vous vous souvenez de la révolte de Bologne, voici quatre ans…

— Bien sûr. Le marquis de Montferrat a tenté de s'emparer de plusieurs villes du Piémont en arguant qu'il avait le soutien de l'empereur puisqu'il était son vicaire impérial.

— Messire Galéas s'en inquiétait. Il pouvait vaincre Montferrat sans peine, mais au prix de sanglantes batailles, ce qui lui répugnait. De surcroît la ligue vénitienne n'avait pas désarmé contre lui. Cela faisait deux adversaires et la Grande compagnie que Montferrat avait engagée arrivait de Naples et se montrerait redoutable. Il m'a donc envoyé à Prague demander à l'empereur d'intervenir. J'obtins sinon la paix, du moins un désaveu de Montferrat qui l'empêcha d'aller plus loin. Quant à la Grande Compagnie…

— Visconti l'a achetée pour quelques milliers de florins, coupa Sangallo en mâchonnant un morceau de pâté.

— *Esatto !* Mais… à mon tour de vous questionner, éluda Pétrarque qui, à l'évidence n'aimait guère dévoiler certaines de ses activités. Je sais que vous vous êtes rendu en Provence à la demande de la *Signoria di Firenze* pour porter une grosse somme à la capitale provençale. Or, vous en avez ramené la plus belle des dames. Par quel miracle ?

Regard légèrement égrillard vers Sance qui rougit.

— Je suis arrivé là-bas avec quarante mille florins destinés à l'achat d'armes pour que la ville puisse se défendre contre la compagnie d'Arnaud de Cervole et des seigneurs des Baux.

Pétrarque hocha la tête, montrant qu'il savait cela.

— À Aguensi, des meurtres incompréhensibles se succédaient, dont celui de l'époux de Sance[1]. Tous ces crimes avaient été commis avec des viretons d'arbalète. J'ai moi-même été accusé d'être l'assassin et emprisonné, Sance m'a fait libérer. En vérité, j'ai vite conclu que deux criminels utilisaient la même arme : une petite balestre à cranequin. Le premier tuait pour sauver sa peau et le second, un membre du conseil de la ville, avait reçu cinq cents florins de Cervole pour livrer la capitale provençale.

— Je sais que l'Archiprêtre a échoué, mais qu'il a perpétré de grands massacres dans la cité des Tours où je m'étais rendu il y a une quinzaine d'années. Un ami d'Avignon m'a fait un récit de ces crimes.

1. Voir *L'Archiprêtre et la Cité des Tours*, *op. cit.*

— Sance et moi nous y trouvions quand ses gens ont écrasé les défenseurs. Nous sommes parvenus à nous échapper. Seulement, après bien des péripéties, nous sommes retombés entre ses mains. Il a accepté mon défi contre l'un de ses hommes et, après ma victoire, a écouté la proposition que je lui ai faite : le payer pour qu'il parte. Il nous a libérés, mais a quand même tenté de prendre la ville d'Aguensi. Après cet échec, il a négocié et quitté la Provence, non sans avoir été absous par le pape. Il s'était engagé à se mettre au service du prévôt des marchands de Paris, ce qui n'a pu se faire car, je l'ai appris plus tard ce dernier, en révolte contre le régent de France, avait été assassiné.

— Qu'est devenu le félon d'Aguensi ? demanda Pétrarque en vidant sa coupe qu'un valet venait de remplir.

— Il a été écorché par Cervole lui-même.

Un moment de silence.

— Quel genre d'homme est cet Archiprêtre ? On le dit chevalier et fidèle au roi de France. Il aurait été avec lui à la bataille de Poitiers.

— Chevalier, nul doute. Mais c'est d'abord un être cruel et violent. Pour autant, je ne le crois pas félon.

Comme Pétrarque se taisait, Sangallo devina que le moment d'aborder les sujets importants était enfin venu.

Sance l'avait compris elle aussi car elle ordonna aux valets de se retirer en emportant plats et soupières.

Pétrarque les suivit des yeux jusqu'à ce que la porte fût fermée.

— Maintenant que nous sommes seuls, mon bon maître, vous pouvez nous dire franchement ce que me veut le seigneur Visconti.

— Hum…

Embarrassé, le poète se racla la gorge puis posa ses mains l'une sur l'autre à même la table.

— Messire Galéas m'avait vanté votre perspicacité… Il n'avait point tort. Et ce que vous venez de me raconter confirme ses dires.

— En ce qui concerne les vraies raisons de votre visite, je n'ai aucun mérite. Qui peut croire qu'une escorte est nécessaire pour transporter une bague en France ? N'importe quel faux pèlerin, prélat, ménestrel ou colporteur aurait pu s'en charger.

L'envoyé de Visconti écarta les mains, avec un sourire.

— En effet. Disons que j'aurais préféré vous révéler la vérité à Milan, afin que le secret demeure soigneusement gardé.

Il lança un regard vers la couche sur laquelle Mitrone paraissait endormie.

— Ce n'est pas elle qui nous trahira, le rassura Pietro. Elle était esclave à Aix. Sance l'a rachetée et affranchie. Elle se ferait tuer pour nous.

— Je vous fais confiance.

Nouveau raclement de gorge.

— Il s'agit de transporter cent mille florins d'or.

— Cent… mille ?

— Oui. Le dauphin de France a besoin de cette somme pour payer la rançon de son père.

— Et les six cent mille florins en lettre de change déjà donnés ?

Pétrarque expliqua alors l'accord négocié avec le cardinal de Boulogne et conclut :

— Transporter cent mille florins en or de Milan à Paris, en plein hiver, ne sera pas chose facile.

— Visconti désire que je m'en charge ?

— Oui. Il m'a dit que vous êtes le seul capable d'empêcher qu'on les vole. Vous avez déjà porté quarante mille florins sans peine en Provence.

— C'était différent. Personne ne le savait. Qui est informé de ces cent mille florins ?

— Peu de monde. Disons, moi, et quelques-uns des chevaliers de Visconti. Deux ou trois commis et les banquiers qui ont rassemblé la somme.

— C'est-à-dire tout le monde ! persifla Sance, dont le premier mari était trésorier et qui n'ignorait pas combien le secret devait être total dans les transports de fonds.

Pétrarque se permit une moue qui marquait son approbation, avant d'affirmer :

— Je n'y suis pour rien, et il se murmure même que certains *condottieri* se doutent de quelque chose. On a repéré à Milan des gens de Rodolfo da Varano[1] qui posaient des questions sur un voyage en France. Des proches d'Ermanno de Wartenstein[2] se sont aussi montrés dans une auberge et semblaient faire preuve d'étrange curiosité. Messire Visconti a prévu une escorte d'une trentaine d'hommes, mais elle ne fera pas le poids si l'un ou l'autre de ces *condottieri* lance mille cavaliers contre elle.

— En effet. Mais à trente, il sera plus facile de leur échapper.

— Peut-être. Seulement il ne s'agit pas du seul

1. Capitaine de guerre, il avait combattu à la solde de Sienne, de la papauté, de Milan et de Naples. En 1342, Florence lui avait confié son sort et, en 1352, il lui était venu en aide contre les Visconti et leurs alliés gibelins.

2. Allemand et comte, il dirigeait la *Compagnia degli Speranti* qui elle-même faisait partie de la *Grande Compagnia* du comte Lando.

péril. Une fois franchies les Alpes, en Bourgogne, l'on rencontrera à coup sûr des compagnies franches. Trente hommes armés attireront leur attention.

Sangallo hocha à plusieurs reprises la tête.

— Enfin, il y a Charles El Malo.

14

— El Malo ? s'étonna Sance, dont les yeux laissaient deviner une ombre d'inquiétude.

— Le cousin du souverain. Connaissez-vous l'état de la France ?

— Le roi Jean le Bon, prisonnier, vient d'être libéré après le versement d'une partie de sa rançon. Son fils Charles était régent en son absence, répondit Sangallo.

— Vous êtes dans le vrai. Mais la situation est autrement plus embrouillée. Les Anglais occupent la moitié du royaume et le roi de France a pérennisé cet état de fait par un traité, en échange de sa liberté.

— Un mauvais traité peut toujours être remis en cause, me disait mon frère, observa Sance de Portalis. Les Anglais sont des envahisseurs, et les Français ne les aiment pas, tout comme les Provençaux, d'ailleurs.

Pétrarque frotta son menton, marquant un désaccord qu'il ne voulait affirmer ouvertement.

— En êtes-vous certaine ? La Guyenne appartient aux Plantagenêt depuis que la duchesse Aliénor a épousé Henri II. La Normandie, qui était à Guillaume le Conquérant, est normalement devenue terre anglaise. Enfin, le roi d'Angleterre, Édouard, est petit-fils de Philippe le Bel, et assure avoir plus de droit à la couronne de France que Jean ou son fils Charles qui sont, eux, des Valois, issus du frère de le Bel. En cela, l'Anglais n'a pas tort. Or, sur cette querelle dynastique s'en greffe une seconde : le fils aîné de Philippe le Bel, Louis le Hutin, avait épousé une princesse bourguignonne qui a été accusée d'infidélité[1]. Aussi, à la mort du dernier fils du grand souverain, alors que le trône aurait dû revenir à la fille de cette princesse, Jeanne, icelle a été écartée par les Valois comme incertaine de sang royal. Elle est seulement restée reine de Navarre. Après son mariage avec le comte d'Évreux, elle a eu un fils qui lui a donné un petit-fils.

Pétrarque ouvrit sa main gauche et, de l'index, désigna un doigt, puis un autre pour insister sur l'énumération.

— Ce dernier, qui se nomme Charles, se juge également descendant direct de le Bel et prétend au trône de France. Pour compliquer la situation, Jean le Bon lui a donné sa fille aînée en mariage. Ainsi, ce Charles est maintenant le beau-frère du fils de Galéas.

» Il s'agit d'un jeune homme réputé pour sa matoiserie, sa sournoiserie, même, sa méchanceté et sa félonie aussi. Ce sont les Navarrais qui l'ont surnommé El Malo après qu'il a ordonné de pendre des députés qui avaient osé lui faire des reproches.

» Ce sobriquet est amplement mérité. Car il a aussi fait assassiner le connétable de France dans un infâme guet-apens, et tenté d'empoisonner le roi de France ainsi que son fils aîné le dauphin tout en incitant

1. Voir *La Vengeance du Baphomet*, *op. cit.*

ce dernier à agir contre son père. Après pareilles perfidies, Jean le Bon l'a enfermé. Mais ce diable d'homme est parvenu à s'évader avec l'aide de ses partisans.

» Entre-temps, le roi de France avait perdu la bataille de Poitiers et s'était retrouvé prisonnier à Londres. Le jeune dauphin étant, de fait, régent du royaume, Charles de Navarre a incité les bourgeois de Paris à s'opposer à lui en soutenant le prévôt des marchands, un certain Étienne Marcel. Il a même convaincu ce dernier, ou ses amis, d'assassiner deux maréchaux de France dans le palais royal, en présence dudit dauphin.

— J'ai entendu parler de cette affaire à Aguensi, mais j'ignorais que ce Marcel œuvrait pour Charles El Malo. J'avais cru comprendre que le prévôt des marchands voulait seulement que la ville de Paris se gouverne seule, comme Florence, ou Rome, et ne soit plus pillée par une noblesse parasite.

— C'est vrai aussi. Marcel avait bien des points communs avec Cola di Rienzo[1]. Il a d'ailleurs fini comme lui, assassiné par ceux qu'il voulait défendre. Mais laissez-moi revenir à Charles de Navarre. Il ne doit pas voir d'un bon œil le retour du roi qui l'a

1. Fils d'un aubergiste romain, il voulait rendre à Rome sa grandeur et restaurer la république. Soutenu par la bourgeoisie et le peuple, il combattra les grandes familles patriciennes et obtiendra leur exil. Il se fera élire tribun, rejettera l'autorité temporelle du pape et incitera les autres villes à le rejoindre pour réunifier l'Italie. Mais ses adversaires se ligueront contre lui et le peuple lui reprochera sa mauvaise gestion. En fuite, il se réfugiera auprès de l'empereur qui le livrera au pape. Pétrarque, son admirateur, obtiendra sa libération mais, après son retour triomphal à Rome où il se fera élire sénateur, il sera assassiné par ses partisans.

fait emprisonner, aussi, il ne m'étonnerait point qu'il cherche à voler les cent mille florins.

— Comment s'y prendrait-il ? questionna Sance avec une expression de surprise.

— Il est riche et capable de payer bien des capitaines de compagnie.

— Encore faudrait-il qu'il sache que messire Visconti fait porter cet or en France. Et qu'il connaisse l'itinéraire du convoi, objecta l'époux de Sance.

— Ce n'est pas à vous, messire da Sangallo, que je vais apprendre que tout s'achète, et qu'existent des espions.

Pietro balança un instant du chef. Il n'avait lancé la remarque que pour sonder l'opinion de Pétrarque, ne se faisant pas d'illusions. Combien d'embusques avait-il lui-même réussi grâce à des espions !

— Les *condotte* de ce côté des Alpes, les franches compagnies de l'autre. *In bocca al lupo*[1] *!* quoi qu'on fasse. Voilà un voyage qui se révélerait tumultueux ! conclut-il.

— C'est pourquoi messire Visconti vous propose cinq mille florins pour être le capitaine de l'escorte.

Sangallo soupira, gratta sa barbe et interrogea son épouse du regard.

— As-tu envie d'y aller ? demanda-t-elle.

— J'apprécie ce défi. Mais, toi, me laisserais-tu partir ?

— Demande aussi à ta fille, répondit-elle en un triste sourire. Elle te dira comme moi : prends garde à toi, Pietro. Et tâche de revenir. J'ai déjà perdu un mari.

— Pour cela, ne crains rien, ma gente Sance.

1. Dans la gueule du loup.

N'ayant à aucun instant douté de la réponse de son épouse, il se tourna vers le poète.

— Je choisirai les gens qui m'accompagneront, maître Pétrarque.

— N'avez-vous pas confiance dans ceux de messire Visconti ?

— Je déciderai parmi eux qui je garde et qui je réfute. Il me faut pouvoir compter sur ceux qui m'accompagnent.

Pétrarque écarta les mains.

— Vous serez le chef. Combien de temps faut-il pour rassembler vos gens ?

— Je prendrai Francesco et Raffaello, qui sont ici.

Il demeura un instant songeur.

— Quant aux autres, je vais devoir aller les chercher à une dizaine de lieues de Florence. Il me faudra trois jours.

— N'emmènes-tu pas Monteverde ? interrogea son épouse.

— Non, Simone gardera la maison. J'ai besoin d'un homme de confiance ici. Il a l'habitude de veiller à la sûreté de la tour et, s'il avait besoin de renfort, il saurait qui engager. Aller à Paris et revenir sera un voyage de deux ou trois mois. Durant ce temps, il peut se passer bien des choses dans la Seigneurie.

Elle approuva d'un mouvement de tête.

— Je partirai demain quérir mes gens. Je ne vous propose pas de m'accompagner, maître Pétrarque, car je chevaucherai sans halte. Mieux vaut que vous preniez du repos ici.

— Ce ne sera pas de refus, le voyage depuis Milan a été éprouvant. Dans combien de temps pourrons-nous quitter Florence ?

— Si je suis de retour dimanche, deux ou trois

jours seront encore nécessaires pour organiser les derniers préparatifs et acheter des montures. Durant mon absence, Monteverde fera le tour des marchands de chevaux. Je veux trois coursiers par cavalier. Il conviendra aussi d'équiper les hommes que j'aurai engagés.

— D'anciens compagnons ?

— Oui, presque des frères, même. Nous nous sommes mutuellement sauvé la vie. Mais, plus important : ils sont d'adroits tireurs à l'arbalète.

Il se tut un moment avant de sourire, plongé dans ses souvenirs.

— Voulez-vous que je vous parle d'eux ?

— Autant que je les connaisse, s'ils voyagent avec nous.

— Ugolino d'Alviano était clerc et médecin. Je l'ai découvert dans les cachots du château de Lagopesole qu'on avait assiégé, et finalement pris, avec Brienne. Le malheureux était au service du précédent seigneur, et le seul survivant des occupants des lieux. Le château avait été investi par un berger nommé Pascolo qui commandait une compagnie de Urslingen. Ce misérable avait fait jeter tous les habitants du haut des murailles, y compris femmes et enfants, pour ensuite les achever à coups de pierre. Il n'avait gardé qu'Ugolino car Urslingen recherchait quelqu'un connaissant les fiefs du pays. Alviano, ayant perdu sa famille dans la prise du château, est resté à nos côtés pour se venger et a été le premier à vouloir achever les Allemands blessés ou prisonniers et leurs alliés. Homme très adroit avec une arbalète, comme je vous l'ai dit, il s'avère également perspicace, fort lettré et écrit parfaitement. Il est en outre courageux, audacieux et astucieux. De surcroît, il nous sera plus qu'utile en tant que médecin ! Je sais pouvoir m'appuyer sur lui et j'ajoute qu'il parle le français d'oïl.

— Où se trouve-t-il en ce moment ?

— C'est l'armarius de l'abbaye de San Michele Arcangelo à Passignano.

Pétrarque se mit à rire.

— Comment est-il arrivé là ?

— Quand Brienne nous a quittés pour revenir en France, je vous ai dit que j'avais rassemblé une *condotta* avec Buondelmonti. En rejoignant Milan, nous nous sommes arrêtés à San Michele Arcangelo pour la nuit, car l'abbé est un cousin de Buondelmonti. Ugolino, qui a toujours été bon chrétien, s'est rendu dans l'église pour prier. Le matin, il nous a confié que saint Michel lui était apparu et lui avait demandé de rester. Nous nous sommes moqués de lui, mais il n'a pas changé d'avis. Depuis il s'est fait moine et, à la mort de l'armarius, a pris sa place.

— Dieu peut nous appeler à toute heure, approuva sentencieusement Pétrarque. Souvent, j'aimerais qu'il le fasse pour moi… Mais si j'ai bien entendu vos dires, ce médecin arbalétrier ne voudra jamais repartir avec vous.

— Je suis persuadé du contraire. Nous nous écrivons de temps en temps, et de plus en plus souvent il me rappelle nos courses avec nostalgie. J'ai le sentiment qu'il est las de sa vie au milieu de vieux parchemins. En revanche, il ne pourra quitter facilement l'abbaye. Il a prononcé ses vœux et n'ira jamais contre son abbé… Donc, il me faudra obtenir l'accord de celui-ci, et pour cela j'aurai besoin de vous.

— Vous voudriez que je lui rédige une lettre ?

— Oui, l'abbé Ruggero cédera à votre requête.

— Je peux le faire, mais que lui dire ?

— La vérité… Votre besoin d'un clerc pour un voyage que vous faites en France à la demande du seigneur Visconti. Un lettré capable de se battre si nécessaire. Et qu'on vous a parlé d'Ugolino d'Alviano.

— Entendu. Je préparerai la missive demain matin. Et votre second compagnon ?

— Ludovico Abruzzes. Il était également avec nous à Naples. C'est un ancien bûcheron, un colosse comme on en voit peu. Pas beaucoup de tête mais une force herculéenne et une fidélité à toute épreuve. Combien de fois a-t-il fait le vide autour de moi avec sa hache dans une estourmie ! Il se montre aussi adroit tireur et, avec une arbalète à étrier et des carreaux d'acier, il arrive à percer un corselet à cinq cents pas.

— Pourquoi ne l'avez-vous pas gardé ?

— À cause d'une femme !

— Racontez-moi ça ! Les histoires d'amour m'ont toujours passionné.

— Cela s'est passé il y a six ans. Notre *condotta* avait pris le château de Rocca Janula. L'endroit était tenu par un abbé, Mont-Cassin, qui retenait des otages français. Parmi eux, une chambrière napolitaine, aussi colossale que Ludovico, dotée des mêmes cuisses et des mêmes bras, les tétons en plus. Ne voilà-t-il pas que les deux géants tombent amoureux l'un de l'autre ! Ludovico nous annonce alors qu'il veut ramener sa belle en sécurité à Naples, et vivre avec elle. Brienne refuse. Alors, notre bûcheron, en pleurs, vient me demander d'intercéder. Je l'ai fait et j'ai convaincu le duc d'Athènes qui l'a laissé partir.

» Ludovico s'est installé à Naples avec sa belle et je n'ai plus eu de nouvelles de lui. Mais, voici un an, j'ai appris par un colporteur, ancien de notre *condotta* qui avait perdu un bras, que la femme de Ludovico était morte de la peste et qu'il avait quitté Naples. Il me savait de retour à Florence et envisageait de se rendre en Toscane pour me demander de lui trouver un engagement. Seulement, en route, il a trouvé une place de sergent d'armes à Monteriggioni. Depuis, il s'y ennuie mortellement. Et, surtout, ne supporte pas les Siennois qui y vivent. Vous savez que ce sont eux qui ont construit Monteriggioni. Même si Florence en est maître, les Siennois y demeurent, ainsi que leurs principaux défauts : le mépris des autres et un orgueil incommensurable.

Pétrarque se mit à rire et marmonna :

Siena si vanta di quattro cose
Di torri et di campane
Di bardasse et di puttane[1].

— *Et quando Siena piange, Firenze ride*[2], poursuivit Sangallo, amusé. Bref, je lui ai fait parvenir un peu d'argent, mais n'ai pu l'engager, j'ai suffisamment d'hommes ici, et pas assez de place pour en loger d'autres ! Cependant avec les cinq mille florins du seigneur Visconti, j'achèterai peut-être un castello et le prendrai avec moi. Dans l'immédiat, ce voyage me donne l'occasion de faire appel à lui.

— Je me sens déjà rassuré quant à la réussite de cette expédition, approuva Pétrarque en écartant les mains. Toutefois, comptez-vous leur confier ce que nous transporterons ?

1. Sienne se vante de quatre choses
De tours et de cloches
Des bardes et des putains.
2. Et quand Sienne pleure, Florence rit.

— À ces deux-là, à mon écuyer et à Francesco, oui. Je sais par avance qu'ils veilleront sur l'or comme s'il était leur. Je connais d'autres guerriers de mon ancienne *condotta*, mais les hommes honnêtes sont aussi rares que la neige en été et, à dire vrai, ils sont déjà ici, à mon service. Or, je ne veux pas démunir ma maison en leur demandant de m'accompagner.

15

Sangallo partit le lendemain matin, accompagné de son écuyer et de Francesco. Il avait dans son escarcelle la lettre écrite par Pétrarque et ils emmenaient deux coursiers bientôt montés par les hommes qu'ils ramèneraient.

Ils furent à San Michele Arcangelo un peu avant les vêpres.

L'abbaye était solidement fortifiée avec une enceinte ponctuée de tours crénelées. À l'unique porte, les battants de chêne ferrés étaient clos. Du haut d'une tour, un garde les interpella :

— Il est tard, nobles voyageurs, notre abbé est à l'office ! cria-t-il. Revenez demain.

— Je suis le capitaine de la milice de Florence. Je dois parler à l'armarius, frère Ugolino. Faites-le chercher. La *Signoria di Firenze* et le gonfalonier seraient extrêmement fâchés si je ne pouvais le rencontrer tout de suite.

— Je vais prévenir mon chef, proposa le garde, d'un coup conciliant.

Comme la porte ne s'ouvrait pas, Francesco descendit de cheval afin d'examiner la muraille. Au bout d'un moment, Raffaello l'imita. Le muet lui désigna alors un angle dans une tour, avec plusieurs grognements étonnés. En riant à moitié, Sangallo traduisit pour son écuyer :

— Il a remarqué qu'aucun tireur n'atteindrait un attaquant qui aurait posé son échelle à cet endroit pour passer la muraille.

Francesco grimaça un sourire ponctué de nouveaux rauquements.

Les cloches annonçant la fin des vêpres se mirent soudain à carillonner et, peu après, les grincements de la herse annoncèrent qu'on la levait. Ensuite, l'un des battants s'écarta.

Un homme parut. Teint olivâtre et cheveux noirs coupés court, il arborait broigne maclée et casque en barbute. À sa main, une courte épée à la romaine. C'était l'un des officiers qui défendaient l'abbaye. Sangallo le connaissait.

— Sire capitaine, lui dit l'homme, pardonnez à Bernardo qui ne vous a jamais vu. Il m'a rapporté que vous vouliez rencontrer l'armarius. J'ai envoyé quelqu'un le prévenir. Veuillez passer dans la cour, je vous prie.

Cavaliers et chevaux en longe pénétrèrent. La cour précédait le bâtiment conventuel et une seconde porte fortifiée permettait de franchir la clôture monacale. La hauteur de l'enceinte rendait l'endroit frais et humide. Du lierre grimpait sur l'une des façades, dont les rares fenêtres étaient protégées par d'épaisses grilles.

Pietro descendit de selle pour se dégourdir les jambes et se réchauffer dans un dernier rayon de soleil. Un valet conduisit les coursiers à l'abreuvoir situé à côté du puits. Un autre serviteur leur apporta un cruchon de vin blanc qu'ils se passèrent à tour de rôle.

Ils l'avaient terminé quand frère Ugolino apparut,

revêtu de la grande gonne avec coule et chaperon noir des bénédictins.

Visage parfaitement rond décoré d'oreilles en pointe, cheveux grisonnants dans la couronne de tonsure, narines larges, de grands yeux qui lui donnaient un air perpétuellement étonné, le clerc médecin n'avait pas changé, songea Sangallo.

— Seigneur ! s'exclama son ancien compagnon en joignant les mains et en s'inclinant. J'ai cru rêver quand on est venu me chercher pour me dire que vous étiez là. Que puis-je pour vous ?

— Viens, j'ai à te parler.

Il le prit par l'épaule et l'entraîna au pied de l'enceinte, dans un recoin où ils ne seraient entendus de personne :

— Ugolino, j'ai besoin de toi.

— Je suis votre serviteur, seigneur. Vous le savez…

— Il s'agit d'aller en France. Une mission pour le seigneur Visconti. Très dangereuse. Tu fais partie de ceux que je veux avec moi.

Il désigna ses compagnons.

— Tu connais Francesco et Raffaello. Ils en seront.

— Je suis prêt à partir, seigneur… Non ! Je veux partir avec vous ! Mais je souhaiterais avoir l'accord de mon abbé. Sinon, je serai excommunié et éviter de brûler en enfer serait plus agréable : je déteste la chaleur.

— Ne t'inquiète pas. Voici une lettre de maître Pétrarque, qui est au service du seigneur Visconti. Tu la donneras à ton abbé ce soir. Sois certain qu'il te laissera partir.

Il lui tendit le pli cacheté.

— *Si*, dit l'armarius en prenant le courrier. Passerez-vous la nuit dans l'hôtellerie de l'abbaye ?

— Non. Nous logerons à San Donato, à l'auberge de la *Malaspina*, car je dois encore aller quérir Ludovico Abruzzes à Monteriggioni. Tu te rendras demain à San Donato pour nous y attendre. Le cabaretier sera prévenu.

— Oui, seigneur. Je quitterai San Michele à l'aurore.

Le visage lunaire du moine respirait la joie. Le soulagement aussi, sans doute. Vivre si près du Seigneur était-il devenu pour lui une telle servitude ?

— Maintenant que vous m'avez annoncé cette expédition, j'ai vraiment hâte !

— Je le sais, l'ami.

Ils reprirent la route. Après une grosse lieue de chevauchée, ils arrivèrent à San Donato juste avant la fermeture de la porte Fiorentina.

San Donato appartenait à Florence. C'est dans cette petite cité que les voyageurs changeaient leur monnaie lorsqu'ils se rendaient à Rome ou en revenaient, aussi, les prospères boutiques d'argentiers, de Juifs et de Lombards y étaient nombreuses. Le bourg fortifié marquait la limite du territoire siennois et plusieurs traités de paix entre Sienne et Florence avaient été signés dans l'église. Mais la ville se voyait également revendiquée par l'empire et les troupes impériales l'avaient ravagée avant qu'elle ne revienne à la *Signoria*.

Sangallo y était connu. Les gardes des portes le saluèrent avec respect. Si bien que la troupe obtint une confortable chambre dans l'auberge et soupa d'un succulent *pastel volativo*, un gâteau formé de deux couches de pâte farcie de poisson et de porc. Un repas arrosé de vin en abondance.

À la fin du souper, Pietro prévint l'hôtelier de la

venue prochaine d'un bénédictin, qui devrait être bien reçu et nourri à satiété jusqu'à leur retour.

Ils quittèrent le bourg le lendemain par la *porta Senese*.

Vers none, ils avaient atteint le château Monteriggioni.

La forteresse, de forme circulaire, car elle suivait le tracé d'une colline, avait été érigée par les Siennois cent cinquante ans plus tôt sur le site d'une ancienne ferme, dans le but de surveiller les vallées alentour, en particulier celles conduisant à Florence, la rivale de Sienne.

Bien sûr, Florence avait plusieurs fois tenté d'annexer le bourg fortifié mais, Sienne étant gibeline, l'endroit bénéficiait de la protection de troupes allemandes. Toutefois, pour l'heure, le château qui s'étendait à l'intérieur était commandé par un capitaine siennois.

Les trois cavaliers s'approchèrent du pont-levis, baissé sur un fossé contenant non pas de l'eau mais du charbon qu'on pouvait enflammer afin de repousser des assauts ennemis.

Ici, Sangallo n'avait ni ami ni connaissance. Bien que Sienne soit sous la tutelle de Florence, il ne songea aucunement à faire état de son titre de capitaine de la milice de la *Signoria*. Il demanda donc seulement aux gardes de la porte San Giovanni où trouver Ludovico Abruzzes.

On lui indiqua la *porta Franca*, une tour dont Ludovico avait l'entretien des poulies d'ouverture. Le château n'étant pas grand, ils repérèrent l'endroit facilement.

Abruzzes sommeillait sur un banc de pierre, profitant des pâles rayons d'un doux soleil d'automne.

Sangallo l'identifia sans peine, moins à cause de sa taille et de sa corpulence que par sa tignasse blonde frisée qui se mêlait à une barbe tout aussi hirsute. D'une main, Pietro fit signe à ses compagnons de demeurer sur place et, étant descendu de monture, s'approcha pour jeter une poignée de feuilles de lierre, arrachées à un mur, au visage du dormeur.

Le colosse, réveillé en sursaut, les yeux hagards, saisit la hache posée près de lui. Puis il reconnut son ancien maître et s'illumina :

— Seigneur ! Êtes-vous de passage ? Allez-vous à Rome ? À Naples ?

— Non, mon ami, je viens te chercher.

— Me chercher ?

La mâchoire de l'ancien bûcheron s'abaissa sous la surprise. Il demeura bouche ouverte tandis qu'il se dressait.

Sa taille dépassait celle de Pietro de presque deux têtes, mais le géant lui parut moins imposant que dans ses souvenirs. Sans doute à cause de ses bras qui semblaient flotter dans sa large cotte alors que ses compagnons de *condotta* les comparaient autrefois à des cuisses de bœuf.

— Tu as maigri ! plaisanta Sangallo.

— Bien obligé, seigneur ! On ne me donne qu'une soupe par jour, ici. Et du porc seulement le dimanche. Seul le pain est à volonté, mais la pâte a plus de son que de mie. Grâce à l'argent que vous m'avez fait parvenir, j'ai réussi à ne pas trop perdre ma force, mais j'arrive au bout de vos florins.

— As-tu faim ?

— Toujours, seigneur !

— Où peut-on manger ?

— Chez Federico, près de l'église Santa Maria Assunta.

— Allons-y ! Tu te souviens de Francesco ?

Francesco et Raffaello avaient mis pied à terre et s'étaient approchés avec les montures.

— Bien sûr !

L'ancien bûcheron alla accoler le premier.

— Et ce damoiseau est le fils d'Ugoccione de Buondelmonti. Il se nomme Raffaello, c'est mon écuyer. Ugoccione me l'a confié.

Ludovico écarta les mèches pouilleuses qui tombaient sur ses yeux et, bien campé sur ses jambes, déclara :

— C'est le portrait de son père !

— On dit que je ressemble à ma mère, sourit Raffaello.

— Bah, *tale padre, tale figlio* !

— Arrêtons de philosopher et conduis-nous plutôt à ta taverne, j'ai le gosier sec, plaisanta un Sangallo satisfait.

L'ex-bûcheron saisit les rênes du cheval de son maître et prit la direction de l'église qu'il leur désigna de la main.

— Quelle sorte d'engagement as-tu ici ? Ferme ? s'enquit Pietro.

Dans les *condotte*, les compagnons d'aventures recrutés juraient de servir loyalement et ne pouvaient donc rompre sans l'accord de leur capitaine.

— Rien qui puisse me retenir, seigneur. Pas de gage et trop mal nourri par ces maudits Siennois ! Je pars avec vous tout de suite, si vous voulez de moi.

— Nous le ferons après nous être rempli la panse. Ce cheval est pour toi !

Sangallo désigna le robuste coursier en longe du destrier de Francesco.

L'église se situait au bout d'une ruelle obscure. Ludovico montra la porte basse d'une maison haute de moins de deux cannes, dont la façade était couverte de vigne en partie effeuillée. L'endroit avait tout d'une tanière de renard. Avant d'entrer, ils attachèrent les destriers à des anneaux scellés au mur.

À l'intérieur, une salle sombre et enfumée par un foyer de pierre au-dessus duquel pendait une marmite leur apparut. Une seule table, vide, et une femme qui hachait quelque chose sur une planche posée sur un vieux tonneau. Ils s'assirent sur un banc, à l'exception de Ludovico qui alla discuter avec la tavernière.

La matrone lui parla d'une voix rauque, désagréable et hautaine, alors l'ancien bûcheron haussa le ton. Craignant que l'échange ne dégénère, Sangallo envoya Raffaello, lequel déposa deux pièces d'argent devant la bourrue, qui se radoucit sur-le-champ.

Ludovico revint avec l'écuyer.

— Elle craignait qu'on ne la paye pas, annonça ce dernier. Elle fait les meilleurs *crispelli* du pays, mais ses plats sont très chers. Je n'ai mangé ici qu'une fois, suite à une chevauchée contre une bande de brigands. Le capitaine du château nous avait offert le dîner.

La femme vint avec un pot en terre et une cruche de vin, puis retourna en silence à son hachoir.

Tandis qu'elle préparait son plat, Sangallo expliqua à Abruzzes qui avait rempli son pot pourquoi il était là.

Les éclaircissements durèrent un moment, chacun eut le temps de boire et l'écuyer, de demander un second cruchon.

— Ce sera un rude voyage, sois-en sûr. Mais, au

retour, tu resteras avec moi. J'aurai besoin d'hommes pour mon castello, conclut Pietro.

Enfin, la femme apporta une énorme bassine de *crispelli*, ces gros raviolis de la taille d'une châtaigne emplis d'une farce faite de plusieurs fromages, d'herbes et d'un mélange de porc et d'oie. Des petits pâtés cuits dans un délicieux bouillon et servis saupoudrés d'épices.

16

Partis à la fin de la repue, les quatre hommes atteignirent San Donato en soirée. Ugolino d'Alviano les attendait avec impatience à l'auberge de la *Malaspina*.

Les retrouvailles entre l'armarius et l'ancien bûcheron furent chaleureuses, Ugolino évitant tout de même que le colosse ne le serre dans ses bras, craignant d'être étouffé ou d'avoir quelques côtes brisées par inadvertance. C'est Abruzzes qui l'avait découvert dans le cachot souterrain où il pourrissait, lui qui avait arraché ses chaînes du mur de sa prison et avait occis son geôlier d'un coup de hache : leurs liens étaient forts.

Sachant à peine lire, le colosse admirait ce clerc qui parlait latin mieux que le pape. Lors des estourmies, il le protégeait de son mieux pour qu'il ne se fasse pas tuer. Quant à Ugolino, aux yeux de qui Abruzzes était devenu une sorte de frère, il avait plaidé sa cause auprès de Gauthier de Brienne, qui faisait souvent appel à lui pour sa correspondance ou pour obtenir des renseignements sur les régions traversées par la *condotta*. Certes, il n'avait pu convaincre le *condottiere* de libérer l'ancien bûcheron de son engagement, mais ses arguments avaient porté et quand Pietro était intervenu à son tour, Brienne avait cédé. Abruzzes lui en était donc reconnaissant. De plus, lors de son départ de la compagnie, Ugolino lui avait donné les noms d'amis napolitains susceptibles de les aider, lui et sa maîtresse.

Curieusement, après s'être séparés, ils n'avaient jamais su qu'ils vivaient à quelques lieues l'un de l'autre. Abruzzes ne sachant quasiment pas lire, Sangallo ne lui avait jamais rien dit sur Ugolino d'Alviano.

N'ignorant pas que les deux hommes s'appréciaient, et sachant combien la bonne entente était essentielle dans une expédition, il avait pensé à eux dès que Pétrarque avait évoqué le voyage en France. En comptant son écuyer et Francesco, il disposait désormais de quatre combattants exceptionnels, tous capables de se porter secours l'un à l'autre et unis comme les doigts d'une main.

Le souper fut donc particulièrement joyeux. Les anecdotes et les souvenirs fusèrent, ponctués par les « ahgrrr » réjouis de Francesco.

Toutefois, avant le repas, Sangallo avait exigé d'Abruzzes qu'il se lave, ce qu'il n'avait pas fait depuis des semaines, sinon des mois. L'auberge disposait d'une cuve à baigner. Emplie d'eau tirée d'un puits, le colosse s'y trempa et se frotta avec une pierre ponce. Une servante vint tailler ses barbe et chevelure, tandis qu'Ugolino était allé acheter une cotte de laine propre et un manteau chez un fripier.

Le lendemain dimanche, ils prirent la route de Florence où ils arrivèrent dans l'après-midi. Pietro présenta Ludovico Abruzzes et Ugolino d'Alviano à Sance et à Pétrarque. Ce dernier ne put s'empêcher de poser quelques questions en latin au clerc, qui lui répondit avec justesse, ce que le poète ne manqua pas d'apprécier. Sance, elle, demeura courtoise, mais distante. Elle éprouvait peu d'intérêt pour les anciens compagnons de son époux, sachant parfaitement de quel genre d'individus il s'agissait.

La veille, dans la grande chambre à deux lits de l'auberge de la *Malaspina*, Sangallo avait expliqué au clerc et à l'ancien bûcheron en quoi consisterait leur expédition.

Il les avait aussi prévenus que le poète Pétrarque les accompagnerait. Qu'il serait l'ambassadeur du seigneur Visconti auprès du roi de France et qu'ils devraient lui obéir en tout.

Avant le souper, pendant que Sance donnait des ordres aux valets et aux servantes pour les préparatifs du repas qui se tiendrait dans l'appartement du quatrième étage, en présence de Pétrarque et des hommes de son mari, Pietro monta chez elle et gagna le coin de la salle où se trouvait le berceau de sa fille.

Emmaillotée, celle-ci dormait en minaudant par moments de petits sourires. Attendri, il demeura à la regarder, se demandant à quoi elle pouvait rêver.

Il ne s'était jamais intéressé aux enfants. Toutefois, durant les années où il s'était battu comme mercenaire, il ne leur avait nullement fait de mal. Il n'avait pas oublié qu'il avait lui-même été un nourrisson ayant échappé à la mort par miracle.

Puis Sance avait été grosse. Il espérait un fils et avait été déçu. Pendant les semaines qui suivirent sa naissance, il n'avait rien éprouvé quand il regardait l'enfantelet. Jusqu'au jour où sa mère le lui avait mis dans les bras. Francesca avait serré son doigt de sa petite main en poussant une sorte de gazouillis. Il avait alors soudain éprouvé le même sentiment que la première fois qu'il avait vu Sance. De ce jour, il avait su qu'il était capable de mourir pour protéger sa fille.

Il se tourmentait souvent quant à son avenir. La peste régnait toujours à Florence et Sance et lui veillaient à ce que personne, hormis Mitrone, ne l'approche. Tant de nourrissons trépassaient. Mais il songeait aux dangers de la vie. La Seigneurie de Florence aimait la guerre. N'y allait-il pas en avoir une contre Pise ? Sans compter les guerres civiles, les mortelles querelles entre Guelfes et Gibelins, l'inquisition, les arts mineurs et Médicis qui voulaient le pouvoir quel qu'en soit le prix.

Sa tour était bien défendue et si quelques audacieux envisageaient d'attaquer le logis du capitaine de la milice, ils en paieraient le prix fort. Toutefois, il savait que sa demeure n'était pas imprenable. C'est pour cela qu'il voulait un château, une forteresse haut perchée qu'il saurait rendre inexpugnable. Où sa femme et sa fille seraient en sécurité. Mais le prix pour l'obtenir était son départ. Or, tant de choses pouvaient survenir en son absence. Tant de malheurs à la Seigneurie, et tant d'imprévus à lui-même : un coup d'épée qu'il n'aurait pu éviter ; un vireton qui percerait sa cuirasse ; une chute de cheval. La mort au bout du chemin, aucun retour à Florence, et sa fille ne se souviendrait jamais de lui.

Cette pensée l'emplit de souffrance.

Il se détourna, et découvrit Sance. Sa femme le regardait.

— Je sais à quoi tu penses, dit-elle, les larmes aux yeux. Mais je la protégerai. Pétrarque vient d'arriver avec Raffaello. Il faut descendre, maintenant.

Ils retrouvèrent Ugolino d'Alviano bavardant avec le poète. Francesco se tenait à côté de Mitrone qui commandait valets et serviteurs. Monteverde et Abruzzes, tous deux membres de la *condotta* de Gauthier de Brienne, évoquaient des souvenirs communs, et Raffaello les écoutait parler de son père.

Les ablutions faites, Pietro désigna la place de chacun et Ugolino récita le bénédicité. Puis les valets déposèrent les plats.

Tandis que Pétrarque se servait en premier, Pietro donna la parole à Monteverde qui rapporta avoir réservé douze coursiers chez deux maquignons. Il décrivit longuement chaque animal, insistant sur le fait qu'il avait choisi des bêtes robustes et puissantes car, après le départ de Milan, les cavaliers seraient couverts de fer, ce qui représenterait une lourde charge. Toutefois, comme tous disposeraient de deux coursiers de rechange harnachés de leurs armes et leurs bagages, les bêtes ne seraient jamais trop fatiguées.

Quand tout le monde fut servi, Sangallo aborda le sujet des harnois. Chacun s'équiperait selon ses préférences mais devrait veiller à ne pas trop peser. Il expliqua à Pétrarque qu'il avait pour habitude de ne jamais porter d'armure afin que son cheval reste frais, capable de filer au grand galop à tout moment. Mieux valait fuir devant le danger que l'affronter, insista-t-il. Et pour ne pas être rattrapé, un coursier devait pouvoir galoper longtemps.

Pour sa part, il avait l'habitude de se vêtir d'un doublet matelassé de filasse et d'un jaseran[1] en fins anneaux d'acier entrelacés façonné à Milan. Par-dessus, il enfilait une cotte de soie empêchant le haubert de rouiller et une brigandine de cuir garnie d'un épais velours, renforcée de plates de métal rivetées. Enfin, un mantel clouté le protégeait du froid, de la pluie

1. Haubert.

et des traits tout en lui laissant une grande liberté de mouvement.

Tête et cou seraient protégés par une cervelière et un bassinet. Aux jambes, pas de cuissot ni de jambière de fer, mais des chausses de mailles. Une seule concession aux plates de métal : des spalières d'épaules, indispensables pour dévier les coups de taille.

Pour autant, il aurait besoin d'un second haubert dans le cas où le premier serait déchiré. Il en possédait plusieurs, mais point aussi fins et solides que sa cotte milanaise. Il en achèterait donc un autre à Milan où les armuriers fabriquaient les meilleurs jaserans d'Italie.

Francesco, lui, demeurait silencieux. Il ne s'intéressait qu'aux morceaux de lièvre cuits en ragoût qu'il sortait d'une soupière avec ses doigts et déchiquetait en couvrant la nappe de sauce. Personne ne l'interrogea sur son harnois, et au demeurant il n'aurait pu répondre que par des « ahgrrr ». Pietro savait qu'il s'équipait de pièces d'armure disparates récupérées lors de combats, auxquelles il vouait une singulière affection. Il les attachait ainsi lui-même par des lanières, tassettes et braconnières sur son gambison matelassé entrelacé de fils de fer, puis protégeait son torse avec une cuirasse cabossée. Il avait aussi un gorgerin trop grand et une cubitière – unique – au bras gauche. Des protections en vérité guère utiles, son fléau tenant facilement ses adversaires à distance : il les broyait avant qu'ils ne puissent l'atteindre.

Raffaello, lui, n'avait besoin de rien. Il possédait une armure complète offerte par son père et dont il était très fier. Il s'agissait d'un harnois en corne et non en fer, donc particulièrement léger. Mais si pareille armure autorisait une grande liberté de mouvements, elle se révélait moins protectrice que les plates d'acier, aussi la portait-il sur un gambison de cuir, lui-même enfilé sur un hoqueton matelassé.

Restaient le moine et Ludovico Abruzzes qui, eux, n'avaient rien de la sorte. Pietro disposait de plusieurs broignes et hauberts pour ses gens, mais il s'agissait de protections prévues en cas d'attaque de la tour, non d'équipements destinés à voyager et combattre à cheval. Il annonça donc à ses deux recrues que, dès le lendemain, ils se rendraient chez des fabricants de cuirasses et d'épée afin de choisir cottes de mailles, casques et solides *spades*. Avant de partir, ils adapteraient aussi un gambison ou un gippon matelassé en puisant dans ceux que possédait leur seigneur.

— Pour maître Abruzzes, il faudra sûrement l'agrandir, observa Pétrarque d'un ton ironique qui fit rire tout le monde.

Quant à lui, il n'avait aucun équipement de guerre et n'en voulait surtout pas, affirma-t-il. À Milan, le seigneur Visconti lui donnerait certainement un haubergeon court, et il avait depuis des années un manteau doublé de fines mailles de fer qu'il jugeait suffisant en voyage. En ajoutant un casque, rien d'autre ne lui semblait nécessaire : il n'avait guère d'expérience des batailles et ne tenait pas à en acquérir.

À Florence, les armuriers formaient la corporation *dei Corazzai e Spadai*, un art mineur, certes, mais puissant et aux membres réputés pour la qualité de leur travail et la bonne trempe de leur acier. Pietro et ses compagnons parcoururent plusieurs boutiques et ateliers, dont ils examinèrent soigneusement la production.

Ludovico et Ugolino choisirent des bassinets convenant à la forme de leur tête, des camails en fines mailles, une brigandine lacée composée d'un pourpoint en peau doublée d'étoffe de soie et garnie de lames d'acier rivetées, pour le premier, une armure de cuir maclée de plaques de fer aux épaules et aux coudes, pour le second.

Sangallo s'offrit une épée lombarde forgée pour l'estoc tout en étant tranchante. Mais ils se procurèrent surtout de légères arbalètes à pied-de-biche utilisables à cheval et une à poulie et cranequin, très puissante, avec carreaux capables de percer des plates d'acier.

Ces achats terminés, ils passèrent choisir les montures. Les bêtes furent longuement examinées et chacun décida de celles qui lui convenaient. Sangallo les fit toutes ferrer à neuf. Par expérience, il savait qu'avec un fer perdu, un cheval ne saurait ni galoper ni porter, et que selon l'endroit où l'on se trouvait, ils risquaient de ne pas trouver de forge.

Les animaux seraient amenés le lendemain à l'écurie de la tour par les palefreniers.

Le soir même, la pluie se mit à tomber. Ce ne fut pas gênant le jour suivant car les hommes préparèrent bagages et vivres, mais Pietro s'inquiétait : si les intempéries se poursuivaient, cela rendrait plus difficile leur voyage.

Depuis son retour, il avait essayé de discuter de l'itinéraire avec le sergent d'armes qui commandait l'escorte de Pétrarque, mais celui-ci, taciturne et imbu de lui-même, se montrait fuyant et peu aimable. Pietro n'avait pas voulu l'affronter au sujet de la route à prendre, toutefois, Sangallo voulait choisir un autre trajet que celui qu'ils avaient emprunté pour venir à lui : traverser les Apennins par un tel temps de pluie rendrait le trajet fort difficile.

Entre Milan et Florence couraient nombre d'anciennes voies romaines fréquentées par les marchands et les pèlerins. On appelait ces routes *Via Francigena*. Certaines portions étaient ponctuées d'hôpitaux, d'hôtelleries, d'autres encore de villages accueillants. Mais elles étaient aussi peuplées de brigands et de petits seigneurs qui rançonnaient les voyageurs soit par des péages exorbitants, soit en les rapinant. Plus problématique, les ponts étaient rares, or ruisseaux et rivières pouvaient devenir infranchissables en cas de crue si on ne connaissait pas les gués.

La veille du départ, il fallut quand même parler de la route à suivre, aussi Pétrarque fit-il venir le sergent d'armes chez Sangallo afin qu'ils évoquent ensemble la question.

L'homme se nommait Emilio. La quarantaine, replet et de petite taille, visage rond et rougeaud avec d'épais sourcils et un nez en pois chiche, rien en lui n'évoquait l'autorité. Ses cheveux noirs taillés court, qui le faisaient ressembler à une étrille à cheval, encore moins. Pourtant, il parlait comme un maître, non seulement aux soldeniers milanais, mais aussi aux gens de Pietro da Sangallo.

En préliminaire, il déclara – avec superbe – qu'il connaissait parfaitement la Toscane, la Lombardie et le Piémont, qu'il avait la confiance du seigneur Visconti et que lui seul commanderait l'escorte.

Demeurant impassible en entendant ce discours prétentieux, Pietro demanda seulement :

— Voulez-vous revenir par la montagne ?

— C'est le chemin le moins long et le plus sûr.

— Pas avec la pluie. Le Secchia[1] aura gonflé et on

1. Un affluent du Pô.

ne pourra le franchir. Il faudra alors se diriger vers Modène, donc autant filer directement vers Bologne où la route sera plus facile et les étapes, aisées.

Emilio prit un air dédaigneux et se dressa comme un coq devant les animaux de la basse-cour.

— Impossible ! fit-il en bombant le torse.

— Et pourquoi ?

— Le seigneur Visconti m'a ordonné de ne pas passer par Bologne et Modène.

— Pourquoi ? insista Pietro.

— À cause de son frère.

Pietro haussa les sourcils et interrogea Pétrarque du regard.

Ce dernier se montra embarrassé. Il ne voulait pas contrarier le sergent et encore moins Sangallo.

Après s'être humecté les lèvres et avoir joint les mains, le poète déclara :

— Il y a six ans, à la mort de l'archevêque Jean Visconti, la seigneurie est allée à ses trois neveux. Mathieu a trépassé un an plus tard et la Lombardie a été partagée entre Galéas et Barnabé, qui sont devenus coseigneurs. Galéas a obtenu la partie occidentale avec Pavie, Côme, Novare et Asti, et Barnabé, l'orientale qui comprenait Bergame, Brescia et Crémone. Mathieu avait eu droit à Plaisance, Parme et Bologne, mais cette dernière ayant été cédée au pape, Barnabé a tenté de la reprendre l'année dernière.

Sangallo opina avec impatience. Il n'ignorait rien de la succession.

— Mais Bologne ne s'est pas laissé faire et il a été mis en échec. Les Visconti n'y sont pas les bienvenus. Galéas craint donc que si nous passions par cette ville, on ne nous y garde en otages.

Pietro digéra l'information. Il connaissait les gens

de Bologne et n'imaginait pas qu'on s'en prenne à lui. Mais *quid* de Pétrarque ?

De mauvais gré, il acquiesça à l'itinéraire d'Emilio, en espérant que les cours d'eau ne grossissent pas trop.

Ils quittèrent Florence le mercredi matin, sous une pluie battante. Sinistre début pour pareille expédition, songea Pétrarque, qui s'abstint d'en faire la remarque à voix haute.

Emilio se tenait en tête avec ses hommes. Puis venaient le poète et Sangallo. Ses gens suivaient avec les chevaux de rechange chargés de bagages.

Pietro portait son mantel de cuir clouté de plaques et de mailles de fer. À son baudrier pendait la lourde et longue épée à double tranchant forgée à Augsbourg par le grand armurier Helmshid. Derrière lui, un coursier bai était chargé de la hacquebute, des épées en surplus, d'un écu à ses armes et d'une arbalète avec trousse de carreaux.

Après avoir franchi l'enceinte de la ville, Emilio fit déployer la bannière des Visconti, l'ancienne oriflamme de la commune de Milan. À l'origine, elle représentait une couleuvre avec un homme dans sa gueule. La couleuvre était devenue vipère depuis qu'Azzon Visconti, fils d'un oncle de Galéas, en avait tué une qui s'était introduite dans son heaume.

Cette enseigne fut une contrariété de plus pour Pietro da Sangallo, qui craignait un accueil hostile dans les villages qu'ils traverseraient. Ils étaient dans un pays guelfe et les armes de Visconti associées aux Gibelins et à l'empire.

Ses craintes furent vaines car, à l'approche des bourgs, Pétrarque, qui avait plus l'habitude de la diplomatie qu'Emilio, faisait enrouler le guidon.

Très vite, le convoi s'engagea dans des chemins escarpés. Les rares haltes se firent sous la pluie et chacun apprécia l'oratoire de Castelluccio et l'étable à moutons, qui les abrita pour la nuit.

Depuis qu'ils avaient repris la route, Pietro songeait à Dante et à l'enfer. Le chemin serpentait dans les sapins au milieu de roches jaunasses d'où sortaient des odeurs soufrées. C'est sous un véritable déluge qu'ils avançaient, grosses gouttes qui faisaient un vacarme épouvantable sur les pièces d'armure.

On était dans l'après-midi, mais le ciel était si noir qu'on y voyait à peine. Le convoi s'étirait en une longue file avec à sa tête Emilio, loin devant, qui assurait l'avant-garde. Le sentier descendait, terriblement glissant à cause de la boue s'écoulant entre les roches. Par moments, ils pouvaient apercevoir le donjon du château de Carpinetti, sur l'autre rive de la rivière qu'ils auraient à traverser. Leur étape pour la nuit.

Soudain, un grondement leur parvint : le mugissement de flots déchaînés. Le Secchia ! devina Pietro. Rien qu'à la puissance du fracas, il sut qu'ils ne pourraient le franchir.

Ils continuèrent leur descente et découvrirent enfin la rivière en contrebas. Un immense torrent, large d'une grosse vingtaine de cannes, bouillonnant, écumant, furieux ! D'énormes branches et même des troncs d'arbre tourbillonnaient, emportés par le courant.

Emilio, arrêté, regardait le flot impétueux.

Pétrarque le rejoignit, suivi de Pietro.

— Il ne reste qu'à faire demi-tour, dit-il, fataliste.

— Vous n'y pensez pas, messire ! protesta le capitaine milanais, sourire insolent aux lèvres.

— On ne peut traverser cette furie ! lança Pétrarque en désignant la rivière tumultueuse.

— Le gué de pierres est toujours dessous, même si on ne le voit pas. De grosses dalles qui forment une solide voie. Le courant est impressionnant, mais l'eau, pas haute, une brasse, tout au plus.

Il se retourna, appela un de ses hommes en lui demandant d'apporter la corde.

— Pourquoi ne pas suivre la rive et trouver un autre passage ? suggéra Pétrarque.

— On rencontrera un autre torrent qu'on ne pourra plus franchir, répondit Pietro.

— Et en amont ?

— Un autre, aussi.

Francesco s'était rapproché de son maître et murmurait son désaccord par des « ahgrrr » plaintifs. Pietro, lui, s'était tourné vers Ugolino d'Alviano et Abruzzes pour leur ordonner de faire le guet. Il ne s'agissait pas d'être surpris par quelque bande de brigands durant la traversée.

Emilio prit la corde et expliqua :

— Gardez le bout du filin. Je vais franchir la rivière et attacher le cordage à l'arbre, là-bas.

Il désigna un sapin sur l'autre rive.

— Ensuite il suffira de le tenir pour passer.

Les membres de la troupe se regardaient, inquiets et désapprobateurs. Pietro demeurait impassible. Pétrarque s'efforçait de ne pas claquer des dents. Il était trempé, transi de froid et l'eau devait être glaciale.

— Enlevez votre harnois et vos armes. Si vous tombez à l'eau, vous irez droit au fond, conseilla Sangallo.

Emilio le regarda avec défi. Mais le conseil dut lui sembler pertinent car, ayant noué la corde à sa selle, il descendit de sa monture, retira son mantel, sa barbute, son camail, détacha son ceinturon supportant son épée, défit les aiguillettes des plates et des genouillères, puis se pencha devant un de ses hommes qui l'aida à retirer son haubert.

Les autres cavaliers l'imitaient. Pietro le premier. Une opération qui prit beaucoup de temps, sous une pluie qui ne cessait pas.

Les harnois furent ensuite attachés sur les montures de rechange et Emilio remonta en selle non sans avoir jeté un regard à Sangallo.

Il engagea alors sa monture dans la rivière. La bête refusa d'abord d'avancer, mais un coup d'éperons la décida. Elle hennit pour marquer son désaccord, fit un pas, puis un autre.

Sur la rive, tous regardaient dans un silence pessimiste.

Pourtant, Emilio semblait avoir eu raison. L'eau ne dépassait pas ses genoux. Une brasse, pas plus de deux pieds d'eau au-dessus du gué de pierre.

Seulement, cela ne dura pas. Le destrier avait fait le tiers du parcours quand, d'un seul coup, il s'enfonça jusqu'au torse.

Déséquilibré, il bascula dans le courant.

17

— *Corpo di Christo !* La chaussée du gué a été emportée ! cria Pietro. La corde ! Tirez la corde pour retenir le cheval !

Mais un seul Milanais la tenait. Et en un instant, la puissance du courant arracha la corde et le destrier se retourna, se débattant en vain pour retrouver un sol ferme. Quant à Emilio, il avait disparu.

Pietro n'hésita pas. Il se jeta dans les flots boueux et fut à son tour emporté.

Il commença par se laisser porter, puis il s'efforça de nager. Saisi par l'eau glaciale, il ne sentait déjà plus ses bras. L'image de sa fille s'imposa à lui. Quelle idée stupide avait-il eu de tenter de sauver Emilio qui, quoi qu'il fasse, était perdu. Il le devina devant lui, mais le corps disparut tout aussi vite dans les flots boueux. Jetant un coup d'œil à la rive, il aperçut Francesco et Raffaello qui galopaient en suivant le courant. Comment pourraient-ils l'aider ?

La rivière fit un coude et les rives se rapprochèrent. De nouveau, Emilio surgit devant lui. À l'évidence le Milanais était inconscient, sans doute mort. Un remous le jeta contre un rocher sortant de l'eau. Il s'y écrasa et son corps fut retenu par quelques aspérités.

Pietro se rendit compte qu'il allait passer trop loin de la saillie et qu'il était bon pour la noyade. Alors il se laissa couler. Quand ses pieds touchèrent le fond il donna un grand coup en direction du promontoire alors qu'il en était à trois ou quatre cannes.

Il fut précipité contre le corps d'Emilio auquel il s'agrippa, puis parvint à se glisser le long du rocher, pour échapper à la force du courant. Le roc étant hors de l'eau du lit de la rivière, il possédait quantité de dentelures. Grâce à elles, Sangallo put se hisser dessus puis réussit à tirer le sergent d'armes par le col. Il était inconscient et son nez, ses oreilles et sa bouche saignaient, ce qui était mauvais signe. Au moins respirait-il encore.

— Seigneur !

La voix de Raffaello.

Pietro tourna la tête. Sur la rive, les Milanais et Pétrarque l'avaient rejoint.

— Francesco va vous tirer de là !

Une corde attachée sous les bras, une autre à la main, ce dernier remontait la rive en courant. Abruzzes le suivait. Quand il fut à une vingtaine de cannes du rocher, le muet se jeta dans les flots tandis que son compagnon l'assurait. Retenu par le bûcheron, Francesco s'approcha à deux toises du rocher et lui lança l'extrémité de l'autre corde, que Pietro attrapa.

Grelottant de froid, il parvint à la nouer sous les bras d'Emilio, puis cria à Francesco de tirer.

Abruzzes fit de même de son côté. Le geste déséquilibra le muet, qui tomba à l'eau, mais comme il avait assuré la corde à sa taille, en se redressant, il amena Emilio jusqu'à lui. Pietro était toujours agrippé au sergent d'armes.

Pendant la manœuvre, les autres membres de l'escorte avaient rejoint l'ancien bûcheron et, au prix d'efforts démesurés, ramenèrent le corps de leur chef sur la rive. À son tour, Sangallo retrouva la terre ferme.

Sous la pluie, toujours aussi drue, on allongea Emilio. Ugolino d'Alviano l'examina. Son corps saignait en plusieurs endroits, nez, oreilles et bouches paraissaient déchirés, une jambe était même cassée.

— Il vit ! conclut néanmoins le moine. Mais pour combien de temps ? Le froid va emporter ce qu'il lui reste de souffle.

— Qu'on attache deux fourreaux d'épée à sa jambe pour la tenir droite et qu'on le hausse sur un cheval. Il y a un prieuré là-bas ! ordonna Pietro en claquant des dents (il désigna un bois sur les hauteurs). Voici quelques années, un ermite y logeait. On pourra s'y sécher et s'y réchauffer, je pense.

— Loin ? s'inquiéta Pétrarque qui grelottait, comme toute la troupe.

— Un quart de lieue.

Transis, hagards, ils rassemblèrent les chevaux et, ayant installé le corps d'Emilio sur l'une des deux montures, l'attachèrent pour qu'il ne tombe pas. Raidis par le froid, les mains incertaines, ils durent s'y mettre à plusieurs pour nouer correctement les cordes.

Ensuite, ils partirent à la suite de Pietro.

Le trajet fut atroce. La pluie les cinglait, ils étaient glacés et ne sentaient plus ni leurs doigts ni leurs pieds. Même les chevaux rechignaient à avancer.

Ils aperçurent enfin le prieuré. Une construction basse en pierres sèches, sans fenêtre, entourée de sapins. Un peu de fumée sortait du toit. Un abri à moutons avec trois animaux, qui bêlèrent de surprise en voyant arriver la troupe, était accolé à la bâtisse.

Des chiens aboyaient.

Pietro désigna l'abri à Francesco. On pouvait y serrer une dizaine de chevaux, pas plus. Ce serait les siens, décida-t-il.

Pied à terre, il frappa à l'huis de bois.

— Nous sommes des voyageurs. Nous avons un blessé ! Nous quémandons l'hospitalité.

La porte s'ouvrit et un gros mâtin noir déboula, puis un second, de ces races que les Romains élevaient pour escorter les marchands. Pas agressifs, mais sur leurs gardes. Pietro caressa la tête du premier, puis un vieillard parut. La barbe longue et la chevelure blanche, il portait une épaisse robe de laine raidie de crasse.

— Il fait pas un temps à rester dehors, entrez ! Combien êtes-vous ? s'enquit-il d'une voix chevrotante.

— Treize.

Deux hommes portaient Emilio, toujours inconscient, en le tenant par les aisselles.

Ils pénétrèrent dans une pièce obscure, basse de plafond, que seules les braises du foyer éclairaient. Ils y seraient à l'étroit, mais pourraient dormir par terre, estima Pietro après avoir fait le tour des lieux du regard.

— Mettez-le là ! décida l'ermite en désignant une couche d'herbe recouverte d'une toile sur un cadre de bois.

On allongea le Milanais, tandis que les hommes retiraient leur harnois.

— Nous sommes de Florence, expliqua Pietro. Nous avons tenté de traverser le Secchia.

— Inconscience en ce moment !

Le Florentin opina et ordonna qu'on s'occupe des chevaux.

— Qu'on les desselle, qu'on sèche ceux dans l'abri

à moutons et qu'on mette les autres sous des arbres. Qu'on rentre aussi les bagages.

Chacun pourrait ensuite revêtir des vêtements secs.

— Il y a un auvent pour le bois par-derrière. Vous pouvez y conduire vos montures. Vos hommes y trouveront aussi de quoi alimenter le feu. Mais je n'ai pas de vivres, juste un peu de fromage de mes moutons, fit l'ermite, tandis que Pétrarque et Ugolino déshabillaient le blessé.

— C'est nous qui offrons le couvert. Nous paierons aussi pour l'hospitalité.

— Je n'ai que faire d'argent, mais si vous me laissez un peu de vin…

— Vous en aurez à satiété.

Pour son maître, Francesco sortit des vêtements des premiers bagages apportés par les hommes.

Ugolino revint à son tour :

— Seigneur, il y a un autre abri derrière la maison. On pourra y attacher tous les chevaux.

— Je sais, fais le nécessaire et rapporte du bois.

Chacun s'activait, se déshabillait devant le feu, sortait les pains, bien humides, les cochonnailles, les saucisses et les jambons. Sans oublier les outres de vin.

Pietro s'approcha de la couche. Un des Milanais interrogeait Ugolino :

— Emilio vivra-t-il ?

Le moine ne releva pas la tête pour qu'on ne vît pas son regard.

— Si Dieu le veut, murmura-t-il. Il faut laver ses plaies avec du vin chaud, ajouta-t-il.

L'ermite alla chercher une grosse marmite de fer cabossée posée dans un coin de la pièce. Un des Milanais la prit pour la suspendre à la chaîne qui pendait au-dessus du foyer. Quand ce fut fait, un autre vida dans le récipient plusieurs outres de vin.

Après avoir dîné et une fois le feu bien garni, ils s'allongèrent à même le sol de terre. Pietro voulait des sentinelles, mais l'ermite assura que les chiens monteraient tout aussi bien la garde :

— Ils flairent les loups et les hommes dès leur approche. Dans ce cas, leurs aboiements nous réveilleront.

Emilio reprit vie dans la nuit et se mit à gémir. Ugolino lui fit avaler du vin chauffé auquel il avait ajouté des plantes qu'il s'était procurées à Florence. Le blessé se calma, sans toutefois reprendre conscience.

Pendant le souper, Pétrarque avait interrogé Pietro sur la journée à venir.

— Nous n'avons pas le choix, il nous faut aller à Montegibbio, répondit-il. C'est à trois lieues. Manfredino Della Rosa me connaît et il a un médecin. Si Emilio n'est pas mort, on demandera qu'il nous autorise à le laisser à l'auberge de Sassuolo avec deux de vos Milanais, lesquels le ramèneront chez lui une fois guéri. S'il guérit.

— Et si ceux de Modène apprennent notre venue ?

— Modène se situe à quatre lieues de Sassuolo. On sera partis quand ils s'intéresseront à nous. Et Manfredino ne nous trahira pas : il hait les gens de Modène.

Pétrarque n'en était pas si certain.

Au début du siècle, le gouverneur de Modène, Gibelin et allié des Visconti, avait pris Montegibbio sans parvenir à le garder. Le château était ensuite revenu aux Della Rosa, qui l'avaient fortifié tout en renforçant les murailles du bourg de Sassuolo. Ce qui était certain, c'est que les Della Rosa n'aimaient pas les Visconti.

Ils furent à Montegibbio à basse none. Attaché sur la selle, Emilio tenait droit grâce à des branches taillées qui lui formaient un corset. Parfois, il ouvrait les yeux et balbutiait des mots incompréhensibles.

Malgré les trombes d'eau, le moral était revenu chez les Milanais qui voyaient approcher la fin de leurs épreuves et manifestaient désormais admiration et confiance envers celui qui avait risqué sa vie pour sauver leur maître. Les hommes de Pietro, eux, n'avaient jamais montré la moindre inquiétude. D'abord, ils avaient connu pire, et surtout, ils savaient leur seigneur capable de surmonter n'importe quelle difficulté.

Silencieux sous le capuchon de sa chape ferrée, Pétrarque comprenait désormais pourquoi Visconti avait choisi l'ancien *condottiere*. L'accueil que leur fit Manfredino Della Rosa confirma son sentiment. Le vieux patriarche se comporta en parfait gentilhomme. Il reçut Pietro da Sangallo avec une immense courtoisie, et exprima sa sincère admiration pour le poète.

Le château déployait plusieurs bâtiments et un donjon autour d'une cour. Les chevaux y furent soignés et les hommes s'installèrent sur la paille sèche d'une grange. Emilio, examiné, fut pansé par le médecin du seigneur qui conclut à sa possible survie si la gangrène ne prenait pas sa jambe.

Après une nuit paisible et réconfortante, ils partirent pour le bourg de Sassuolo, accompagnés de l'intendant du château qui les ferait entrer en ville. Avant de quitter le château, Pétrarque avait offert à leur hôte son bréviaire, un petit registre annoté de sa main. Manfredino Della Rosa se montra tellement ému de recevoir pareil trésor qu'une larme perla sur sa joue ridée.

Emilio ne reprit complètement ses sens que dans la chambre de l'hôtellerie de Sassuolo, alors que Pétrarque et Pietro soupaient près de lui en évoquant avec l'un des gardes milanais et Raffaello le départ du lendemain.

— Messire da Sangallo… souffla soudain le blessé allongé dans un grand lit à courtines.

Les hommes, assis autour d'une table dressée pour l'occasion, se levèrent et s'approchèrent de la couche.

Emilio, hâve et amaigri, était l'ombre de lui-même.

— J'ai cru être mort… Je me suis vu mort… haleta-t-il. Mais j'avais mal, et j'entendais les paroles autour de moi… Je vivais donc.

Quelques respirations rauques et oppressées.

— J'ai été un stupide obstiné… Et Dieu punit les orgueilleux.

— C'est plutôt la pluie et les pierres instables du gué qui vous ont fait du tort, plaisanta Pietro avec un sourire pincé.

— Non… Me pardonnerez-vous ? Je sais que vous m'avez sauvé…

— C'est le passé. Consacrez vos efforts à vous retrouver gaillard…

— Merci… Je voulais aussi vous dire… Je ne crois pas que j'aurais eu le courage de vous secourir, si j'avais été à votre place… Je ne connais personne qui aurait agi ainsi.

Pietro retint une grimace. C'était lui, l'imbécile. Que lui avait-il pris ? Voulait-il que sa fille perde son père ?

— Vous êtes maintenant en sécurité, conclut-il d'un ton égal. Nous sommes à Sassuolo…

Le blessé remua faiblement la tête pour faire comprendre qu'il le savait.

— Deux de vos hommes resteront ici avec vous : Cola et Giovanni. Nous, nous partirons demain en vous laissant trois chevaux. Quand vous serez guéri, vous rentrerez à Milan.

Mais déjà, Emilio avait fermé les yeux.

Il leur fallut trois journées pour atteindre Milan où ils arrivèrent donc six jours après leur départ de Florence. La seule difficulté de cette portion du voyage fut le franchissement du Pô, entre Pavie et Plaisance. Mais Pietro connaissait le gué, et comme d'autres voyageurs se pressaient devant eux pour le franchir, il savait le passage sans danger, même si la traversée se révéla impressionnante.

Après avoir quitté Parme, il avait confié l'avant-garde à Francesco et Ugolino, et l'arrière-garde à Ludovico et Raffaello. La route menant au gué du Pô, ponctuée de péages et principalement fréquentée par des marchands, était sûre. Pietro pouvait donc sans risque se laisser aller à songer à Sance et à sa fille. C'était la première fois qu'il se séparait d'elles pour un temps aussi long et il essayait d'imaginer leur occupation à cette heure.

Pareilles pensées le laissaient distrait et Pétrarque, qui chevauchait près de lui, remarqua son manque d'intérêt à ce qu'il lui disait. En fin de compte, il demanda si quelque chose le préoccupait.

— Rien que des affaires personnelles, rassurez-vous !

— Laissez-moi deviner… votre jolie épouse ?

— Vous êtes dans le juste. Et ma fille… Avez-vous des enfants, maître Pétrarque ?

— Je n'ai pas été un bon père… Je ne pouvais me marier, ayant reçu les ordres mineurs. Mais j'ai connu des femmes… Bien que celle que j'aimais n'ait jamais été mienne. Deux de mes enfants sont vivants et je les ai légitimés. Si Francesca, ma fille, ne m'apporte que des satisfactions, ce n'est pas le cas de mon fils Giovanni…

Il soupira et se tut.

— Les voyez-vous souvent ? s'enquit Pietro, maintenant intéressé par les aveux du poète.

— Francesca a dix-huit ans. Elle vit à Milan et veut se marier avec un gentilhomme de messire Visconti[1]. Giovanni, lui, est chanoine à Vérone, mais il vient souvent loger chez moi.

— Vous aimez donc vos enfants ?

— Trop sans doute, et j'en suis souvent fâché en ce qui concerne Giovanni qui me fait tourner en bourrique. C'est un garçon dissipé, qui ne fréquente personne de bon. Il est paresseux et influençable. Je l'ai chassé plusieurs fois, et toujours lui ai pardonné. J'ai beaucoup de patience avec lui, mais il m'a plusieurs fois brisé de douleur.

Après un moment, le poète ajouta :

— Son plus grand défaut, à mes yeux, est qu'il regarde les livres comme s'il s'agissait de serpents.

Pietro saisit la lueur de triste ironie dans le regard de ce père déçu quand il se tourna vers lui.

— Je ferai tout pour que ma fille les aime, assura-t-il.

1. Francescuolo da Brossano. Ils se marièrent l'année suivante. Brossano fut l'exécuteur testamentaire de Pétrarque.

Après un moment, il ajouta :

— Le roi de France s'est facilement séparé d'une fille qu'il n'avait pas revue durant des années et qu'il ne reverra jamais, m'a-t-on rapporté.

— C'est hélas le sort des enfants princiers qui ne connaissent pas l'amour de leurs parents.

Ils n'en parlèrent plus.

Le lendemain, alors qu'ils attendaient au gué pour franchir le Pô, ils évoquèrent Rome où Pietro s'était rendu à plusieurs reprises. Pétrarque exprima une nouvelle fois son admiration pour Cola di Rienzo, et sa peine quant à la mort du tribun.

— J'ai soutenu Cola autant que j'ai pu. Je me suis même fâché avec les Colonna à cause de lui. S'il avait été plus adroit ou mieux conseillé, il aurait mis fin aux guerres civiles. Toutes les communes italiennes seraient devenues libres, tous les Italiens, citoyens romains, et Rome aurait retrouvé sa position de capitale de l'empire et de la chrétienté.

— Une utopie, laissa tomber Pietro d'un ton moqueur.

— Les hommes ont besoin d'utopies, mon ami, et d'ailleurs, elles se réalisent parfois. Vous-même y croyez ! Ne m'avez-vous pas dit que vous approuviez l'entreprise d'Étienne Marcel à Paris ? Qu'était Marcel, sinon le Rienzo de France ?

— Pour vous dire la vérité, je n'en savais que ce que m'affirmaient les gens du conseil d'Aguensi, aux ambitions pas si grandes. Et puis, Marcel s'opposait au dauphin qui avait envoyé Cervole en Provence.

— Cela, je n'y ai jamais cru. J'ai toujours suspecté l'empereur de cette mauvaise action. Parce qu'une fois la Provence ravagée, elle aurait demandé sa protection.

— Verrons-nous le dauphin à Paris ?

— Il est duc de Normandie. Peut-être sera-t-il dans son duché. Cependant, s'il se trouve à Paris, il nous recevra. J'ai envie de le rencontrer car, dans ses courriers, le cardinal de Boulogne me dit que c'est un jeune homme destiné à devenir un grand roi.

— Si je le rencontre, croyez-vous qu'il me rapportera la vérité sur Cervole ?

— J'en doute. Personne ne se vante de faire appel aux grandes compagnies.

18

Les murailles de Milan furent en vue à la veille de la sainte Catherine[1]. La pluie avait cessé depuis quelques heures, mais désormais, c'est une bise glaciale qui soufflait.

En chemin, Pétrarque avait résumé les derniers événements à Pietro, qui n'était plus venu dans le Milanais depuis quatre ans.

— Vous vous souvenez qu'Azzon Visconti, le frère de l'archevêque Giovanni, s'était attribué le palais de la commune pour en faire sa demeure. Afin de le rendre digne de lui, il avait fait venir Giotto de Florence pour l'embellir.

— Je revois encore les fresques représentant l'épopée d'Énée, acquiesça Sangallo.

— Un chef-d'œuvre ! Mais, à la mort de Giovanni, Barnabé s'est approprié le palais et son frère Galéas a été contraint d'édifier son propre château. Il voulait à la fois un lieu conforme à son rang et une forteresse qui lui permettrait de se défendre si Barnabé envisageait de garder la seigneurie de Milan pour lui seul. Il l'a fait construire devant la porte Giova, sur les antiques

1. Le 24 novembre 1360.

ruines du camp romain. Nous passerons devant et vous me direz ce que vous en pensez.

— Croyez-vous que Galéas s'y trouve en ce moment ?

— J'en suis convaincu.

Le poète fut pris d'un rire moqueur en ajoutant :

— Il a hâte que je parte en France tant il est impatient que j'en revienne afin d'apprendre ce que le roi de France pense de lui ! Il m'a souvent semblé que Galéas serait prêt à d'immenses sacrifices pour que Jean le Bon le traite en ami, ou même en frère. D'où les anneaux d'une inestimable valeur dont il veut lui faire présent. Mais je préférerais qu'il ne nous reçoive pas tout de suite, afin que nous ayons le temps d'aller chez moi nous décrasser et changer. Je connais Galéas : s'il apprécie les *condottieri*, il préfère qu'ils n'empestent pas et portent une vêture qui ne fasse pas honte à sa cour.

— Vous avez cent fois raison ! répliqua Pietro, se souvenant de l'air dégoûté de Visconti un jour où il avait reçu un Malatesta, venu sans se débotter, annoncer une victoire dans son armure encore souillée de sang et de cervelle.

La nouvelle forteresse de Galéas Visconti, construite donc devant la muraille de la ville, se présentait comme un rectangle de hauts murs en brique, crénelés, avec un hourd de pierre en surplomb. Cette enceinte entourée de douves était ponctuée de quatre tours d'angle.

Les sentinelles ayant repéré la troupe et identifié la bannière à la couleuvre, une patrouille était sortie du château à sa rencontre.

Pétrarque en connaissait le capitaine. Ils échangèrent quelques salutations et le poète demanda si le seigneur Visconti était présent.

— Il est parti chasser au faucon avec son fils, répondit l'officier, mais quand il giboie ainsi, il revient toujours avant haute none, assura-t-il.

Cette absence convenait parfaitement à Pétrarque qui pria le capitaine de prévenir le seigneur qu'il se présenterait au château à haute none, à son retour de la chasse, avec le seigneur Pietro da Sangallo.

La troupe poursuivit jusqu'à San Simpliciano en contournant l'enceinte de Milan. En vue du monastère, elle prit un chemin qui la conduisit à l'orée d'une grande prairie où se dressait une petite maison tout à fait isolée, avec un unique étage. Sa cheminée fumait.

Alors qu'ils s'en approchaient, deux individus sortirent de l'habitation, alertés à coup sûr par le martellement des sabots. Pétrarque haussa les sourcils. Il n'avait qu'un serviteur pour entretenir sa demeure, et encore ce dernier n'était-il pas présent tous les jours. De surcroît, aucune des silhouettes apparues n'avait l'allure de son domestique.

Il fit presser son coursier et, enfin, en reconnut une.

— Giovanni ! murmura-t-il, sidéré.

— Mon père ! cria l'une des personnes, un jeune homme dans la trentaine.

Quant au second individu, il s'agissait d'un moine.

Pétrarque descendit de cheval, imité par Pietro qui s'était mis dans ses pas.

Le Florentin lança alors aux cavaliers derrière lui :

— Ludovico, fais décharger et débrider les bêtes qui sont toutes fatiguées. Qu'on les conduise dans le pré où elles pourront paître un moment, mais pas sans surveillance. Nous repartirons pour Milan avant la fermeture des portes.

Pétrarque, lui, s'adressait à son fils :

— Giovanni ! Que fais-tu là ?

Le ton, inquisiteur, était celui d'une réprimande.

— Je voulais vous voir, mon père, répondit l'autre en écartant les bras en signe d'évidence.

Le poète fronça les sourcils, désignant le moine d'un mouvement de tête interrogatif.

Ce dernier, un inconnu maigre et de haute taille, n'était en aucun cas un bénédictin donc ne pouvait venir du monastère.

— Je te présente frère Gian Luca Vicini, père. Il arrive de Rome et se rend en France. Je l'ai rencontré à Milan où il m'a parlé d'Avignon, qu'il connaît bien. Comme il ne savait où loger et que tu étais absent, je lui ai proposé de passer quelques nuits ici.

Tandis que Giovanni s'expliquait, Pietro examinait le froqué qui approchait de la quarantaine. Sa tonsure approximative dégageait une face marquée de rides, tannée par le vent et le soleil et non la lueur des chandelles d'un monastère. Des yeux enfoncés, dans lesquels on lisait un mélange d'astuce, de rapacité et de malveillance. Un nez décharné, une bouche qui affichait une moue à la fois féroce et pleine de dédain. En vérité, il avait tout d'un fredain.

Toutefois, il ne semblait pas porter d'arme sous sa coule.

— Mon frère, vous ne pourrez rester chez moi. Comme vous le voyez, je reçois des visiteurs ! trancha Pétrarque.

Le moine baissa les yeux sans répondre.

— Je suis très honoré de rencontrer messire da Sangallo, intervint le fils du poète avec l'air de celui qui envisage de barguigner.

— Me connaissez-vous, Giovanni ? s'enquit Pietro d'un ton dur.

— Point, messire, mais, quand je suis arrivé à Milan

voici deux jours, et que j'ai appris l'absence de mon père, je me suis renseigné à San Simpliciano pour savoir où il se trouvait. On m'a répondu qu'il était parti à Florence pour le seigneur Visconti. Alors, je suis allé au château où j'ai posé quelques questions. J'y suis connu et un valet m'a révélé avoir entendu que mon père partait vous chercher à Florence.

À ces explications, le visage de Sangallo trahit sa contrariété. Néanmoins, il jugea inutile d'insister et préféra retourner vers ses hommes qui débridaient les destriers après avoir retiré barbute ou bassinet de leur tête.

Pétrarque, furieux de ces indiscrétions et de la bêtise de son fils, s'adressa au moine sans ménagement :

— Frère Gian Luca, rendez-vous utile ! Allez tirer quelques seaux d'eau du puits et remplissez les cuvettes et les cruches de la salle basse. Mes compagnons ont besoin de se nettoyer. Ensuite, vous en porterez à l'étage. (Puis il ordonna à l'un des hommes de l'escorte :) Paolo, détache mon coffre et monte-le dans ma chambre.

Il se tourna vers Pietro :

— Messire da Sangallo, vous pouvez me rejoindre là-haut pour vous laver et vous changer. Toi, Giovanni, viens avec moi ! Tu vas devoir t'expliquer un peu mieux !

Il entra chez lui suivi de son fils qui gardait la tête baissée, l'air maussade.

— Francesco, laisse les Milanais et Ludovico s'occuper des chevaux. Prends seulement le coffre où sont rangées mes robes et viens avec moi. Raffaello, tu m'accompagnes aussi, avec Ugolino. Tu te changeras dans la chambre car je te veux près de moi chez messire Visconti.

— Resterons-nous ici, messire, pendant que vous serez au château ? demanda Ugolino.

— Non, nous partirons ensemble pour Milan. Mieux vaut laisser maître Pétrarque régler ses affaires avec son fils. Nous logerons à l'*albergo dei Vecchi*. Tu t'y rendras et y prendras chambre. S'il n'y a pas de place, choisis une autre hôtellerie, comme l'*albergo San Filippo* dans le même quartier. Dans ce cas, Ludovico attendra à l'*albergo dei Vecchi* pour nous informer de ce que tu auras décidé.

Il se tourna vers l'escorte milanaise.

— Vous autres, accompagnez Ugolino et, une fois les chevaux soignés, rentrez chez vous ou au château.

Les hommes, qui s'étaient interrompus pour l'écouter, se remirent à leur tâche. Il y avait une trentaine de montures à desseller et débâter.

Quand Francesco et Ugolino eurent mis les coffres sur leurs épaules – il s'agissait de longues caisses de bois au couvercle à deux pans, couvertes de cuir –, Pietro et Raffaello entrèrent dans la maison et croisèrent Paolo qui en sortait.

La chaleur les saisit. Un feu d'enfer crépitait dans une large cheminée mitoyenne à un potager de brique ; Giovanni n'économisait pas le bois de son père !

Le foyer était le seul éclairage, les volets des fenêtres n'ayant pas été ouverts. À la lueur dansante des flammes, Sangallo découvrit une table dressée, sans nappe, souillée des reliefs de plusieurs repas. Contre un mur chaulé de blanc, une couchette en désordre et une chaise percée qui puait. Sur un banc à dossier taillé en feuillage traînaient des paniers contenant des fèves et des pois. À côté, des chausses et des chainses sales s'amassaient sur un gros coffre. Pietro devina le fils de Pétrarque et son invité responsables de ce fouillis.

En face, un buffet à étages, joliment sculpté, alignait de simples pots en terre, des écuelles et des bougeoirs à chandelles. À l'opposé de l'âtre, un escalier en pierre sans rampe avec, au-dessus des marches, une tapisserie représentant la fuite en Égypte.

Le sol était pavé de carreaux de terre vernissée de couleur verte recouverts en partie d'un tapis en paille tressée. Partout, des traces de boue.

Les quatre hommes grimpèrent à l'étage d'où leur parvenaient des éclats de voix.

— Tu me fais honte ! Quand messire da Sangallo va découvrir l'état de ma maison, que pensera-t-il de moi ? Si tu veux rester ici, comporte-toi en être civilisé ! Je ne tolérerai ni dérangement ni malpropreté ! Avec ton invité, vous allez immédiatement nettoyer la salle basse transformée en porcherie !

Pietro s'arrêta en haut des marches en entendant la violente semonce. Avant d'entrer dans la pièce, il la parcourut elle aussi des yeux.

C'était une chambre au plafond bas qui abritait un grand lit en bois, fermé. Il n'y avait qu'une fenêtre avec, luxe extraordinaire, un vitrail de verre blanc. Mais ce fut l'immense lectrin à écritoire placé à côté qui accapara l'attention du Florentin. Le meuble possédait un confortable siège à dossier ajouré de rosaces, avec accoudoirs et coussin de velours rouge. Un dais de bois à pignons surmontait la chaire. Par-devant, se déployait un pupitre incliné et, sur le flanc, un lutrin à rebord supportait un livre fermé.

Giovanni se tenait là, yeux baissés, face à son père qui poursuivit avec colère :

— Ensuite, vous servirez mes invités qui ont soif et faim. Tu iras chercher des jambons au grenier et du vin dans la cave. Et quand ce sera fait, vous irez couper du bois pour remplacer celui que tu as brûlé !

— Je vais faire tout ça, père. Je vous supplie de me pardonner, mais je ne pensais pas que vous arriveriez si tôt. Je comptais tout ranger et nettoyer demain. Quant à frère Gian Luca, s'il était avec moi, c'est parce qu'il doit se rendre en France pour remettre un pli à l'évêque de Paris. Il espérait vous accompagner et ne pas faire la route seul.

— Qui lui a dit que j'allais en France ?

— Pas moi, père ! Mais tout le monde le sait au château… Il a dû l'apprendre d'un religieux quelconque.

Pour un voyage censé rester secret, quelle réussite, songea amèrement Sangallo en pénétrant dans la pièce, suivi de ses compagnons.

— Un pli de qui ? intervint-il.

Pétrarque se retourna, encore plus contrarié en se rendant compte que ses invités l'avaient entendu perdre son calme.

— Je ne sais, messire… Il ne me l'a pas dit, balbutia Giovanni.

Son père haussa les épaules en écartant les bras d'impuissance.

— File et fais ce que je t'ai ordonné ! lança-t-il pour mettre fin à l'algarade.

L'autre ne se fit pas prier et Pietro s'écarta pour le laisser passer.

— Posez vos coffres près du lit et retirez vos harnois, proposa le poète après avoir pris une grande inspiration afin de se calmer.

Francesco et Ugolino s'exécutèrent tandis que

Pétrarque s'affalait sur un siège pliant à la romaine garni d'une épaisse étoffe.

— Mon fils me rendra fou ! soupira-t-il.

— Le plus inquiétant est d'apprendre que beaucoup semblent informés de notre entreprise, grommela Pietro en détachant son manteau clouté qu'il posa sur un bahut servant de siège.

— Difficile de garder un secret au château, tenta de justifier un Pétrarque fataliste.

Sangallo avait retiré sa brigandine qui alla rejoindre le manteau, tandis que Raffaello, Francesco et Ugolino ôtaient leurs lourds harnois.

Pietro demanda ensuite à Raffaello de l'aider à se défaire de son haubert. De son côté, Pétrarque se débarrassa également de son équipement de voyage. Après quoi, il alla fouiller dans le coffre apporté par Paolo et en sortit une robe de laine couleur terre de Sienne.

Débarrassé de sa cotte de mailles, Pietro choisit à son tour une chemise et une robe dans son coffre mais, avant de les mettre, voulut au moins se laver visage et mains. Or le moine n'avait pas encore apporté l'eau.

Passant la paume sur les poils drus de son visage, il décida qu'il avait bien besoin de se décrasser. Il se rendrait aux étuves de Milan. Lui revint alors en mémoire celles d'Aix et le bassin dans lequel, pour la première fois, il avait vu Sance dans sa natureté, ce qui lui tira un doux sourire.

Pétrarque, qui attendait lui aussi le moine avant de s'habiller, était allé s'asseoir sur la chaire du lectrin.

— C'est donc là que vous écrivez... fit Sangallo en s'approchant. Je comprends que vous aimiez cet endroit.

Tout en parlant, il laissait errer son regard sur le

meuble. Des cornes d'encre de diverses couleurs étaient attachées au pupitre qui supportait canivet, plumes et grattoirs. Au-dessous, codex et parchemins roulés s'entassaient dans des casiers. Enfin, à portée de main, le long du mur, ce n'était qu'étagères sur lesquelles s'alignaient ouvrages reliés de cuir et feuillets entassés.

Un peu plus loin s'accumulaient un cuvier de bois muni d'un drap blanc, deux chaises à coussins et une grande crédence supportant bassines, chandeliers, baquet, miroir d'acier, pots emplis d'herbes et flacons, qui répandaient un mélange de parfums de rose, de menthe et de cannelle.

— J'avoue me retrouver ici avec bonheur, approuva le poète en dessinant un vague geste de sa main gauche. Ne serait-ce la présence de Giovanni, ma félicité serait complète.

C'est alors que frère Gian Luca entra en portant deux gros seaux d'eau.

— Videz-les dans le baquet et les cuvettes ! ordonna Pétrarque avec brusquerie en se dressant pour désigner la crédence.

Le moine s'exécuta et commença à remplir les récipients avec précaution.

— Frère Gian Luca, qu'allez-vous faire en France ? demanda soudain Sangallo d'un ton indifférent.

— Je porte une lettre pour l'évêque de Paris, messire.

— De qui ?

— Je ne puis le nommer. J'ai juré de garder le secret.

— Êtes-vous romain ? intervint Pétrarque qui avait pris une poignée de saponaire dans un pot et en frottait vigoureusement ses mains, après les avoir trempées dans le baquet.

— Je le suis, mon bon maître.

— De quel monastère ?

Brève hésitation du religieux.

— San Alessio…

Pétrarque trempa sa face dans le baquet et la frictionna de ses doigts saponacés avant de lâcher :

— Sur l'Aventin… Vous avez donc connu le tribun Cola di Rienzo…

Le moine approuva d'un signe de tête :

— Oui…

— Nous avons beaucoup correspondu tous les deux au sujet de l'*Oraculum* de Philippe Geoffroy[1]. Il m'avait écrit avoir démontré à votre abbé que la prophétie le concernait. Ne disait-elle pas qu'il reviendrait à Rome le jour de Noël ? suggéra le poète en s'essuyant avec une étoffe.

— Hum… En effet…

Comme Pétrarque continuait de se sécher, Pietro s'approcha à son tour du baquet.

— Ainsi vous envisagiez de gagner Paris avec nous…

— Oui, seigneur. La route n'est guère sûre dans les montagnes.

— Comment avez-vous fait la connaissance de mon fils ? interrogea Pétrarque non sans brusquerie, comme si le sujet lui revenait à l'esprit.

— Dans un cabaret…

— Et il vous a dit que je me rendais à Paris et pourrais vous y emmener ?

1. Textes prophétiques attribués à Raymond Geoffroy, ministre général des Franciscains de 1289 à 1295.

— C'est cela.

— *Basta !* Vous mentez ! rugit le poète. Vous n'avez jamais connu Rienzo et vous n'êtes pas de San Alessio !

Sidéré, l'homme ouvrit la bouche, mais aucun son n'en sortit.

— L'auteur de l'*Oracle* est Raymond Geoffroy et non Philippe, et Rienzo assurait que la prophétie prévoyait son retour à Rome pour le jour de l'exaltation de la Sainte Croix et non pour Noël. Qui êtes-vous ?

Effrayé, le moine recula. Et heurta Ugolino.

— J'ignore ce que vous avez en tête, *porco cane*, mais cela me déplaît ! intervint Sangallo qui alla prendre son épée dont le fourreau était déposé avec sa chape.

— Je… j'ai menti… C'est vrai, messire… J'implore votre pardon… Je suis juste un pécheur qui a promis de prier la Vierge à Puy Notre-Dame. J'avais peur de traverser les Alpes à cause des brigands, et quand j'ai su que vous preniez ce trajet, j'ai pensé que vous accepteriez de me laisser vous accompagner.

— Quittez cette maison avant que messire Sangallo ne vous pende à un arbre ! ordonna Pétrarque.

Effrayé, le faux moine déglutit avec difficulté, baissa les yeux et se dirigea vers l'escalier. D'un coup, il s'y précipita, descendit les marches quatre à quatre, glissa et boula jusqu'en bas, ce qui fit rire le poète, mais pas le capitaine de la milice de Florence.

— Nous n'aurions pas dû le laisser partir. Ugolino l'aurait fait parler.

— À quoi bon ? Même s'il s'agit d'un espion au service de voleurs, à quoi nous aurait-il servi de l'apprendre ? Je ne veux pas que ma maison soit souillée par un crime ou des tortures. Ni mêler mon fils à ça.

Sangallo se tourna vers ses hommes, qui avaient assisté à la scène sans mot dire.

— Si vous le revoyez rôder, faites ce qu'il faut pour que cesse son espionnage.

Après s'être plus ou moins décrassés et changés, ils se retrouvèrent dans la salle basse que Giovanni avait minutieusement nettoyée. Il avait également déposé sur la table des tranches de cuissot de sanglier salées, deux gros pâtés de porc, et empli plusieurs cruchons d'un vin blanc du pays.

Son père, qui lui avait déjà pardonné, le mit en garde contre la fausseté du prétendu moine, ce qui laissa Giovanni désemparé car le garçon n'était pas un gredin ou un félon mais surtout un imbécile.

Durant la repue, Pietro répéta ses instructions à ses hommes et rappela à chacun combien il devait être discret. Ses propos furent assortis de rudes menaces concernant essentiellement les gardes milanais. Certes, ils ignoraient les raisons du voyage de Pétrarque en France, mais dès que Visconti aurait fait mettre en sac six cents livres d'or, les rumeurs circuleraient. Moins on connaîtrait les conditions de leur voyage, mieux ce serait.

Chacun ayant mangé et bu à satiété, le moment fut venu pour les hommes de rassembler les chevaux. Pietro sortit, mais pour une autre raison qu'il livra à Pétrarque : il voulait examiner la prairie et les bois alentour. Cette décision provoqua la curiosité du poète. Aussi, en chemin, alors qu'ils contournaient la maison, le Florentin s'expliqua :

— Quand j'ai rejoint Gualtieri de Brienne en France, j'étais un damoiseau ne connaissant pas grand-chose aux batailles. Certes, je maniais honorablement l'épée et la lance. J'étais bon tireur à l'arbalète et plutôt vaillant et vigoureux. Mon père m'avait confié aux meilleurs maîtres d'armes de Florence et lui-même m'avait beaucoup appris. Toutefois, il savait que ce n'était pas suffisant. Quelle que soit mon adresse, je risquais fort de me faire tuer dès mon premier affrontement par manque d'expérience.

» En France, Brienne m'a fait entraîner pendant un mois par un vieux soldat. L'homme m'a enseigné l'usage de toutes les armes et a renforcé mon endurance. Il me faisait réveiller dans la nuit pour m'envoyer à dix lieues, revêtu d'une lourde cotte de mailles et pourchassé par de féroces molosses. J'ai souffert l'enfer. Mais, j'ai appris. J'ai appris que seuls les plus forts survivent.

» Comme je vous l'ai dit, après le départ de Brienne du royaume de Naples, Ugoccione de Buondelmonti et moi avons rassemblé notre propre *condotta* et nous sommes alliés à la troupe de Malatesta à Milan. Nous avions avec nous quelques dizaines de vétérans mais beaucoup d'aventuriers voulaient nous rejoindre. Seulement, avec les années, j'ai compris que le nombre ne suffit pas pour remporter une bataille. C'est même l'inverse. Vous pouvez avoir quatre fois plus d'hommes que votre adversaire et être écrasé.

— Ce fut le cas à Poitiers pour le roi de France, approuva Pétrarque.

Pietro opina du chef.

— J'ai choisi nos hommes en les entraînant jusqu'à l'épuisement. J'appliquais ce que Brienne m'avait imposé des années auparavant : des courses, lourdement armés, du tir à l'arc et à l'arbalète pendant des heures, des combats à la harasse, à la lance, qu'ils soient à pied ou à cheval, de la nage dans les torrents.

J'ai écarté ainsi plus de la moitié des postulants, ce qui désolait Buondelmonti, même s'il voyait son fils, qu'il m'avait alors confié, devenir un combattant d'une rare adresse et d'une extraordinaire endurance malgré son jeune âge. C'est dans un champ comme celui-ci que je les ai aguerris, conclut Pietro en désignant la prairie.

— Vous envisagez de faire de même avec l'escorte que vous conduirez ?

— Vous l'avez compris. Je n'ai pas un mois devant moi, tout au plus une semaine. Mais cela me permettra de connaître chaque homme et d'éliminer les plus faibles. Mieux vaut une petite escorte valeureuse qu'une vaste compagnie de bons à rien.

Tandis que ses hommes ramenaient les destriers pour les seller et les charger, Sangallo arpenta et scruta la prairie jusqu'à l'orée du bois.

La troupe se sépara ensuite. Pétrarque, Pietro, Raffaello et les gardes milanais se dirigèrent vers le château de la porte Giova, tandis que les autres pénétraient en ville par la porte Comasina. Les hommes de l'escorte milanaise y étant connus, ils n'eurent aucune difficulté à la franchir.

19

À Milan, les auberges ne manquaient pas. S'il y en avait moins qu'à Florence, certes, où l'on pouvait en dénicher plusieurs centaines, on en comptait tout de même plus de deux cents, dont beaucoup appartenaient aux Visconti. Parmi celles-ci, la plus fréquentée, car la plus confortable, s'appelait l'*albergo dei Vecchi*. Située dans la via Orefici, à quelques pas de la piazza dei Mercanti et du Palazzo della Ragione, cette belle maison de trois niveaux à la façade en brique, avec un portail de marbre en forme d'arc terminé par un pinacle, disposait d'une cour, de vastes écuries et de hangars pour les chariots.

Ugolino obtint une chambre au deuxième étage. Une pièce avec deux grands lits dans lesquels on pouvait coucher à plusieurs. Une fois les destriers confiés aux palefreniers et les bagages montés par les valets, les Milanais s'en allèrent et Ugolino, Francesco et Ludovico s'installèrent dans la salle basse afin de se réchauffer.

Se dressaient là six longues tables, toutes occupées par des clients. Près de la porte d'entrée, se tenaient des bénédictins ; dans un angle, bavassaient des hommes d'armes revêtus de cottes à la couleuvre des Visconti ;

autour d'une troisième, en face d'eux, siégeaient des rustres et des gens du commun ; des artisans, reconnaissables à leurs mains noircies et calleuses, s'étaient emparés de la quatrième.

Les deux dernières, situées aux meilleurs emplacements, c'est-à-dire devant la cheminée, étaient accaparées par de riches négociants en robe fleurie, bonnets brodés et houppelandes fourrées.

Comme il restait de la place sur un banc dos au foyer, les compagnons de Sangallo s'y installèrent d'autorité, au grand dépit des marchands qui durent se serrer. Malgré leur évidente contrariété, qui se traduisit par des grimaces dédaigneuses, les négociants n'osèrent aucune remarque déplacée. Diable, si Ugolino avait laissé dans la chambre son armure de cuir, il avait conservé à sa taille dague et épée à large garde, équipement singulier pour un clerc ou un religieux, puisqu'il était tonsuré et sans coiffe. Mais il n'était pas rare que des moines ou des prêtres rejoignent des *condotte* et se battent comme des sacquemains. Quant à Ludovico, il avait déposé sa hache de bataille sur le plateau de la table, et Francesco, son fléau, tout en gardant le marteau d'armes à la ceinture. On ne cherchait pas querelle à pareils individus.

Une servante déposa un cruchon de vin de Mazacane et un gobelet devant les nouveaux venus sans leur prêter attention. Ugolino proposa à son ami de se servir le premier. Il préférait laisser musarder son regard pour déceler s'il y avait eu quelques changements dans cette salle qu'il avait déjà fréquentée, ayant par deux fois séjourné dans l'*albergo* avec son seigneur.

Mais tout était identique, y compris les domestiques. Sur les murs, il y avait toujours les écus des Visconti, noircis par la fumée. Le dressoir supportait les mêmes cruches et les torches dégageaient la même odeur de résine.

Il s'attacha alors à la grande fresque peinte en face de lui. Une œuvre commandée par Azzon Visconti à un élève de Giotto, représentant la piazza dei Mercanti, un jour de foire, envahie par une foule de bourgeois et de belles dames. Chaque personnage affichait une expression différente et il se souvenait combien l'œuvre l'avait impressionné la première fois qu'il l'avait vue. Le peintre avait su rendre avec une grande subtilité les nuances des sentiments humains. Toutes les passions et tous les caractères se lisaient dans les bouches, les regards et les attitudes des personnages. On reconnaissait aisément l'avidité, l'admiration, l'embarras, la confusion, la timidité et la foi.

Après un « ahhh » de satisfaction, Ludovico emplit le pot, qu'il avait entièrement vidé, pour le tendre à son ami. Cependant, l'ancien moine préféra laisser le récipient à Francesco, car les paroles de ses voisins venaient d'attirer son attention.

Le plus proche, et le plus jeune, se prénommait Sandro ; c'est en tout cas ainsi que l'appelait son compère Agnolo qui avait la quarantaine. Tous deux venaient de Florence et semblaient, d'après leurs dires, pour le premier, appartenir à la riche famille des Covoni, tandis que le second était un Alberti.

Ugolino savait que la famille Covoni, issue de Fiesole, avait donné des prieurs et des gonfaloniers à la Seigneurie. Quant à la compagnie des Alberti, originaire d'Arezzo mais établie à Florence, il en avait entendu parler en mal par Gualtieri de Brienne, son patriarche, Jacopo, s'étant opposé au *condottiere*.

D'un ton affligé, le jeune Sandro Covoni se lamentait des redevances imposées à Padoue sur la laine achetée à Vérone, taxe qui avait considérablement réduit ses futurs bénéfices. Heureusement que Galéas Visconti se montrait moins avide, maugréait-il en espérant que le bailli de Suse ne serait pas trop exigeant en octroi et paiage.

Ugolino savait que leur troupe passerait par Suse, bourg qu'il ne connaissait pas, aussi toute information sur la suite de leur trajet serait-elle bonne à prendre.

— C'est la première fois que vous franchirez les Alpes ? demanda Agnolo à Sandro.

— La première, messer, répondit le jeune Florentin en prenant un air faussement accablé. Jusqu'à présent, c'est mon frère qui transportait draps de Florence, étoffes de lin de Padoue et laine de Vérone à Dijon.

— Les droits se calculent par charge de mulet. En principe, on paie trois deniers par charge pour les draps mais, selon la qualité du tissage, le receveur du péage peut en demander un de plus. On essaie toujours de mettre le plus de marchandises possible sur les bêtes. Toutefois, il faut prendre garde, si la charge est trop lourde, elles ne peuvent monter jusqu'au col ni franchir les passages difficiles. Pour peu qu'il neige, on serait contraint d'abandonner du chargement.

— Mon frère m'a prévenu de ne pas accabler les mulets. Et comme le temps est à la neige, tant pis pour les tonlieux[1], soupira Sandro.

Un marchand placé à la table voisine intervint alors, d'un accent d'oc prononcé :

— Je vous entends et vous déconseille de partir s'il neige. Je l'ai fait l'an dernier et j'ai dû payer au prix

1. Redevance payée par les marchands pour avoir le droit d'exposer leurs marchandises dans les foires.

fort des juments pour remplacer deux mulets tombés dans une ravine.

Cet homme d'un certain âge, en manteau en peau de renard, se présenta comme Giovanni Farolfi, et indiqua que sa compagnie se trouvait à Nîmes. Il expliqua apporter à Milan un gros chargement de froment, d'huile d'olive et de laine.

Suivirent quelques échanges sur le prix de la laine quand, soudain, Agnolo Alberti s'adressa au voisin du Nîmois, individu en longue jaque de drap sinople aux manches bouffantes en velours roussâtre. Un haut bonnet écarlate surmontait son visage maigre et peu amène.

— Pardonnez mon indiscrétion, messer, mais l'on m'a rapporté que les deux robustes roussins gris de l'écurie étaient à vous. Je cherche à en acheter un, or pareilles solides bêtes se font rares à Milan. M'étant renseigné auprès des palefreniers, l'un d'eux m'a dit qu'ils étaient au Picard. Un valet vous a désigné, et comme j'ai observé votre présence à l'auberge depuis plusieurs jours, j'ai pensé que vous aviez vendu vos marchandises et que, peut-être, vous me céderiez l'un de ces animaux. J'ai perdu une mule en arrivant à Milan.

Plongé dans son pot de vin, l'homme ne répondit pas, comme s'il n'avait pas entendu, ou pas compris. Ce fut son commis, près de lui, qui intervint :

— Mon maître transporte de l'alun[1], de la mercerie et des épices en Flandre. Il attend les derniers paquets de notre marchandise et a besoin de ses roussins.

— Vous êtes italien, observa Sandro. Toscan ?

Sa curiosité tenait au fait que le serviteur avait

1. L'alun servait à fixer les couleurs dans la teinte des étoffes.

évoqué la Flandre, or les Covoni voulaient ouvrir un comptoir à Gand. N'y avait-il pas l'opportunité de nouer une fructueuse relation ?

— Siennois, messer, mais ma famille vit à Bruges depuis deux générations. Mon nom est Matteo Gallerani.

— Parent avec les Gallerani de Nîmes ? interrogea le Nîmois.

— Des oncles éloignés.

Il s'adressa alors à Ugolino en voyant que ce dernier s'intéressait à leur conversation :

— Mais vous, vous n'êtes pas marchand… Clerc ?

— Non, sourit Ugolino. Je suis moine, médecin apothicaire, et me rends à Paris. Si vous me voyez fervêtu, c'est que j'arrive de Florence. Quant à mes amis, ils m'escortent.

Il désigna Francesco et Ludovico.

Le Picard leva alors les yeux vers les trois hommes et les salua d'un infime signe de tête. Puis il murmura un mot à l'oreille de Matteo et tous deux se levèrent afin de gagner l'escalier.

— Pas bavard, celui-là, grommela un Sandro dépité de ne rien avoir appris sur Gand.

Tandis que les marchands poursuivaient leurs échanges sur les péages et les tonlieux, Ugolino remarqua trois individus à la table où se tenaient des gens d'armes, table placée de biais par rapport à la sienne, ce qui lui permettait de les guigner du coin de l'œil bien qu'ils demeurassent en partie dans l'ombre.

Deux d'entre eux étaient revêtus des peaux de mouton tannées comme en portent les bergers. Mais s'ils en avaient la même vêture, ils se révélaient fort différents. C'est l'éclat de la grosse bague d'argent que portait le plus jeune qui avait attiré son attention, car jamais il n'avait vu des vilains arborer un tel bijou. Quant au second montagnard, plus âgé, il affichait un visage buriné et malcontent. Parfois il s'adressait à son compagnon d'un ton autoritaire, mais l'autre ne répondait pas ou sèchement et mal aimablement. Entre eux l'inimitié semblait régner.

Le troisième voyageur, assis à côté du plus jeune, arborait un gippon matelassé piqué en boudins et serré par des aiguillettes. Il avait déposé le fourreau de son épée contre le banc sur lequel il siégeait et gardé une longue dague à sa taille – on en devinait le manche et le pommeau en forme de tête de lion. Celui-là n'avait rien perdu de la conversation.

Pétrarque, Sangallo, son écuyer et deux des soldeniers milanais de l'escorte franchirent le pont-levis et pénétrèrent dans la cour du château Visconti après quelques échanges avec le capitaine du corps de gardes. Ce dernier, prévenu de leur arrivée, annonça que le maître d'hôtel du seigneur Visconti les attendait dans la grande antichambre.

Pietro et Raffaello se laissèrent guider tout en découvrant les lieux avec curiosité. La cour était entourée d'un portique à arcades en brique rouge avec, au-dessus, une galerie aux fenêtres à meneaux. Si on ne voyait pas le sommet des remparts, qui devaient n'être accessibles que par un corridor intérieur, en revanche les tours crénelées imposaient leur massive présence.

Ils mirent pied à terre devant le perron de l'entrée principale. Les gardes s'occupèrent des chevaux, tandis que Pétrarque, Sangallo et son écuyer montaient les quelques marches menant à une salle dont un valet avait ouvert la porte. Des solliciteurs, patientant sur des bancs le long des murs couverts de fresques, regardèrent les nouveaux venus avec curiosité.

Au pied d'un grand escalier de pierre se tenait un chevalier que le Florentin reconnut : Ugolotto Piccinino, l'un des majordomes de Galéas Visconti. Comme son maître, il portait la barbe taillée en deux pointes, mais son visage balafré était autrement moins séduisant que celui de son seigneur.

— Messer Pétrarque ! Messire da Sangallo ! s'exclama-t-il avec chaleur. J'avais hâte de vous revoir ! Le voyage s'est-il bien passé ?

— À peu près, mis à part pour Emilio qui a été blessé, dit Pétrarque. Nous l'avons laissé à Sassuolo. S'il guérit, il rentrera dans quelques semaines.

Il désigna l'écuyer.

— Raffaello, au service de messire da Sangallo, est le fils d'Ugoccione de Buondelmonti.

— Le portrait de son père jeune ! fit poliment le maître d'hôtel qui avait combattu avec lui.

Il observa Pietro pour vérifier son assertion et s'aperçut que ce dernier était distrait par une fresque de la salle.

Sourire amusé aux lèvres, il désigna celle qui attirait l'attention du Florentin.

— Reconnaissez-vous le seigneur Visconti ?

— C'est bien lui ! Nul doute !

La scène de chasse représentait Galéas à cheval tenant un faucon sur le poing. Le visage avenant du seigneur de Milan arborait la barbiche divisée en deux pointes qu'il affectionnait. Ses cheveux blond-roux ondulaient sur sa cotte.

Sangallo s'approcha alors d'une autre fresque, faisant face à la précédente, montrant aussi Galéas Visconti, cette fois poursuivant un daim.

— Qui l'a peinte ? s'enquit-il.

— Giovanni da Milano, un apothicaire que j'ai connu à Avignon, répondit Pétrarque. Mais vous aurez l'occasion de revoir ces fresques, messire : ne faisons pas attendre le seigneur Visconti.

Déjà, il se dirigeait vers le grand escalier. Sangallo et le maître d'hôtel le rattrapèrent.

Pétrarque s'arrêta au palier supérieur, ignorant les degrés qui se prolongeaient vers le second étage.

— À dextre, expliqua-t-il à son compagnon, s'étendent logis et chambres pour les proches du seigneur. À sénestre, on accède d'abord à la grand-salle, puis à d'autres pièces de réception, à la bibliothèque – d'une rare richesse, je vous l'assure – et, enfin, aux appartements de messire Visconti.

C'est dans cette direction qu'ils s'engagèrent, par une galerie que des fenêtres étroites protégées de fortes grilles ne parvenaient à éclairer. Un passage rendu moins lugubre par les murs peints de fleurs et d'arbustes. Au bout, le corridor tournait à droite et débouchait sur une salle de gardes occupée par une poignée d'hommes d'armes en cuirasses ornées de la couleuvre milanaise. Sangallo en reconnut certains, qu'il salua.

Ayant traversé la pièce située dans une tour d'angle, ils suivirent un autre promenoir. Le poète désigna une porte conduisant au logis de la princesse française, une autre, à l'appartement du fils du seigneur. Le maître d'hôtel s'arrêta devant un porche de brique en précisant qu'il s'agissait de la salle du conseil secret.

Il gratta à l'huis et entra sans attendre dans une salle lumineuse aux fenêtres ouvrant sur la cour. Là encore, les murs n'étaient que fresques, ici représentant des léopards et des singes jouant dans une forêt.

Sur une chaire, en robe couleur prune ornée de figures brodées au fil d'or, aux longues et amples manches fourrées d'hermine, se tenait Galéas Visconti qui, aux yeux de Sangallo, n'avait en rien changé. À droite, sur un banc, deux damoiseaux et, en face d'eux, sur une autre banquette, le capitaine de la milice de Milan les regardait.

— Pietro ! J'étais certain que tu accepterais ma proposition ! s'exclama joyeusement le seigneur Visconti dont la barbichette à deux branches semblait s'animer d'une vie propre quand il parlait.

C'était un homme robuste, à la large poitrine, au visage rubicond et jovial. Quiconque ne le connaissant pas lui aurait donné le bon Dieu sans confession, alors qu'il savait se montrer d'une rare dureté, d'une agressivité dangereuse et d'une habileté peu commune.

— J'apprécie trop votre amitié, seigneur, pour risquer de la perdre, plaisanta prudemment Pietro.

Signe de tête satisfait du maître de Milan qui considéra l'écuyer de Sangallo en plissant les yeux.

— Raffaello ! Tu as bien grandi ! Est-il aussi dangereux que son père, Pietro ?

— Plus ! Je vous l'affirme sans hésiter.

— Alors tu as de la chance de l'avoir à tes côtés. Je suis content qu'il t'accompagne. Tu auras donc auprès de toi de fidèles et valeureux gentilshommes. Vous souperez avec nous, tout à l'heure. Mon fils sera là. Je veux que tu constates combien il me ressemble. Il y aura bien sûr la noble et gracieuse fille du plus grand roi de la chrétienté. Tu verras à quel point c'est déjà une véritable princesse… Mais Pétrarque a dû t'en parler… Dès que j'ai été prévenu de ton arrivée, j'ai fait appeler mes neveux Luchino et Theodoro d'Este. Tu les reconnais.

Imperscrutable, Sangallo opina d'un bref signe de tête. Il se souvenait parfaitement des neveux, bâtards d'Azzon Visconti, l'oncle de Galéas. Azzon était le fils de Béatrice d'Este et du premier Galéas Visconti. Les damoiseaux devaient avoir un peu plus que la vingtaine, Theodoro étant le plus jeune. Minces mais vigoureux, de haute stature et bien proportionnés, tous deux avaient un visage étonnamment plat, avec une moue de supériorité perpétuelle due à leurs lèvres qui s'affaissaient aux commissures. Luchino portait un collier de barbe, imitant ainsi la prestance de son père. Theodoro, lui, se contentait d'une ombre de moustache et s'efforçait de compenser sa jeunesse par une arrogance ombrageuse.

Tous deux étaient revêtus d'élégantes cottes hardies sous des houppelandes sans manches. Pour l'aîné, en soie azur doublée d'un drap écarlate et, pour le cadet, en velours rose fourré d'hermine avec des boutons d'argent aux manches et sur le torse. Luchino avait en outre la taille serrée par une ceinture d'orfèvrerie à laquelle étaient suspendus une longue dague et un petit stylet d'or ayant appartenu à sa grand-mère.

Les frères esquissèrent des sourires distants et prétentieux, et lui jetèrent des regards dédaigneux. Tout dans leur attitude faisait paraître de la condescendance envers Sangallo, dont ils n'ignoraient pas l'origine roturière.

Le capitaine de la milice de Florence les considéra alors de pied en cap, affichant par sa propre expression qu'il n'avait rien oublié. Quatre ans auparavant, alors qu'il n'était pas encore écuyer, Luchino avait refusé de lui obéir lors des préparatifs de la bataille de Casorate. Pietro l'avait menacé d'un soufflet et le garçon avait dû céder.

Ces deux-là n'étaient pas les compagnons qu'il aurait désirés. Si Luchino savait se montrer vaillant au combat, il contrevenait souvent aux ordres par désir de contradiction. Quant à Theodoro, sournois et paresseux, il ajoutait la lâcheté et le parjure à ses autres défauts.

— Je viens de les adouber chevaliers, tant je les juge valeureux, poursuivit Visconti qui fit semblant de ne rien remarquer. Ils brûlent de se distinguer et partiront avec toi. Ils ont beaucoup à apprendre et je suis persuadé que tu en feras des preux. Ils parlent français, ce qui ne gâche rien, et ont hâte de se couvrir de gloire.

Il se força à rire. Pietro ne put que sourire avec complaisance, tandis que les deux frères se campaient en arrière en gonflant le torse.

— Avec Georgio, ils ont déjà choisi trois douzaines de solides gaillards qui constitueront l'escorte.

Georgio Castracani était le capitaine de la milice de Milan. Pietro le connaissait également. L'homme, massif, large d'épaules, se montrait peu causant et autoritaire. Ses cheveux, qui cachaient son front, formaient autour de sa tête une épaisse couronne. Pour l'heure, il lissait sa barbe en guignant Sangallo sous de lourdes paupières mi-closes.

— Vous avez pris une sage décision, messire, car je connais leur valeur, déclara Sangallo dont les yeux affirmaient l'inverse. Néanmoins, en ce qui concerne l'escorte, je m'assurerai par moi-même que ces gens me conviennent.

— Pas confiance dans les choix de messires d'Este, Sangallo ? laissa tomber Castracani.

Pietro le foudroya du regard et annonça d'une voix glaciale :

— Mettons-nous bien d'accord avant le départ, Georgio. Je suis le chef de cette entreprise. L'unique chef. Quiconque contestera mes décisions le paiera de sa vie.

Un silence chargé d'orage s'abattit sur la salle. Pétrarque se mordit les lèvres en relevant les regards furibonds des gentilshommes d'Este et la mâchoire crispée de Georgio.

— Seigneur Visconti, sommes-nous en bonne entente ? Si ce n'est pas le cas, je préfère retourner à Florence, poursuivit Sangallo, mettant fin au silence pesant qui s'éternisait.

Galéas, le front plissé, hésita un instant. Il considéra Pétrarque, qui gardait un visage fermé, puis ses neveux qui avaient retrouvé leur air dédaigneux, persuadés du départ du Florentin. Son regard s'attarda ensuite sur le fils d'Ugoccione de Buondelmonti, qui demeurait respectueux, mais apparaissait prêt à soutenir son maître, arme à la main, contre un Castracani déjà raidi et en train de serrer la poignée de son épée.

En fin de compte, le seigneur de Milan planta ses yeux dans ceux de Sangallo et la fermeté qu'il y lut lui convint, car il se mit à rire avant d'assurer :

— Dans pareille aventure, l'obéissance absolue est la condition du succès. Georgio, Luchino, Theodoro, voyez-vous ce livre saint ?

Il désigna un lectrin au pied ciselé sur lequel se trouvait, ouverte, une bible que Giotto avait illustrée pour son oncle Azzon.

— Vous allez jurer devant moi sur ces pages sacrées que vous vous comporterez en fidèles liges de messire da Sangallo durant cette expédition. Vous pouvez refuser, et je ne vous en voudrai pas mais, dans ce cas, vous resterez ici et vous perdrez une occasion d'apprendre la science des armes qui est la sienne et d'acquérir une gloire qui vous distinguera des autres chevaliers de ma maison. Toutefois, réfléchissez bien : si vous jurez, je l'autorise à vous punir sévèrement en cas de parjure.

Le silence s'installa à nouveau. Aux paroles de leur oncle, les neveux étaient restés saisis, la bouche ouverte. Ils roulaient des yeux furieux, mais n'osaient parler. Quant aux lèvres de Georgio, elles étaient prises de mouvements erratiques qu'il ne parvenait à maîtriser.

La situation s'éternisa, jusqu'au moment où le capitaine se décida à s'approcher d'un pas hésitant, puis à y poser la main.

— En touchant ce livre saint, je jure de mon plein gré de me comporter en dévoué serviteur de messire da Sangallo durant notre voyage en France, déclara-t-il d'une voix ferme.

— Bien ! approuva Visconti avec un hochement de tête.

Alors il considéra ses neveux et quêta leur réponse.

Sourcils froncés, l'aîné regarda son frère, puis déglutit le fiel qui était remonté dans sa bouche et, contre toute attente, haussa les épaules avant de s'avancer vers la bible. Mains jointes, il répéta le serment du capitaine. Le jeune Theodoro fit de même, mais sans intonation et en omettant « de mon plein gré ».

Sourire satisfait de Visconti.

— *Bene*. Messire da Sangallo, je vous laisse le soin de choisir vos hommes. En contrepartie, je dois vous prévenir. Si vous échouez, si vous vous faites voler mes florins ou les anneaux que je destine au roi de

France, je vous en tiendrai responsable, et vous n'aurez aucune place en Italie où vous réfugier.

— J'accepte votre décision. Maintenant, réglons les premiers détails de l'expédition. Tout d'abord, le transport des florins. Il se fera avec quatre chevaux. C'est moi qui les choisirai. Je veux des coursiers solides et résistants, bien ferrés. Chacun portera cent cinquante livres et sera sous la garde d'un homme de confiance et d'un lieutenant qui les auront alternativement en longe. Vous trois en serez. (Il désigna Georgio et les Este.) Et l'un de mes hommes.

— Quelle fiance peut-on avoir dans vos hommes ? s'enquit le capitaine de la milice.

— La même que j'ai envers Ugoccione de Buondelmonti et son fils. Ils étaient avec moi dans la *condotta* de Brienne.

Galéas approuva d'un signe et Georgio n'insista pas.

— Nous voyagerons fervestis[1] mais légers. Préférez jaseran et brigantine aux armures blanches[2] trop lourdes. Au moindre danger, notre sort et celui des florins seront à la bonté de l'éperon ! Pas de combat inutile. La fuite sera notre sauvegarde.

Une ombre de mépris passa sur le visage du jeune Theodoro d'Este, ce qui n'échappa pas à Pietro :

— La Bourgogne dégorge de compagnons d'aventures. Plusieurs des *condotte* que nous rencontrerons contiennent des milliers d'hommes. Je comprends que tu veuilles te couvrir de gloire, Theodoro, aussi, dès la première herpaille que nous croiserons, je te laisserai seul pour l'exterminer. Tu nous rattraperas ensuite.

1. Vêtus de fer.

2. Les plus belles armures, fabriquées à Milan, étaient en acier poli à blanc.

Galéas pouffa avant d'éclater de rire, au grand dépit de ses neveux.

— Messire de Sangallo a raison. N'oubliez jamais que cet or doit avant toute chose arriver à Paris ! Ceux qui veulent combattre le feront au retour !

— Pour ma part, je n'y tiens nullement ! lâcha Pétrarque, satisfait de la tournure de l'entretien.

Hilarité de Galéas, tandis que Sangallo reprenait la parole :

— Quelques mots sur vos armes : chacun s'équipera à sa façon, mais je veux des arbalètes pour tous et suffisamment de viretons. Des arcs feront aussi l'affaire.

— Tu auras tout cela, assura Visconti.

— Maintenant, parlons argent : il y aura des dépenses de logis et de route.

— Je te remettrai trois mille florins. Si tu juges que ce n'est pas assez…

— Ce sera suffisant. Quant à mes gages, vous les ferez parvenir à Sance, mon épouse, par lettre de change.

— Ce sera fait dès demain par la compagnie de Peruzzi[1].

— Il faut aussi prévoir quelques valets qui ne combattront pas mais soigneront les montures.

— Je m'en suis occupé, déclara Georgio Castracani. Des gens des écuries du château, habitués à l'entretien des chevaux.

Sangallo l'approuva d'un signe de tête. La fâcherie semblait oubliée.

1. Compagnie florentine ayant un établissement à Milan.

20

Le lendemain, Pietro da Sangallo et Raffaello qui, la veille, avaient rejoint leurs compagnons à l'hôtellerie après avoir soupé au château de Galéas Visconti descendirent dans la salle commune aux premières lueurs de l'aube. Ils étaient accompagnés du fidèle Francesco qui avait dormi au pied de son maître, un coutelas à portée de main.

Sur le point de partir, des marchands étaient déjà attablés et se goinfraient de soupe aux olives.

Il y avait là, entre autres, Sandro et Agnolo. Comme Pietro les connaissait, il alla les saluer et prendre de leurs nouvelles. Il apprit ainsi qu'ils se rendaient à Suse, mais lui ne leur révéla rien sur les raisons de sa présence à Milan.

Après quoi, les Florentins se dirigèrent vers les latrines dans la cour, puis s'installèrent à l'écart dans la salle.

L'hôtelier leur proposa vin chaud, taleggio et lasanis fourrées d'amandes qu'il venait de cuire. Pietro accepta et lui demanda d'aller prévenir l'un de ses clients, nommé Gaucher de Passac, qu'on l'attendait dans la salle.

C'est Galéas Visconti qui avait parlé de ce Passac

lors du souper au château. Il s'agissait d'un chevalier français arrivé après le départ de Pétrarque pour Florence, accompagné de deux Savoyards. Ces derniers étaient ceux qui avaient conduit la princesse française à Milan et étaient repartis avec cinq cent mille florins en lettres de paiement. Ils voyageaient alors avec un autre chevalier envoyé par le cardinal de Boulogne, mais qui avait été blessé lors de son retour en France. Passac, lui aussi choisi par le cardinal, l'avait remplacé.

Ces trois-là logeaient donc à l'*albergo dei Vecchi* où le maître d'hôtel du château les avait envoyés. Leur présence soulagea Sangallo car ni lui, ni Pétrarque, ni aucun de ses hommes ne connaissaient la Bourgogne, pas plus que la route de Paris. Il comptait donc engager des guides, bien qu'il sache qu'on ne pouvait guère faire confiance à pareils individus. Or, des gens au service du cardinal de Boulogne ne pouvaient qu'être fiables.

Les Florentins dévoraient leur lasanis quand parurent simultanément Ugolino, Ludovico et trois inconnus.

Ils n'étaient toutefois pas inconnus de tous car, la veille, en revenant du château, Pietro avait parlé à Ugolino des envoyés du cardinal de Boulogne. Le moine médecin avait aussitôt songé aux clients vêtus comme des bergers et à l'homme à la dague au pommeau en tête de lion remarqués dans la salle.

Aussi, en les rencontrant dans l'escalier, il avait demandé à l'homme d'armes s'il était le sire de Pessac. Ce que l'autre avait admis, tout en ajoutant d'un ton méfiant :

— Pourquoi me demandez-vous cela, messer ?

— Parce que mon seigneur vous a nommé hier soir, en revenant d'un souper chez messire Visconti.

Le moine médecin avait ajouté à voix basse :

— C'est lui qui commandera l'escorte.

— L'hôtelier vient de me prévenir qu'un seigneur da Sangallo souhaitait me rencontrer… précisa alors Passac, d'un air circonspect.

Il usait d'un mélange de toscan et de latin que son interlocuteur comprit sans peine.

— C'est mon maître, répliqua-t-il. Je me nomme Ugolino d'Alviano et mon compère, Ludovico Abruzzes. Nous sommes ses hommes liges.

Le chevalier français ne dit rien, pas plus que les deux montagnards qui, on l'a compris, étaient Guillonnet Le Petit et son fils Sanson.

Une fois dans la salle, Ugolino se dirigea vers la table où se tenait son seigneur, les Français demeurant dans ses pas.

— Messire de Passac, annonça le moine en désignant le chevalier.

Pietro da Sangallo salua le Français et les guides et leur proposa de s'asseoir avec ses compagnons. Il nomma Raffaello et Francesco, puis lui-même, ajoutant qu'il commanderait l'escorte.

Passac opina à peine en se plaçant sur le banc en face, tandis que les deux Dauphinois, impavides, s'asseyaient à leur tour.

— Vous êtes méfiants, et vous avez raison, fit Pietro en un sourire chaleureux. Vous n'avez pas plus de raisons de me croire que j'en ai d'être assuré d'avoir devant moi les guides envoyés par le cardinal de Boulogne. Je ne vous demanderai donc rien de plus. Partagez seulement notre repue. Ensuite, nous nous rendrons chez messer Pétrarque qui loge hors les murs, pas très loin d'ici. Il sera l'ambassadeur de sire Visconti auprès du roi de France. Chez lui, vous rencontrerez messer

Georgio Castracani, le capitaine de la milice de Milan. L'avez-vous approché chez messire Visconti ?

— Je lui ai parlé, en effet, après avoir remis à messire Visconti les lettres de créance, que m'avait délivrées monseigneur de Boulogne. C'est à cette occasion qu'il avait annoncé que messer Pétrarque serait du voyage…

L'hôtelier apporta un autre cruchon de vin, plus gros que le précédent, et un second plat de lasanis. Chacun sortit son couteau et coupa un morceau qu'il porta à sa bouche à l'aide de ses doigts.

— Voulez-vous voir les laissez-passer que l'on m'a remis à Paris ? s'enquit un Passac rasséréné.

— Pour l'heure, non. Je vous crois. Je devine aussi que vous vous questionnez sur moi… sur nous.

Pietro écarta les mains en montrant ses hommes.

Acquiescement mesuré des Français.

— Je suis le capitaine de la milice de Florence. Vous vous demandez peut-être pourquoi messire Visconti fait appel à moi. Sans doute parce qu'il connaît ma valeur. Voici quelques années, j'étais capitaine d'une *condotta* avec le père de Raffaello (il désigna du doigt l'écuyer), et nous avons été engagés par le seigneur de Milan. Qui a été satisfait de nos services. Auparavant, j'avais fait mes armes comme lieutenant de Gualtieri de Brienne.

— J'ai combattu avec lui à Poitiers, signala Passac dont l'attitude avait complètement changé aux paroles du Florentin.

— Nous avons donc au moins une connaissance commune, se réjouit Sangallo.

— Pardonnez ma prudence, messire, mais j'avais de bonnes raisons d'agir ainsi.

— Lesquelles ?

— Je vous le dirai plus tard. Donc, mon nom est Gaucher de Passac. J'ai moi aussi appartenu à des compagnies et je suis déjà venu en Italie. C'est pour cela que le cardinal de Boulogne m'a engagé. Je remplace l'un de ses chevaliers. Mes compagnons, Guillonnet Le Petit et son fils Sanson, ont déjà fait plusieurs fois la route des Alpes et traversé la Bourgogne. Ils connaissent des sentiers que même les chèvres et les chamois ignorent. Grâce à eux, nous avons évité plusieurs bandes de fredains qui nous auraient taillés en pièces uniquement pour le plaisir, en particulier ces gens de Petit Meschin qui rançonnent la Bourgogne jusqu'au Dauphiné.

— Qui est ce Petit Meschin ? demanda Sangallo.

— Un valet d'armes gascon sorti de rien, de son vrai nom Elias Machin. Individu cruel au-delà de l'horreur. Il tient un millier d'hommes en Bourgogne, qu'il ravage sans rencontrer d'opposition.

Sangallo hocha du chef. Il avait souvent côtoyé ces chevaucheurs d'aventure qui, avec quelques centaines de fredains sans foi ni loi, rançonnaient marchands et pelletiers sur les routes. Tout ce qu'ils convoitaient devenait leur bien. Les vilains des pays qu'ils traversaient tremblaient devant eux et étaient contraints de les pourvoyer en pain, avoine, bons vins, moutons et brebis bien gras. Des routiers qui vivaient comme rois, menant une existence belle et bonne tant les maîtres du royaume de France étaient faibles. Jusqu'au jour où ils tombaient sur plus fort qu'eux et finissaient à la hart.

— Si, par vos connaissances des routes, vous nous permettez de lui échapper, nous vous serons grandement redevables, affirma-t-il en s'adressant aux guides.

Le père le gratifia d'un maigre sourire et le fils, d'une expression plus ambiguë.

Arriva à ce moment le Nîmois Giovanni Farolfi, entouré de plusieurs de ses valets avec des coffres sur les épaules. Puis, derrière lui, le Picard et son commis qui, eux, ne portaient aucun bagage.

Ugolino souffla leurs noms à son maître mais, du premier coup d'œil, le Florentin avait jugé qu'il s'agissait de gens sans intérêt. Ils n'arboraient d'ailleurs pas d'armes, mais il fut intrigué par Farolfi qui le dévisagea de façon fort impolie.

Le marchand picard salua aimablement Passac et ils échangèrent quelques mots. À l'évidence, ces deux-là, qui se côtoyaient depuis plusieurs jours dans l'auberge, avaient lié connaissance.

Le chevalier confirma ce fait en déclarant à mi-voix à Sangallo :

— Le grand aux joues creuses et à la triste figure transporte de l'alun en Flandre et attend un dernier chargement. Peut-être ferons-nous route ensemble. D'ailleurs, quand partons-nous ?

— Dans une semaine.

Sangallo releva la grimace étonnée de Guillonnet Le Petit qui avait entendu et lui fit signe de s'expliquer.

— Le temps ne se prête guère à un départ tardif, seigneur. Il neigera sous peu, et le col du Mont-Cenis sera difficile.

— Attendez-vous d'autres hommes ? interrogea Passac.

— Non. Mais j'ai besoin d'une semaine. Messire Visconti m'a proposé trois douzaines de gaillards pour escorte et avant de partir je veux être certain de leur valeur.

— Je suppose qu'ils ont été soigneusement sélectionnés, dit le chevalier français en plissant les yeux.

— Messire Castracani me l'a assuré. Mais si je suis

encore vivant, c'est aussi parce que j'ai toujours choisi mes compagnons, leçon que m'a apprise le seigneur de Brienne. Donc, à compter d'aujourd'hui, et pour sept jours, je vais entraîner ces hommes, et ceux qui ne me conviendront pas ne partiront pas.

— C'est nous priver de guerriers, objecta Passac.

— Si l'on vous donne une épée dont la lame est fragile, vous battrez-vous avec ?

Le chevalier balança du chef plusieurs fois.

— Rassurez-vous, je ne rechercherai pas le combat, reprit Pietro. En cas de danger, notre salut tiendra à la bonté de l'éperon ! Quant au mauvais temps, il m'inquiète autant que vous. Mais, selon maître Pétrarque, la neige ne sera dangereuse qu'après la Noël.

Le Petit manifesta son désaccord par une moue, aussi le Florentin insista-t-il :

— Je préfère perdre une semaine maintenant qu'une bataille parce que mes hommes ne seront pas aguerris. Si nous devons affronter une malemaisnie, je veux être certain de l'emporter.

— Alors que nous serons moins de trente ? ironisa un Passac dubitatif.

— Avez-vous entendu parler de la bataille des Thermopyles ?

— Certes, mais mieux vaudrait éviter de connaître le sort des Spartiates.

— Je pense comme vous, rassurez-vous. Je tiens simplement à être entouré de combattants efficients. La repue terminée, nous nous rendrons là où les entraînements auront lieu. Pourquoi ne pas nous accompagner ? Vous ferez ainsi connaissance de maître Pétrarque, puisque sa maison se trouve à côté.

— Volontiers, approuva Passac. Venez-vous avec nous, Guillonnet ?

— Bien sûr ! Sanson, tu nous accompagneras.

— Impossible, mon père. Une dame m'attend.

Les traits de Guillonnet se crispèrent. Les veines de son front devinrent violettes et Ugolino crut qu'il allait éclater de rage. Mais Passac posa sa main sur la sienne en déclarant :

— Laissez votre fils prendre du bon temps. Après tout, il n'a pas été engagé pour se battre.

Le jeune Sanson parcourut du regard les hommes attablés et, n'y lisant aucune complaisance, se leva avec brusquerie puis quitta les lieux sans saluer personne.

— Les jeunes sont souvent rétifs, observa Ugolino avec un demi-sourire.

Son maître, lui, devina que les ennuis commençaient.

Quand ils se rendirent à l'écurie, munis d'armes qu'ils étaient allés chercher dans les chambres, une rafale de neige fondue les enveloppa et la froidure les saisit. Les chevaux furent vite sellés. Passac possédait une robuste jument grise au museau blanc qu'Ugolino examina en s'efforçant de cacher sa curiosité. Mais le chevalier s'en aperçut et lui montra deux autres coursiers qui lui appartenaient. Les guides, eux, possédaient chacun des roussins rouans.

21

Une grande agitation régnait autour de la demeure de Pétrarque. Sangallo dénombra une trentaine d'hommes d'armes et presque autant de valets. Ils devaient être arrivés tôt, car ils avaient eu le temps de monter plusieurs héberges de toile résinée, dont l'une destinée aux chevaux. Une autre protégeait un chariot de fourrage et une troisième servait d'armurerie, abritant un amoncellement d'arbalètes, d'écus, de gourdins. Plusieurs hommes s'y étaient mis à l'abri. Des valets dressaient un nouvel auvent. Quelques-uns posaient oriflammes et bannières à l'extérieur.

Sangallo reconnut des soldeniers qu'il avait connus, ou au moins aperçus, lorsqu'il œuvrait pour Visconti. Pendant que Ludovico et Francesco s'occupaient de leurs chevaux, il alla demander à l'un d'eux si messire Castracani était là.

— Il se trouve avec messer Pétrarque, répondit le sergent en désignant la maison du poète.

Pietro s'y rendit avec Le Petit et Passac, laissant Raffaello et Ugolino aux brehants. Son écuyer connaissait lui aussi plusieurs des soudoyers qui avaient approché son père, et ils échangeaient quelques souvenirs.

Quand Sangallo arriva à la porte, celle-ci s'ouvrit

sur le capitaine de la milice de Milan, Pétrarque derrière lui.

Le Florentin les salua, prit des nouvelles de leur nuit et félicita Castracani pour la promptitude avec laquelle il avait fait dresser ce camp de toile. Le Milanais parut apprécier le compliment. Pietro demanda aussi au poète comment se portait son fils. En haussant les épaules, celui-ci répondit qu'il dormait. N'insistant pas, le Florentin lui présenta Passac, que Castracani connaissait. Quant au guide, déjà venu pour accompagner la princesse, tant Pétrarque que le capitaine de la milice de Milan savaient qui il était.

Ils se dirigèrent ensuite vers le camp où Sangallo ordonna à ses gens de rassembler les hommes d'armes.

Lorsque ce fut fait, il dit quelques mots à Francesco et Ludovico qui partirent, munis de haches. Puis, il s'adressa à la troupe.

— Certains d'entre vous me connaissent, déclara-t-il d'une voix forte quand ils furent tous devant lui en silence. Pour les autres, sachez que je me nomme Pietro da Sangallo et que je suis le capitaine de la milice de Florence. Vous n'ignorez pas, je présume, que nous allons accompagner en France messer Pétrarque, ambassadeur auprès du souverain de ce royaume. Ce sera un voyage dangereux, car ce royaume n'a plus de lois depuis bien des années. Des malemaisnies tiennent le pays et nous devrons les éviter, ou combattre. Je veux donc des compagnons adroits, valeureux et résistants. Des guerriers sur lesquels je puisse m'appuyer en toute confiance.

Il se tut un instant en parcourant du regard la troupe attentive.

— Je reconnais certains d'entre vous… Toi, Mario, tu étais à la bataille de Casorate…

L'homme, dans la trentaine, hocha la tête avec un sourire. Son capuchon était blanc de neige.

— Toi aussi, Giovanni… D'ailleurs, plusieurs parmi vous devaient en être… Pour l'heure, vous allez me donner vos noms, ensuite je vérifierai votre adresse à l'arc ou à l'arbalète. Il ne me faut que de bons tireurs. Chacun devra exécuter trois tirs sur les cibles que mes gens préparent. Il suffira d'en rater une pour ne pas partir avec moi. Durant les jours à venir, vous subirez d'autres épreuves au cours desquelles j'écarterai à nouveau plusieurs d'entre vous. Je ne veux que des vainqueurs.

Après ce discours, le silence se fit plus lourd. Aucun des hommes n'osait parler, chacun se demandant s'il serait retenu. Le seigneur Visconti avait promis dix florins à ceux qui se rendraient en France, et tous avaient besoin de cet argent.

Sangallo reprit :

— Raffaello de Buondelmonti est mon écuyer. Vous lui obéirez comme à moi-même. Voici messer Pétrarque, vous vous comporterez avec lui comme avec le seigneur Visconti. Francesco, qui ébranche un orme là-bas, est muet, mais comprend tout. Ne le contrariez jamais, il vous fendrait la tête. Ludovico, qui se trouve avec lui, est un ancien de ma *condotta*, comme Ugolino, qui est également médecin. Maintenant, que chacun me donne son nom… Toi !

— Cionne, seigneur !

C'était un jeune gaillard aux cheveux de paille.

Pietro hocha du chef et désigna son voisin.

— Maccio, seigneur ! annonça ce dernier, à peine plus âgé que le précédent et qui arborait une barbe brune à deux branches, non en pointes à la façon de celle du seigneur Visconti, mais en forme de queues de martre.

Pietro poursuivit l'interrogatoire, évoquant parfois un souvenir quand il reconnaissait son interlocuteur.

Les noms se succédaient : Giuseppe, Niccolo, Maneto, Chiaro… À chacun, il posait une ou deux questions.

Durant ces entretiens, Raffaello lorgnait le capitaine de la milice de Milan. Georgio Castracani n'écoutait pas ce que disait son seigneur. Assis sur une souche, sous l'auvent d'une héberge, il nettoyait la lame de sa dague avec un pan de sa cotte d'armes comme s'il voulait montrer à chacun que ce que racontait le Florentin ne l'intéressait en rien. Quel genre de compagnon allait-il être ? s'interrogeait l'écuyer, qui craignait le pire.

Le fils Buondelmonti sortit de ses pensées en relevant que le ton de son maître venait de changer :

— Roubaud ? Ce n'est pas un nom toscan ! s'étonnait ce dernier.

Le nommé Roubaud, la trentaine passée, brun et maigre comme un cep de vigne, ne répondit pas.

— C'est le fils de ma tante, seigneur, intervint Maccio. Elle a épousé un marchand de Marseille trépassé depuis peu. Roubaud m'a retrouvé à Milan. Il cherchait un engagement, ayant été servant d'un chevalier tué à la bataille de Poitiers. J'en ai parlé à messire Castracani, qui l'a engagé après s'être assuré de sa valeur.

Le capitaine de la milice de Milan se leva pour intervenir :

— C'est juste. J'ai vérifié moi-même que Roubaud était adroit et vaillant. Il est très bon tireur avec une arbalète, et cavalier aguerri.

Sangallo examina alors plus longuement l'ancien servant sans trouver une raison de le rejeter, même s'il n'aimait guère qu'un de ses hommes soit un inconnu.

— D'accord, mais il sera mis à l'épreuve, comme les autres.

Une fois la revue terminée, il annonça le début des joutes. Francesco et Ludovico avaient d'avance ébranché la partie basse des troncs d'un orme et de deux peupliers, les laissant à nu. Certains des hommes d'armes ayant apporté leur propre arc ou leur arbalète, les autres allèrent en choisir parmi celles que Castracani avait fait porter du château. Pour la plupart de lourdes balestres à étrier, puissantes, mais peu maniables et guère utiles à cheval.

Raffaello, qui avait préparé les épreuves avec son seigneur, planta trois lances, chacune à environ cent pas de chaque arbre. Et revint vers les gens d'armes pour annoncer d'une voix ferme :

— Il est juste que vous connaissiez la force de vos compagnons. Nous-mêmes et messire da Sangallo participerons donc aux épreuves. Ceux d'entre vous qui nous battront seront certains de partir. Nous allons commencer par le tir. Chacun aura droit à trois viretons ou à trois flèches. Comme je vous l'ai dit, il suffira que vous n'atteigniez pas l'arbre visé une seule fois pour être éliminé.

Francesco, Ludovico et Ugolino étant allés prendre leurs arbalètes rangées à l'abri de la neige, Pietro récupéra la sienne, une arme à pied-de-biche fabriquée à Milan, qu'il arma sans effort. Il y plaça un carreau en acier de Bohème, aiguisé et dentelé.

Les arbalètes à pied-de-biche, qu'on appelait aussi arbalète à croc, se montraient légères, faciles à armer mais souvent d'une faible portée. Pour tendre le câble, on utilisait un crochet que certains portaient à la ceinture. Ce n'était pas le cas de l'arme du Florentin : l'instrument de tension faisait corps avec l'arbrier. Comme il était d'une bonne longueur, il formait un puissant levier et provoquait une importante flexion de l'arc en acier.

Raffaello et Francesco, qui possédaient des armes similaires, bien que moins puissantes, l'imitèrent. Après avoir visé, tous trois appuyèrent simultanément sur la queue de l'instrument, provoquant la décharge, et les carreaux sifflèrent avant de pénétrer profondément dans les troncs d'arbre.

Les tireurs laissèrent ensuite la place à Ugolino, Ludovico et Gaucher de Passac. Le premier réussit son tir, le second planta son carreau dans le tronc, mais un peu excentré. Quant au chevalier français, il effleura seulement l'arbre. Passac ne s'avérait pas, à l'évidence, un bon tireur, mais c'était souvent le cas des chevaliers, qui avaient pour armes de prédilection l'épée, la lance et la hache.

Les six hommes recommencèrent la manœuvre à deux reprises, avec les mêmes résultats, Passac fit même un peu mieux.

— De jolis coups ! reconnut Castracani qui, après ces tirs, saisit sa propre arbalète alors tendue par son servant.

Il s'agissait d'une arme à cranequin avec manivelle à l'extrémité d'un arbrier de près de trois pieds et arc, en fer, maintenu par deux fortes ferrures.

Le servant l'ayant tendu, le capitaine plaça un carreau, visa à peine et appuya sur la queue. Sa flèche se planta au milieu des trois viretons de Sangallo.

Ce dernier approuva du chef, fort satisfait.

Il demanda ensuite aux hommes d'armes milanais de se disposer en trois lignes, les archers en premier.

Il y en avait sept, dont le prénommé Maccio. Au signal de Raffaello, les flèches volèrent. L'une d'elles rata sa cible. Livide, la bouche entrouverte, l'archer fautif interrogea du regard l'écuyer. Mais le fils Buondelmonti fut inflexible et lui fit signe de s'en aller.

— Seigneur, implora-t-il auprès de Sangallo, c'est à cause de la corde humide.

— C'était à toi de mettre une corde sèche, répliqua Pietro. Si nous devons affronter des ennemis, crois-tu pouvoir te justifier ainsi ? Penses-tu que nos adversaires te donneraient une seconde chance ? Tu connaissais les règles.

L'archer regarda le capitaine de la milice, espérant son indulgence, mais Castracani secoua la tête et le perdant se retira, épaules voûtées et larmes aux yeux.

Les épreuves se poursuivirent. Trois autres furent éliminés, puis deux à la seconde manche, aucun à la dernière. Comme l'avait affirmé le capitaine de la milice de Milan, le nommé Roubaud avait réalisé des tirs exceptionnels, aussi précis que ceux de Francesco.

Ils n'étaient donc plus que vingt-quatre quand Sangallo annonça une pause et une distribution de vin et de charcutaille avant l'épreuve des combats à la harasse.

C'est à ce moment qu'arrivèrent les frères d'Este, accompagnés de leurs écuyers, de servants et de valets. Ils eurent des regards amusés pour ceux qui, entassés dans l'héberge, s'inclinaient devant eux, ne répondant point à leur hommage silencieux. Luchino d'Este prit même un air supérieur pour demander à Sangallo s'il était satisfait de ceux qu'il avait choisis avec son frère.

— À peu près, Luchino. Six ont tout de même été éliminés.

Un léger frémissement parcourut le visage du jeune homme, qui se détourna.

None était passée depuis longtemps quand les harasses furent distribuées. Dans une première rencontre, les hommes combattraient à tour de rôle Sangallo, ses gens, Passac et Castracani. Ceux qui parviendraient à leur faire mettre genoux à terre seraient qualifiés et éviteraient la seconde manche.

Ugolino fut vaincu par le prénommé Maccio. Lequel gonfla la poitrine devant ses camarades. Contre toute attente, le Marseillais Roubaud l'emporta sur Ludovico. Pietro proposa ensuite un combat aux frères d'Este qui déclinèrent l'offre, se contentant de regarder.

La seconde partie de l'épreuve consistait en combats individuels, deux par deux, avec cette fois les Florentins pour juges chargés d'éliminer les combattants insuffisants.

À l'issue de cette joute, qui dura fort longtemps sous la pluie, il n'y eut aucun rejet. Les gens de Milan se révélaient rudes guerriers.

Les frères d'Este, qui ne cachaient pas leur ennui, étaient partis durant cette seconde étape.

Le lendemain, il faisait froid, mais il ne pleuvait plus. Une fois tous les hommes arrivés, ils remarquèrent que seul le seigneur Pietro da Sangallo était présent.

— Voici comment va se passer votre journée, annonça ce dernier. Vous allez vous rendre à pied au castello Baradello[1] dans votre harnois complet. Messire

1. Une tour carrée surmontant le lac de Côme, construite par l'empereur Fréderic Barberousse à 45 km de Milan.

Castracani vous y attendra. Ceux qui arriveront après la nuit tombée resteront dehors et ne feront plus partie de l'arroir. Ce sera long, difficile et périlleux car, aux alentours du château, mes hommes attendront avec des arbalètes à jalet et des balestres tirant des carreaux-masses. S'ils vous étourdissent, ils vous saisiront et vous quitterez ma compagnie. Partez maintenant !

Au castello Baradello, Francesco et Ludovico firent deux prisonniers, et deux gardes n'arrivèrent qu'après la nuit. Les autres, épuisés par leur longue marche dans le froid, s'écroulèrent de fatigue et s'endormirent, entassés les uns sur les autres dans la salle basse de la tour. Pietro, venu à cheval, annonça qu'ils rentreraient le lendemain à pied.

Quant à Passac, qui ne connaissait pas le pays, il n'avait pas participé à l'épreuve.

Le vendredi, la vingtaine de rescapés se retrouva près de la maison de Pétrarque au lever du jour. Désormais, les joutes éliminatoires se feraient à cheval. Il fallut un certain temps pour préparer les animaux.

La veille, des valets avaient construit des quintaines, c'est-à-dire des mannequins de bois qui pivotaient sur un axe, avec un bras tenant une masse et l'autre, un écu. Les cavaliers jouteurs devaient donc galoper jusqu'à l'appareil et heurter le bouclier de la lance, le bras articulé tournant et heurtant l'homme à cheval, si celui-ci n'était pas assez rapide pour esquiver la masse.

Alors que le tournoi commençait, les épreuves devant durer toute la journée et être suivies par des combats à cheval, Luchino et Theodoro d'Este apparurent avec leur suite. Ils annoncèrent à Sangallo que Georgio Castracani était retenu au château mais que, pour leur part, ils participeraient à la compétition, arguant avec morgue que jamais ils n'avaient été touchés par une quintaine.

Chaque cavalier avait sa méthode pour éviter la frappe du mannequin de bois. La plupart se couchaient sur l'encolure du cheval, ce qui demandait une belle adresse. D'autres paraient le coup avec leur bouclier. Certains, enfin, filoutaient en ne frappant pas le pantin avec suffisamment de force, ce qui ne le faisait pas tourner vite. Conciliant, Raffaello les laissait repasser en les prévenant de ne pas réitérer l'entourloupe. L'écuyer savait l'épreuve dangereuse et crainte : un coup de masse asséné par la machine pouvait estropier voire tuer.

Gaucher de Passac participa et remporta facilement l'épreuve. Sangallo le devina habitué à jouter.

Puis vint le tour des frères d'Este. Si l'aîné, Luchino, galopa avec vigueur et frappa le mannequin en se protégeant de son écu, le cadet agit avec moins d'ardeur et évita aisément le revers de la masse qui arriva sur lui bien mollement. Il revint néanmoins vers son frère, un fier sourire aux lèvres.

— Qui ne peut frapper l'âne frappe le bât ! murmura un Roubaud hilare à Maccio.

Theodoro l'entendit, alors qu'il ôtait son casque, et devint livide.

— Que veux-tu dire, compère ? gronda-t-il.

— Rien, messire ! sourit Roubaud en tendant le bras pour demander une lance à un valet. Mais je peux vous montrer comment on joue à la quintaine…

Ayant saisi la haste, le Marseillais fonça sur la machine. Le bois de sa pique heurta le bouclier avec une telle violence qu'il en fut arraché. Quasiment au même instant, le cavalier s'était couché sur le flanc du coursier, un bras serré contre le garrot, et la masse passa au-dessus de lui.

Il fit faire demi-tour à sa monture sous les vivats des hommes de Visconti.

Quand il revint au camp de toile, les Este étaient partis. Raffaello fit poursuivre la joute sans s'en préoccuper outre mesure.

— Ce cheval boite ! lança-t-il, alors qu'un des Milanais revenait à son tour de la quintaine dont il avait, lui aussi, adroitement évité le bras de bois.

Pietro, qui évoquait l'incident concernant les frères d'Este avec Pétrarque et Guillonnet, s'interrompit et se tourna vers son écuyer.

— Va voir ce qu'il a ! ordonna-t-il d'un air irrité.

La veille, lors d'ultimes préparatifs, il avait parlé du train de chevaux avec Castracani. Ce dernier lui avait déclaré que les montures d'entraînement seraient celles du voyage. Comme Pietro objecta préférer des coursiers reposés, Georgio répliqua qu'il s'agissait d'animaux soigneusement ferrés, bien soignés, habitués aux combats, dont aucun n'avait de défaut ni de maladie.

Mais à présent, on découvrait que l'un d'eux claudiquait. Après l'incident des frères Este et l'absence du capitaine de la milice de Milan, c'était une contrariété supplémentaire. De plus en plus il se rendait compte que les lieutenants imposés par Visconti allaient causer des problèmes.

Son écuyer examina la jambe de l'animal, puis le sabot.

— C'est le fer, seigneur ! Un clou s'est détaché et l'a blessé, énonça Raffaello.

— Je le ferai referrer au château, proposa un valet qui s'était approché.

— Non, je ne veux plus le moindre tracas avec les montures. Raffaello fera vérifier tous les sabots par un maréchal-ferrant en qui j'ai entière confiance. Ce sera lui qui décidera des coursiers à garder.

— Avez-vous un maréchal-ferrant, seigneur ? s'enquit le valet.

— J'en connais un bon. Raffaello, te souviens-tu d'Ennio Fabbro, à la *porta Romana* ?

— Bien sûr. Mon père y a fait ferrer tous nos destriers avant de quitter Milan.

— Prends Ugolino et conduisez-y ce coursier. Tu demanderas aussi à Ennio de venir demain vérifier l'état de nos montures à l'*albergo* et ensuite d'examiner ici toutes les bêtes.

Pendant que Sangallo parlait, les cavaliers poursuivaient leurs joutes contre la quintaine sous la surveillance de Francesco et de Ludovico. C'était ce dernier qui donnait ordre au suivant de s'élancer. De sa lance, d'un gourdin ou d'une épée de bois, l'homme frappait le bouclier rond du mannequin de bois. S'il ne tapait pas assez fort, Ludovico le faisait recommencer. Sinon, le bras articulé tournait en un éclair et sa massue pouvait violemment atteindre l'audacieux. Des vivats éclataient quand ce dernier évitait le lourd bâton.

Hélas, alors que Raffaello et Ugolino quittaient le champ, l'un des hommes de Castracani ne baissa pas la tête suffisamment vite et reçut un coup de massue qui le fit chuter. Des valets se précipitèrent pour transporter son corps ensanglanté dans une héberge.

Encore un de moins, grimaça Pietro.

22

La *porta Romana* se situait quasiment à l'opposé de la *porta Comasina*. L'écuyer et le moine traversèrent donc la ville sous une pluie qui menaçait de se transformer en neige, ce qui ne manqua pas de les inquiéter.

La forge du maréchal-ferrant se dressait à quelques pas d'une haute tour carrée. Sur une placette en face de la *porta Romana*, sombre voûte de brique et de pierre aux battants de bois ferrés ouverts, des commis de l'octroi et une poignée de gardes discutaient avec le conducteur d'un chariot attelé à une mule aussi vieille qu'efflanquée.

L'écuyer de Sangallo et le moine médecin s'approchèrent de l'atelier, appentis avec un foyer en roche de lave et un énorme soufflet activé par un valet à l'aide d'une perche. Les murs accueillaient toutes sortes de pièces de métal : grilles, écus, casques, plates et fer de chevaux. À côté se dressait un autre auvent où s'alignaient trois montures et une charrette à laquelle on avait retiré une roue.

Devant la forge, mains gantées de cuir épais, Fabbro martelait une lame d'acier qu'il tenait à l'aide d'une grosse pince tandis qu'un jeune homme en tablier de buffle et un second valet faisaient rouler la roue du chariot destinée à être cerclée de fer.

En voyant les deux cavaliers descendre de leur cheval, le forgeron abandonna la masse à son ouvrier et le second valet prit sa place au soufflet.

Raffaello se présenta. Si l'artisan ne le reconnut pas, tant on change entre quinze et dix-huit ans, en revanche il se souvenait fort bien de son célèbre père et, à son nom, un grand sourire illumina son rude visage, laissant apparaître une mâchoire édentée qui ressemblait au sommet d'une muraille crénelée ayant soutenu un siège. Il se remémorait fort bien la prodigalité d'Uguccione de Buondelmonti. Chaque fois qu'il avait travaillé pour lui, des gages royaux avaient grossi sa bourse.

L'écuyer expliqua ce qu'il voulait. Le fèvre promit sans hésitation de venir le lendemain à l'*albergo dei Vecchi* avec ses valets et son fils. Après quoi, ce dernier examina l'animal boiteux, puisque c'était lui qui s'occupait des sabots des chevaux.

— Il faut que je le soigne, déclara-t-il. De plus, mieux vaudrait que l'on remplace tous ses fers.

— Combien de temps ? interrogea Raffaello.

— J'aurai fini avant vêpres, promit le garçon, après avoir obtenu l'accord silencieux de son père.

Deux bonnes heures d'attente, songea l'écuyer un brin contrarié, lui qui avait espéré un ferrage rapide et un prompt retour afin de ne pas faire attendre son seigneur. Mais il comprenait que le travail en cours à la forge ne pouvait être interrompu et que le cheval devait être soigné.

— Entendu, mais faites au plus vite ! On vous laisse aussi nos montures. Pendant ce temps, nous irons nous réchauffer dans une auberge de la *via Speronari*.

Il s'agissait d'une rue toute proche dans laquelle se succédaient hôtelleries et cabarets.

À peine avait-il fini sa phrase qu'il sentit la main d'Ugolino presser son épaule. Le moine murmura :

— Ne tournez pas la tête, seigneur !

Raffaello, qui était dos à la *porta Romana*, obtempéra. Avec une indifférence forcée, il suivit des yeux le fils du forgeron, qui prenait la bride du cheval blessé pour le conduire dans l'abri, et son père qui s'occupait des deux autres montures.

— Que se passe-t-il ? s'enquit-il à mi-voix après un instant, prêt à tirer l'épée, l'avertissement le prévenant à coup sûr d'une mauvaise affaire.

— L'ami de Giovanni, le faux frère Gian Luca, vient d'entrer en ville. Il ne nous a pas remarqués. Vous pouvez regarder maintenant, il a pris la ruelle par laquelle nous sommes arrivés.

— Si nous le suivions ? On saurait enfin quel genre d'individu il est et qui il rencontre.

Raffaello venait de saisir qu'il avait là l'opportunité de montrer à son seigneur ses capacités de décision.

— J'allais vous le proposer, messire. Mais il ne faudrait pas qu'il nous reconnaisse.

— Tu as raison. Maître Fabbro ! interpella l'écuyer en se dirigeant vers le forgeron.

L'autre se retourna.

— Auriez-vous deux cottes de valet à nous prêter, avec des chaperons ? Je vous laisse nos mantels et nos armes.

Fabbro ne se montra qu'à demi surpris. Il avait affaire à des gens d'aventure et certainement ceux-là envisageaient-ils de se rendre quelque part en demeurant déconnus.

— Mario, dit-il à son fils qui avait écouté, va dans

le coffre chercher des hardes pas trop sales pour les seigneurs.

Quelques instants plus tard, l'écuyer de Sangallo et le moine, encapuchonnés, avaient rattrapé l'ami du fils de Pétrarque, ou, plus exactement, le voyaient à cinquante pas devant eux sur la *via Speronari*.

Frère Gian Luca, toujours en coule, n'avança pas très loin, car il entra dans la première auberge de la rue, l'*albergo Romana* :

— Que fait-on ? demanda Ugolino.

— Baissons nos têtes sous les chaperons. L'auberge est sombre, personne ne distinguera nos visages.

Ugolino acquiesça. Tous deux n'avaient gardé que leurs dagues sous les cottes, mais ils sauraient s'en servir si l'affaire tournait mal.

L'écuyer ouvrit la porte. Deux marches, et c'était la salle. Aucun d'eux n'y étant jamais venu, ils restèrent un moment immobiles pour s'habituer aux ténèbres. Quelques rapides coups d'œil leur permirent de distinguer des silhouettes au fond des nombreuses alcôves, pour la plupart assises, pas toujours.

Raffaello s'avança en longeant un mur de manière à demeurer dans l'ombre. Au bout de trois ou quatre pas, il heurta un banc vide et s'y posa. Ugolino se mit à côté de lui.

Personne ne semblait leur avoir prêté attention, mis à part un valet qui apparut.

— Du vin ? s'enquit ce dernier d'une voix rauque et peu amène.

— Oui.

L'homme repartit vers une resserre, près de la cheminée.

À présent, les yeux des visiteurs s'étaient accoutumés à l'obscurité. Levant à peine la tête, ils parcouraient les alcôves du regard. Ce fut Ugolino qui repéra le faux moine assis devant un tonneau aux douelles disjointes. Il n'était pas seul.

— Je vais voir qui est son compère, décida Raffaello lorsque son compagnon lui eut indiqué l'endroit.

Ugolino trouvait la décision bien imprudente, mais qui était-il pour contrarier un Buondelmonti ?

Raffaello se leva et tituba vers l'alcôve comme un ivrogne. Qui fait attention à un soûlard dans un cabaret ? En approchant, il remarqua une autre table près du tonneau, simple planche reposant sur des rondins. Il fit mine de vouloir s'y asseoir et passa devant frère Gian Luca, le chaperon dissimulant son visage. Mais, par-dessous, il put lorgner à loisir l'acolyte éclairé par la bougie de suif posée sur le tonneau.

Il poursuivit jusqu'à la table et s'affala sur un banc, simulant l'ivresse. Deux individus, assis en face, l'interrogèrent mais il ne répondit pas. Tête affaissée sur ses bras croisés, il fit semblant d'être abruti par le vin et de s'endormir.

Il demeura ainsi un moment, tentant d'écouter ses voisins qui, hélas, parlaient trop bas.

Apparut alors une troisième personne. Visage enfoui dans ses bras, Raffaello reconnut tout de même l'individu. Stupéfait, il se garda bien de relever la tête.

Le nouveau venu s'arrêta un instant devant frère Gian Luca et son compère et dit :

— On m'a prévenu que vous étiez là !

Il se tourna ensuite vers la table sur rondins et lança aux trois occupants :

— Filez !

Les clients assis en face de Raffaello se levèrent sans se presser, comme pour affirmer leur désaccord.

Aussi l'intrus en attrapa-t-il un par l'épaule pour le pousser sans ménagement vers la salle où il s'affala dans la paille répandue au sol. L'écuyer en profita pour s'éloigner en s'accrochant au deuxième client.

Celui qui les chassait ne s'intéressa pas à lui. Aussi, toujours titubant, Raffaello rejoignit-il Ugolino qui lui murmura :

— J'ai bien cru qu'il allait vous reconnaître, messire. Que lui aurait-on dit ?

— Je sais pas… Mais tu as raison, ne tentons pas plus la chance et filons. Tu as payé le vin ?

— Oui.

Ils se levèrent, jetant un dernier regard vers frère Luca et son compagnon. Le troisième homme, resté debout, les mains appuyées sur le tonneau, semblait tancer les autres.

Soucieux, ils revinrent à la forge en silence. Tous deux savaient que mieux valait qu'ils se taisent. Mais Raffaello en savait plus que le moine médecin, et aurait aimé avoir son opinion. Depuis toujours, il était demeuré dans l'ombre d'un maître. D'abord celle de son père, puis à présent celle de Pietro da Sangallo. Pour la première fois il avait découvert quelque chose de gravissime et s'efforçait d'en entrevoir les conséquences.

Ils patientèrent un moment chez le fèvre. Par chance, le travail commandé fut terminé plus vite que prévu et ils purent retraverser la ville rapidement, toujours sans mot dire.

Dès la muraille de Milan passée, Raffaello lança à Ugolino :

— J'ai reconnu celui attablé avec frère Lucas. Il se nomme Blasco d'Alba.

— J'ai déjà entendu parler de lui. N'appartient-il pas à Rodolfo da Varano ?

Le *condottiere* Rodolfo da Varano avait combattu à la solde de Sienne, de la papauté, de Milan et de Naples. En 1352, il s'était mis au service de Florence contre les Visconti et leurs alliés gibelins.

— Il l'a quitté et possède maintenant sa propre *condotta*. D'une centaine d'individus de sac et de corde.

— Et le capitaine de la milice de Milan fraie avec lui !

— Blasco d'Alba prépare quelque chose contre nous. Nul doute qu'il veut s'adjuger la rançon. Et Georgio Castracani est donc un traître, conclut Raffaello.

— Castracani… avec Blasco d'Alba et ce prétendu moine… fit un Pietro, songeur, après que les deux hommes lui eurent rapporté ce qu'ils avaient découvert.

Ils s'étaient éloignés dans le champ pendant que Francesco et Ugolino surveillaient des combats à cheval. Pétrarque, lui, s'était rendu chez sa fille.

— On ne peut garder un félon avec nous, seigneur, déclara l'écuyer.

— On ne peut, certes, mais comment l'éviter ? Si je vais dire à Visconti que vous avez vu Castracani avec Alba, et s'il me croit, il convoquera son capitaine qui trouvera toutes sortes de moyens de se justifier. Il peut nier ou assurer qu'il s'agit d'une rencontre fortuite.

— Alors faisons disparaître Castracani, proposa Raffaello.

— Difficile en si peu de temps, nous partons dans quatre jours.

Embarrassé, il demeura silencieux en frottant son menton. Puis, il décida :

— Je ne vais rien changer, mais nous surveillerons de près Castracani. Une fois en route, je lui parlerai et l'accuserai. Je verrai bien sa réaction. Si elle me déplaît, je le tuerai.

Les contrariétés n'étaient pas terminées pour Pietro. Le crépuscule approchant, ses hommes et lui rentrèrent à l'*albergo* où Guillonnet Le Petit les attendait avec un mélange de crainte et d'impatience. Son fils n'était pas là, pas plus que Passac, pourtant rentré avant tout le monde.

Les Florentins s'attablèrent avec le guide qui s'expliqua auprès de Sangallo :

— Seigneur, j'aurai dû vous parler plus tôt de mes ennuis avec Sanson…

Un soupir désespéré se fit entendre.

— Ce matin, il s'est levé très tard car il était rentré dans la nuit. Et il a annoncé qu'il me quittait. Qu'il nous quittait.

Visage de marbre de Sangallo.

— Depuis que nous sommes à Milan, il fréquente des cabarets. Voici quelques jours, je lui ai demandé d'où venait l'argent qu'il dépensait et il m'a répondu qu'il jouait, avait de la chance et gagnait beaucoup. Une veine invraisemblable, car mon fils est plutôt du genre à se faire gruger. Il possède aussi une bague de valeur dont il refuse de me révéler la provenance. Nous nous sommes presque battus, car je devinais une origine déshonnête dans ses ressources, même s'il me jurait que non.

» Avant-hier, il a raconté avoir rencontré une jeune femme prénommée Margherita, qu'il l'aimait, mais qu'elle n'était pas libre. Aussi voulait-il la rejoindre pour la libérer de son oppresseur et partir avec elle. De question en question, il a avoué lui avoir donné presque tout l'argent qu'il possédait. J'ai compris qu'elle se jouait de lui et l'ai conjuré de ne plus la revoir. Devant son refus, j'ai tout raconté à messire de Passac, qui a essayé de le raisonner, lui rappelant qu'il avait juré sa foi au cardinal de Boulogne et ne pouvait rompre son serment. Messire de Passac s'était d'ailleurs renseigné sur la prénommée Margherita, une bagasse venue de Venise, peut-être même de plus loin, qui exploite la naïveté des jeunes gens. Il le lui a dit et croyait l'avoir convaincu, mais non !

Dans les révélations du guide, la façon de faire de cette Margherita n'étonna pas Pietro. Venise demeurait la principale pourvoyeuse de prostitution du pays. Arrivaient dans cette ville nombre de filles venues des campagnes balkaniques. Les plus belles, ou les plus adroites, poursuivaient leur chemin vers Padoue, Florence ou Milan. Elles comprenaient vite, ou on le leur apprenait, que le moyen le plus rapide de s'enrichir était de plumer les naïfs en leur faisant croire qu'elles devaient rembourser de fortes sommes. Les crédules payaient, et quand ils n'avaient plus d'argent, la fille les rejetait.

Mais d'où et de qui Sanson tenait-il suffisamment de moyens pour envisager de racheter une prostituée ? Une seule et inquiétante explication s'imposait pour Sangallo : le fils du guide trahissait. Si c'était le cas, il y aurait donc deux félons dans sa troupe en comptant Castracani.

— Quelle somme possédait Sanson ? interrogea-t-il.

— Voici quelques jours, alors qu'il dormait, j'ai

fouillé sa bourse. J'y ai vu une dizaine de gros tournois mais surtout dix royaux d'or.

— Aucun florin ? s'enquit Raffaello.

— Non, le royal est une monnaie de France.

— Il les aurait donc reçus avant de partir... murmura Sangallo. L'avez-vous dit à messire de Passac ?

— Non... Je ne savais que penser, que décider. Et ne voulais faire aucun tort à mon fils. Néanmoins, quand messire de Passac est revenu, tout à l'heure, je lui ai annoncé que Sanson m'avait quitté... Et lui ai parlé de l'argent. Il est demeuré ébahi... Surpris au-delà du possible. Il a alors annoncé partir à la recherche de mon fils et juré qu'il le ramènerait.

— Il n'est pas encore revenu ?

— Non, seigneur.

Gaucher de Passac ne rentra pas. Le matin, constatant son absence, Sangallo craignit le pire. S'étant déjà frotté à des proxénètes vénitiens, il savait combien ceux-ci étaient redoutables. De surcroît, le chevalier était seul et, en tant que Français, facilement repérable. C'est donc avec beaucoup d'inquiétude qu'il gagna, en compagnie de ses gens, le champ d'entraînement, laissant à l'*albergo* Le Petit et Ugolino avec mission de le prévenir si Sanson ou Gaucher revenaient.

Sur place, il annonça aux dix-sept hommes qui n'avaient pas été éliminés être satisfait d'eux et les garder tous. Mais aussi que, désormais les journées seraient uniquement consacrées aux manœuvres.

Il laissa Raffaello expliquer aux Milanais comment ils devraient réagir en cas d'attaque, en énumérant les cas de figure possibles et en les faisant reproduire par petits groupes commandés par Francesco et Ludovico.

Pietro, lui, demeura à l'écart avec Pétrarque, à qui

il révéla tout. La disparition de Passac ajoutait aux incertitudes.

Ce matin-là, les frères d'Este ne vinrent point et Castracani apparut après none, accompagné de quelques gardes de la milice. En gambison de cuir de buffle, bassinet sans visière et épée de taille au flanc, il rejoignit Sangallo dans l'héberge où ce dernier se trouvait.

À son visage fermé, le Florentin sut qu'il apportait de fâcheuses nouvelles.

— Maître Pétrarque, messire da Sangallo, j'ai été appelé tout à l'heure au Palazzo della Ragione, commença le capitaine. On y avait apporté un corps. L'un des hommes de la milice a reconnu le chevalier français.

— Passac ?

— Lui-même.

— Qu'est-il arrivé ?

— Un méchant coup de dague dans le dos. On l'a découvert dépouillé, seulement en chausse et chemise, déjà gelé. D'après le chirurgien appelé pour examiner la dépouille, il aurait été occis dans la nuit.

— Où ?

— Une ruelle mal famée, près de la *porta Romana*. Qu'allait-il faire à cet endroit ? Mystère.

— La *porta Romana*… répéta Pétrarque, qui venait d'entendre le récit de Sangallo.

— Un quartier avec toutes sortes de bouges, précisa Castracani.

— Les connaissez-vous ? s'enquit Sangallo, ses yeux plantés dans ceux du capitaine.

— Bien sûr ! Je m'y rends souvent pour y ramener des gueux qu'on m'a signalés. Et parfois j'y fais bonne prise.

Une réponse prononcée d'un ton nullement embarrassé.

Se pouvait-il qu'il ait été à l'*albergo Romana* la veille uniquement en quête de fredains ? s'interrogea Pietro. Pas totalement impossible. Lui-même fréquentait parfois les bas quartiers de Florence dans ce but. Néanmoins, quelle singulière coïncidence que Passac ait été retrouvé près de l'*albergo Romana* où Castracani avait rencontré les malfaisants.

— A-t-on vu d'autres corps ? s'enquit-il en songeant à Sanson.

— Point… Pensez-vous à quelqu'un ? Vous ne semblez guère surpris par la fin de ce pauvre Passac, observa le Milanais, à son tour un brin suspicieux.

— Pas vraiment. Maître Le Petit m'a averti ce matin qu'il n'était pas rentré. Je vais d'ailleurs aller le prévenir tout de suite.

Il échangea un regard avec Pétrarque qui demeurait impassible. Lui aussi se méfiait. Inutile de poser d'autres questions, décida le Florentin, mieux valait que Castracani ne se doute pas de ce qu'il savait sur lui.

— Sa dépouille est-elle toujours là-bas ? demanda-t-il.

— Non, je l'ai fait transporter au château. Je viens d'en informer le seigneur Visconti qui fera donner des messes par son chapelain. Le Français sera ensuite inhumé.

— Faites-moi savoir quand, je m'y rendrai avant notre départ. Parlons de cela, justement. Demain, dimanche, il y aura repos pour tout le monde, mais je veux que lundi nous répartissions les hommes en trois lances. Vous en commanderez une et les frères d'Este, les deux autres. Chacune aura la responsabilité d'un cheval porteur de vingt-cinq mille florins. Mes gens et moi garderons le dernier. Il faudra consacrer la journée du lundi à manœuvrer ensemble.

— Entendu. Je vais prévenir Luchino et Theodoro.

Pétrarque accompagna Pietro à l'auberge. Le Petit se trouvait dans sa chambre, seul. Il priait. On lui annonça la mort de Passac, laquelle ne parut en rien l'affecter. Il demanda seulement :

— Et mon fils ?

— Je ne sais rien de plus. Pour l'heure, je n'ai rien dit à Castracani quant à son absence.

Le père hocha la tête.

— Est-ce le coffre du Français ? s'enquit Pietro en désignant une belle caisse de voyage ferrée recouverte de cuir rouge, avec couvercle en pointe.

— Oui, seigneur.

— Est-elle ouverte ?

— Non. Messire Passac seul possédait la clef.

— Celui qui l'a tué, ou d'autres, l'a dépouillé, donc la clef est perdue. Ugolino, force la serrure !

Le moine médecin, qui se tenait dans la salle quand Sangallo et Pétrarque étaient apparus, les avait accompagnés dans la chambre. Il sortit une dague et parvint, avec adresse, à débloquer le mécanisme du coffre.

Qui renfermait des vêtements, un couteau, un gobelet d'argent, un haubergeon, des gants de maille et de cuir, une bourse. Sangallo la prit et la vida sur le lit. Elle contenait de la monnaie d'or et d'argent. Des écus attirèrent l'attention de Le Petit.

— Ces pièces, seigneur, dit-il en les montrant, ce sont des royaux. Les mêmes que possédait mon fils.

23

La troupe partit le 2 décembre. Elle comprenait donc trois bannières ; quatre si l'on y ajoutait Sangallo et ses hommes. Soit vingt-six cavaliers auxquels il convenait d'ajouter une dizaine de valets. Quant aux montures, avec les bêtes de rechange, on en comptait plus de soixante et dix, dont quatre portaient un coffre contenant vingt-cinq mille florins, l'équivalent d'un poids de cent cinquante livres.

Le dimanche, dans la chapelle du château, en présence du chapelain et de Galéas Visconti, tous les hommes avaient prêté serment et juré d'obéir à Pietro da Sangallo. Les Este et Castracani comme les autres, même s'ils avaient déclaré la chose inutile puisqu'ils avaient déjà juré. Le seigneur de Milan l'avait néanmoins exigé.

Avant le départ, qui se fit sous un crachin glacial, le capitaine Florentin passa les cavaliers en revue.

Tous fervestis sous des gambisons de peau ou de toile épaisse rembourrés de filasse qui leur descendaient aux genoux, la plupart arboraient des brigandines de buffle couvertes de lames de fer rivetées qui couvraient entièrement torses, hanches et parfois bras. Quelques-uns avaient enfilé de simples hauberts, toutefois renforcés de plates d'acier. Seuls chevauchaient en armure Ugolino, Raffaello et les frères d'Este. Ces deux-là, contrairement à l'exigence de Sangallo, avaient revêtu des harnois en acier blanc.

Sur leur équipement, les Milanais portaient des cottes d'armes en soie blasonnées à la couleuvre des Visconti et chacun s'était emmitouflé d'un épais manteau. Les jambes étaient protégées de mailles ou de jambières de cuir piqué, avec souliers et éperons. Enfin, sous les camails et cervelières annelés doublés de peau, tous étaient coiffés de heaumets coniques ou de bassinets, parfois avec visière, et chacun gardait écu et arbalète sur un cheval conduit en longe. Ils conservaient hache, fléau et épée à la taille ou à la selle, prêts à être saisis sans délai.

Quant aux coursiers, si ceux d'Este et de Castracani étaient revêtus de jupes à leurs armes, aucun n'arborait de protection de fer ou de mailles.

Le convoi avançait sans se presser avec une bannière de sept hommes en tête, deux autres au milieu et le reste en arrière-garde. Dans cette configuration, les chevaux portant la rançon demeuraient avec les bannières centrales qui comprenaient aussi Pétrarque et les valets d'armes.

Enfin, à l'approche des étapes, deux cavaliers partaient devant afin de réserver chambres et dortoirs au sein d'auberges ou d'hôtelleries d'abbaye. Roubaud et Maccio se déclaraient toujours volontaires pour ces chevauchées.

Ils n'étaient point seuls sur la route de Turin. Les convois de mules et de chariots chargés de draps, futaines, mercerie ou épices se succédaient. Beaucoup se rendaient en Savoie, d'autres en Bourgogne ou vers diverses parties de la France ou de Flandre. Lorsque la troupe milanaise les dépassait, car ils avançaient d'un pas lent, Pétrarque trouvait toujours le temps de discuter un moment avec les marchands.

Ils rencontrèrent quelques abbés et religieux, ainsi que des patrouilles venant de Milan ou de Turin chargées de la sécurité des voyageurs. Les piétons étaient aussi en nombre : des colporteurs, des pèlerins, souvent en groupe, ou des vilains se rendant à quelque marché.

Durant ce trajet, Pietro da Sangallo tenta de discuter à plusieurs reprises avec Guillonnet Le Petit, mais le guide ne répondait à ses demandes sur les étapes dans la montagne, en Savoie ou en Bourgogne, que par des oui et des non.

Pétrarque, qui s'était déjà rendu à Paris, l'interrogeait fréquemment sur leur itinéraire, mais Le Petit demeurait toujours évasif. Une attitude qui rendait Pietro soucieux. S'il arrivait malheur à Guillonnet, ils se trouveraient dans l'embarras.

De surcroît, le Dauphinois se montrait particulièrement affecté par la perte de son fils. Le dimanche qui avait suivi son départ, il avait été le seul à ne pas se rendre à la messe donnée au château pour le pauvre Gaucher de Passac, justifiant son absence par la volonté d'être présent si Sanson revenait. Mais le garçon n'était pas rentré et, le soir, le Florentin avait retrouvé le guide prostré dans sa chambre. Les larmes avaient laissé des traces sur ses joues. Il avait à peine répondu aux questions qu'on lui posait. La disparition de cet enfant qu'il régentait avec autorité, qu'il sermonnait sans cesse même, semblait l'avoir brisé.

Avec les frères d'Este s'était établie une entente précaire, à mi-chemin entre hostilité et indifférence.

Les cousins de Visconti exécutaient les ordres du capitaine florentin sans les discuter mais sans non plus les approuver. Ils ne faisaient même pas mine de se montrer affables avec Sangallo. Leur comportement était bien pire avec Raffaello et Ludovico, souvent à la limite de l'affront. Quant à Roubaud, depuis l'affaire de la quintaine, ils l'ignoraient comme s'il s'agissait d'un animal.

En revanche, Castracani apparaissait désormais agréable et serviable, toujours prêt à prendre des initiatives opportunes. Sangallo et Pétrarque attendaient toutefois l'occasion pour lui parler de Blasco d'Alba.

Trois jours après le départ, ils entrèrent dans Turin sous un ciel lourd, sans avoir payé de redevance ni déclaré ce qu'ils transportaient aux péagers des portes. La cité appartenait au comte de Savoie, dont la sœur Blanche avait épousé Galéas Visconti, aussi les laissez-passer que le seigneur de Milan avait remis à l'escorte avaient-ils fait leur œuvre.

Les voyageurs logèrent dans une confortable hôtellerie et repartirent le lendemain.

Quelques heures plus tard, ils s'engageaient dans la montagne, au milieu d'une forêt où un froid intense les saisit.

La route qu'ils suivaient serpentait le long d'une rivière et, parfois, au fond de profondes gorges dans lesquelles Sangallo multipliait les mesures de sûreté. Les lances demeuraient proches les unes des autres avec une avant-garde agile constituée d'un couple d'hommes muni de trompes pour prévenir de tout danger. Lui-même restait souvent en arrière-garde afin de vérifier qu'ils n'étaient pas suivis. Quant aux gens d'armes, tous gardaient arcs et arbalètes prêts à tirer.

Mais il n'y eut aucune alerte, même si, lors d'une halte, des bûcherons leur signalèrent avoir vu une troupe de plus d'une centaine de cavaliers armés se dirigeant vers Suse.

C'était l'occasion de la discussion franche que Pietro da Sangallo attendait. Il fit signe à Pétrarque de l'accompagner et se rapprocha du chef de la milice de Milan, se plaçant à sa droite tandis que le poète demeurait à sa gauche.

— Qui peuvent être ces cavaliers ? demanda Pietro.

— Aucune idée, mais évitons de les rattraper.

— Se pourrait-il que ce soit la *condotta* de Blasco d'Alba ?

Le visage de Castracani s'affaissa, et sa bouche ouverte marqua sa surprise.

— Le connaissez-vous ? interrogea-t-il, une fois son sang-froid revenu.

— Je sais qui il est, et Raffaello l'a vu à Milan.

— Ah…

— Attablé avec un prétendu moine, ami du fils de maître Pétrarque. Un soi-disant religieux qui s'intéressait à notre voyage et voulait nous accompagner.

— Je comprends mieux pourquoi vous m'en parlez, fit Castracani après un instant.

Comme Sangallo et Pétrarque ne disaient rien, il s'expliqua :

— La semaine dernière, on m'a prévenu que d'Alba était en ville. Je l'ai alors vu dans un cabaret et lui ai ordonné de quitter Milan. Il se trouvait avec un religieux et je les ai accompagnés à la *porta Romana*. J'ai donné des ordres afin qu'ils ne reviennent plus.

Sangallo ne posa aucune autre question. Les explications du Milanais lui parurent plausibles.

— Croyez-vous que j'ai des accointances avec un Alba ? ajouta Castracani sèchement.

— Non, lui assura Pétrarque. Vos explications me suffisent.

Pietro, lui, n'était pas complètement satisfait. Pourtant, ils n'en parlèrent plus.

Ils passèrent la nuit au château de San Giorio di Susa, situé sur une colline. Pétrarque avait une lettre de Visconti pour le seigneur Bertrandi. La forteresse était vaste, composée d'une partie supérieure comprenant donjon et salle basse, et d'une inférieure qui hébergeait une hôtellerie pour voyageurs.

Le matin, en quittant le château, ils retrouvèrent deux des marchands rencontrés à l'*albergo dei Vecchi* qui, eux, avaient passé la nuit dans l'hôtellerie. Il s'agissait du Nîmois Giovanni Farolfi et de Philibert le Picard. Le premier avait trois mules, un roussin et quelques valets, le second, un petit chariot, très étroit, tiré par l'un de ses roussins gris et conduit par son commis.

Les marchands demandèrent à Pietro da Sangallo s'ils pouvaient faire route avec lui jusqu'à Suse, expliquant que les bois de Foresto à traverser n'étaient guère sûrs, non à cause de brigands, car le comte de Savoie veillait à la sécurité des voyageurs, mais en raison des habitants réputés de mœurs sauvages. Leur seule apparition provoquait l'effroi tant leurs visages se révélaient, dirent-ils, répugnants. D'ailleurs, même les femmes étaient connues pour leur laideur et leur malice, choses que confirma leur guide quand Raffaello s'en étonna.

Après discussion avec Castracani et Pétrarque – les

frères d'Este ne s'étaient pas approchés, jugeant que traiter avec des marchands serait déchoir –, Pietro da Sangallo finit par accepter : Farolfi et le Picard connaissaient la route de Suse où, selon eux, ils arriveraient en début d'après-midi, mieux valait donc les avoir avec soi. Toutes les informations qu'ils communiqueraient seraient utiles pour remédier au goût du secret de Guillonnet Le Petit.

Pétrarque, lui, s'étonna de retrouver le marchand nîmois ici, Suse n'étant en rien sur la route de Nîmes. Giovanni Farolfi expliqua donc qu'il se rendait d'abord à Chambéry, puis à Lyon pour vendre une partie de sa marchandise et acheter du cuir de Cordoue, avant de revenir chez lui.

Quant au Picard, peu causant et l'air perpétuellement soucieux, ce n'était pas son premier voyage au-delà des Alpes, aussi Sangallo le questionna-t-il sur la France. Oui, le pays connaissait un grand désordre et les malemaisnies le ravageaient, mais lui s'arrangeait toujours avec leurs chefs en leur versant une redevance raisonnable, ce que lui permettaient ses gains sur la vente de l'alun. S'il n'avait pas de gardes, c'est qu'il les jugeait inutiles et même dangereux tant les brigands étaient persuadés que des voyageurs avec escorte transportaient des biens précieux. De plus, les routiers n'auraient que faire de l'alun qu'il transportait, ces gens-là préférant quelques pièces d'argent à un pillage qui ne leur rapporterait rien. Cela ne l'empêchait pas d'être prudent et de choisir des itinéraires détournés.

Pétrarque et Sangallo l'interrogèrent sur les villes où ils pourraient faire halte, puisque Le Petit persistait à se taire. Philibert le Picard indiqua Chalon, passage obligé quand on arrivait de Savoie. Mais ajouta qu'après cette cité, les chemins pour se rendre à Paris s'avéraient innombrables, et qu'il leur faudrait se renseigner sur la présence de compagnies de routiers afin de les éviter.

Ces informations étaient bien vagues, observa Sangallo quelque peu dépité, mais le marchand se justifia en évoquant une situation si changeante qu'il ne pouvait s'engager plus. Il aurait trop de regrets si, leur ayant conseillé de passer par tel endroit, ils tombaient dans une embusque. Il livra toutefois le nom de quelques bourgs et de villes à éviter, car les espions du petit Meschin y étaient nombreux ; la plupart se trouvaient dans les environs de Beaune.

La matinée se passa sans qu'ils fassent de mauvaise rencontre et le trajet fut agréable. La forêt de sapins rouges était giboyeuse et les frères d'Este auraient volontiers chassé les chevreuils et les chamois qu'ils apercevaient, mais il n'y avait pas de temps à perdre. D'ailleurs le ciel se montrait de plus en plus noir, ce dont leur guide s'inquiétait. Si la neige tombait une fois sur la route du Mont-Cenis, leur situation deviendrait précaire voire périlleuse. Ce que confirma le Picard, qui annonça qu'il ne ferait pas halte à Suse. Mieux valait poursuivre, quitte à s'arrêter plus loin dans une mansione, une de ces maisons où les habitants accueillaient les voyageurs, dit-il.

— Ne craignez-vous pas qu'ils vous pillent ou vous assassinent ? demanda Ugolino.

— Je connais des hôtes de confiance.

Arrivés à Suse le dimanche de la Saint-Nicolas, ils durent patienter à la *porta di Piemonte* à cause de l'évêque de Vérone, Pietro Della Scala, qui se rendait à Chambéry puis à Lyon avec un train de cent vingt chevaux. Comme le prélat transportait moult coffres et bagages, les péagers exigèrent de grosses redevances, soit trois deniers par charge, ce à quoi le secrétaire de l'éminence s'opposa. En fin de compte, et après appel du juge de la vallée de Suse, il déboursa juste le petit péage de deux deniers que messire David de Croso, *vicecastellanus*[1] du châtelain de Suse, demandait à ceux qui ne pénétraient pas en ville. Ce fut également la somme que régla le Picard, qui fit ensuite ses adieux à ses compagnons de route.

Milanais et Florentins franchirent la porte de l'enceinte alors que la neige commençait à tomber. Un mauvais signe pour la journée du lendemain, observa Le Petit.

Maître Cors possédait l'auberge d'Avigliana, grand établissement aux vastes écuries. Mais maître Cors n'était pas seulement hôtelier, il fournissait aussi aux voyageurs des conseils gratuits et des guides payants : de robustes montagnards de sa famille qui, moyennant, la somme incroyable de dix gros de Bologne[2], soit plus de sept florins, assuraient au voyageur d'arriver à bon port, c'est-à-dire au col.

Dans la salle de l'hôtellerie, Sangallo, Pétrarque et les gentilshommes milanais se tenaient debout devant un massif fourneau rectangulaire maçonné en brique, avec chapeau arrondi percé d'ouvertures d'où sortait une chaleur réconfortante. C'est le Nîmois Giovanni Farolfi, avant qu'il ne les quitte car il logerait dans une auberge moins chère, qui leur avait parlé des guides.

Les cinq hommes débattaient de l'opportunité d'en prendre un. Ils y étaient d'autant plus favorables qu'ils

1. Lieutenant.
2. Un gros de Bologne vaut quinze deniers.

n'avaient pu interroger Guillonnet Le Petit, lequel était parti à l'église San Giusto écouter une messe.

En fin de compte, Pietro annonça à maître Cors qu'ils avaient décidé d'engager un montagnard. Hélas l'hôtelier secoua la tête d'un air désolé.

— Impossible demain, seigneur. Avez-vous regardé le ciel ? Trop de neige va tomber. Les guides ne veulent pas sortir.

— Il n'y a que quelques flocons dehors, intervint le jeune Theodoro d'Este.

L'aubergiste le toisa comme il l'aurait fait avec un enfançon.

— Les montagnards connaissent la vallée, messire. Partez si vous voulez, simplement cela vous conduira à la mort.

Theodoro lui tourna le dos en haussant les épaules et se dirigea vers la table, près de la cheminée, où se tenait le reste de la troupe.

S'ensuivit un nouveau conciliabule. Pétrarque se montrait partisan du départ. Diable, il y avait six à sept milles entre Suse et le col, et deux ensuite pour gagner Lanslobor, dit-il. C'était l'affaire d'une longue journée.

Les autres étaient plus hésitants. Seulement, ils n'ignoraient pas que le mauvais temps pourrait durer des jours, ou des semaines. Ne pas partir le lendemain signifiait peut-être rater l'occasion de franchir le col avant qu'il ne devienne inaccessible.

Sangallo décida d'attendre le retour du guide et de se fier à son avis.

Guillonnet Le Petit réapparut à la tombée de la nuit. Il avait écouté plusieurs messes et communié, se justifia-t-il avant d'annoncer, les yeux brillants, que

Dieu les protégerait, quoi qu'il arrive si eux-mêmes prenaient l'hostie avant de franchir la porte de Savoie, l'ancienne porte romaine sur la route du col.

— De toute façon, conclut-il, si la neige nous empêche d'avancer, nous pourrons faire halte dans l'une des mansiones qui bordent la route, ou à l'abbaye de Novalaise, ou même à l'*ospedale di Santa Maria*, ou encore à l'hôtellerie située à côté.

Pétrarque approuva, et l'avis du guide l'emporta. La route jusqu'au col n'était point déserte et tant Castracani que les frères d'Este savaient que l'*ospedale*, jadis tenu par des chevaliers hospitaliers et désormais occupé par des chanoines augustins, serait un refuge sûr en cas de mauvais temps. Ces chanoines, clercs séculiers, formaient une communauté pastorale qui protégeait et soignait les voyageurs.

Ils partirent donc le lendemain matin à la lueur de flambeaux, alors même que le jour n'était pas encore levé. Il neigeait et le froid était si mordant que les chevaux tremblaient. Tous les hommes portaient d'épais gants de poils.

Le convoi fit halte à l'église San Giusto, où les voyageurs écoutèrent une messe et communièrent. À la suite de quoi, il franchit la porte de la ville. Celle que les gens de Suse appelaient la porte du Paradis.

SECONDE PARTIE

L'ARCHIPRÊTRE

24

Malgré les flocons qui voletaient et le froid vif, la marche fut rapide jusqu'aux premières côtes. Ensuite, l'avancée se révéla plus lente, mais point trop difficile. Deux heures après avoir quitté Suse, les voyageurs aperçurent Novalaise et son abbaye. En dépit du ciel bas et sombre, sur la proposition du guide, Pétrarque décida de continuer. Ils avaient fait un quart de la route, assurait Le Petit, et ils atteindraient à coup sûr l'hôtellerie du Mont-Cenis avant la nuit.

Les choses semblèrent lui donner raison pendant encore plusieurs heures, et d'ailleurs la neige s'arrêta de tomber. Pourtant les lacets devenaient plus nombreux et plus raides.

Ils montaient. Torrents déchaînés et ravins vertigineux les enserraient. Ils grimpaient toujours plus haut, désormais en silence, étranglés d'inquiétude. Les rampes, étroites, se montraient parfois si sévères qu'ils devaient descendre de leurs destriers pour rassurer les bêtes et passer devant elles. En voyant les animaux hésiter, Sangallo comprenait pourquoi les voyageurs préféraient les mulets.

Le sentier qu'ils suivaient était instable et certains

tronçons, si étroits qu'on se demandait comment un chariot pouvait s'y risquer.

Malgré leur progression prudente, un cheval, qui, grâce au ciel, ne portait que des armes, glissa soudain dans un affaissement de roches. Ugolino, qui marchait devant lui, n'eut que le temps de trancher sa longe avant que la bête ne dégringole dans un précipice. Sans cette présence d'esprit, plusieurs animaux ainsi que des hommes auraient disparu avec lui.

Chacun se signa, mais Le Petit interdit que l'on s'arrête. Il fallait continuer. Le chemin se fit soudain plus pentu encore. Au bout d'un moment, la brume les enveloppa par vagues successives, comme des fumerolles. Peu après, des nuages blancs tombèrent sur eux avec une telle rapidité qu'en quelques instants le chemin, les ravines et les montagnes disparurent.

— Que chacun reste dans les pas de celui qui le précède ! hurla Le Petit. Personne ne s'éloigne !

Sangallo, à la fin de la troupe, tourna la tête pour regarder en arrière. Rien. Un immense mur blanc venait de surgir.

La neige les enveloppa et un effrayant silence s'abattit sur la montagne. Pourtant, ils avancèrent encore. La route, étroite, grimpait de plus en plus et les lacets se succédaient sans cesse. Chacun devinait les ravins proches et que tout écart signifierait une chute fatale.

Dans la brume, les flocons, de plus en plus nombreux, se faisaient plus épais et recouvraient le sol d'un tapis qui masqua vite le chemin.

Pietro da Sangallo distinguait à peine la queue de l'animal qui le précédait. L'hôtellerie du Mont-Cenis était-elle encore loin ? s'interrogeait-il, comprenant qu'ils allaient devoir y passer la nuit. S'ils l'atteignaient.

Puis la neige tomba dru, en masse lourde et opaque, s'amoncelant partout, faisant disparaître les moindres repères.

Dans le silence terrifiant qui les étouffait, un hennissement aigu retentit, provenant du début du cortège, aussitôt suivi d'un effroyable hurlement. Pietro aurait voulu passer devant, savoir ce qui arrivait, mais le chemin étroit et les gouffres prêts à l'engloutir l'en dissuadèrent. Ceux en tête avaient-ils aperçu l'un des dragons évoqués à Suse ? Ou des montagnards les attaquaient-ils ? Non, se rassura-t-il après un moment en constatant qu'il n'y avait pas d'autres cris. Des mots lui parvinrent alors, transmis de cavalier en cavalier :

— Le coursier de Leonardo s'est écarté… Ils ont chuté dans un ravin… Dieu sauve l'âme de notre compagnon !

La marche se poursuivit avec une éprouvante lenteur. Aucun ne quittait des yeux les traces dessinées, priant le Seigneur que celui qui le précédait ne se soit pas éloigné de la voie. La procession dura une heure, peut-être deux, dans une tension extrême. Tous savaient le moindre faux pas fatal.

Enfin, aussi brusquement que le brouillard était tombé, un vent violent, glacial aussi, se leva, projetant les flocons gelés dans les yeux des cavaliers qui n'y voyaient déjà plus guère. Au moins ce souffle du septentrion signifiait-il qu'ils approchaient du sommet.

La brume s'estompa peu à peu, révélant un ciel aussi noir que l'enfer. Mais la tempête ne cessa pas, bien au contraire. Le vent hurlait plus que jamais, comme alimenté par mille démons déchaînés, tandis que la neige fouettait hommes et bêtes presque à l'horizontale avec une violence insupportable.

En plissant les yeux, Sangallo parvenait à peine à distinguer les deux ou trois chevaux devant lui, des bêtes de bât, mais aucun dos de cavalier. Alentour, impossible de savoir si se dressaient des montagnes, si s'étalaient des prairies, ni où se situait le grand lac dont Le Petit avait parlé. Tout juste quelques pointes de sapins laissaient-elles deviner une pente.

Ils prirent encore plusieurs lacets quand retentirent des bribes de cris assourdis. Sangallo reconnut la voix du guide, mais ne comprit rien de ce qu'il hurlait.

Pourtant, comme les sons se répétaient, enfin se devina le message :

— L'ho… le… rie !

Un moment plus tard, il découvrait trois bâtiments de tailles inégales dont l'un semblait être une ferme avec grange ou abri. Toutes avaient des cheminées qui fumaient. À côté, de petits chariots recouverts d'au moins un pied de neige.

Assez vite, Milanais et Florentins se retrouvèrent devant la plus grande construction. Dans les bâtisses, des molosses qui les avaient entendus se livraient à une furie d'aboiements.

— C'est l'hôtellerie ! expliqua Le Petit à Pietro, mais je la crains pleine.

Il désigna la grange ouverte qui dégorgeait de chevaux, mules et ânes.

— On trouvera bien une place ! s'exclama Luchino d'Este.

Raffaello surprit une moue inquiétante sur le visage de Le Petit.

À ce moment, la porte du plus grand bâtiment s'ouvrit, et un colosse se montra. Derrière lui, des gens armés d'arbalètes.

— Plus de place ! rugit l'homme.

— On peut pas rester dehors avec la tempête de neige ! protesta Castracani.

— Plus de place, j'vous dis ! Les voyageurs dedans vont coucher sur la paille, les uns contre les autres ! Et y a rien à manger !

— Et les autres maisons ? insista Castracani en désignant la plus proche.

— Y reçoivent pas de voyageurs et personne ne vous ouvrira, à cause de la tempête.

— On pourrait les forcer à nous recevoir, menaça Theodoro d'Este.

— Essayez, et le comte l'apprendra. Alors, il vous saisira une fois dans la vallée et vous fera écorcher, tout gentilhomme que vous êtes.

En regardant les destriers il avait deviné à qui il avait affaire.

— Allons à l'*ospedale di Santa Maria*, proposa Le Petit. Les chanoines augustins ont un grand dortoir et une salle pour les chevaux.

— Trouvera-t-on de la place ? grommela un Sangallo furieux. Si c'est plein ici, ce sera pareil là-bas.

— N'en croyez rien, fit l'hôtelier. Je loge les gens pour trois deniers, et un de plus afin qu'ils aient leur monture à l'abri. En revanche, si les chanoines reçoivent gratuitement les pauvres et les pèlerins, ils demandent l'équivalent d'un gros de Bologne par voyageur et trois deniers pour un cheval ou mulet s'il s'agit de marchands, de riches prélats ou de seigneurs fortunés.

— Guillonnet, conduis-nous ! décida Pietro.

Ce dernier descendit de cheval et demanda une lance destinée à sonder la neige. Comme il n'y avait plus de chemin et que le lac, invisible, était proche, s'écarter de la route suffirait pour disparaître, dit-il à Sangallo qui le suivait.

Malgré de nouvelles difficultés, une demi-heure plus tard, la troupe arriva devant un grand bâtiment à étage avec clocher et cour entourée d'un haut mur. Les rares fenêtres possédaient d'épaisses grilles forgées.

Le guide fit tinter une grosse cloche au support scellé près de la porte ferrée.

Assez vite, l'huis s'écarta et un religieux parut. Grand, maigre, traits tirés, air dur et sévère avec d'épais et broussailleux sourcils, il se présenta comme Isoar de La Balme, prévôt de l'hospice.

— Pouvez-vous nous loger ? s'enquit Sangallo après avoir expliqué qu'ils venaient de Milan.

— Oui, si vous payez.

— Nous paierons.

— Combien êtes-vous ? interrogea le prévôt, redressant la tête pour essayer d'évaluer le nombre de cavaliers et de montures qui formaient une confuse masse blanche.

— Trente-quatre avec soixante et dix chevaux.

— Voulez-vous souper ?

— Oui, et boire, et surtout être au chaud !

— Vous avez l'accent de Florence.

— J'en viens, moi et mes gens. Les autres sont milanais.

— Cela vous coûtera cinquante popolins de Florence.

Le popolin valait vingt-quatre deniers. Un prix extravagant, donc. Mais avaient-ils le choix ?

— Entendu !

— Vous pouvez pénétrer, seigneurs. Je vais faire ouvrir la cour où se trouvent les écuries.

Sangallo dit quelques mots à Raffaello avant de descendre de sa monture, imité par les frères d'Este, Castracani et Pétrarque.

Tous cinq pénétrèrent dans l'hospice à la suite du prévôt et découvrirent une vaste salle dont la cheminée achevait de consumer des braises. Prolongeant l'âtre, une table de pierre et un potager supportant des cruchons émaillés et quelques plats, puis un escalier aux marches inégales, sans rampe. Deux autres clercs chanoines s'y trouvaient.

Le prévôt s'adressa à l'un d'eux :

— Frère Antonio, ces nobles voyageurs arrivent de Milan et passeront la nuit chez nous. Ils ont soixante et dix chevaux. Allez ouvrir le portail de la cour et montrez-leur les écuries ainsi qu'où prendre paille et avoine.

Il se tourna vers Sangallo en désignant une porte à gauche de celle par laquelle ils étaient entrés.

— De ce côté-là se trouve notre monastère. Si vous avez besoin de quelque chose, n'y entrez pas, mais sonnez ici.

Il désigna une cloche au bout d'une chaîne.

— Vous pourrez souper dans cette salle. Il y a du bois dehors. Nos frères vous prépareront une soupe et je vous ferai aussi porter du jambon. Maintenant, laissez-moi vous conduire à l'étage.

Frère Antonio était sorti par une porte faisant face de celle du monastère, laissant pénétrer un air glacial. Les visiteurs aperçurent un grand préau couvert d'un tapis blanc et des bâtiments le long du mur d'enceinte.

Ils gravirent les marches. Et, en haut, empruntèrent un corridor glacial éclairé par deux fenêtrons à barreaux. À main gauche, un dortoir avec sept ou huit grands lits dans lesquels on pouvait dormir à cinq ou six.

Ils suivirent le couloir jusqu'au bout. Le prévôt ouvrit alors une porte sur ce qui pouvait être aussi bien une salle qu'un réduit, car l'obscurité y régnait. Le religieux entra et, ayant fait quelques pas, écarta un volet, laissant entrer la neige et le froid. Les voyageurs découvrirent une chambre de taille moyenne avec deux lits similaires à ceux du dortoir et de très grands coffres. Aucune cheminée, mais les couches disposaient d'épaisses couvertures de laine.

— Cela vous convient-il ?

Sangallo se rendit à la fenêtre et regarda à l'extérieur. Les barreaux interdisaient tout passage. La neige, elle, tombait toujours et plus aucune forme ne se distinguait. Les traces des chevaux commençaient même à disparaître.

— Je veux une chambre avec cheminée, intervint soudain le plus jeune des Este.

— Il n'y en a pas. Le bois est rare. Vous avez vu le seul âtre dans la salle basse. Mais vous pouvez y dormir, si vous le préférez.

— Cela ira, murmura Sangallo en se tournant vers les gentilshommes. Faisons monter nos bagages.

Il ôta son mantel, dénoua sa brigandine qu'il jeta sur un coffre. Son bassinet connut le même sort. Ensuite il baissa la cervelière du jaseran et déboucla son ceinturon avant d'écarter sa cotte de soie. Par-dessous, se trouvait une autre ceinture à laquelle était attachée une grande escarcelle. Il l'ouvrit et tira l'une des boursettes qui contenait des florins. Ces pièces valaient deux cents deniers, aussi en compta-t-il six qu'il remit au prévôt.

Plus tard, l'arroir se rassembla devant la cheminée. Les chevaux avaient été dessellés, séchés à la paille, nourris, les bagages, montés dans le dortoir et la chambre. Dans cette pièce, on avait rangé les coffres contenant la rançon du roi Jean.

Plusieurs plateaux de table ayant été posés sur des tréteaux, les hommes mangeaient et buvaient dans la bonne humeur, sauf les amis de Leonardo, tombé au fond d'un ravin, qui l'évoquaient à voix basse. Toutefois, même s'ils ressentaient du chagrin, aucun ne regrettait leur départ de Milan. Tous savaient dès le début qu'ils risqueraient leur vie dans ce voyage.

À l'une des tables se tenaient les frères d'Este, le capitaine de Milan, Pétrarque, Sangallo et son écuyer, Guillonnet Le Petit, ainsi que le prévôt de l'hôpital qui les avait rejoints. L'heure était joyeuse maintenant qu'ils se sentaient à l'abri, leurs bedaines pleines, et que du vin épicé avait réchauffé leurs corps.

Seul le guide demeurait sombre, rongé par l'absence de son fils. Ou par autre chose ?

La cloche extérieure tinta. À plusieurs reprises.

— D'autres voyageurs ! annonça le prévôt augustin, tout réjoui, car c'était signe que l'*ospedale di Santa Maria* allait s'enrichir un peu plus.

Il se leva mais Sangallo l'arrêta pour indiquer que ce serait lui qui ouvrirait. Castracani et Raffaello, comprenant ce qu'il craignait, se dressèrent à leur tour, ordonnant à quelques hommes de les accompagner.

Les épées furent extraites, chacun se positionna devant la porte. Pietro tira les trois gros verrous et entrebâilla le battant.

Quelques voyageurs en mantel, têtes recouvertes de bonnets de feutre blanc de neige, mains dans des gants de poils, derrière eux, plusieurs mules bâtées, apparurent.

— Messire Sangallo ! s'exclama l'un des nouveaux venus.

Pietro le reconnut, il s'agissait du Nîmois Giovanni Farolfi.

— D'autres avec vous ? s'enquit le Florentin.

— Non… que mes gens que vous connaissez.

Le prévôt intervint :

— Combien êtes-vous ?

— Cinq, avec trois mules et un roussin.

— Gîte et repas vous coûteront donc quatre-vingt-dix deniers.

— C'est cher ! lâcha Farolfi, la bouche ouverte de saisissement.

— Tout est cher dans la montagne, messer, répliqua sèchement le prévôt en plissant ses épais sourcils.

Le Nîmois regarda son groupe qui attendait, transi et grelottant, avant de soupirer :

— D'accord. Où puis-je mettre les mules et mes marchandises ?

— Je vais ouvrir la cour.

Les nouveaux reçurent la chambre voisine des Milanais. Dès qu'ils y eurent monté leurs marchandises, constituées de grosses balles, ils les rejoignirent dans la salle basse.

Si, pour ces derniers, le souper se terminait, ils resteraient dans la pièce tant qu'il y aurait du bois pour le foyer, personne n'étant pressé de se retrouver dans une chambre ou un dortoir glacial.

Tandis que des clercs servaient une soupe chaude aux arrivants, Pietro les interrogea sur leur périple depuis Suse. Eux aussi avaient été pris dans la tourmente et cru leur fin arrivée quand neige et brume avaient effacé la route. Mais leurs mules avaient le pas sûr, c'étaient elles qui les avaient sauvés.

— Dieu, surtout ! intervint le prévôt de l'hospice.

Affirmation approuvée par le marchand, qui se signa.

— Avez-vous rencontré d'autres voyageurs ? interrogea Pétrarque, peu enclin à ce que la conversation s'oriente sur la divine Providence.

— Deux religieux avec un âne. Dieu seul sait où ils sont en ce moment. Nous avons aussi aperçu beaucoup d'hommes d'armes dans une ferme qui fait mansione, avant que ne tombe la neige.

— Loin d'ici ? s'inquiéta Castracani.

— Juste après l'abbaye de la Novalaise.

— Nombreux ? insista Pietro, qui se souvenait de la ferme mais n'y avait rien remarqué.

— Au moins plusieurs dizaines de soldeniers.

Échange de regards entre les deux capitaines.

— La nuit tombe, ils n'arriveront pas jusqu'ici, intervint à voix basse Theodoro. Ils doivent s'être tapis au chaud dans leur ferme.

Sangallo ne dit rien. Se pouvait-il que ces gens soient ceux qu'ils avaient vus dans le Foresto ? Mains jointes, il considérait attentivement la porte d'entrée. Solide, épaisse et renforcée de fer, elle pouvait être malgré tout brisée par un bélier. De surcroît, la seconde porte, celle qui permettait de passer dans la cour des écuries, n'était pas ferrée. Après tout, la maison faisait office d'hôpital, non de forteresse.

Il se leva pour se rendre à la table voisine.

— Ludovico, une forte troupe se trouvait, voici quelques heures, à cinq ou six lieues d'ici. Peut-être celle dont nous ont parlé les bûcherons. Cette nuit, tu dormiras dans cette pièce.

Il s'adressa aux autres hommes à la table :

— Vous aussi. Gardez vos armes près de vous et une ou deux chandelles allumées au cas où le feu s'éteindrait. À la moindre alerte, criez pour nous prévenir.

— Oui, seigneur.

Il revint à sa place. Les frères d'Este affichaient des sourires goguenards qui l'irritèrent.

— Croyez-vous qu'il y ait péril ? s'inquiéta Pétrarque.

— Mieux vaut prudence que regrets, répondit le Florentin en haussant les épaules.

25

Tout le monde sommeillait et le silence aurait régné sans les ronflements des dormeurs.

Plongé dans la torpeur, Pietro fut secoué par un retentissant craquement qui fit trembler la maison. Un cauchemar ? se demanda-t-il dans la brume de l'éveil.

Hélas non, car les clameurs, les hurlements et le fracas des fers qui se heurtaient succédèrent à cette sorte de coup de tonnerre. Il sauta du lit qu'il partageait avec Raffaello et Pétrarque.

— Alerte ! hurla-t-il.

Ayant pris la précaution de laisser une esconse[1] allumée sur un coffre, donc y voyant à peu près, il se saisit du baudrier supportant son épée et lança le sien à son écuyer, déjà debout.

— Nous sommes attaqués ! Réveille ceux d'à côté ! Envoie-moi Francesco et reviens !

Il se tourna vers Castracani qui sautait lui aussi de sa couche.

— Que personne ne puisse arriver par l'escalier, sauf les nôtres. Si ces fredains sont trop nombreux et gagnent l'étage, nous sommes perdus !

1. Bougeoir couvert muni d'un manche.

— Personne ne montera ! Luchino, Theodoro, venez !

Les laissant agir, Pietro fut à la fenêtre en trois grandes enjambées. Avant de se coucher, il avait vérifié l'état de sa hacquebute et placé une mèche sèche dans la lumière. L'arme, chargée de grenaille de ferraille, était posée dans l'embrasure.

Indifférent au vacarme, aux hurlements, aux jurons et aux menaces qui redoublaient et couvraient tous autres bruits, il poussa le volet de bois et se pencha autant que la grille le lui permettait.

La lune et la neige, et surtout quantité de torches, éclairaient une innombrable troupe d'hommes à pied devant la porte de l'hospice, laquelle n'avait pas été forcée. Tous brandissaient haches, masses d'armes, épées ou hast, tous étaient casqués et en harnois, prêts à en découdre. Combien ? Plus d'une centaine, à coup sûr. Leurs chevaux, regroupés, attendaient plus loin.

Cependant, si les frappards attendaient, c'est qu'ils ne s'étaient pas encore déversés dans l'hospice par la porte principale.

Pietro comprit qu'une poignée des assaillants avait dû passer par-dessus le mur de la cour et briser la seconde porte, la moins solide. Leur chef, persuadé qu'il n'y aurait personne dans la salle basse, ou à peine quelques endormis, les avait chargés d'ouvrir l'autre porte. Après quoi, la meute aurait pénétré et massacré sans peine les occupants de l'*ospedale di Santa Maria*. Seulement, ils étaient tombés sur Ludovico et les solides Milanais qui ne les avaient pas laissé faire.

Lui-même, croyant que les estropiats étaient déjà dedans, avait commis une erreur de jugement en demandant à ses compagnons de garder l'escalier. Si Castracani et ses hommes étaient descendus tout de suite, ils auraient anéanti les intrus. Grâce au ciel, on pouvait encore rattraper cette erreur.

Il se précipita dans le corridor et cria au capitaine qui rassemblait les Milanais :

— Ils ne sont qu'une poignée en bas ! Exterminez-les !

Sans attendre, il revint dans la chambre, saisit l'esconse, retourna à la fenêtre, posa le canon portatif sur son épaule et alluma la mèche. Puis visa la troupe de fredains. Il fallut quelques instants pour que la mèche se consume et atteigne la poudre.

Le bruit fut effroyable, suivi d'une âcre fumée qui envahit la chambre. Impossible de savoir combien d'agresseurs étaient blessés mais, peu importait.

Il se dirigea vers le coffre où se trouvaient poudre et grenaille.

À cet instant, Francesco et Ugolino parurent. Sangallo leur ordonna :

— Rechargez la hacquebute et tirez encore sur ces marauds. Dès que ce sera fait, nous sortirons pour tailler en pièces les survivants !

Puis il dégaina son épée du fourreau et courut à l'escalier.

Les Milanais étaient descendus. En bas, la bataille faisait rage. Plusieurs corps jonchaient déjà le sol. Pietro parvint à temps pour éviter qu'un agresseur frappe un Ludovico, tombé à genoux, au gambison percé de toutes parts.

D'un revers, Sangallo brisa la tête de l'assaillant et s'en prit à un autre individu qui venait de frapper de sa hache Guillonnet Le Petit, lequel avait décidé, hélas pour lui, de dormir en bas afin de profiter de la chaleur du foyer.

Très vite, la vingtaine d'estropiats fut submergée par la furie des Milanais et des Florentins, tous meilleurs combattants qu'eux, même s'ils ne portaient que les cottes matelassées ou les gambisons gardés pour la nuit afin de se prémunir du froid.

Alors que le dernier scélérat tombait sous les coups d'un Luchino d'Este qui s'était battu comme un lion, Sangallo parcourut la salle du regard. Partout, ce n'était que corps tranchés, sanglants et gémissants, bouillie de sang et fragments de chair humaine. Les larmes aux yeux, il découvrit les dépouilles de Ludovico et Le Petit. Plus loin, la poitrine ouverte de Castracani laissait paraître côtes et poumons.

La rage l'étouffa devant pareil désastre. Il s'apprêtait à calmer sa fureur en massacrant les survivants comme le faisaient déjà Theodoro et quelques hommes quand le fracas de la hacquebute retentit.

Francesco venait de porter un nouveau coup aux membres de la *condotta* restés à l'extérieur. Il fallait profiter de leur confusion.

— Que ceux sans harnois dépouillent les morts et s'équipent. Nous faisons une sortie ! La mitraille de mon canon a dû briser ces marauds.

Sans attendre, les Milanais arrachèrent aux cadavres et aux mourants brigandines, cervelières et bassinets. De l'escalier surgirent Francesco avec sa masse et Raffaello, brandissant épée et dague. Avec soulagement, Pietro vit Ugolino, couvert de sang, mais sauf, se placer près de lui. Le moine médecin lui désigna un corps qui gisait dans la paille, un homme dont les entrailles s'échappaient du ventre, sa broigne ayant été percée par une épée.

C'était frère Gian Luca, le prétendu moine de San Alessio. Les agresseurs sortaient donc bien de la *condotta* d'Alba. Hélas, près de ce dernier reposait

Giovanni, l'un des Milanais ayant combattu avec lui à la bataille de Casorate.

Pendant que des gardes allumaient des torches de résine, Sangallo se tourna vers Luchino d'Este, qui poussait les verrous de la porte. L'aîné des frères avait nombre de défauts, mais savait se montrer hardi et vaillant.

Le battant ouvert, les défenseurs se ruèrent sur l'ennemi en vociférant insultes et menaces. En face d'eux, ils trouvèrent des individus hébétés par le vacarme des explosions et, pour beaucoup, atteints par des morceaux de métal. S'ils avaient peu de blessures graves, les éclats de fer dans le visage, les bras, le ventre ou les mains les rendaient incapables de se défendre. Surtout, aucun n'avait envisagé que ceux à exterminer oseraient sortir et s'en prendre à eux.

Une furie incontrôlable, provoquée à la fois par la peur et le besoin de châtier ceux qui venaient de meurtrir leurs compagnons, s'empara des voyageurs. Pour se calmer, ils devaient ôter des vies. À la palpitante clarté des flambeaux que brandissaient certains d'entre eux, ils se mirent à frapper des corps sans réaction.

Pietro lui-même tranchait et brisait des membres sans état d'âme. Les frères d'Este se réjouissaient, à grand renfort de cris de guerre, de hurlements, de *coglione*, de *figlio di puttana*, de *pezzo di merda* et autres injures. Francesco faisait tournoyer sa masse d'armes, ne laissant qu'une bouillie sanglante autour de lui, le tout en vociférant des « ahgrrr ! » satisfaits. Ugolino, lui, daguait et taillait en silence. Tous tuaient sans retenue.

Mais certains avaient oublié que la neige était traître. Alors que Raffaello se trouvait face à Blasco d'Alba, il glissa dans le mélange de glace et de sang qui couvrait le sol et s'affala.

À quelques pas, Pietro vit son écuyer tomber et se précipita mais, trop tard. Déjà le chef de la *condotta* levait son épée pour occire le fils d'Uguccione de Buondelmonti.

Pourtant il ne put réussir, car il s'écroula à son tour.

Quand Pietro arriva pour protéger son écuyer, il aperçut, à la lueur de la lune blafarde, le carreau d'arbalète qui avait percé le corselet du *condottiere*. Le fer n'ayant guère pénétré et la blessure n'étant pas mortelle, Blasco d'Alba jeta un regard implorant vers Sangallo en bafouillant « *misericordia* », mais le Florentin, sans hésiter, lui perça la gorge.

— Merci, Seigneur ! murmura d'une voix tremblante un Raffaello qui venait de voir passer l'ombre de la mort.

Pietro l'aida à se relever pour poursuivre le combat, bien que la bataille touchât à sa fin. Les fredains survivants s'enfuyaient, quelques-uns à cheval, d'autres à pied, et les blessés incapables de se déplacer imploraient grâce.

Le Florentin vit alors deux des fuyards s'écrouler. Entendant des hourras dans son dos, il se retourna et il découvrit maître Farolfi et l'un de ses commis devant la porte de l'hospice, brandissant chacun une arbalète.

Abandonnant alors les Milanais qui achevaient les blessés et les dépouillaient, il se dirigea vers le marchand, suivi de Raffaello.

— Merci pour votre tir fort adroit. Vous avez sauvé la vie de mon écuyer et je vous en serai éternellement reconnaissant.

— Sauvé ? Comment ? interrogea le Nîmois, surpris.

— En abattant Blasco d'Alba, le chef de cette maudite *condotta* alors qu'il allait occire Raffaello.

L'autre secoua la tête.

— Je suis confus, seigneur, mais nous venons juste de tirer sur des fuyards. Ce d'Alba était-il parmi eux ?

— Non…

Sangallo désigna la dépouille du *condottiere*, bien visible dans la neige blanche.

— N'avez-vous pas tiré sur lui ?

— Point, seigneur.

— Un autre de vos hommes, alors ?

— Impossible, nous n'avons que deux balestres.

Intrigués par la présence de ce marchand armé, les frères d'Este rejoignirent Sangallo.

— Qui parmi nos gens s'était muni d'une arbalète ? leur demanda Pietro.

— Je n'en ai point vu, répondit Luchino, épée sanglante à la main. Et toi, Theodoro ?

— Personne n'a eu le temps de prendre une arbalète, répondit le cadet d'Este en haussant les épaules. Quelle belle bataille, ajouta-t-il, tout sourires. Quoi qu'en dise notre oncle, tuer fait chaud au cœur !

Sangallo ignora la remarque et se dirigea vers le corps du *condottiere*. Il arracha le vireton qui l'avait percé et revint vers le marchand en train d'écouter respectueusement Theodoro narrant ses exploits.

Pietro tendit le carreau.

— Est-il à vous ?

Maître Farolfi l'examina et secoua la tête. Le Florentin le présenta ensuite aux deux frères en précisant :

— Mes carreaux sont ébarbés, pas comme celui-ci à la pointe en forme de dague.

— Je ne saurais dire si nous en avons, déclara Luchino. Il faudrait demander à Castracani, mais je l'ai vu tomber. Prions pour qu'il ne soit pas gravement atteint.

— Quelle importance de savoir qui a tiré ce pauvre carreau ? lança avec dédain Theodoro.

Sangallo se détourna pour se diriger vers l'hospice.

Il trouva Pétrarque agenouillé auprès de Guillonnet Le Petit, qui paraissait trépassé. Le prévôt et des clercs augustins transportaient des blessés dans le monastère. D'autres chanoines priaient aux pieds de corps sans vie. Parmi eux Ludovico Abruzzes et Castracani.

Le Florentin alla droit à l'ancien bûcheron dont le visage affichait une sorte de sérénité, contrairement à celui du capitaine milanais, empreint de fureur.

— Il a rejoint celle qu'il aimait, murmura Ugolino en s'agenouillant à côté de son ami.

— Messire da Sangallo, pouvez-vous venir ?

C'était Pétrarque.

Pietro se signa devant les défunts et, avant de rejoindre le poète, s'adressa au prévôt de l'hôpital qui revenait. Il lui désigna Ludovico.

— Mon père, cet homme était un ami cher. Occupez-vous de lui comme s'il était des vôtres. Je paierai autant de messes qu'il le faudra pour son entrée au paradis. Qu'il soit inhumé ici, avec tous nos gens trépassés. Quant au capitaine Castracani, gardez-le dans une cave. À notre retour, nous ramènerons son corps à Milan.

Il se tourna vers le poète.

— Je vous suis tout ouïe, mon maître.

— Guillonnet vient de passer, annonça Pétrarque. Et avant de rejoindre notre Créateur, il m'a fait une terrible confession…

— Montons dans la chambre, décida le Florentin.

Venez avec nous ! ordonna-t-il à Ugolino et à son écuyer.

La porte close, Sangallo s'assit sur un coffre et Pétrarque, sur un lit. Les autres restèrent debout.

— Guillonnet n'a pas eu de chance, commença le poète. Il était resté en bas en espérant une bonne nuit et il est tombé sous les coups de ces fredains. Lorsque je suis descendu, le combat s'achevait et vous sortiez. J'ai découvert nos compagnons morts, et pleuré sans pouvoir me retenir. Notre voyage commence bien mal… Puis, je me suis aperçu que notre guide gardait un souffle de vie. Alors, assis près de lui, j'ai pris sa tête dans mes bras. Me reconnaissant, il a dit vouloir se confesser. Je ne suis pas prêtre, et donc non lié par le secret de la confession, aussi, je crois avoir le droit de rapporter ses dernières paroles.

» Dimanche dernier, alors que nous étions au château, pour la messe mortuaire de ce pauvre Passac, Sanson est revenu à l'hôtellerie. Guillonnet a trouvé son fils métamorphosé. Très froid, il lui a affirmé : “Père, vous ne me reverrez plus. Je vous quitte. Je vais rester en Italie. – Tu trahiras ta parole si tu agis ainsi, lui a reproché Guillaume. – Je l'ai déjà trahie, et c'est pourquoi je ne rentrerai jamais en France”, a répondu Sanson.

» Il lui a alors fait ce récit : à Paris, dans l'auberge où ils logeaient avec Passac, en attendant de recevoir les laissez-passer nécessaires pour le voyage à Milan, un inconnu l'a abordé alors qu'il suivait une partie de dés à laquelle il ne pouvait participer car démuni d'argent. L'homme lui a annoncé, à voix basse, que s'il se rendait dans un cabaret voisin quelqu'un lui promettait deux gros. Le Sanson, avide de posséder quelques pièces, a accepté. Là, un individu, riche bourgeois ou gentilhomme vu à plusieurs reprises dans l'hôtellerie où ils habitaient, lui a offert un copieux repas, donné deux gros d'argent et, tandis qu'il mangeait, déclaré qu'il travaillait pour un grand prince. Et que ce dernier serait généreux s'il lui livrait de petites informations sans importance. Le fils Le Petit l'a écouté.

» Le tentateur a empilé devant eux dix royaux d'or extraits de sa bourse. Ils seraient à lui s'il révélait l'itinéraire que son père suivrait en revenant de Milan.

— Sanson a-t-il appris à ce dernier le nom de cet homme ? s'enquit Sangallo, que le récit faisait frissonner d'inquiétude.

À Paris, des gens savaient donc qu'une forte somme en or arrivait de Milan et avaient prévu de les attaquer. Comment les éviter ?

— Le Petit ne m'a rien révélé. Quoi qu'il en soit, Sanson a confié beaucoup à cette personne. Il a cité plusieurs des villes et bourgs par où ils étaient déjà passés, que l'inconnu a écrits sur une feuille sortie d'une écritoire de voyage.

» Voilà l'origine de l'or qu'il possédait. Mais, ce n'est pas toute l'histoire. Après avoir quitté le cabaret, Sanson est resté dans une encoignure de la rue, envisageant de suivre le tentateur pour savoir qui il était, certainement aussi afin d'obtenir plus de lui. Un peu après, il a vu Passac entrer dans le même cabaret et en a alors déduit que le chevalier trahissait, tout comme lui.

— Cela explique pourquoi nous avons retrouvé dix royaux d'or dans ses affaires, conclut Raffaello.

— Sans nul doute ! Et je n'ai pas terminé : à Milan, Sanson a donc rencontré une femme et décidé de s'en aller avec elle, comme vous me l'avez raconté.

Passac, parti à sa recherche, l'a retrouvé dans le cabaret où vivait la nommée Margherita. Le chevalier lui a ordonné de rentrer à l'*albergo dei Vecchi*, et, s'il refusait, l'a menacé de le faire ramener par les séides de Castracani. Se sentant perdu, Sanson a accusé Passac de trahison et décrit leur tentateur commun. Bien sûr, il s'agissait d'une accusation sans preuve mais elle a été suffisante pour affoler le chevalier qui s'est senti perdu, signe de sa culpabilité. Il a alors voulu faire taire celui qui pouvait le perdre, s'est levé et a tiré sa dague. C'était compter sans la Vénitienne demeurée à l'écart durant la querelle, qui s'est approchée et lui a enfoncé son propre couteau dans le dos.

» Dans le bouge, on avait l'habitude des rixes et personne n'est intervenu. Le couple a transporté ensuite, sans peine, le corps à quelques rues de là.

— Après l'avoir dépouillé, précisa Raffaello.

— S'il ne l'avait pas fait, messire, d'autres s'en seraient chargés, nuança Ugolino.

— En effet, confirma Sangallo. Mais Sanson a-t-il révélé à son père pourquoi il lui confessait son attitude au lieu de quitter Milan au plus vite ? Car, pris, il serait pendu.

— Bien sûr, et je suppose que vous l'avez compris aussi.

— Il regrettait sa trahison et souhaitait que son père change d'itinéraire, à la fois pour lui sauver la vie et pour se racheter envers nous… suggéra le capitaine florentin.

— Exactement ! approuva Pétrarque en un hochement du chef sentencieux. Vous voyez, messire, combien les relations entre parents et enfants peuvent être difficiles. J'en sais quelque chose.

— Seulement, Guillonnet a toujours refusé de nous

révéler quel serait son itinéraire, donc impossible d'en prendre un autre ! Nous ne sommes guère avancés, persifla Raffaello. Désormais sans guide, nous risquons fort de tomber dans une embuscade conduite par ces ennemis inconnus.

— C'est l'évidence, confirma un Sangallo plus que jamais soucieux.

À cet instant, les frères d'Este entrèrent.

— Nous vous cherchions, messire, fit Luchino, fronçant le front en découvrant le conciliabule auquel il n'avait pas été convié.

— Maître Pétrarque voulait me parler, répondit évasivement Pietro.

— À quel sujet ? s'enquit insolemment le jeune Theodoro.

— Vous l'apprendrez tout à l'heure, car nous devrons tenir conseil, mais auparavant je vais descendre avec vous évaluer la situation.

— Elle est sérieuse, messire da Sangallo, annonça l'aîné. Nous avons perdu trois hommes d'armes de Milan et deux valets qui s'étaient installés en bas pour la nuit. Deux blessés gravement atteints devront aussi rester ici. Pis, la disparition de Castracani est un coup terrible, et nous n'avons plus de guide.

— Hélas, oui. Mais tout n'est pas noir. Au moins avons-nous vaincu cette *condotta* qui aurait pu nous anéantir et voler la rançon. Grâce à vous, entre autres, car vous vous êtes montrés d'une belle vaillance. Quant à nos pertes, chacun de nous connaissait au départ les risques encourus, Georgio le premier. Nous veillerons à ce que les chanoines s'occupent de sa dépouille, qu'on ramènera à Milan.

Il se tut un moment, pour réfléchir, avant d'ajouter :

— Resteront donc onze hommes dans l'escorte.

Parmi les valets, quatre ou cinq accepteront sans hésiter de porter les armes, et verront leurs gages augmenter en rapport. Nous vendrons les chevaux en trop à Chambéry, ainsi que ceux de la malemaisnie, qui sont plus d'une centaine. Cela fera une belle finance de quelques milliers de florins. Quant au guide… Jusqu'à Chambéry, voyageons avec maître Farolfi. Là-bas, le comte Amédée[1] nous aidera. Puis, arrivés en Bourgogne, nous en engagerons un.

En parlant, Sangallo s'était levé. Tous descendirent.

En bas, on avait remis du bois dans la cheminée et les corps avaient été emportés par les augustins. Un religieux rassemblait la paille ensanglantée à l'aide d'un balai de joncs, et maître Farolfi, fier comme Artaban, bavardait avec l'un de ses commis. Il s'interrompit en voyant le groupe apparaître.

— Messire, dit-il à Sangallo, mes gens sont allés aider les vôtres à dépouiller les fredains.

— Que l'on porte la picorée ici !

— Ils le font, seigneur.

Il désigna trois hommes transportant des casques et des épées enveloppées dans des mantels. C'étaient Cionne, le Marseillais Roubaud, et leur ami Maccio, dont la barbe brune à deux branches était rouge de sang et blanche de neige.

Sangallo fut satisfait de les constater gaillards et indemnes.

— Vous amènerez les corps de vos compagnons afin que les clercs augustins les déposent dans leur chapelle. Demain, nous prierons pour eux. Quant aux estropiats, une fois dénudés, qu'on les jette dans un

1. Amédée VI.

ravin pour nourrir les loups. Vos compères et vous choisirez ce que vous désirez dans leurs armes et vêtures. S'il y a des bijoux, et en cas de difficultés, messires d'Este décideront que faire. Ce qui restera de la picorée sera partagé entre maître Farolfi et le prévôt de l'hospice.

Celui-ci, ayant perçu du bruit dans l'escalier, réapparut à la porte du monastère.

— Messire, vos hommes sont en train d'être pansés, dit-il. Ils guériront, si Notre-Seigneur le veut, mais ne pourront monter à cheval avant plusieurs jours.

— Ils resteront ici. Je paierai leur gîte et je vais vous laisser leurs chevaux. On va porter dans votre chapelle les corps des nôtres pour qu'ils reçoivent les sacrements. Nous partirons demain, après avoir entendu la messe, et je vous offre dix montures des fredains afin de vous dédommager. Vous aurez aussi une part du butin à partager avec maître Farolfi.

Le sourire du prévôt montra combien il était satisfait de cet arrangement.

— Demeure une question, qui vous concerne également, messires d'Este. Quelqu'un a tué le *condottiere* de cette horde avec un carreau d'arbalète, sauvant la vie de mon écuyer. Interrogez les hommes, je veux connaître le tireur pour le récompenser.

Les deux frères se regardèrent en laissant filtrer une moue d'impuissance.

— Je n'ai pas souvenance qu'un de nos hommes ait tenu une arbalète. Ils ont à peine eu le temps de prendre un casque, fit Luchino.

Sangallo interpella Maccio et ses compagnons :

— Avez-vous vu quelqu'un avec une arbalète ?

— Il faisait si sombre, seigneur, répondit le barbu

en haussant les épaules, tandis que ses compagnons détournaient le regard.

Pietro balaya des yeux les gens dans la salle, cherchant une réponse. Aucun ne paraissait concerné. Pourtant, quelqu'un, fort adroit, avait atteint Blasco d'Alba.

Qui ?

Il ne pouvait s'empêcher de penser que Roubaud s'était montré d'une adresse hors du commun lors des entraînements. Mais pourquoi cacherait-il que c'était lui le tireur ?

26

Quand tout fut terminé, ils parvinrent à prendre quelque repos. Aux premières lueurs de l'aube, Sangallo se leva, le corps douloureux et engourdi. Il régnait dans la chambre un froid glacial, et il s'était couché avec son gambison encore humide de neige. Maussade après cette mauvaise nuit, il attacha le ceinturon supportant son épée et descendit.

Trois valets, ainsi que Cionne, Maccio et Roubaud étaient toujours couchés sur la paille, près de la cheminée dans laquelle ne rougissaient plus que quelques braises.

La veille, les chanoines avaient rentré du bois, du foin et de l'herbe séchée avant de réparer sommairement la porte de la cour avec des plateaux de table renforcés de huches. Il paraissait peu vraisemblable que les fuyards de la *condotta* reviennent, mais mieux valait ne courir aucun risque.

Des augustins apparurent, accompagnés de leur prévôt qui prévint Sangallo qu'une première messe aurait lieu sous peu, pour ceux qui voulaient y assister.

— La plupart dorment, mon père, mais nous nous rendrons sans faute à la suivante. Comment vont les blessés ?

— L'un est au plus mal, hélas, et souffre beaucoup. Notre infirmier fait ce qu'il peut pour le soulager. Pour l'autre, j'ai bon espoir. Un de nos frères prie au chevet de leur lit.

La discussion avait réveillé les dormeurs qui se levèrent en maugréant tant en raison du froid que de la nuit trop courte. Pietro leur demanda de dresser les tables pour le premier repas.

Arrivèrent alors Raffaello et Pétrarque, puis le marchand nîmois et les frères d'Este qui affichaient un air mauvais. Lentement, la salle se remplit.

Les clercs séculiers apportèrent de grosses tourtes rassies par la froidure qu'ils déposèrent près du foyer, d'énormes miches de pain d'épeautre, du lard, du gras de poule, des fèves déjà cuites, de la farine de seigle et plusieurs cruches de vin en terre émaillée. Les valets sortirent chercher de la neige pour en emplir l'énorme marmite utilisée au souper.

Ceux d'entre eux sachant cuisiner préparèrent la soupe pendant que les autres tranchaient le pain et faisaient chauffer le vin.

Une fois les tables et les bancs en place, chacun s'installa peu à peu. Les écuelles de bois furent réparties, une pour deux ou trois convives.

— Je dois vous parler, messire Sangallo, annonça à mi-voix Luchino d'Este qui s'était discrètement approché du Florentin.

— Maintenant ?

— Ce serait préférable. Une… décision est nécessaire.

Le Florentin considéra longuement le Milanais, comme s'il voulait lire dans son esprit. Mais le fils aîné d'Azzon Visconti demeura imperscrutable.

— *Bene*. Dans notre chambre ? s'enquit Sangallo.

— Oui.

— Je demande à maître Pétrarque de m'accompagner. Vous n'y voyez pas d'inconvénient ?

— Aucun. Ce que j'ai à dire le touche aussi, puisque cela concerne l'attaque d'hier. Mon frère est en train de parler à Roubaud.

Pietro tourna la tête et vit le cadet d'Este s'adresser au Marseillais, qui fronçait les sourcils.

— Messer Roubaud vous a-t-il manqué de respect ?

— Non… Pas vraiment… Mais il doit nous entendre.

Qu'avaient donc encore manigancé les deux scorpions ? s'interrogea le Florentin non sans inquiétude.

Il laissa Luchino et approcha de Pétrarque qui s'apprêtait à s'asseoir avec Raffaello.

— Venez avec moi, mes amis, Luchino a quelque chose d'important à nous dire.

Ni le poète ni l'écuyer ne posèrent de question, mais leurs yeux étonnés témoignaient d'une certaine perplexité.

Ils prirent l'escalier, Luchino dans leur pas. Suivaient son cadet et Roubaud, le visage sombre.

Ils pénétrèrent à tour de rôle dans la chambre. L'aîné des Este se dirigea vers la fenêtre dont on avait ouvert le volet, dévoilant la campagne immaculée. Seuls des corvidés formaient des taches noires dans les sapins. Un observateur attentif aurait remarqué que quelques-uns s'étaient rassemblés sur un tas de neige. De ce monticule sortaient ce qui semblait être de l'étoffe et des membres humains. Les corbeaux avaient découvert bonne pitance.

Theodoro demeura à la porte, main sur la garde de son épée, ce qui n'échappa pas à Sangallo. Pétrarque s'assit sur un lit et posa ses paumes sur ses cuisses avec une expression tourmentée. Le comportement des frères envers le capitaine de l'expédition lui déplaisait d'autant plus qu'il craignait devoir publiquement choisir entre lui et les neveux de Galéas Visconti. Or, intérieurement, son choix était fait. Theodoro et Luchino se montraient de stupides et orgueilleux damelots. Le premier était un véritable sot, pleutre et cruel de surcroît. Son aîné possédait un peu plus de jugeote, mais à peine. Si un jour ils accédaient au pouvoir, ces deux-là deviendraient aussi malfaisants que Bernardino da Polenta[1].

Seulement, s'il marquait ouvertement sa préférence envers le capitaine Florentin, cela ne provoquerait-il pas sa rupture avec le seigneur de Milan ? Soupesant les options qui s'offraient à lui, le poète jugea qu'il pouvait seulement se ranger du côté de Pietro da Sangallo. Quoi qu'il arrive, il resterait un homme libre. Et s'il devait se fâcher avec Visconti, eh bien, il s'y résoudrait.

Raffaello, qui avait senti monter l'orage, s'était placé près de son maître. Et portait ses deux dagues à la taille.

— Comment ce d'Alba savait-il que nous étions ici, et pourquoi nous a-t-il attaqués ? commença Luchino d'un ton agressif.

— Je peux répondre à vos interrogations, fit Sangallo en levant une main conciliante.

Il parla alors du fils de Pétrarque, des indiscrétions qu'il avait commises en liant connaissance avec un moine qui n'était pas un véritable religieux mais un membre de la *condotta* d'Alba. À la décharge de Gio-

1. Tyran de Ravenne de 1346 à 1359. Il avait pris le pouvoir en emprisonnant ses frères et en les laissant mourir de faim, puis il avait persécuté des amis de Pétrarque.

vanni, trop de monde au château du seigneur Visconti était informé du voyage de maître Pétrarque en France, et peut-être même du transport d'une grande quantité d'or. Blasco d'Alba avait dès lors envisagé de s'en emparer. Pietro parla de la rencontre entre Castracani, Alba et le faux moine, et des explications, acceptables, que lui avait livrées le capitaine.

— Mettez-vous en cause messire Castracani qui ne peut se défendre ? s'enquit un Theodoro débordant de mépris.

— Point. Je vous livre juste des faits que Raffaello pourra vous confirmer.

— Votre écuyer ! lâcha le jeune Este, dédaigneux.

— Me traitez-vous de menteur ? questionna ce dernier d'une voix glaciale.

Silence et haussements d'épaules.

Luchino soupira plusieurs fois avant de demander :

— Pourquoi ne pas nous avoir dit tout cela plus tôt ?

— C'était inutile. J'ai évoqué l'affaire avec Castracani et ce qu'il a répondu m'a satisfait. En revanche, j'ai redoublé de précautions quand les bûcherons nous ont parlé d'une troupe armée. Oui, j'ai pensé à Alba à ce moment, et Castracani également. Mais rien n'indiquait qu'il nous attendait dans le Val de Suse avec sa *condotta*. Cependant, après que le Nîmois nous a parlé d'une troupe aperçue en chemin, j'ai demandé à Ludovico de rester en bas. Malgré nos pertes, nous ne nous en sommes pas si mal sortis.

— Vous trouvez ? Messire Castracani était notre ami. Si j'avais su tout cela, je serais resté en bas et il vivrait encore.

À d'autres, Sangallo aurait répondu : « Faribole et

vantardise », mais il préféra ne pas inciter à plus de querelle, pressentant l'histoire en rien terminée.

— Volontairement ou non, vos explications sont incomplètes, messire, annonça alors fielleusement le jeune d'Este. Admettons qu'à Milan, Alba savait que messire Pétrarque partait pour la France, accompagné d'une escorte. Peut-être même qu'il avait connaissance de la rançon. Mais comment a-t-il alors appris que nous passerions par Suse ? D'autres itinéraires étaient possibles.

— Des hommes à lui ont dû nous suivre, intervint Pétrarque.

— Alba était devant nous, selon les bûcherons !

— Il a pu placer des espions à Turin.

— Non ! réfuta Theodoro en secouant la tête. Quelqu'un lui a dit où nous nous rendions.

— Comment donc ? s'enquit Sangallo qui commençait à comprendre où en venait le jeune d'Este.

— Pourquoi pas ceux qui chevauchaient en avant-garde ?

— Moi, par exemple ? intervint Roubaud.

— Vous !

Le Marseillais haussa les épaules et gratifia Theodoro d'un sourire débordant de mépris.

— Tout d'abord, j'ignore qui est cet Alba, et ensuite j'étais avec Cionne. Nous ne nous sommes pas quittés et n'avons parlé qu'à des aubergistes.

— Cionne, je le connais. C'est un homme loyal, intervint Luchino. Je l'ai choisi en connaissance de cause. Mais vous, on ne sait d'où vous sortez. J'avais d'ailleurs fait part de mes réticences à Castracani. Il n'a rien voulu entendre tant il avait été impressionné par votre adresse et votre prétendue vaillance. Il aura payé cher son aveuglement.

— Je viens de Marseille, je vous l'ai dit. Quant à ma vaillance, je l'ai acquise sur les champs de bataille. Je ne crois pas que vous puissiez en dire autant.

Luchino blêmit.

— Ce sont vos affirmations, rétorqua son frère. Et si vous êtes un lieutenant de Blasco d'Alba, vos qualités de guerrier s'expliquent aisément.

— Je ne sais rien de Roubaud, intervint Pietro da Sangallo, mais je l'ai vu se battre et tuer nombre de gens de la *condotta* cette nuit. Il serait donc un curieux compagnon pour eux.

Pétrarque ne put se taire plus longtemps. Il joignit l'extrémité de ses doigts et déclara :

— N'y a-t-il pas chez vous, Theodoro, un besoin de laver ce que vous jugez être un affront après que Roubaud vous a fait une démonstration de sa force à la quintaine ?

— Maître Pétrarque, vous êtes un grand poète, mais vous ne connaissez rien à la trahison ! intervint l'aîné.

— Croyez-vous ? Ayant vécu trente ans près des papes, je suis persuadé, au contraire, d'avoir tout connu de la perfidie.

— Où voulez-vous en venir, Luchino ? s'enquit Sangallo.

— Roubaud est un félon. Notre ami Castracani est mort à cause de lui. Il doit subir le châtiment des traîtres.

— Lequel ?

— La hart.

Roubaud, visage fermé, recula de quelques pas vers la porte, mais se heurta à Theodoro.

— *Non mi va*. Vous ne m'avez présenté aucune preuve de trahison, décida Pietro, et je suis le capitaine de cette troupe. Je décide donc qu'il n'y aura pas de pendaison. Toutefois, je reconnais que vous présentez des arguments qui doivent être écoutés, même si je ne les crois pas justes. Roubaud nous quittera donc.

Il se tourna vers lui.

— Vous deviez recevoir dix florins. Je vais vous en remettre cinq. Vous partirez avec votre cheval et l'une des montures de la *condotta*, vous vous rendrez à Florence où vous attendrez mon retour. Si je vous y retrouve, cela me prouvera votre loyauté, et je vous obtiendrai un engagement. Sinon, messire d'Este aura eu raison et vous irez vous faire pendre ailleurs.

— Et vous aurez perdu deux chevaux et cinq florins, persifla Theodoro.

— C'est le prix de la justice. De ma justice. Maintenant, allons manger, nous parlerons du voyage avec maître Farolfi.

Ils partirent sous la neige qui continuait de tomber toujours, bien qu'avec moins de violence. Un pèlerin de Rome, hôte de l'hôtellerie, se joignit à eux, pas fâché de profiter d'une escorte gratuite. Dès le début du trajet, marchant à côté du Florentin, il demanda ce qui s'était passé à l'hospice durant la nuit.

— Une *condotta* s'en est pris à l'hôpital, pour nous voler. Et nous l'avons exterminée, résuma Pietro.

Il ajouta en persiflant :

— Maître Farolfi (il le désigna devant lui) s'est battu avec nous, mais nous n'avons vu personne de l'hôtellerie ! Pourtant, si nous avions subi un mauvais sort, vous auriez été les prochaines victimes.

— Vous avez raison, seigneur, et je le déplore. Pour ma part, je me suis levé quand les chiens ont aboyé. Après les coups de tonnerre, tout le monde était réveillé et je suis sorti avec les plus courageux.

Nous avons vu des lueurs de torches et entendu des cris. J'ai compris qu'on attaquait l'*ospedale di Santa Maria* et proposé qu'on aille prêter main-forte mais, ne possédant pas d'arme, j'aurais été bien inutile. Toutefois, quelques marchands se sont rapprochés du combat avant de revenir en déclarant que la troupe passée un peu plus tôt l'avait emporté. Rassurés, nous sommes tous rentrés au chaud.

Intéressé par le récit, Pietro da Sangallo demanda alors au pèlerin si, parmi ceux qui s'étaient approchés, se trouvaient des gens armés d'arbalète. La réponse fut affirmative, mais l'homme n'en savait pas plus, car il faisait nuit et seul l'hôtelier possédait une lanterne.

27

Atteindre le sommet du col, et surtout redescendre de l'autre côté, fut une nouvelle épreuve. Les pentes étaient raides, gelées, enneigées et, à plusieurs reprises, ils durent conduire les chevaux un à un, à pied, pour remonter chercher les suivants ensuite.

Il leur fallut quatre journées harassantes pour atteindre la capitale du comté de Savoie dont ils découvrirent les murailles et les tours peu après none. À l'approche de la ville, la neige avait cessé et plusieurs convois de mulets chargés de marchandises en sortaient.

Si maître Farolfi et ses valets trouvèrent chambre dans la petite cité commerçante, les Milanais et les Florentins se rendirent, eux, dans la vaste forteresse qui dominait l'enceinte.

Pétrarque savait que le père du comte, Amédée V, avait reconstruit et agrandi le château pour y installer ses appartements, les gens de son hôtel et l'administration des États de Savoie, dont la Chambre des comptes.

Après avoir présenté leur lettre de créance au capitaine de la porte principale, on les fit pénétrer dans la grande cour. Pétrarque, Sangallo et les frères d'Este furent ensuite conduits auprès du châtelain Aymon de

Chaland, l'officier chargé de l'entretien et des revenus de la châtellenie.

Connaissant l'immense réputation de l'illustre poète, le sire de Chaland le traita comme un prince, lui offrant le plus beau siège à coussin de la salle de réception, alors que le Florentin et les frères d'Este se virent attribuer une simple banquette coffre. Pareilles manières provoquèrent un tel dépit chez Luchino qu'un fiel verdâtre colora ses joues tandis que les mains de son cadet étaient saisies de légers tremblements de colère. Il posa des yeux écarquillés sur son frère, l'interrogeant silencieusement sur les raisons pour lesquelles le plumitif fils de notaire toscan se voyait traité comme un prince quand eux sortaient d'une illustre famille.

Tout à ses louanges et à son admiration envers Pétrarque, le châtelain ne remarqua rien. Mais si pareille aigreur amusa Sangallo, à qui elle n'avait pas échappé, elle l'embarrassa tout autant. Jusqu'où leur amertume pouvait-elle conduire les deux bâtards ?

Après avoir fait servir aux voyageurs des vins chauds pour les réconforter, messire de Chaland écouta Pétrarque faire le récit de l'attaque subie à l'hospice du Mont-Cenis. L'incroyable audace de Blasco d'Alba provoqua l'ire du châtelain qui décida d'envoyer un courrier au juge de Suse afin que ce dernier ne laisse plus passer de troupes armées sans sauf-conduit, pareille agression ne devant jamais se reproduire.

Toutefois, dans l'immédiat, il annonça qu'il lui fallait prévenir sa seigneurie, le comte Amédée, de leur arrivée et l'informer de ce qui s'était passé dans la montagne.

Il se retira donc, mais auparavant, il fit venir l'un des maîtres d'hôtel du château qui se chargerait de l'hébergement des voyageurs.

Ce dernier, jeune homme affable en robe rouge ornée d'une croix blanche, leur proposa de loger dans les anciens appartements des premiers sires de Chambéry, un donjon qui disposait de vastes chambres à chaque étage, où valets et hommes d'armes pouvaient s'installer dans les salles basses.

Ce séjour convenait aux frères d'Este pour autant qu'ils reçoivent la pièce la plus confortable, conformément à leur rang, précisèrent-ils.

Le maître d'hôtel les assura qu'ils seraient satisfaits et tous se rendirent dans la grosse tour. Ce fut en visitant les pièces qui leur seraient attribuées que Sangallo suggéra aux neveux Visconti de se charger de vendre les chevaux pris à la *condotta*. Une entreprise qu'ils pouvaient mener à bien sur-le-champ, puisque restaient quelques heures de jour.

Luchino accepta immédiatement, ce dont le Florentin ne fut pas surpris tant il avait la certitude que ces deux-là en profiteraient pour rapiner une partie du produit de la vente.

Le maître d'hôtel conduisit donc les frères auprès de l'écuyer qui s'occupait des écuries. Ce dernier les accompagnerait aux principaux maquignons de la ville afin que ceux-ci viennent examiner les bêtes et fassent des offres.

Après le départ des bâtards, convaincu que pendant deux ou trois heures il serait enfin débarrassé d'eux, Sangallo proposa à Pétrarque qu'ils gagnent leur propre chambre, à l'étage supérieur du donjon. Il tenait à lui expliquer son dessein pour la suite du voyage. Raffaello les accompagna.

Ayant écouté la proposition du Florentin, le poète se montra de prime abord réticent, jugeant trop périlleuse pareille entreprise, mais Raffaello, déjà informé du projet, lui assura qu'agir ainsi réduisait au contraire les risques encourus jusqu'à Paris, compte tenu du comportement incontrôlable des deux frères.

L'affaire fut donc décidée, avec l'aide de Francesco et d'Ugolino, et conduite sans difficulté puisque bagages et coffres avaient été déposés dans leur chambre.

Ces opérations terminées, Francesco demeurant pour garder la chambre, Pietro, son écuyer et le poète revinrent dans la cour où ils interpellèrent un valet afin que celui-ci les conduise au maître d'hôtel.

Ce dernier se trouvait dans la grande salle du château, une pièce aux murs couverts de fresques. Des valets dressaient des tables.

— Messer Pétrarque ! s'exclama-t-il en les voyant. J'allais justement vous chercher. Messire de Chaland vient de me prévenir que notre gracieux comte veut entendre de votre bouche le récit de vos aventures et avoir des nouvelles de Milan et de la princesse française. Le souper qui va avoir lieu ici, tout à l'heure, sera donné en votre honneur, en présence de tous les officiers et chevaliers du château.

Pétrarque l'assura être particulièrement honoré de cette invitation mais qu'avant de s'y rendre, il devait aller quérir quelque chose dans sa chambre.

Il quitta donc la pièce en compagnie de Raffaello, laissant Pietro da Sangallo expliquer au jeune homme qu'ils n'avaient plus de guide pour poursuivre leur voyage. Donc qu'il lui serait éternellement reconnaissant s'il pouvait leur proposer quelqu'un de loyal et d'honnête, capable de les conduire jusqu'au duché de Bourgogne.

Le maître d'hôtel promit et ils restèrent un moment à bavarder devant la cheminée.

Pétrarque et Raffaello revinrent, accompagnés de Luchino et Theodoro d'Este, qui venaient de conclure la vente des montures. Un acheteur avait proposé mille huit cents florins, déclara le premier d'un air patelin et les yeux mi-clos, aussi franc qu'un serpent.

La véritable somme devait au moins atteindre le double, songea Sangallo, qui avait estimé le prix des bêtes à quatre ou cinq mille florins.

Toutefois, l'acheteur avait besoin d'une journée pour rassembler la pécune, précisa Theodoro. Pour cette raison, mieux valait rester à Chambéry un jour de plus, ce que Pétrarque accepta volontiers. Les hommes de l'escorte étaient fatigués, il fallait soigner les gelures, un peu de repos ferait du bien à tous. De surcroît, la ville étant réputée pour ses marchands, le poète tenait à y acheter des cadeaux pour des maîtres de l'université de Paris avec lesquels il s'était lié lors de son premier voyage dans la capitale de la France.

Quant à Raffaello, qui pas plus que son seigneur n'avait été dupe du prix annoncé par les frères, il s'étonna à haute voix que ce marchand de chevaux ne dispose pas de mille huit cents florins. Les frères ignorèrent sa réflexion.

Peu après, un écuyer apparut pour les conduire auprès du comte.

À vingt-six ans, Amédée VI, fine moustache sous un nez droit, menton pointu et chevelure noire et bouclée, laissait transparaître dans son regard une nature à la fois dubitative et sérieuse. Il reçut ses invités dans une chambre d'apparat aux murs drapés de vert, sa couleur préférée, celle des chevaliers errants. Lui-même était vêtu d'une robe verte, fourrée au col comme aux manches, et galonnée de blasons de gueules à la croix d'argent. Une double ceinture nouée soutenait une large épée à pommeau ciselé tandis qu'un collier d'anneaux d'or ornait son torse.

Il siégeait sur une haute chaire avec, à sa droite, son châtelain et, à sa gauche, son chapelain. Un peu à l'écart, se tenaient des officiers du château, d'autres religieux et de nombreuses dames.

Il gratifia d'un sourire courtois les cinq hommes qui plièrent genou sur le tapis devant lui.

Prince guerrier, le comte entretenait des relations fluctuantes tant avec sa famille qu'avec ses voisins. Des liens généralement amicaux, mais quelquefois tendus. En ce qui concernait les Visconti, les désaccords venaient du soutien apporté par les Milanais à son cousin Jacques de Savoie qui revendiquait une partie du Piémont. Pour ce qui était du dauphin de France, il s'agissait plutôt de rivalités liées à des prétentions sur certains fiefs dauphinois. Malgré tout, ayant épousé la fille d'Isabelle de Valois, elle-même nièce de Philippe le Bel, il demeurait proche du roi de France et avait même offert une coquette somme pour sa rançon.

Comme il faisait se relever ses visiteurs et leur proposait des sièges tapissés, Pétrarque s'avança pour lui remettre une lettre scellée et un coffret.

Amédée tendit la boîtelette à son châtelain, puis arracha le sceau, et déroula la missive. Après avoir entamé la lecture, un sourire éclaira son visage.

Il reprit ensuite le coffret, petite chasse en vermeil, en ouvrit le couvercle, regarda à l'intérieur et se signa.

— Mes chers amis, dit-il en s'adressant à l'assistance, mon cousin Galéas me comble en m'offrant cette sainte relique, un morceau de roche du mont Golgotha atteint par quelques gouttes du sang de Notre-Seigneur.

Tous se signèrent. Quelques hommes se mirent à prier. Deux dames fondirent en larmes.

— Maître Pétrarque, mon cousin me demande de vous aider autant que je le puis pour la suite de votre voyage. Je le ferai avec grand plaisir. Vous êtes, m'écrit-il, son ambassadeur auprès du roi de France à qui vous devez remettre une bague merveilleuse lui ayant appartenu. Durant votre séjour ici, soyez assuré de mon amitié et de mon soutien en toutes choses.

— Merci, monseigneur, répondit le poète qui commença le long discours de compliments qu'il avait préparé.

Pas un mot sur la rançon, observa intérieurement Sangallo. Soit Visconti n'y faisait aucune allusion dans sa lettre, soit le comte jugeait prudent de ne point en parler, ce qui était le plus vraisemblable.

Raffaello, lui, guignait du coin de l'œil les frères d'Este qui contenaient à peine leur dépit de ne point avoir été cités ou interrogés.

Après l'intervention de Pétrarque, Amédée posa quelques questions sur leur voyage et, principalement, sur l'attaque de l'*ospedale di Santa Maria*. Le poète céda la parole à Sangallo qui livra les détails de l'agression et désigna les frères d'Este comme de valeureux combattants, ce qui parut tout juste satisfaire Theodoro et aucunement Luchino, le comte de Savoie ne les en félicitant pas.

Après un nouveau discours de ce dernier, le châtelain annonça que le banquet se tiendrait dans la salle des fresques et invita chacun à s'y rendre.

Pour autant, Amédée demanda à Pétrarque et à Pietro de demeurer un instant avec lui. Au premier, il posa nombre de questions sur messire Visconti, son fils et la princesse de France, et fit au second diverses demandes au sujet de Florence.

Les Este furent laissés de côté, ostracisme dont Raffaello subodorait la raison. Jacques de Savoie, seigneur du Piémont, actuellement emprisonné à Pignerol, avait épousé une Este. Or, Jacques, bien que vassal d'Amédée, avait tenté d'obtenir son autonomie et s'était allié aux Visconti voici quelques années, à la suite de quoi le comte l'avait déclaré traître.

Si l'on excepte l'aigreur des deux frères, le banquet se déroula dans l'allégresse et se termina par une joute poétique au cours de laquelle plusieurs gentilshommes se mesurèrent à Pétrarque.

Le lendemain, peu après le lever du jour, un colosse poilu comme un ours, tête recouverte d'un bonnet de feutre et mains dans des gants de mouflon, se présenta au deuxième étage du donjon. Envoyé par le maître d'hôtel, il se prénommait Pierre et venait du village d'Aillon. Il affirma à Sangallo connaître toutes les routes jusqu'à Bourg, la limite du comté. Il demandait trois gros d'argent quotidiens pour les guider. Le Florentin l'engagea et lui annonça qu'ils partiraient le lendemain.

L'après-midi, les frères d'Este apportèrent les mille huit cents florins remis par l'acheteur des chevaux, lesquels furent partagés équitablement entre tous les membres de la troupe morts ou vivants, Pétrarque conservant les parts des trépassés qu'il remettrait à leurs familles au retour à Milan.

Sangallo profita de la visite de Luchino et Theodoro pour se mettre d'accord avec eux sur la suite du voyage. Il proposa que leur compagnie ne soit plus divisée qu'en deux lances. La première, conduite par eux, réunissant sept hommes d'armes et quatre valets, les autres cavaliers avec lui-même. Les coffres contenant la rançon seraient, eux, répartis pour moitié dans chaque lance.

Une autonomie qui convint aux deux frères, tous deux y voyant le moyen d'agir désormais à leur gré.

Ils quittèrent Chambéry avec deux chevaux de bât supplémentaires, car Pétrarque avait fait d'importantes dépenses et Pietro l'avait imité en achetant des robes et des manteaux pour son épouse ainsi que de nombreuses pièces d'orfèvrerie. Tous ces objets avaient été serrés dans des besaces et de petites huches réparties sur le dos des animaux.

Durant les deux jours du voyage jusqu'à Bourg, siège du bailliage de Bresse, les Este demeurèrent en tête, exigeant que le guide chevauche avec eux. La seconde lance suivait, parfois à trois ou quatre cents pas.

Qu'une des compagnies soit attaquée, et l'autre perdrait un temps précieux à lui prêter main-forte, redoutait Pietro qui avait, à plusieurs reprises et inutilement, envoyé Raffaello recommander aux Este de ne pas s'éloigner d'eux. Désormais, il doutait de la fidélité de Luchino et Theodoro, aussi multipliait-il les précautions, même si, dans le comté de Savoie, le risque de rencontre d'aventuriers demeurait très faible.

Effectivement, il n'y eut pas d'incident. Néanmoins, à Bourg, dans le grand dortoir de l'auberge où ils faisaient halte, alors que tous les bagages avaient été montés et que les hommes se répartissaient les grands lits et retiraient leur harnois, il mit en garde les frères devant la troupe :

— Luchino, ton attitude et celle de ton frère me déplaisent, énonça-t-il à haute voix.

— Pourquoi donc ? s'enquit Theodoro en écartant le valet qui dénouait sa cuirasse.

— Désormais, je veux qu'il n'y ait pas plus d'une longueur de dix chevaux entre nous et vous.

— Sinon ? ricana sottement le plus jeune des Este.

Sangallo tendit un index vers lui.

— Sinon, je te chasserai et tu rentreras à Milan déshonoré et couvert d'opprobre.

Le silence s'abattit dans la salle. Chacun prenait ses distances. L'orage couvait et tous savaient que, ce soir-là, il allait éclater.

Les deux frères posèrent main sur la garde de leur épée.

— Réfléchis à la décision que tu vas prendre, Luchino, ajouta froidement le Florentin. Et retiens ton frère. Vous semblez tous deux avoir oublié votre serment. Maintenant, vous êtes prévenus. À présent, si une seule fois l'un de vous est rebelle à mes ordres, je vous laisse sur place.

— Crois-tu qu'on se laissera faire ? Tu oublies que c'est moi qui ai choisi les Milanais qui nous accompagnent, gronda fielleusement Luchino.

— Réglons donc la chose tout de suite.

Il désigna la croix de bois sur un mur, dont le Jésus crucifié semblait regarder l'assemblée avec tristesse.

— Que ceux qui viennent de Milan s'agenouillent et renouvellent, devant ce crucifix, le serment d'allégeance qu'ils m'ont fait avant de partir.

Aussitôt, Cionne, Maccio, Mario, les autres gardes de la lance de Sangallo, ainsi que tous les valets obtempérèrent. Le restant de la troupe les imita dans l'instant.

Ne restèrent debout, face à face, que les Florentins et Pétrarque d'un côté, Luchino et Theodoro de l'autre, tous deux roulant des yeux furieux.

Il pleuvait, et l'on n'entendait que le bruit des gouttes sur le toit. S'écoula bientôt le temps d'une patenôtre. Raffaello était persuadé que les Este ne céderaient pas mais, en fin de compte, Luchino prit l'épaule de son cadet et le contraignit à plier les genoux. Après quoi, il s'agenouilla à son tour, le visage livide et les larmes aux yeux.

Pétrarque alla détacher le crucifix et déclara :

— Vous allez tous répéter devant Notre-Seigneur : « Je m'engage, corps et âme, devant le fils de Dieu, à me comporter, envers et contre tout, en dévoué serviteur de messire da Sangallo. Si d'aventure, ce serment ne devait pas être respecté, que je sois tenu pour parjure, sans honneur, sans foi et sans droit. »

Tous les agenouillés levèrent la main en pointant le pouce, l'index et le majeur, signe de trinité, et répétèrent le serment. Les frères d'Este également, mais dans un murmure.

— Nous avons une mission à accomplir, reprit Sangallo quand ce fut terminé. Toutefois, je vous promets qu'une fois à Paris, je vous dénouerai de cet engagement. Luchino et Theodoro, vous rentrerez alors à Milan, ou ailleurs, sans plus avoir à supporter ma présence ou mon joug. Ceux qui voudront partir avec vous le feront. En attendant, tant que nous ne serons pas arrivés au terme de notre voyage, je tuerai de ma main quiconque trahira son serment.

Pétrarque alla replacer le crucifix et Raffaello fit signe que chacun pouvait se relever.

Le lendemain, ils pénétrèrent en France. Les Este et leurs hommes demeuraient en avant-garde, mais ne s'éloignaient plus de la troupe.

Lors d'une halte, près d'une rivière, François

Pétrarque relata, pour la première fois, le périple qu'il avait fait en France, quelque trente ans auparavant. En ce temps, il ne se déplaçait pas pour affaire ou au service d'un maître, mais uniquement par désir de voyager et poussé par une ardeur juvénile. Il s'était rendu à Paris, ville qu'il avait fort admirée, puis avait poursuivi jusqu'à Gand, Liège et Cologne. Il livra force détails, souvent amusants, sur les habitants de ces lieux et même les frères d'Este, qui vinrent l'écouter et sourirent plusieurs fois à ses plaisanteries.

Dans cette calme clairière aux feuillages agités par le vent, bercé par le chant des oiseaux et les paroles du poète, Pietro da Sangallo oublia un moment les tracas de sa mission. Mais cette sérénité ne dura pas. La troupe repartit et, moins d'une heure plus tard, une ferme brûlée et ses habitants pendus et écorchés leur firent sauter la réalité au visage.

Deux jours après avoir quitté le comté de Savoie, en début d'après-midi, la troupe milanaise franchit le pont fortifié marquant l'entrée de Chalon et retrouva Raffaello qui l'attendait. Comme l'écuyer parlait la langue de France, Pietro da Sangallo l'avait envoyé en éclaireur afin de choisir l'établissement qui les accueillerait pour l'étape. Pétrarque, qui se souvenait de son passage à Chalon trente ans auparavant, lui avait conseillé de se rendre d'abord à l'hôtellerie des *Burgondes*, près de la cathédrale. Si cette auberge ne pouvait les accueillir, il n'aurait aucune difficulté à en trouver une autre, lui avait-il dit. Même si les foires, qui avaient fait la richesse de la ville, avaient disparu, les auberges demeuraient nombreuses dans le bourg et, en raison de la peste qui régnait depuis des mois dans le duché et de l'insécurité des routes, la plupart manquaient de clients. Raffaello avait donc aisément obtenu chambres, dortoirs et vastes écuries dans l'établissement proposé par le poète.

Tout à son impatience d'annoncer avoir mené à bien la charge confiée, l'écuyer n'avait pas remarqué l'homme en pèlerine et capuchon dissimulé dans un recoin sombre, entre deux maisons à pans de bois, à quelques toises du pont. Après avoir regardé passer la troupe, l'individu gagna le quartier du Châtelet. Un sourire satisfait au coin des lèvres.

28

Comme il en avait été décidé quelques semaines auparavant chez le roi de Navarre, Jean de Sault – *alias* le Bascon de Mareuil – se trouvait à Chalon depuis le début décembre. Il logeait à l'hôtellerie des *Lombards*, dans le quartier des changeurs, non loin de l'église Saint-Georges où il se rendait tous les matins.

Là, il s'installait sous le porche, sur un banc de pierre et, enveloppé dans un épais mantel à capuchon le protégeant du froid, se morfondait en regardant les passants, espérant voir surgir son ami Friquet. Puis, à peine none avait-elle sonné au clocher de l'édifice qu'il se dressait tel un diable et revenait à l'auberge se réchauffer, s'emplir le ventre et abreuver son gosier. Depuis sa table, d'où il scrutait la porte d'entrée, il attendait que sonnent vêpres en guettant l'apparition d'un homme à bonnet rouge et plume de coq noire. Attente qu'il savait vaine puisque si les Milanais étaient arrivés, les guetteurs placés par ses soins aux portes du pont Saint-Laurent et au Change, près du Châtelet, l'en auraient averti.

C'était après le départ de Friquet pour Milan que Charles de Navarre l'avait fait venir. Le comte d'Évreux se trouvait avec Jean de Ham, que le Bascon connaissait bien.

Ham, particulièrement fier de lui, était parvenu à soudoyer le fils de Guillonnet Le Petit, le guide qui conduirait le convoi ramenant la rançon, et peut-être bien aussi le chevalier d'escorte dénommé Passac.

Le fils du guide avait livré quelques noms des cités par lesquelles ils passeraient. La première était Chalon comme l'avait envisagé Friquet, puis Chagny, Épinac, Chissey, Saulieu et Rouvray. Quant à Passac, Ham lui avait suggéré, une fois arrivé à Chalon, de se rendre à l'hôtellerie des *Lombards*, coiffé d'un bonnet rouge avec plume noire. S'il livrait l'itinéraire du convoi italien à celui qui l'aborderait, il recevrait cinq cents écus, somme qui avait été remise à Jean de Sault.

Ainsi le Bascon disposait-il de plusieurs moyens pour connaître la route que prendraient les Italiens : le cheminement donné par Sanson Le Petit, la trahison éventuelle de Passac, et ce qu'aurait découvert Friquet, s'il réussissait.

Mais ces alternatives pouvaient tout aussi bien se révéler stériles : le père de Sanson, changer de route, Passac, décider de ne pas trahir, Friquet, échouer. Aussi le Bascon avait-il préparé une quatrième solution, peu élégante mais qui, pour les aventuriers comme lui, s'avérait des plus simples.

Il était arrivé à Chalon après avoir rencontré le Petit Meschin près de Dijon pour lui faire part des demandes du roi de Navarre. Mais Elias Machin avait d'autres projets : il s'apprêtait à partir en Champagne rejoindre Séguin de Badefol qui, avec deux mille cavaliers, envisageait de piller la province. Après une longue conversation, le routier l'avait donc dirigé vers l'un de ses anciens lieutenants tout juste mis à son compte, un certain Guiot du Pin, lequel avait établi ses quartiers à Tournus.

Le capitaine d'aventure, qui avait besoin d'argent, avait sans barguigner accepté les conditions du comte d'Évreux. Dès qu'il saurait où se trouvait le convoi italien, il fondrait sur lui avec ses trois cents hommes et l'exterminerait sans pitié.

— Comme il se pourrait que je n'apprenne jamais par où il passera, avait reconnu Jean de Sault, par sécurité, mieux vaut que tu envoies des chevaucheurs sur les chemins de Bourgogne conduisant à Paris, afin de le guetter.

C'était possible, seulement Guiot du Pin ne disposait pas d'une compagnie aussi nombreuse que celle d'Elias Machin. Avec trois cents cavaliers et piétons, il pourrait juste disperser deux ou trois dizaines de guetteurs.

Pour augmenter les chances de réussite, le Bascon lui avait alors suggéré de déplacer ses quartiers au plus près des forêts du Morvan qui seraient, à coup sûr, traversées par les Italiens. Les batteurs d'estrade arriveraient, ainsi, à prévenir rapidement leur capitaine.

Guiot du Pin avait choisi Pouilly, au nord de Chalon. S'y dressait, sur les hauteurs de la butte Saint-Pierre, un château abandonné depuis qu'il avait été assailli par Séguin de Badefol. De là, il pouvait envoyer ses éclaireurs dans le Morvan et vers le sud.

Guiot avait aussi prêté quelques hommes au Bascon. Comme ce dernier était venu à Chalon avec deux servants, il ne pourrait manquer l'arrivée des Milanais. Il lui suffisait de placer ses gens à la porte au Change et au pont Saint-Laurent. Ensuite, s'étant assuré de la route que prendrait le convoi, il avertirait le capitaine routier qui enverrait toutes ses forces exterminer les Italiens.

Et si Friquet avait réussi sa mission, s'il se présentait à l'église Saint-Georges en connaissant l'itinéraire de ces derniers, les gens de Guiot du Pin partiraient aussitôt prévenir leur maître et l'embusque se révélerait encore plus aisée.

Le jour de son arrivée, comme un mendiant occupait le banc du porche qu'il s'était attribué, le Bascon l'avait chassé. Plus tard, l'un des chanoines de l'église lui avait demandé sèchement s'il attendait quelqu'un. Sans répondre, Sault avait écarté son manteau pour dévoiler sa brette, après quoi personne n'était plus revenu lui parler.

Pour l'heure, ce mercredi 16 décembre, il sommeillait, yeux mi-clos sous son capuchon, en écoutant la pluie tomber. Il dormait même quasiment quand il entendit la voix :

— Alors, compère, on ne salue pas les amis ?

Sursautant, la main sur la garde de son estramaçon, il ouvrit les yeux et découvrit un jaquet. En cotte ample et grossière à longues manches, capuchon à collet et chapeau de feutre à large bord, le pèlerin portait escharpe et tenait un gros bourdon.

Il fallut un instant au Bascon pour identifier la face osseuse à la moustache grise. Ce fut le sourire sarcastique qu'il reconnut en premier.

— Friquet ! s'exclama-t-il.

— Pas si fort ! Veux-tu céder un peu de place à un pauvre pécheur ?

Jean de Sault s'écarta et messire de Fricamp s'assit.

— Viens-tu d'arriver ? Avec les Milanais ? Mes gens ne m'ont pas averti !

— Je viens d'arriver, mais seul. Nos Italiens seront sans doute là ce soir, ou plus sûrement demain.

— Tu n'es donc pas avec eux ?

— Je te raconterai plus tard mes pérégrinations. Pour l'instant, l'important est que tu apprennes leur itinéraire à partir d'ici.

— C'est juste, donc tu le connais…

— Pas du tout…

Les yeux de Jean de Fricamp pétillaient de malice et les plis autour de sa bouche illustraient son ironie.

— Quoi !

— Je sais seulement par où ils ne passeront pas. As-tu rencontré le Petit Meschin ?

— Oui. Sauf qu'il est parti en Champagne. Aussi, ce ne sera pas lui qui attaquera les Italiens, mais Guiot du Pin.

— Du Pin… J'en ai entendu parler. Combien d'hommes a-t-il ?

— Moins que le Meschin, hélas ! mais tout de même assez. Trois grosses centaines…

— Hum… ça devrait aller. Les Milanais ne sont plus qu'une dizaine.

— Ont-ils l'or ?

— Ils l'ont ! J'ignore la somme, mais elle se trouve dans des coffres, sur des chevaux.

— Je n'en reviens pas que tu aies pu te faire engager par eux.

— Ça n'a pas été facile…

— Comment se fait-il qu'ils ne soient qu'une dizaine ?

— Une *condotta* les a attaqués… Ils ont exterminé la bande, mais le prix fut bien élevé.

— Tant mieux pour nous, ils seront moins nombreux. Maintenant, parlons de leur route. Tu me dis savoir par où ils ne passeront pas… Comment l'as-tu appris ?

— Par leur guide, ou plutôt celui qu'ils avaient. Il est mort.

— N'avait-il pas un fils ?

— Il s'est fâché avec lui et le garçon est resté en Italie. Il se trouve que j'ai surpris une conversation de Guillonnet Le Petit avec le capitaine du convoi. Il lui conseillait d'éviter Autun, car il savait que le Petit Meschin rôdait dans les environs. Sans connaître la route qu'ils prendront, je miserais sur le fait qu'ils filent vers Arnay ou Pouilly.

— Pouilly serait parfait, car c'est là que se trouve Guiot du Pin. Arnay sera plus ennuyeux, puisque j'ai appris que l'Archiprêtre s'est installé dans le château.

— Cervole… oui, en effet. Ce serait un problème. Mais il peut y avoir embusque plus loin, au cœur du Morvan.

— Et Passac ? Ne pourrait-il nous faire connaître leur parcours ?

— Passac est mort à Milan, hélas, tué par un truand dans de troubles circonstances.

— Pas de chance ! Je vais donc envoyer mes gens prévenir du Pin. Moi, je reste ici et je suivrai le convoi.

— Inutile, je m'en chargerai. Va plutôt conseiller à du Pin de surveiller les alentours de Pouilly et avertis-le de ma venue. Dès que je me serai assuré de la route du convoi, je vous retrouverai.

— Hum… Tu as raison. J'ai hâte de quitter cette ville… fais attention à toi… Ce matin encore les habitants de la maison à côté de mon hôtellerie ont été atteints de la peste.

— La peste est une bonne amie. Je l'ai déjà attrapée

et n'en suis pas mort ! Maintenant, séparons-nous, décida Frisquet en se levant.

— Où loges-tu ?

— Dans une hôtellerie minable de la rue au Change. Je te reverrai pendant l'embusque et nous massacrerons ensemble.

— J'ai grand hâte ! Je me rouille ici depuis des semaines. Je crois même avoir oublié comment on taille à l'épée !

Il éclata d'un rire féroce. Une femme, qui venait prier pour l'âme de son époux, quitta le porche, terrorisée.

Avant de retourner dans son hôtellerie, le Bascon se rendit à la porte au Change et à celle du Pont où il retrouva ses guetteurs. Il leur annonça que la surveillance était terminée et qu'ils pouvaient quitter la ville sur-le-champ.

Le lendemain, 17 décembre donc, Friquet, en pèlerine avec capuchon rabattu, attendait dans un recoin entre deux maisons, non loin du pont Saint-Laurent qui permettait de franchir la Saône.

En fin de matinée, il reconnut Raffaello, seul cavalier armé parmi les gens qui entraient en ville. L'écuyer de Sangallo présenta un sauf-conduit et, après une courte discussion – sans doute demandait-il le chemin pour une hôtellerie – il s'engagea dans une rue conduisant à la cathédrale.

Friquet se permit un sourire. Somme toute, les choses se déroulaient comme prévu.

Sortant de son recoin, il suivit Raffaello à bonne distance. Du haut de son destrier, l'écuyer ne se retourna jamais. Pourquoi l'aurait-il fait ? Comment aurait-il imaginé qu'on l'attendait ?

L'homme du roi de Navarre le vit se rendre à l'auberge des Burgondes. Lui se réfugia alors en face, sous un sombre encorbellement. Quand bien même il y aurait du monde dans la rue, personne ne le remarquerait.

Raffaello tardait à ressortir. Aussi Friquet, toujours encapuchonné, alla acheter un fricandeau à un marchand rôtisseur. Il revint juste à temps pour voir l'écuyer quitter l'auberge et retourner vers le pont. À pied.

En dévorant sa caillette, car il était affamé, il suivit des yeux le Florentin qui s'arrêta au pont et entama une discussion avec les gardes.

Nouvel arrêt pour Friquet, cette fois, chez un marchand de vin. Après s'être désaltéré, il revint à son premier poste d'observation.

Presque deux heures plus tard, le convoi arriva. Il reconnut les frères d'Este à leur tête. Raffaello les aborda, nouvelle discussion avec les gardes, puis intervention de messer Pétrarque. Sangallo demeurait en arrière, sur le tablier de bois du pont, scrutant les alentours avec attention.

C'était surtout lui que craignait Friquet, car le Florentin le reconnaîtrait sans peine. Aussi, comme il jugeait en avoir assez appris, il préféra regagner sa pauvre auberge.

À l'aurore du jour suivant, le soleil ne se montra pas. Il pleuvait. Une pluie mêlée de neige. Il faisait froid aussi. Les hommes de Visconti préparèrent les chevaux et montèrent en selle, maussades. Ils savaient qu'ils auraient encore de nombreuses étapes semblables avant

Paris. Leur seul réconfort était de ne pas avoir eu à se battre, ou à se défendre, depuis le tragique épisode du Mont-Cenis.

La troupe traversa le bourg et franchit la porte de Beaune, appelée également porte de la Basse-Enceinte, ou du Pontet, car un petit pont, un peu plus loin, permettait de traverser le fossé plein d'eau. Friquet, lui, après avoir graissé la patte à un garde, était monté au sommet de la tour ronde qui défendait le passage. Il vit donc le chemin emprunté par le convoi, en direction de Saint-Jean-de-Luze[1] et d'Autun. Une route que l'aubergiste avait longuement expliquée à Pétrarque.

L'espion revint à son auberge en méditant. Allait-il les suivre ou prévenir le capitaine d'aventure qui s'intéressait au convoi ?

En fin de compte, il décida de rester derrière les Italiens jusqu'à Autun. Ce n'est pas sur cette route qu'ils seraient attaqués.

1. Saint-Émiland.

29

En ces temps de malheur, les pèlerins se rassemblaient nombreux à Saint-Jean-de-Luze. Dans la forêt, traversée par l'ancienne voie romaine, une fois passée l'église et en prenant la direction d'Autun, se dressait une fontaine. La source qui en jaillissait, à l'endroit même où avait péri saint Émilien, avait la réputation de guérir toutes les maladies.

La maison la plus proche de l'édifice accueillait des croyants qui souffraient de maints maux. Certains guérissaient aussitôt après avoir bu l'eau miraculeuse, d'autres devaient rester plus longtemps, des jours et des jours durant lesquels non seulement ils buvaient mais surtout priaient dans l'église. La plupart, toutefois, ne voyaient jamais leur mal disparaître. Pourquoi le saint les ignorait-il ? C'était inexplicable. Mais qui peut comprendre les décisions divines ?

Janequin le Mareschaut et Gaissie Arnault étaient arrivés depuis plus d'une semaine. Le premier avait le dos tordu après être tombé d'un mur, le second souffrait du ventre. Ils étaient venus ensemble, sur une vieille rosse, et payaient chaque jour un denier pour bénéficier d'une soupe et d'un lit plein de puces dans le dortoir, à partager à quatre. Quant à leur jument de vingt ans, elle se nourrissait d'herbe dans le pré derrière l'édifice. Leur selle, nom bien pompeux pour un vieux cuir matelassé de crin auquel étaient attachés sangles et étriers de fer, était leur seule fortune, avec leurs besaces. Personne ne pouvait imaginer que sous leur cotte de pèlerins, ils portaient tous deux un large et long coutelas.

En dépit des nombreux pichets d'eau sainte avalés quotidiennement, les deux pèlerins ne guérissaient point. Ce vendredi 18 décembre, trois jours avant la saint Thomas, alors que tous étaient engourdis par le froid et l'humidité, ils se tenaient dans la salle basse où se retrouvaient les pérégrins. Un maigre feu de branchettes crépitait dans le foyer au milieu de la pièce. Pour une obole, Janequin et Gaissie s'étaient fait servir un godet de vin aigre. Allaient-ils passer les fêtes de la Nativité dans ce taudis sordide et glacial ? s'inquiétaient-ils en grelottant.

C'est alors que, provenant de l'ancienne route romaine qui passait devant la maison, des bruits résonnèrent. Puis des martellements de sabot mêlés à des *floc*. Il avait plu, et même neigé, aussi une boue glacée couvrait-elle les pierres du vieux chemin.

Intrigués, Janequin et Gaissie se levèrent. Les trois autres pèlerins présents, eux, ne bougèrent pas. Pourquoi se seraient-ils intéressés à des voyageurs ?

Le premier ouvrit la porte, puisqu'il était impossible de voir au travers de la peau de porc tendue sur la fenêtre.

C'était un convoi de cavaliers. Passèrent devant eux deux chevaliers, puis des valets d'armes, chacun avec plusieurs chevaux en longe. Une enseigne brandissait un guidon représentant un serpent. Deux des chevaux, de solides roussins, portaient chacun deux coffres de bois ferrés. Tous les cavaliers s'avéraient solidement armés avec épée, écu et bassinet. Plus loin suivaient des valets encadrant un cavalier en robe et manteau qui bavardait avec un autre chevalier.

Janequin s'avança, coupant la route aux inconnus :

— Une obole, mes seigneurs, supplia-t-il en tendant la main.

Pétrarque, souriant, arrêta sa monture.

— *Che Dio ti protegga*, dit-il en ouvrant l'escarcelle à secret qu'il avait à la taille.

C'était un large sac en cuir de buffle décoré aux armes papales et fermé avec une serrure qui ne pouvait s'ouvrir que lorsque trois roues de cuivre se trouvaient dans une position précise. Une sacoche de grande valeur offerte par le cardinal Colonna, dont il sortit une bourse de toile, puis tira un blanc bientôt remis au miséreux.

— Mille mercis, monseigneur, glapit ce dernier en s'inclinant profondément.

Pétrarque fit repartir sa monture.

— Vous n'aurez plus rien en arrivant à Paris, messer, si vous accordez l'aumône aussi généreusement, observa un Sangallo amusé.

— Laure agissait ainsi et me disait que Dieu nous juge quand nous donnons au populaire. De là où elle est, elle me regarde. Et je ne la décevrai jamais.

Le convoi passé, Janequin et Gaissie se dirigèrent, le premier vers le pré où paissait leur vieille jument, l'autre à la maison où ils gîtaient. Celui-là alla prendre leur besace et ce qui leur servait de selle, annonçant à la cantonade qu'ils étaient guéris.

Les pèlerins, admiratifs, se signèrent. « Un nouveau miracle de l'eau sainte », murmura l'un d'eux.

La selle en place, Janequin le Mareschaut et Gaissie

Arnault montèrent sur le dos de la pauvre bête, qui supporta difficilement leur poids, et prirent le chemin qui les conduirait à Pouilly.

Ils y arrivèrent à la nuit tombante.

Au château de la butte Saint-Pierre, dont l'enceinte présentait une brèche ouverte autrefois par la bande de Séguin de Badefol quand ses routiers avaient pris la demeure fortifiée avant d'en massacrer les habitants, ils furent conduits dans le manoir où Guiot du Pin finissait de souper avec ses lieutenants et le Bascon de Mareuil.

Le chef de bande avait oublié l'existence des deux gueux qui se présentèrent, pauvres valets d'écurie tout juste capables d'embrocher quelqu'un avec une fourche. De surcroît, ces vilains surveillaient la route d'Autun, par où les Italiens ne devaient pas passer. Donc, qui s'intéressait à eux ?

— Qu'est-ce qui vous arrive ? aboya du Pin à leur intention. Vous en aviez assez de boire de l'eau miraculeuse ? Il semble qu'elle vous a fait du bien, vous avez l'air moins bêtes !

Il éclata de rire, imité par ses hommes. Sauf le Bascon, qui ignorait tout des deux guetteurs et de la fontaine de Saint-Jean-de-Luze.

— Les Italiens sont passés devant nous, messire, annonça mielleusement Janequin, intérieurement réjoui en songeant aux réactions qu'auraient ces chefs qui se moquaient d'eux.

— Et moi, j'ai vu le conin de la Vierge ! s'esclaffa Jean de Sault en parcourant des yeux l'assistance pour voir l'effet de sa fine plaisanterie.

— Ils m'ont remis un blanc, messire, et parlé en toscan, insista Janequin.

— Tu connais le toscan, toi ? interrogea du Pin, toujours moqueur.

— Un peu, seigneur. Quand j'étais jeune, mon maître avait reçu un Florentin pendant un mois. Il me disait toujours : *Che Dio ti protegga*, comme me l'a déclaré l'un des voyageurs.

Le sourire du capitaine routier s'effaça. Il regarda le Bascon :

— Cuides-tu que ce soit possible ?

— Combien étaient-ils ? interrogea Jean de Sault.

Janequin le Mareschaut décrivit le convoi, les chevaliers, les gens d'armes, la bannière, les coffres sur les chevaux.

— Tu dis qu'il y avait une bannière avec un serpent ? interrogea le Bascon en plissant le front.

— Oui, messire.

Lorsque Jean de Ham était venu à Évreux, il avait soupé avec le roi de Navarre. Bien qu'il n'ait guère suivi leur conversation, le chevalier bâtard avait entendu le comte d'Évreux parler des Visconti et déclarer que leurs armes portaient une couleuvre.

— Il se pourrait bien que mon ami Friquet se soit trompé, suggéra-t-il après avoir mastiqué la bouchée de ragoût qu'il avait portée à sa bouche avec les doigts.

— Il faudrait en être certain, messire, intervint un lieutenant de Du Pin.

— Les Visconti ont choisi la couleuvre dans leurs armes. Une trentaine d'hommes, avec une bannière au serpent et dont certains parlent toscan, qui se dirigent vers Autun, qui cela pourrait-il être d'autre ? conclut le Bascon.

Guiot du Pin réfléchit un moment. Après tout, pourquoi ne pas vérifier ? Qu'avait-il à perdre ? Rien. Ses hommes s'ennuyaient. Au-delà d'Autun, la route traversait une forêt et un hameau du nom de Tavernay. Bon endroit pour une embuscade. Quatre heures de route pour s'y rendre certes, mais en partant après minuit, ils y seraient au lever du soleil.

Il donna des ordres en ce sens, ajoutant :

— Et si ce n'est pas eux, il nous restera ces gens-là à piller. On ne se sera pas dérangé pour rien.

Le chevalier du roi de Navarre approuva, se demandant toutefois si Friquet serait présent. Auquel cas, il se ferait un plaisir de moquer son assurance !

Toujours en tête, les frères d'Este furent les premiers à passer sous l'une des voûtes de l'antique porte de Rome, cette forteresse flanquée de part et d'autre de poternes destinées aux piétons et encadrée de tours en saillie. Les remparts d'Autun constituaient une solide enceinte jalonnée de dizaines de tournelles.

Personne n'était venu en éclaireur pour réserver un endroit où loger, l'aubergiste de Chalon ayant déclaré à Sangallo que son cousin tenait l'hôtellerie du *Porcelet* dans la rue des Cordiers, grand établissement où il y avait toujours de la place.

Les voyageurs furent, de fait, bien reçus et apprécièrent leur séjour. Ils repartirent le lendemain en suivant le chemin qu'on leur avait indiqué : la porte d'Arroux, au levant.

Cette porte, similaire à celle de Rome, portait le nom de la rivière qu'il fallait franchir au-delà de la ville. Le pont lui-même s'appelait Notre-Dame d'Arroux à cause de la chapelle dédiée à la Vierge édifiée à proximité.

Friquet, arrivé à Autun juste avant la fermeture des portes, avait trouvé logis, lui, dans une gargote.

Dissimulé sous le porche de ladite chapelle, capuchon sur la tête et toujours affublé comme un pèlerin, il vit la troupe passer le pont. Quand il fut assuré de son itinéraire, il décida qu'il était temps de prévenir la Compagnie blanche.

De retour à sa gargote, il récupéra son cheval et quitta Autun par la porte Saint-André. Il comptait une entière journée de route, car il connaissait mal les chemins et sentiers de ce coin de Bourgogne.

Le convoi venait de pénétrer dans une sombre et profonde forêt envahie de hautes et épaisses fougères. À cause du froid, de l'humidité et des compagnies d'aventuriers qui rançonnaient et violentaient les voyageurs, ceux-ci se faisaient rares. La troupe n'avait guère croisé que quelques pauvres gens à pied.

Ces bois déplaisaient fort à Pietro da Sangallo. Non à cause des loups, qui devaient pourtant grouiller, ni en raison de possibles gueux ou marauds dissimulés dans les taillis pour assaillir les gens de passage, car les Italiens étaient suffisamment nombreux et armés pour l'emporter. Mais, derrière les futaies pouvait sans peine s'abriter toute une malemaisnie. Quelques centaines d'archers ou d'arbalétriers dissimulés les extermineraient de leurs flèches ou carrelets sans qu'ils aient le temps de réagir.

Aussi, dès la première clairière, le capitaine florentin avait-il ordonné une halte afin que chacun arme son arbalète ou encoche une flèche à son arc. Tous gardaient bassinet sur la tête et les chevaliers avaient écu au pommeau de leur selle.

Ils repartirent, attentifs aux bruissements et à l'agitation régnant sous les frondaisons. Le gibier abondait, surtout les oiseaux avec forte présence de pics, de bouvreuils, de rapaces et canards qui tous criaient, jacassaient, trillaient, cancanaient et carcaillaient à qui mieux mieux. Ils apercevaient souvent des renards, des martres, des biches et des chevreuils. Une agitation qui rassurait Pietro da Sangallo car elle signifiait l'absence d'hommes.

Mais peu à peu, le silence s'installa. Depuis un moment déjà, ils voyaient moins d'oiseaux et n'entendaient plus ni gazouillis, ni roucoulement, ni glapissement.

— Arrêtez ! cria le Florentin.

Luchino obéit. Le convoi s'immobilisa. L'aîné des Este se retourna et interrogea d'un ton agressif :

— Pourquoi s'arrêter ?

— À cause du silence.

Theodoro se permit de ricaner.

À un peu plus de cent toises, dissimulé dans les fourrés avec deux centaines d'arbalétriers, le Bascon grimaça.

Pourquoi n'avançaient-ils plus ? Encore cent pas et l'or serait à eux !

Du Pin, près de lui, rageait tout autant.

— Là où ils sont, un chemin file vers le château des Montholon. Il ne faut pas qu'ils le prennent, car ils seront là-bas en sûreté, grommela quelqu'un qui connaissait le pays.

Une légère brise se fit sentir, apportant des senteurs d'humus, de mousse, d'écorce et de feuilles en décomposition. Mais pas seulement. L'odeur se mêlait à la puanteur de la crasse et de la sueur humaines. Ce puissant et infect relent parvint aux narines de Sangallo. Qui comprit le danger.

Il désigna le chemin, un peu plus loin, à sa droite.

— On va prendre par là !

— Pourquoi ? Le village se trouve devant nous ! lança Luchino.

Un nuage de carreaux jaillit des fourrés, mais, tirés de trop loin, les viretons qui touchèrent hommes et montures provoquèrent juste des égratignures. Sauf un, qui se planta dans le cuissard de Luchino.

Cette fois, le hâbleur comprit et fut le premier à éperonner son cheval dans la direction indiquée par le Florentin. La troupe se précipita à sa suite.

Le coup raté, Guiot du Pin se redressa pour se précipiter vers les chevaux que les routiers avaient laissés bien loin afin qu'on ne les entende pas. Soit un huitième de lieue, avec une centaine de cavaliers. Ses arbalétriers et lui mirent un certain temps à les atteindre, monter en selle et poursuivre les Milanais. Du temps perdu qui le rendait encore plus en colère. Le guet-apens avait échoué.

Les Italiens galopaient sur le chemin en ignorant où celui-ci les mènerait. Mais Luchino, à nouveau en tête, avait aperçu une tour à la toiture pointue. Un pigeonnier ? Un château ? Un refuge ?

Après un détour dans un bois, ils tombèrent sur une construction se dressant au milieu d'une prairie longée par un cours d'eau. Une maison forte, avec enceinte crénelée et étroit donjon d'angle surmonté d'un toit conique en ardoises. Un pont dormant surmontait le fossé qui l'entourait et permettait de franchir un portail aux battants grands ouverts.

Tous s'y engouffrèrent.

30

Les frères d'Este pénétrèrent à bride abattue dans une petite cour bordée par un manoir à un étage et la tour d'angle aperçue.

Le lieu n'était pas abandonné, contrairement à ce qu'auraient pu laisser croire le portail ouvert et l'absence de fumée sortant des cheminées. Deux bénédictins en coule noire transportant un corps dans un linceul s'arrêtèrent, interdits par l'arrivée inattendue d'une telle troupe armée, bien qu'ils aient entendu la galopade. D'autres religieux se tenaient au pied d'une charrette à ridelles et roues de bois attelée à un bœuf.

Tous se signèrent, à l'évidence épouvantés.

Sangallo fut le dernier à entrer dans le château. Il sauta de sa monture alors même qu'elle ne s'était pas encore arrêtée. Avisant un escalier de pierre conduisant au chemin de ronde, il s'y précipita en criant :

— Francesco, la hacquebute ! Raffaello, allume la flamme dans la lanterne ! Ugolino, barricade le portail !

Ses hommes n'avaient pas attendu les ordres. Son servant avait déjà mis pied à terre et attrapait le canon à main attaché à son cheval de bât. Raffaello avait saisi la lanterne attachée derrière sa selle et gravissait les marches quatre à quatre en bousculant les premiers arbalétriers qui le montaient. Ugolino, aidé de Cionne, poussait les battants du portail d'entrée, alors même que les cavaliers qui les avaient embusqués surgissaient au galop au bout du chemin, vociférant injures et promesses de massacre.

Les frères d'Este, eux, étaient restés pétrifiés un instant devant les religieux en s'apercevant que la charrette contenait des corps couverts de linceuls. Une dizaine. L'un des draps qui enveloppaient les cadavres s'était entrouvert, révélant une femme en chemise dont le visage livide couvert de pustules noires montrait des traits figés en une indicible souffrance.

Face à cette dépouille, Theodoro ne put retenir un spasme. Il rendit tripes et boyaux. Furieux de pareille faiblesse, son frère attrapa son bras en lui hurlant :

— Les arbalètes ! Vite ! Montons au rempart !

En boitillant à cause du carreau qui l'avait blessé, le jeune homme courut au cheval de bât portant deux balestres, détacha celles-ci, saisit une trousse de carreaux et rejoignit ses hommes qui grimpaient un autre escalier, près de la tour d'angle.

Une fois les vantaux fermés, Mario et Maccio soulevèrent une lourde poudre de bois qu'ils déposèrent dans les crampons scellés sur les tourelles flanquant la porte.

À cet instant, le tonnerre retentit. La hacquebute venait de cracher sa mortelle ferraille.

Au même moment, les premiers carreaux des Milanais volèrent et, aussi vite qu'il arrivait, l'ennemi tourna talons, abandonnant une poignée des siens blessés ou morts.

Dans la cour, Ugolino avait récupéré sur les chevaux

arbalètes et viretons supplémentaires qu'il distribua à ses compagnons milanais. Chacun se plaça devant une meurtrière de l'enceinte, mais à présent, il n'y avait plus personne à portée de tir.

Mis à part trois ou quatre valets, restés près des destriers pour les desseller et leur donner à boire, et Pétrarque demeuré dans la cour avec les moines, tout le monde se trouvait sur le chemin de ronde ou aux meurtrières basses.

Abrité derrière un merlon, Sangallo se retourna et balaya des yeux le préau carré afin d'en évaluer la défense. La courtine n'était guère haute, à peine plus d'une quinzaine de pieds. Il ne faudrait pas de longues échelles pour la franchir. Elle entourait la cour sur trois côtés avec, pour chacun, un escalier de pierre conduisant au chemin de ronde. Le quatrième flanc était occupé en grande partie par le manoir. Un échafaudage de bois faisait la jonction entre cette demeure et la tour, plancher sans rambarde ayant pour seules issues les deux constructions.

Le Florentin aperçut les frères d'Este, eux aussi sur la courtine, mais de l'autre côté du portail d'entrée. Les tourelles qui encadraient ce passage soutenaient un hourd de bois qui permettait la circulation sur le rempart. En bas, Pétrarque questionnait les bénédictins. Pour la première fois, Pietro remarqua que le chariot dégorgeait de cadavres. Il devina pourquoi ce château paraissait abandonné.

— Raffaello, dès que Francesco aura rechargé la hacquebute, tiens-toi prêt à tirer de nouveau car les frappards vont revenir. Je vais parler à Luchino.

Armé d'une arbalète et d'une poignée de viretons, se baissant le plus possible pour n'offrir aucune cible à un archer adroit, il gagna le pont de bois, entièrement couvert, qui n'offrait que des archères comme ouvertures.

Rendu de l'autre côté, il se glissa jusqu'aux frères entourés de quatre arbalétriers.

— Comment va ta jambe ? demanda-t-il à l'aîné qu'il avait vu boiter.

— Rien de grave, un carreau a percé mon cuissard, mais la pointe m'a à peine blessé. Le plus important est de trouver moyen de sortir de ce piège.

— *In bocca al lupo !* tu veux dire, grinça Pietro.

— Les cadavres, en bas, c'est la peste ! Le mal a tué tout le monde ici ! Il rôde, il va nous prendre aussi ! glapit le cadet.

— On ne meurt qu'une fois, Theodoro. Et pour l'heure, nous vivons.

— Ils sont très nombreux, observa l'aîné en soupirant.

— Oui, deux ou trois cents.

— Et nous, une vingtaine. Qui viendra à notre rescousse ?

— Personne. Mais nous sommes mieux lotis que ces malandrins. Nous pouvons nous abriter du froid, de la pluie ou de la neige. Pas eux. J'ignore d'où ils viennent, mais ils ne semblent pas avoir les moyens de monter un campement.

— Le village n'est pas loin. Il leur suffit d'aller le piller et de s'y installer.

— Sans doute, auquel cas ils s'éloigneront ou se diviseront, ce qui nous offrira peut-être une opportunité. Dans l'immédiat, il ne faut pas se laisser surprendre. Allez dans le manoir et la tour pour sécuriser ces deux flancs du château. Sans nul doute se procureront-ils des échelles et attaqueront-ils de tous les côtés.

» Si les choses se gâtent, si nous sommes submergés, on se réfugiera dans la tour.

— S'ils entrent ici, ils voleront les chevaux, et l'or, grimaça Luchino.

— Les chevaux, sans doute. Mais les coffres et les bagages seront avec nous. Occupez-vous de faire tout transporter dans la tour et installez-vous dans les deux bâtiments pour y monter la garde. Je me charge de défendre les autres flancs et le portail.

Cette fois, les Este ne discutèrent pas et descendirent avec les arbalétriers par le second escalier. En bas, Luchino héla les valets demeurés dans la cour, tandis que Theodoro s'approchait des bâtiments, hésitant à y pénétrer.

— Portez armes et bagages dans le donjon ! ordonna l'aîné des Este en désignant la tour aux valets.

Il se dirigea ensuite vers Pétrarque et les moines.

— La peste ? demanda-t-il en désignant le chariot.

— Oui, répondit le poète. Elle a pris tous les habitants qui vivaient ici : Guillaume de Montholon, son épouse, la sœur de celle-ci, son oncle et ses enfants.

— Ainsi que trois valets, deux servantes, un écuyer et six sergents, compléta le bénédictin. C'est l'aîné des enfants qui est venu nous prévenir hier soir, à Saint-Martin d'Autun. Je suis l'infirmier de l'abbaye. Nous sommes arrivés dans la nuit. Hélas, trop tard. Seule la dame de Montholon vivait encore. Elle a rendu son dernier soupir alors que je la confessais.

— La peste a aussi été virulente dans le Milanais, observa Luchino, mais l'épidémie se termine.

— Ici, elle n'a jamais cessé. Voici quelques semaines, la reine Jeanne de Boulogne y a succombé au château d'Argilly.

— L'épouse du roi de France ? La sœur du cardinal de Boulogne ? s'émut Pétrarque.

— Oui, messire. La connaissiez-vous ?

— Je ne l'ai jamais rencontrée, mais son frère m'a beaucoup parlé d'elle tant il l'aimait. C'est à sa demande que nous sommes en France.

Le bénédictin se montra soudain plus chaleureux. Jusqu'à présent Pétrarque lui avait seulement dit qu'ils arrivaient d'Italie, se rendaient à Paris, et venaient d'être attaqués par une troupe de fredains.

— Ceux qui nous assiègent sont-ils au courant que vous vous rendez là-bas pour le cardinal ? questionna-t-il.

— Comment le sauraient-ils ?

Le religieux n'ajouta rien. Il comprenait que ces Italiens étaient gens importants et leurs agresseurs, conscients de qui ils étaient. Donc eux, pauvres moines et hommes de Dieu, risquaient de succomber à une guerre qui ne les regardait pas.

— Qu'allez-vous faire des cadavres ? s'enquit Luchino.

— Nous voulions les porter dans une fosse près du cimetière du village, intervint un autre religieux. Mais c'est maintenant impossible.

Pétrarque se frottait le menton en regardant l'effroyable chariot de trépassés.

— Je me demande… Combien sont nos attaquants ?

— D'après messire da Sangallo, deux ou trois cents.

— Vont-ils engager un autre assaut ?

— Je n'ai aucun doute là-dessus ! Mais s'ils ne s'en prennent qu'au portail, les arbalétriers les cribleront de viretons. Donc, ils vont construire des échelles ou en chercher dans quelque ferme alentour. Pendant ce temps, nous bénéficierons d'un peu de répit.

— À quelle distance sont-ils ?

— Pas loin, sur le chemin, mais hors de portée d'arbalète.

— Theodoro, détache le bœuf et remplace-le par l'un de nos chevaux, l'un des plus robustes, décida Pétrarque. Je vais parler à messire da Sangallo.

— Que voulez-vous faire ? s'enquit l'infirmier de l'abbaye.

Le poète s'était déjà éloigné.

Pietro n'avait pas bougé et, ayant aperçu Cionne et Ugolino en bas, leur avait demandé de le rejoindre avec des arbalètes et tous les gens d'armes encore dans la cour.

Ensuite, il avait observé d'un œil attentif l'ennemi, à la lisière des bois. Des cavaliers se séparaient du gros des troupes. Partaient-ils chercher du renfort ? D'autres hommes coupaient des arbres avec des haches. À coup sûr, ils préparaient des chats[1] et des échelles d'escalade.

Comment résister à un contre dix ? Nonobstant ce qu'il avait affirmé aux Este, leur situation était désespérée. Son cœur se serrait douloureusement. Jamais, il ne reverrait Sance et sa fille.

Soudain, Pétrarque fut près de lui.

— La fortune s'est souvent acharnée contre moi et affecte de me frapper à coups redoublés, dit-il d'un ton fataliste.

— Il faut garder courage, mon maître.

1. Machine de guerre constituée d'une galerie de bois couverte de branches ou de peaux, que l'on fait avancer sur des roues jusqu'au pied des murailles, ce qui permet aux assaillants de se rapprocher en étant en sécurité à l'intérieur.

— J'en ai à revendre, et j'aimerais vous faire connaître ma pensée, messire.

— Allez-y… Peut-elle nous apporter sauvegarde ?

— Non, je ne crois pas, mais je suis certain qu'elle déplaira à ceux-là !

Il désigna la horde dont quelques cavaliers et archers les surveillaient, à cinquante pieds.

Pietro écouta le poète et son visage se détendit.

— Voilà une idée que j'aurais aimé avoir… fit-il en un sourire mauvais.

Un cri l'interrompit. Tous se tournèrent dans la direction d'où il provenait : depuis le chemin de ronde où se trouvait Francesco, un homme venait de tomber dans la cour. Au même moment, des cris de joie et des clameurs menaçantes retentissaient du côté des routiers.

Qui est-ce ? hurla Sangallo.

— Ruggiero, seigneur ! L'un de ces maudits lui a tiré dessus alors qu'il passait entre deux merlons !

— Par Dieu, demeurez à l'abri, cet archer recommencera !

Stupide Ruggiero ! songea Pietro, navré d'avoir encore perdu un homme.

— Venez maître Pétrarque, et faites attention à vous, décida-t-il.

En se baissant, il fila vers l'escalier, suivi par le poète.

En bas, il attrapa un rouleau de corde sur l'un des chevaux que les valets étaient en train de débâter avant de porter leur chargement dans la tour. Deux bénédictins, dont l'infirmier, étaient agenouillés auprès du corps de Ruggiero.

— Que voulez-vous faire ? demanda un autre moine qui approchait.

— Ils veulent donner la mort, nous allons la leur montrer. Luchino, aide-moi.

En quelques mots rapides, il expliqua l'idée de Pétrarque, qui parut réjouir l'aîné des Este. Mais le religieux, horrifié, protesta :

— Vous ne pouvez ! C'est un sacrilège ! Nous devons les mettre en terre !

— Ce ne sont que des dépouilles, mon père. Qui peuvent encore nous sauver en éloignant nos ennemis. Le Seigneur nous approuverait !

La corde fut passée autour de la charrette afin de maintenir solidement les cadavres. Pietro dit alors à Luchino :

— Choisis des valets et fais-leur ouvrir le portail. Dès que le cheval sera passé, refermez vite !

Il conduisit l'animal devant la double porte et dégaina sa dague. Les autres levèrent la barre et tirèrent les battants. Alors Pietro piqua la croupe de l'animal jusqu'au sang. La bête hennit de douleur et partit au galop, entraînant la charrette de défunts.

Sangallo se rua vers la meurtrière basse la plus proche. Le cheval emballé fonçait vers la troupe ennemie. Or le chariot n'était pas fait pour rouler à pareille allure. Ce qu'il redoutait se produisit : l'une des roues de bois heurta une souche et se disloqua. Le véhicule s'affaissa alors sur un flanc et les corps dégringolèrent les uns sur les autres, à quelque trente pieds des premiers routiers.

Qui demeurèrent interloqués… jusqu'à ce que quelqu'un crie d'un ton plein de terreur :

— Ce sont des cadavres…

— Des corps nus… vociféra un second.

Un autre au regard plus perçant hurla :

— Des pestiférés !

Dans une grande vague paniquée, la troupe reflua.

Sangallo se retira et rejoignit Pétrarque qui se tenait devant une autre archère.

— Votre idée était bonne, dommage que le chariot n'ait pas atteint nos ennemis… Malgré tout, il va les gêner et nous serons tranquilles un moment.

— Espérons-le… Je regrette néanmoins le sort de ces malheureuses dépouilles… Si nous nous sortons du piège, je veillerai à leur sépulture.

— Dieu vous maudira !

Pietro se retourna. C'était l'infirmier.

— Songez plutôt, mon frère, à ce qu'ils feront s'ils entrent ici. Croyez-vous qu'ils laisseront l'un de nous vif ?

Le religieux, le visage fermé, se tut, capitulant à l'idée de la mort que leur réserveraient les assaillants.

Le Florentin l'ignora et balaya la cour des yeux. La moitié des chevaux étaient à présent débarrassés de leur chargement. Ses propres bagages, ceux de Pétrarque et de Raffaello n'étaient plus là, déjà transportés dans la tour sous les ordres de Theodoro. Les coffres de florins avaient eux aussi été mis à l'abri.

Luchino se dirigeait vers le manoir, accompagné de trois Milanais armés, aussi Pietro se rendit-il dans le petit donjon pour prendre la mesure de ses défenses.

Les bagages s'entassaient dans la salle basse. Il repéra les siens, sous un amas de sacs et de besaces. Les coffres étaient bien là, parfaitement rangés. Satisfait, il monta l'escalier de pierre qui suivait le mur rond en tournant par la droite. Constitué de marches larges d'à peine un pied, scellées dans le mur, aucun soldat droitier n'aurait pu le monter armé.

Arrivé en haut, le Florentin pénétra dans une pièce meublée d'une couche souillée et d'un coffre haut.

Au fond d'embrasures, la salle disposait de six meurtrières et de deux portes : l'une vers l'échafaudage conduisant au manoir, l'autre vers le chemin de ronde, lui aussi en pierre. Les battants de ces ouvertures, closes, étaient protégés de barres.

Theodoro, arbalète à la main, se tenait devant l'une des archères qui permettent de surveiller la cour et le chemin d'accès au château. Deux hommes regardaient du côté opposé.

— Les vois-tu ? demanda Sangallo au jeune Este.

— Non.

— Quelques-uns sont partis à cheval. Je serais leur capitaine, je lancerais une attaque par là.

Il désigna les deux hommes en train d'observer les bois à l'arrière du château.

La réponse de Theodoro ne fut qu'un grognement et Pietro n'insista pas, jugeant inutile de discuter.

Une échelle, près du coffre, conduisait à l'étage supérieur. Il l'emprunta. En haut se trouvaient deux valets équipés d'une arbalète. Placés devant les ouvertures donnant sur la campagne, leur arme à la main, câble tendu, ils tremblaient de peur et seraient sans doute incapables de défendre la tour dans cet état.

Pietro leur répéta ce qu'il avait dit à Theodoro et leur délivra quelques conseils.

— Ils sont trop nombreux, messire… Ils nous submergeront… et nous massacreront, gémit le plus jeune.

— Nous les en empêcherons. On a déjà mis hors de combat deux ou trois douzaines des leurs. Quand ils auront eu trop de pertes, ils partiront, s'efforça de le rassurer Pietro. Les capitaines de compagnie sont économes de leurs hommes, car de leur nombre dépend leur puissance.

Le valet ne demandait qu'à le croire et parut rasséréné.

— Avez-vous connu pareille situation, messire ? interrogea l'autre.

— J'ai connu bien pire.

— Quoi donc ?

— Voici quelques années, je me trouvais dans une petite ville de Provence avec une dame quand les gens d'Arnaud de Cervole ont envahi ce bourg après en avoir fait le siège.

— Qui est ce Cervole, messire ?

— Un capitaine de compagnie franche, de *condotta*, si vous voulez. Bref, nous étions pris au piège. Imaginez le sort que nous aurions connu si nous avions été capturés.

— Comment vous en êtes-vous sorti ?

— J'ai arraché la robe de la femme et mis ses tétons à nu. Je l'ai jetée sur une de mes épaules et me suis mêlé aux marauds, en prétendant que je l'avais prise le premier et que je la rapporterais après à ceux qui la voudraient. Un homme a voulu s'y opposer, je l'ai tué. J'ai pu sortir de la ville et ramener la dame chez elle[1].

Les deux valets demeuraient bouche bée devant pareille audace.

— Nous nous sortirons de ce piège aussi, soyez-en certain.

Espérant leur avoir insufflé un peu de courage, il s'approcha d'une ouverture vers la cour. À cette hauteur, on apercevait le chemin de l'autre côté du château et les fredains qui s'activaient encore à couper branches et arbres. Les cadavres des pestiférés gisaient toujours. Aucun signe d'un prochain assaut.

1. Voir *L'Archiprêtre et la Cité des Tours*, *op. cit.*

Pietro repéra deux guerriers bavardant à l'écart. Chevaliers, sans nul doute, puisque des servants près d'eux tenaient leur écu. Le premier, revêtu de plusieurs pièces d'armure et d'un bassinet à visière relevée surmonté d'un cimier en tête de lion, affichait un visage empâté couvert d'une barbe hirsute et noire. Un lion d'azur armé, couronné et barré, était tissé sur sa cotte d'armes tandis que celle du second représentait un pin. S'agissait-il des capitaines de l'arroir ?

31

Songeur, le Florentin redescendit par l'échelle. Il jeta un bref regard à travers une archère ouvrant sur le flanc arrière du château sans apercevoir quiconque. Il ôta la barre de la porte et demanda qu'on la replace derrière lui. Il gagna le manoir par le chemin de ronde, surveillant alternativement la cour et l'arrière, *via* les créneaux. Sur les courtines, tous les hommes étaient en place. Les câbles des arbalètes et les arcs prêts à être tendus. Haches et masses d'armes à portée de main de chacun. Le sire de Montholon, homme prévoyant, avait fait entreposer plusieurs tas de pierres que femmes ou enfants pouvaient jeter sur des assaillants en cas de siège. Si les routiers lançaient un assaut, il leur coûterait cher.

Pietro se pencha en entendant hennir. Alignés sous l'échafaudage, les chevaux étaient protégés, même en cas de pluie ou de neige. Il remarqua alors l'absence des moines dans la cour.

La porte menant au manoir n'étant pas verrouillée, il pénétra dans une grande chambre au sol couvert d'un tapis de jonc troué. Le lit était en désordre. Des coffres, une armoire et un dressoir complétaient le mobilier. Des pièces d'armure et un jaseran s'étalaient sur l'une des huches, ainsi qu'une épée, un heaume et un chapel de fer. S'agissait-il de la chambre du seigneur ? L'endroit puait la mort, en dépit de la fenêtre ouverte sur la cour. Deux portes et une tenture attirèrent son attention. Celle-ci ouvrait sur une alcôve à fenestron qui contenait une couche. D'autres armes, dont une arbalète à étrier avec une trousse de viretons, traînaient au sol. Il revint vers la première porte et pénétra dans une pièce plus petite comprenant un lit, une chaise à retrait et un bahut empli de vêtements. Rien d'intéressant. De retour dans la chambre, il franchit la seconde porte et découvrit un palier ouvrant sur un escalier. À partir de là, il pénétra dans une nouvelle chambre, garnie de deux vastes lits dont les draps manquaient ; sans doute avaient-ils été retirés pour servir de linceul. L'endroit était glacial, le volet de la fenêtre étant ouvert. Il s'en approcha. C'était une ouverture étroite, gémellée, avec une colonne centrale. Personne ne pouvait la franchir.

Quand il aperçut des cavaliers et quelques piétons tenant de grossières échelles, qui se rassemblaient en lisière d'un champ, il se pressa de gagner l'escalier, songeant qu'il n'avait pas rencontré Luchino.

Le découvrant dans la salle basse, avec ses hommes et les moines, il le prévint de l'attaque imminente. D'un ton agacé car le Milanais aurait dû faire le guet et avertir de ce qui se préparait, or il avait préféré traîner en bas. Ne faisant aucun cas de cette négligence, l'aîné des Este ne se montra nullement embarrassé et expliqua qu'il était inutile de laisser des gens d'armes dans le manoir sous prétexte qu'il l'avait visité et n'avait découvert aucune ouverture par lesquelles des assaillants sauraient pénétrer. Mieux valait donc qu'il retourne sur le rempart, osa-t-il affirmer.

Pietro ne discuta pas. L'heure n'était ni aux reproches ni à la querelle. De plus, en ce qui concernait les ouvertures, l'autre n'avait pas tort. Il se promit néanmoins de le rappeler à ses devoirs en temps utile.

Il sortit en lançant l'alerte, puis gagna la portion de courtine située à sa droite, une partie de l'enceinte où il avait remarqué la médiocre largeur du fossé. Il y retrouva Ugolino et Francesco qui avaient observé la même faiblesse de défense. Le muet, sa masse à croc à la main, l'accueillit d'un grognement joyeux. Rien ne faisait plus plaisir au servant que de se battre et de massacrer.

Pietro balaya les alentours du regard. Non loin, Raffaello portait le canon à main sur son épaule et Cionne, la lanterne qui permettrait la mise à feu. Entre les merlons, les hommes tenaient fermement leurs arbalètes, câble tendu. Maccio avait son arc, flèche encochée. D'autres finissaient d'empiler des morceaux de roche sur les créneaux. Entre la tour et le manoir, la défense était plus faible avec seulement deux hommes et Pétrarque, qui avait lui aussi rassemblé de gros cailloux. Enfin, Luchino et ses gens venaient d'arriver sur la dernière portion de la courtine.

Pietro se sentit satisfait. On ne pouvait être mieux préparé face à un futur assaut. Seulement, ils allaient combattre à un contre dix, voire douze.

L'attente se poursuivit dans un silence oppressant ; une tension palpable. Plusieurs défenseurs priaient silencieusement, implorant le Seigneur de Sa miséricorde, souhaitant une mort rapide si la horde les submergeait. Car tous savaient ce que les routiers, tant en France qu'en Italie, infligeaient aux prisonniers et aux blessés. Les plus charitables les pendaient. Les plus féroces les écorchaient ou les éventraient avant de s'amuser de leurs entrailles.

Soudain sonnèrent des cors. Alors, de tous côtés, protégés par des palissades de branches couvertes d'un toit sur lesquelles avaient été attachés rondaches et écus, des groupes de piétons coiffés de chapel de fer, de hanepier à large bord et de casque rond, armés de haches, de marteaux, de fauchards ou d'épées, approchèrent des remparts en hurlant cris de guerre, menaces et promesses de carnage. « Putaigniers ! », « Mortaille ! », « Ordouses ! », « Tripes à l'air ! » distingua Pétrarque que ce genre d'insultes auraient fait sourire en d'autres circonstances.

— Ne tirez que lorsqu'ils seront sur les échelles ! cria Sangallo aux défenseurs. Et utilisez surtout les pierres quand ils commenceront à grimper !

À quelques toises du fossé, d'autres routiers surgirent de ces cabanes mobiles, soulevant des échelles qu'ils apposèrent aussitôt contre les murs, par-dessus le fossé.

Les arbalétriers milanais tirèrent, plusieurs agresseurs tombèrent, mais ceux-ci étant des dizaines et des dizaines, les défenseurs n'avaient pas le temps de retendre les cordes de leurs armes que de nouveaux assaillants montaient.

En hurlant pour se donner du courage, les premiers attaquants grimpaient les barreaux aussi vite qu'ils le pouvaient, conscients, à cet instant, d'être vulnérables. Ils reçurent des pierres, beaucoup chutèrent. D'autres furent meurtris à coups de masse, de marteau, de hache ou d'épée au moment où ils atteignaient le sommet de la muraille. Nonobstant ces revers, un grand nombre prit pied sur le chemin de ronde.

Devant Pietro, deux échelles avaient été dressées. De sa bonne lame d'Augsbourg rouge de sang, il taillait les têtes et les cous qui apparaissaient, tandis que Francesco broyait des casques avec son marteau d'armes.

— Ahgrrr ! Ahgrrr ! grognait-il à chaque effort.

Quant à Ugolino, tout moine qu'il était, il utilisait une guisarme trouvée dans la cour et embrochait les assaillants qui se montraient avec une délectation surprenante.

Malgré leur courage et leur vigueur, les trois défenseurs furent vite submergés, car sans cesse l'ennemi posait de nouvelles échelles.

Sangallo et ses compères ne pouvaient que reculer, laissant tout de même devant eux des corps sans vie et démembrés, une bouillie de sang et de chair.

— Seigneur, rejoignez-nous !

C'était la voix de Raffaello. Pietro comprit ce qu'il s'apprêtait à faire.

Les trois Florentins détalèrent jusqu'à l'écuyer qui tenait fermement la hacquebute sur son épaule. Cionne alluma alors la mèche.

Sans opposition et persuadé d'avoir remporté le combat, les assaillants se précipitèrent vers eux, brandissant hache et épée. Quand le tonnerre retentit et qu'un épais nuage de fumée soufrée les recouvrit, ils ne comprirent pas.

Et n'arrivèrent jamais jusqu'aux défenseurs. Criblés par la grenaille, ils s'effondrèrent, tombèrent à genoux, chutèrent dans la cour. Ceux encore sur les créneaux dégringolèrent dans le fossé, entraînant leurs compagnons encore sur les échelles. La charge fut arrêtée net. La fumée dissipée, Sangallo et ses gens revinrent au combat et achevèrent aisément ces ennemis hébétés par le vacarme assourdissant de l'explosion et affreusement blessés par les morceaux de ferraille. Tous incapables de se défendre.

Piétinant les corps et les repoussant dans la cour, les défenseurs parvinrent aux échelles. Ugolino utilisa sa guisarme pour les écarter, Francesco souleva les blessés qui restaient pour les jeter sur leurs compagnons, tandis que Sangallo et Raffaello prenaient le temps de recharger le canon portatif.

L'attaque était brisée.

Pour un moment.

Profitant du répit, les Florentins abandonnèrent la portion du rempart où ils se trouvaient pour secourir les défenseurs qui luttaient près du portail. Là, le fossé étant large et le hourd surmontant le pont dormant bien fermé, l'ennemi n'avait pu placer qu'une échelle. Aussi peu de routiers étaient-ils parvenus à prendre pied sur les créneaux. Des audacieux aisément massacrés.

En revanche, de l'autre côté du portail, plusieurs Milanais avaient succombé et Luchino et ses compagnons été contraints de refluer par l'escalier vers la cour. Une cinquantaine d'assaillants se pressaient désormais sur le chemin de ronde.

Ayant envisagé la scène d'un regard, Sangallo donna un ordre à Raffaello, tandis qu'avec une poignée d'hommes, il se précipitait sur le pont qui enjambait les battants. De là, il cria à ceux de la cour de bloquer l'escalier de pierre, ce qui interdirait aux routiers de descendre. Lui-même et ses gens empêcheraient tout passage vers la courtine du côté où ils se trouvaient, l'ennemi n'aurait alors aucun autre choix que de tenter de forcer ces barrages ou de refluer vers la tour, mouvement sans issue pour eux, sauf à parvenir à enfoncer les portes.

Or, Francesco avait terminé de charger la hacquebute. Il la tendit à l'écuyer, prit la lanterne et tous deux descendirent au triple galop par l'autre escalier.

Dans la cour, dirigeant le canon vers le chemin de ronde, Raffaello assura le tir.

Nouveau coup de tonnerre, nouveaux hurlements. Tandis que chutaient des corps sanglants, déchirés et déchiquetés, Sangallo profita de la confusion pour s'engager sur la courtine avec ses hommes. Là, ils taillèrent et fracassèrent à qui mieux mieux, vite rejoints par deux Milanais assoiffés de vengeance arrivant de la tour.

Terrifiés et blessés, nombre d'assaillants préférèrent se jeter dans le fossé. Très vite, il n'y eut plus sur le chemin de ronde que des cadavres et des corps gémissants.

Entre le manoir et la cour, quelques routiers arrivés du côté opposé avec des échelles avaient néanmoins pris pied sur l'échafaudage. Mais, ayant trouvé portes closes de tous côtés et ne pouvant descendre dans la cour, ils se retrouvaient pris au piège. Terrorisés par le tir de la hacquebute, et craignant d'en être les prochaines victimes, ils repassèrent par les créneaux pour s'enfuir dans un désordre épouvantable. Deux d'entre eux reçurent un vireton dans le dos.

C'est à ce moment que Pietro remarqua que le jeune Theodoro avait quitté la tour. Poussant d'obscènes cris d'allégresse, il achevait avec sauvagerie les blessés gisant dans la neige.

Sangallo détourna la tête et préféra observer le chemin par lequel les assaillants étaient arrivés. Les chevaliers aux cimiers de lion et au pin discutaient avec d'autres aventuriers. Autour, des hommes se rassemblaient. Quelques-uns transportaient des blessés. D'autres levaient le poing, ou leurs armes, en direction des occupants du château. Les clameurs de victoire s'étaient éteintes, pas les menaces. Et si beaucoup de routiers étaient morts, ou incapables de combattre, il en restait encore bien trop.

Pietro sentit qu'on s'approchait et se retourna. Pétrarque, accompagné de Luchino et de Raffaello, le regardait.

— Nous avons tenu ! annonça l'aîné des Este en bombant le torse.

— Oui… Mais ils reviendront. Quelles sont nos pertes ?

— Mario a été tué, répondit tristement Pétrarque. J'ai vu son corps parmi ceux que les bénédictins rassemblent.

— Nous avons aussi plusieurs blessés, ajouta Raffaello.

— Au moins avons-nous meurtri des dizaines des leurs ! se rengorgea Luchino.

— Oui… Seulement, il y en a encore trop, soupira Pietro en frottant son menton. Et nous sommes épuisés.

Il se tut un instant, réfléchissant à l'idée qui venait de traverser l'esprit.

— Pour l'heure, que chacun se restaure. Maître Pétrarque, voulez-vous vous en occuper ? Qu'on distribue vin et vivres à volonté.

— Et s'ils lancent une nouvelle attaque ?

— La première a été mal conduite. Ils prépareront mieux la suivante, ce qui nous laisse du temps. Mais, tu as raison, Luchino : place quatre hommes en sentinelle sur le chemin de ronde et dans la tour. Qu'ils nous alertent s'il se prépare quelque chose.

Il leva les yeux vers le ciel, noir de nuages. On était au milieu de l'après-midi.

— Je doute néanmoins qu'ils recommencent de sitôt. Pour le prochain assaut, ils construiront des chats plus importants et plus solides. Sans doute s'en prendront-ils au portail. Suffisamment à l'abri, ils pourraient l'enfoncer, ou l'incendier. Mais fabriquer pareille machine leur prendra des heures. Et eux aussi ont besoin de manger. Ont-ils seulement des vivres ?

Apparut alors l'infirmier bénédictin, qui montait l'escalier. Sangallo s'adressa à lui :

— Mon père, qu'en est-il de nos hommes ?

— Deux blessures graves et plusieurs légères que mes frères et celui de vos compagnons nommé Ugolino d'Alviano pansent. J'ai appris qu'il était médecin… et moine.

— C'est juste. Combien des nôtres sont valides ?

— D'après frère Ugolino, quatre de vos gens ont trépassé. Quant aux indemnes, je dirais qu'ils sont quatre ou cinq.

— Mon père, vous devez connaître les compagnies de routiers du pays. Y en a-t-il avec à leur tête des chevaliers arborant pour arme un lion d'azur couronné et barré, ou un pin ?

— Pour le lion, je l'ignore. Un écu barré signifie qu'il s'agit d'un bâtard. En revanche, pour le pin, je sais de qui il peut s'agir. L'avez-vous vu ?

— Oui, il se tient là-bas.

Pietro désigna la horde à trois cents pas. La plupart des hommes avaient ôté casques et harnois, quelques-uns se faisaient soigner, d'autres partageaient des outres d'eau ou de vin. Plus inquiétant, des groupes coupaient des arbres. L'ennemi se préparait à dresser un camp, donc à établir un siège. Quant aux chevaliers, ils étaient toujours là.

— Dieu tout-puissant ! Guiot du Pin, s'exclama l'infirmier.

— Qui est-ce ?

— Le capitaine d'une compagnie de pillards qui a son repaire à Tournus et rançonne sans pitié le pays. Il s'allie souvent au Petit Meschin, car il possède juste trois cents hommes.

— Nous avons entendu parler de ce Petit Meschin. Pourrait-il se trouver avec du Pin ici ? s'enquit Pétrarque.

— Si c'était le cas, nous serions tous morts. Le Meschin dispose de trois mille guerriers.

— Regardez ! lança Raffaello.

Le chevalier au lion barré venait de monter en selle. Quelqu'un lui passait une lance avec bannière blanche. Des cors retentirent. Le destrier s'avança avec lenteur, conduit par un homme d'armes portant écu, vers la maison forte.

Au bout de quelques pas, à peine à portée d'arbalète, l'homme d'armes cria :

— Messire Jean de Sault souhaite parler à celui qui commande ici ! Il veut garantie de vie sauve et de liberté.

Jean de Sault, tel était son nom, songea Sangallo qui se montra entre deux créneaux :

— Je suis Pietro da Sangallo, capitaine de la milice de Florence. Messire de Sault sera sous ma sauvegarde. Que Dieu me damne si je le trompe.

Le Bascon de Mareuil parut se contenter de cette promesse. Sa monture avança de quelques pas.

Tous les hommes valides étaient montés sur le mur d'enceinte. Inquiet à l'idée que la négociation puisse n'être qu'une fourberie, Raffaello demanda à Ugolino d'aller faire le guet de l'autre côté.

— Vous vous êtes battus avec courage, lança le Basque. Il n'y a donc pas de déshonneur à capituler maintenant. Je vous propose une reddition honorable.

— Êtes-vous le capitaine de cette compagnie ? s'enquit Sangallo.

— Point, mais elle est à mon service et vous pouvez en toute sûreté négocier avec moi.

— Pourquoi vous en être pris à nous ?

— Pour l'or que vous transportez, bien sûr.

— Nous ne transportons pas d'or.

— Alors tant pis pour vous. Si vous ne nous remettez pas les cent mille florins, nous donnerons l'assaut. Et sans aucune miséricorde, les survivants seront écorchés.

— Pour qui travaillez-vous ?

Le Bascon ne répondit rien, et fit tourner sa monture.

Francesco tenait une arbalète dans sa direction. Il grogna, demandant l'accord du tir.

— Non ! intervint Pietro. J'ai donné ma parole.

Pétrarque s'approcha et murmura à Pietro :

— Comment cet homme peut-il savoir que nous transportons cent mille florins ?

Le Florentin écarta les bras en signe d'ignorance.

— À coup sûr il est au service d'un maître puissant qui l'a appris, donc un proche du cardinal de Boulogne dont vous m'avez parlé. Et sans doute du roi. Son maître a eu les moyens de convaincre la compagnie de Du Pin.

— La partie est perdue ! assura alors Theodoro qui

s'était rapproché. Nous n'avons pas d'autre choix que de remettre l'or en échange de notre liberté.

Sangallo interrogea l'aîné des Este du regard, interloqué. Avec nervosité, Luchino passa la langue sur ses lèvres, témoignant de ses craintes et de son indécision. Pour une fois, il sembla à Pietro en désaccord avec son frère.

— Theodoro, déclara celui-ci au cadet, les seules batailles perdues d'avance sont celles qu'on ne livre pas.

Il se tourna vers son écuyer.

— Que les hommes aient à boire et à manger. Luchino, n'oublie pas de placer des sentinelles afin qu'on ne soit pas surpris. Quand ce sera fait, retrouvez-nous dans le manoir. J'y serai avec maître Pétrarque et Raffaello.

— Et moi ? s'enquit insolemment Theodoro.

— Je n'ai pas besoin de toi. Pour l'instant.

32

Les moines, à l'abri dans la salle du manoir, priaient, agenouillés devant un crucifix. Pietro da Sangallo, Francisco Pétrarque et Raffaello de Buondelmonti pénétrèrent dans la pièce, suivis de l'infirmier.

— Allons dans la chambre du seigneur ! ordonna le premier. Que les autres nous rejoignent. Raffaello, va dans la cuisine et rapporte les vivres ce que tu dénicheras. Nous souperons là-haut.

— Voulez-vous que je vous accompagne, seigneur ? interrogea l'infirmier.

— Non, car je crains que vous n'aimiez en rien ce que je compte faire.

Ignorant l'expression inquiète du religieux, il entraîna Pétrarque dans l'escalier.

— Qu'envisagez-vous ? s'enquit ce dernier.

Sangallo ne le lui révéla qu'une fois dans la chambre. Et Pétrarque demeura stupéfait.

La nuit était tombée. Après avoir soupé en compagnie de l'aîné des frères d'Este et d'Ugolino, ce dernier était allé chercher Francesco, Cionne, Maccio… et Theodoro.

Devant le cadet des bâtards d'Este, qui conservait un visage boudeur, Pietro da Sangallo déroula son plan.

Raffaello et Francesco l'écoutèrent avec une évidente satisfaction. Ce que proposait leur seigneur les enfiévrait, eux qui aimaient avant tout l'aventure.

Cionne et Maccio se montraient autrement plus réservés. Avec fatalisme, ils savaient qu'ils allaient plus que hasarder leur vie dans l'engagement, mais ils se consolaient en songeant que mourir au combat serait moins douloureux que périr écorchés.

Ugolino, lui, jugea que les avantages de l'entreprise l'emportaient sur les dangers d'un nouvel assaut auquel ils ne pourraient résister sans y laisser leur vie.

Quant à Luchino, il tentait de contrôler sa peur, tandis que son frère lui conseillait de refuser de s'engager dans pareille folie. *In petto* l'aîné des Este approuvait son cadet mais refuser, c'était le déshonneur, et il craignait moins la mort que de ternir le nom de sa famille. Aussi accepta-t-il.

— Si nous ne revenons pas, conclut le Florentin, vous fuirez tous par les cordes qu'on aura laissées en place. Vous emporterez quelques centaines de florins et abandonnerez le reste aux routiers. Cela devrait suffire pour qu'ils ne vous pourchassent pas, d'autant qu'ils garderont aussi nos chevaux.

— Où irons-nous ? s'inquiéta Theodoro qui ne pouvait cacher son désarroi à l'idée d'une fuite en pleine nuit, sans monture ni bagages, et surtout sans son frère qui l'avait toujours gouverné et protégé.

— Les moines partiront avec vous. Ils connaissent le pays et vous guideront jusqu'à leur monastère. Gagnez Autun et, là-bas, achetez des montures pour revenir en Savoie.

— Rien de cela ne serait arrivé si vous aviez gardé

tous les hommes qu'on avait choisis ! cracha le cadet des Este.

Sangallo se retint de le souffleter, ce qui aurait provoqué une altercation avec son frère, chose qu'il fallait éviter. Aussi dédaigna-t-il les reproches, comme il aurait fait fi de quelque mouche bourdonnante.

Il préféra s'adresser à Pétrarque :

— De retour en Toscane, allez voir Sance et ma fille. Dites-leur que je les aimerai toujours. Et que d'où je serai, je les garderai.

Il se tut, avant d'ajouter :

— Maintenant, allons chercher armes et cordes.

À l'exception d'Ugolino, les aventureux se retrouvèrent un peu plus tard sur le chemin de ronde, près du portail. Dans l'obscurité, ils ne distinguaient qu'une partie du bivouac de leurs ennemis, car si le campement commençait à la lisière du bois il s'étendait jusque dans les futaies. Les routiers étant parvenus à allumer des feux, malgré l'humidité et le bois mouillé, on devinait des silhouettes assises autour des foyers. Le moral des assaillants devait être au plus bas, songeait Sangallo. Les frappards de la malemaisnie n'avaient rien pour se protéger du froid et la pluie risquait fort de reprendre. Ils allaient dormir sur le sol détrempé, même si les plus prudents avaient ramassé des fougères afin de se confectionner une couche.

Florentins et Milanais observèrent longuement le campement tout en échangeant à voix basse conseils et suggestions.

Ils rejoignirent ensuite l'échafaudage entre la tour et le manoir où se trouvaient Ugolino, Theodoro, l'infirmier bénédictin et Pétrarque. Sous la direction du moine ancien routier, quelques hommes avaient érigé des potences de bois entre les merlons. Ils terminaient d'y attacher des cordes de telle sorte qu'elles soient suffisamment éloignées de la muraille pour que ceux qui allaient les utiliser ne soient en rien gênés, tant à la descente qu'à la montée.

Par ailleurs, Pétrarque avait fait allumer des torches à plusieurs endroits, bien visibles depuis l'extérieur. Ainsi, les hommes qui allaient quitter le château se repéreraient aisément à leur retour.

Les dernières recommandations faites, Pietro da Sangallo, Raffaello et Francesco descendirent les premiers. Puis on leur fit parvenir armes et hacquebute. Ensuite Cionne, Maccio, Ugolino et Luchino les rejoignirent.

Ils étaient équipés de harnois légers, de simples cuirasses maclées sur leur haubergeon avec, par-dessus, des cottes d'armes prises sur les routiers occis. De nuit, cette tenue, accompagnée des salades[1] récupérées sur les cadavres, pourrait faire illusion un moment au cas où des ennemis les aborderaient.

Ils disposaient aussi de lanternes sourdes en métal, fermées sur trois côtés, le quatrième étant un volet mobile qui, une fois clos, masquait entièrement la lumière de la chandelle. Enfin, la hacquebute chargée, chacun portait, attachées dans son dos, deux arbalètes, avec à la taille une trousse de carrelets. Ils gardaient un coutelas en travers du torse et, bien sûr, fourrel d'épée, hache ou masse d'armes au ceinturon.

Ils s'éloignèrent en faisant un large détour tout en gardant en vue les lueurs des torches de la maison forte. S'ensuivit un trajet pénible dans les taillis et les broussailles, jusqu'à ce qu'apparaisse un sentier qui

1. Casque à large bord.

les conduisit, à travers bois, au chemin que leur troupe avait suivi alors qu'elle fuyait l'embuscade. Ayant traversé cette route, ils poursuivirent leur contournement, toujours dans la forêt, et arrivèrent à proximité du campement des routiers, repérable au rougeoiement des feux.

Le dessein de Pietro était de mettre le plus d'ennemis hors de combat avant que l'alerte ne soit donnée. À ce moment-là, ses compagnons et lui ne devraient pas chercher à lutter mais se replier et revenir au château par le même chemin.

Ils rendirent les lanternes sourdes et, arbalète chargée d'un vireton, avancèrent en file le plus silencieusement possible. Sangallo en tête, suivi de son écuyer, puis de Cionne qui portait la hacquebute, d'Ugolino, de Luchino, de Maccio et de Francesco.

Ils se dirigeaient vers les lueurs d'un foyer lorsque Raffaello, qui avait une bonne vue nocturne et surtout une fine oreille, toucha l'épaule de son seigneur et s'arrêta.

À quelques pas, un homme ronflait doucement.

En scrutant attentivement l'obscurité, ils identifièrent une dizaine de routiers endormis sur des lits de fougère. Ceux-là n'avaient pas allumé de feu. Sans la vigilance de l'écuyer, ils les auraient heurtés, ce qui aurait entraîné de tragiques conséquences.

Le pire avait été évité. Pas pour les endormis. Les échappés déposèrent leurs arbalètes et tirèrent leurs coutelas. Quelques instants plus tard, les routiers qui ne s'étaient pas réveillés voguaient vers l'enfer, la gorge tranchée.

Milanais et Florentins poursuivirent leur exploration, prenant soin de demeurer à la lisière du bivouac. Ayant repéré un nouveau foyer, ils s'en approchèrent et découvrirent deux hommes assis, appuyés contre un arbre. Dormaient-ils ? Pietro fit signe à Ugolino et à Francesco, les meilleurs tireurs du groupe. Ceux-là brandirent leur arbalète et lâchèrent simultanément leurs carreaux. Les traits percèrent les torses des ennemis qui s'affaissèrent en silence.

Les autres fredains qui sommeillaient allongés furent égorgés à leur tour.

À deux reprises, le petit détachement recommença le même ouvrage sans éveiller personne. Mais la chance ne dura pas.

Les Italiens se dirigeaient vers un autre groupe de dormeurs quand ils furent interpellés :

— Vous patrouillez ?

Luchino, le dernier, se retourna lentement.

À la fois surpris et paniqué, il découvrit une silhouette, et ne sut que répondre.

— Messire de Sault nous a envoyés faire le tour des feux et garder le camp, intervint Sangallo à voix basse, craignant de réveiller des routiers.

Par chance, leur petite troupe se trouvait entre deux bivouacs. Ils venaient d'occire les dormeurs du premier, et l'autre était encore éloigné. Peu de risque d'alerter l'ensemble des assiégeants.

— Le Bascon ! Que craint-il ? ricana la silhouette. Les Italiens ne se risqueraient pas à sortir ! Demain, nous ferons un beau massacre, et nous serons riches.

— Il ne veut prendre aucun risque. Son maître serait fâché contre lui si messire du Pin échouait, poursuivit Sangallo en gardant son coutelas ensanglanté le long du corps.

C'était l'occasion d'en savoir plus sur ce chevalier au lion.

Pendant ce temps, Raffaello et Ugolino se rapprochaient, sans paraître marquer d'intérêt pour le nouveau venu.

— Navarre n'a rien à craindre ! Les florins seront à nous demain, et le Bascon en emportera la plus grosse part.

— Je me demande comment Navarre a appris que ces gens transportaient tant d'or, fit Pietro d'un ton admiratif.

— Navarre est un renard, l'ami. Et autour de ce pauvre roi Jean, il doit y avoir bien des bavards.

Sangallo comprit qu'il n'en apprendrait pas plus. À l'instant, la silhouette sentit une présence dans son dos et se retourna. Ce fut son dernier geste : Francesco lui fracassa le crâne.

Ils demeurèrent aux aguets, mais tout semblait calme.

Ils repartirent en silence vers le feu le plus proche. Mais cette fois, malgré toutes leurs précautions, l'une de leurs futures victimes, peut-être réveillée par la discussion avec le routier, se leva et les interpella :

— Que faites-vous ici ?

Il reçut un vireton envoyé par un Cionne vigilant, mais il tomba sur son voisin qui, tiré de son sommeil, protesta en l'injuriant. Dans l'instant, d'autres routiers se réveillèrent sans comprendre ce qu'il se passait.

— Filons par où nous sommes arrivés, souffla Sangallo, déçu de n'avoir pu faire plus de victimes.

Mais le corps percé d'un carreau fut découvert et l'alerte, donnée. Très vite, le son des cors retentit et des torches s'allumèrent.

Pendant ce temps, les Italiens battaient en retraite en bon ordre, si ce n'est Luchino qui trébucha plusieurs fois tant il était pressé.

Mais alors qu'ils traversaient le chemin conduisant au château, ils furent découverts.

— Là-bas ! Sus à eux !

Pour gagner la demeure des Montholon, la troupe de Sangallo dut s'en éloigner encore plus. Or, chez l'ennemi, désormais, tout le monde était debout. Et du Pin, furieux, lançait des patrouilles à cheval.

À présent, les Italiens avançaient dans une combe avec une grande prudence, sans la certitude d'aller dans la bonne direction. Autour d'eux, chênes châtaigniers, frênes et charmes étaient tellement serrés qu'on ne pouvait apercevoir les torches du château. Pas de lune et pas de lueurs d'étoile tant les nuages étaient épais. Parfois, les porteurs de lanternes écartaient le volet mobile, ce qui leur permettait de distinguer où ils mettaient les pieds. Heureusement, ils parvenaient à situer à peu près leurs poursuivants grâce aux cris de ces derniers.

Supposant que les routiers les cherchaient près du château, Sangallo s'en éloignait volontairement quand, soudain, ils entendirent des bruits. Hennissement et froissement de feuilles mortes par des sabots se faisaient entendre derrière eux. Les ennemis se rapprochaient.

— Cachons-nous… Et tirons lorsqu'ils seront tout près.

Raffaello fit passer l'ordre. Chacun se dissimula le mieux qu'il put, derrière un tronc, contre une roche moussue, ou au creux d'un fossé.

La lueur d'une torche parut, tenue par un cavalier. Derrière, suivaient cinq chevaux. Les hommes portaient des lances.

La troupe s'arrêta à quelques pas des Italiens.

— On fait trop de bruit, déclara celui qui était derrière l'éclaireur de tête. Ça servait à rien de prendre les chevaux.

— On retourne au camp ? demanda l'un des routiers.

De toute évidence, le chef de patrouille hésitait.

— Non, messire du Pin serait furieux. Mais, dès qu'on le pourra, on bifurquera vers le château (il indiqua la direction). La forêt est plus clairsemée par là-bas et si ces gueux regagnent leur gîte, on les verra et on les exterminera.

Il fit avancer sa monture, ses compagnons le suivirent. Alors qu'ils passaient devant les Italiens, Francesco leva son arbalète et tira sur le chef, bientôt imité par les autres.

Tous les cavaliers furent atteints. La plupart tombèrent mais deux parvinrent à fuir en piquant des éperons. Heureusement, Ugolino et Francesco avaient préparé leur seconde balestre. Ils visèrent de leur mieux les fugitifs, dont les montures s'enfonçaient dans l'obscurité. Deux chocs sourds se firent entendre.

Chacun sortit de sa cache. La scène n'était éclairée que par la torche tombée au sol qui brûlait toujours. En un instant, les blessés furent achevés. Quant aux fuyards, on les retrouva un peu plus loin dans des buissons, touchés. Ils subirent le même sort.

— Plus de temps à perdre. Et inutile de nous cacher, décida Sangallo. Nous avons des chevaux, profitons-en ! Le château est par là, selon leurs dires.

Aussitôt, tous furent en selle. Cionne et Maccio durent partager la même monture puisqu'il n'y en avait pas suffisamment.

Ils poursuivirent leur chemin, suivant leur chef qui portait la torche. Ils seraient à coup sûr repérés, mais étaient vêtus des cottes des routiers et, montant leurs chevaux, si une patrouille les abordait, ce serait sans méfiance. En revanche, ceux qui les interpelleraient en seraient pour leurs frais.

Enfin, les flambeaux du château leur apparurent. Désormais assurés de la direction, ils contournèrent la fortification et arrivèrent là où se trouvaient les cordes, toujours au bout de leur potence. On ne distinguait personne en haut de la muraille, mais Pétrarque devait être à l'abri d'un créneau.

Rien d'inquiétant, jugea Sangallo, tandis qu'ils descendaient de leur monture.

Pourtant, une voix les interpella dans un murmure proche :

— Cachez-vous et éloignez les chevaux. Des cordes pendent du mur. C'est par là qu'ils sont sortis ! Nous les attendons.

— Où êtes-vous ? interrogea Pietro après avoir surmonté sa surprise.

— Dans les taillis de fougère, derrière vous. Comme nous sommes juste cinq, nous avons envoyé quelqu'un chercher du renfort et on était inquiets du retour des marauds. Grâce à Dieu, avec vous on sera en force.

— Bien joué ! approuva un Pietro réjoui du piège déjoué.

Raffaello faisait mine de s'occuper des montures. Caché derrière l'une d'entre elles, il prit le canon à main que portait Cionne. Francesco approcha la lanterne et mit le feu à la mèche, l'arme braquée sur les fougères.

Les routiers comprirent alors leur erreur. Mais trop tard. Ils furent déchiquetés par la mitraille.

Cette fois, les Italiens ne cherchèrent pas à les achever. Avant même que la fumée ne soit dissipée, les premiers étaient aux cordes. Luchino prit sur lui pour ne pas tenter de passer avant tout le monde, bien qu'il en mourût d'envie. Francesco et Cionne attachèrent les armes tandis que, du haut du mur, Pétrarque et Theodoro les interrogeaient déjà.

Rapidement, ils furent tous en sécurité dans le château. Mais pour combien de temps ?

33

— Nous avons dû mettre hors de combat quatre douzaines de ces gueux, annonça vaniteusement l'aîné des Este à son cadet, tout en s'appropriant le pot de vin chaud que venait de remplir l'infirmier bénédictin. Et pas une égratignure !

— Mais tu es blessé, Luchino !

Theodoro montra du doigt les coulures de sang frais sur la cotte de son frère.

— Rassure-toi, ce n'est pas le mien… Nous avons beaucoup tué !

Il éclata d'un rire tonitruant qui lui permit d'évacuer une partie de la tension qui s'était accumulée au cours de leur sortie.

Les aventureux de la nuit étaient rassemblés avec les moines, Pétrarque et Theodoro dans la salle du manoir. Les autres prenaient quelques heures de sommeil, mis à part les sentinelles sur le chemin de ronde.

Le bénédictin avait déposé devant Pietro une autre coupe de vin chaud, mélangé à du miel et à des épices, boisson revigorante qu'il avait préparée grâce à ce qu'il avait trouvé en fouillant dans les vivres du seigneur Montholon. Après quoi, il emplit de nouveaux récipients pour chacun des hardis compagnons. Sur la table se trouvait un panier de noix, du pain, un peu rassis, et des saucisses sèches.

Sangallo vida son pot avant de déclarer :

— Je sais que vous êtes impatients d'entendre ce que nous avons fait, encore que messire d'Este a rapporté l'essentiel. Oui, nous avons causé grand dommage à l'herpaille. Oui, une cinquantaine d'entre eux sont hors de combat. Avec ceux déjà envoyés en enfer, nous avons réduit le nombre de ces routiers d'un bon tiers. Mais il en reste beaucoup. Beaucoup trop. Il doit rester deux ou trois heures avant le jour, c'est-à-dire avant le moment du prochain assaut. D'ici là, je veux en profiter pour dormir un peu. Faites-en autant, après avoir relevé les guetteurs.

L'assaut ne vint pas à l'aurore. C'est l'agitation dans le manoir qui le réveilla. Les premières lueurs du matin filtraient à travers l'étroite fenêtre gémellée de la chambre d'étage dont il avait écarté le volet avant de s'assoupir. Dehors, la pluie crépitait.

Au retour de leur sortie nocturne, après avoir retiré sa brigandine à plates de métal, sa cotte et son jaseran milanais, à peine allongé il s'était endormi. Ses compagnons s'étaient installés dans les autres couches, n'en déplaise au fait que des pestiférés y avaient trépassé.

Il se leva, encore engourdi par le froid de la nuit. Francesco, assis sur l'autre lit, le regardait, l'air fatigué. Il portait déjà son harnois, à moins qu'il ne l'ait gardé la nuit entière. Raffaello, lui, dormait toujours.

Pietro pouvait remettre son haubert seul, mais c'était plus facile avec un servant aussi, dès qu'il eut attrapé son jaseran, Francesco vint l'aider. Il enfila ensuite sa cotte et sa brigandine, la noua, et boucla son ceinturon avec son épée, sa dague et son coutelas. Après quoi, il regarda par la fenêtre.

Il avait vue sur l'arrière du château, là où ils avaient mitraillé les routiers qui les attendaient. Et aperçut deux chevaux et quatre hommes assis sous un chêne. Qu'étaient devenues les victimes du tir de la hacquebute ? Sans doute étaient-elles dans les fourrés. Ces nouveaux venus étaient bien sûr là pour s'assurer que les assiégés ne réitèrent pas leurs exploits.

Mais, trop confiants, ils se trouvaient à la limite de portée d'une arbalète à pied-de-biche. Des gens prudents se seraient mis plus loin.

Francesco s'était approché de son maître. Il regardait aussi par la fenêtre et fit : « Ahgrrr » pour seul commentaire.

Tous deux descendirent après avoir pris leur arbalète.

Dans la salle, moines et valets avaient préparé une grosse soupe. Quelques hommes étaient attablés, dont Cionne et Maccio. Leurs regards fatigués et dans le vague étaient de ceux qui se savent arrivés à la fin de leur vie et espèrent un trépas pas trop douloureux. Dans un coin, un valet se confessait auprès d'un moine ayant reçu le sacrement sacerdotal. Un palefrenier attendait son tour.

Pétrarque bavardait à voix basse avec le religieux infirmier assis à côté de lui. Sangallo s'approcha et se rendit compte qu'ils ne parlaient pas de leur triste sort, mais philosophaient sur la misère des temps. L'Avignonnais assurait qu'ils vivaient dans les ténèbres depuis la fin de l'Empire romain, car les invasions barbares avaient marqué le déclin des arts et des lettres. Le bénédictin défendait un avis contraire. Depuis que le fils de Dieu avait donné sa vie pour sauver les hommes, c'était justement la fin des ténèbres, assurait-il. Le christianisme marquait le début d'un renouveau, une victoire de la clarté sur les temps obscurs du paganisme.

— Comment pouvez-vous concevoir idée aussi absurde ? s'insurgea le poète, tellement passionné qu'il négligeait son assiettée de soupe. L'Antiquité a été le temps de la lumière, alors que la période où nous sommes n'est qu'obscurité. Rome a connu son apogée au cours de la République et des premiers moments de l'Empire, et sa grandeur a diminué au moment où la religion chrétienne s'est imposée. Messire Sangallo, nous avons souvent débattu de cela dans notre voyage et je sais que vous m'approuvez ! ajouta-t-il en s'adressant au Florentin.

— Certes, mais nous avons un sujet à peine plus important à traiter. Comment nous défendre contre cette horde ? J'ai aussi une information à livrer, sur laquelle je souhaite votre avis.

— Allez-y. Je suis tout ouïe, et j'ai moi-même mille questions à poser.

— Je suppose que Cionne et Maccio (qu'il désigna) vous ont raconté notre sortie d'hier.

— Bien sûr ! J'étais tellement impatient d'en connaître les détails ! Mais, avant tout, laissez-moi vous dire qu'à leur réveil, ils se sont rendus sur l'échafaudage par où vous êtes sortis et ont vu des guetteurs de la compagnie de Du Pin.

— Je les ai vus aussi. Cionne et Maccio vous ont-ils dit qu'un des routiers a parlé, nous croyant des leurs ? Il m'a révélé un fait intéressant, mais hélas inutile si nous trépassons avant ce soir.

— Ils ont évoqué cette rencontre qui aurait pu mal

tourner, mais, comprenant mal la langue d'oïl, ne m'ont rien révélé de vos échanges.

— Remplissez complètement mon écuelle, mon frère, demanda Pietro au moine qui avait placé devant lui une jatte de bois avec un morceau de pain sec, et qui vidait par-dessus une épaisse bouillie au lard et aux lentilles. Si c'est mon dernier repas, autant qu'il soit copieux !

Il tira sa dague et, ayant tranché une belle portion de la pâtée, la porta à sa bouche en l'empêchant de couler avec sa main gauche.

— C'est surtout pour le routier que les choses ont mal tourné… fit-il après avoir dégluti. Je craignais qu'il ne donne l'alerte, ou qu'il ne réveille quelques dormeurs s'il éprouvait la moindre méfiance, aussi ai-je justifié notre présence en expliquant que messire de Sault nous avait ordonné de faire le tour des feux. Pendant ce temps, Francesco le contournait. Comme je l'avais mis en confiance, il m'a dit que ce Jean de Sault est surnommé le Bascon…

— Le bâtard.

— Oui. Il serait au service du Charles de Navarre dont vous m'avez parlé.

Pétrarque balança lentement la tête et déclara :

— Je m'explique mieux l'embuscade et la présence de la compagnie de Du Pin. C'est sans doute aussi Navarre qui a corrompu Sanson et Passac.

— Reste à savoir comment il a appris que nous transportions la rançon.

— Des espions dans l'entourage du roi, bien sûr. Comme il a dû y avoir des musards à Autun ou à Chalon.

— Je vous l'accorde, mais on peut supposer que peu nombreux étaient ceux informés de notre voyage.

Et qu'il pouvait seulement s'agir de fidèles du roi ou du dauphin. Il y a donc, à coup sûr, eu félonie de quelqu'un de la cour.

Le poète serra les lèvres. Il songeait au cardinal de Boulogne, qui avait tout organisé au sujet de la rançon et du mariage de la fille du roi, parce qu'il savait sa famille proche de Navarre. Aurait-il pu trahir son maître et le dauphin ?

— Croyez-vous qu'on puisse s'en sortir ? demanda-t-il au bout d'un moment.

— Notre seul espoir est de meurtrir suffisamment de routiers pour que leur chef abandonne ou que ses hommes décident à sa place.

— Est-ce possible ?

Sangallo grimaça. Et se remit à manger.

Il avait terminé sa soupe et Francesco la sienne quand Raffaello arriva et s'assit près de lui. Les frères d'Este entrèrent à leur tour. Theodoro fit la moue devant la bouillie peu appétissante qu'on lui servit.

Pietro avait vu Cionne et Maccio s'en aller. Décidément, ces deux compères ne se quittaient pas et quand on voyait la chevelure couleur des blés du premier, on pouvait être assuré que la barbe en queue de martre du second n'était pas loin. Cionne portait son arbalète et Maccio, son arc avec un carquois de flèches à la taille.

Le capitaine de la milice de Florence se levait pour sortir à son tour quand il les vit revenir, accompagnés d'un autre garde milanais.

— Seigneur, ils vont bientôt attaquer ! prévint Cionne.

— J'y vais ! Francesco, apporte la hacquebute et les arbalètes. Raffaello, rejoins-moi au-dessus du portail. Luchino, reprends ta place sur le rempart et toi,

Theodoro, va dans la tour pour assurer le guet. Que tout soit prêt et qu'on puisse s'y réfugier s'ils nous submergent.

— Ils voleront nos chevaux, grimaça Luchino.

— Prions pour que cela leur suffise. Quoi qu'il en soit, ils auront plus de mal à nous prendre, nous.

Il se tourna vers Cionne.

— Cours dans la chambre seigneuriale avec Maccio. J'y ai vu une arbalète à étrier. Peut-être y en a-t-il d'autres. Apportez-moi ce que vous trouverez.

Luchino voulut demander des explications, mais Sangallo avait déjà tourné les talons.

Dehors, il constata que la pluie avait cessé et jugea inutile d'aller chercher le manteau de cuir clouté qui se trouvait dans la tour, avec ses bagages. Il prit juste son bassinet, puis traversa la cour et gagna l'un des escaliers.

Le jour s'était levé, et même s'il faisait toujours sombre à cause des nuages noirs, on distinguait fort bien le camp de Guiot du Pin.

À la lisière du bois, des dizaines d'hommes s'activaient et le Florentin comprit pourquoi l'assaut n'avait pas encore eu lieu.

Les routiers avaient construit un énorme chat, un abri de quelque dix pieds de large et cinquante de long. Cette sorte de bâtiment était entièrement couvert de branches, de feuillage et de mousse, tant par-dessus que sur les côtés. Mais posé sur le sol, il se révélait intransportable.

Le second chat, en construction, moins large et moins long que le premier, et qui n'avait encore ni toiture ni côté, permettait de comprendre comment ils se déplaceraient, bien qu'ils ne disposassent pas de roues.

Celui-là était bâti directement sur six chevaux attachés deux à deux à l'aide de petits troncs ébranchés aux extrémités et noués sur les selles. Les trois rangs étaient eux-mêmes reliés par d'autres troncs, ce qui en faisait un rectangle rigide. Sur ce cadre, des hommes édifiaient une charpente qui supporterait des panneaux de palissades en branches tressées. Des poteaux verticaux attachés au milieu des troncs transversaux soutenaient déjà un châssis à deux pentes.

Raffaello venait d'arriver et Pietro lui expliqua ce qui, selon lui, allait se passer :

— Le chat en construction a juste la largeur du pont dormant, que j'aurais fait détruire si cela n'avait pas été trop coûteux en hommes. Les saquemans le feront avancer jusqu'au portail et nous ne pourrons atteindre ceux qui se trouveront dessous.

— Mais que feront-ils ensuite ? Il n'y a pas de bélier et ils n'arriveront jamais à enfoncer les battants.

— Ils peuvent les attaquer à la hache, ou utiliser un tronc comme bélier. Ce sera long et difficile, mais pas impossible. Le second chat doit servir à faire venir des renforts pour remplacer les hommes du premier.

— On lancera des pierres.

— Certes, seulement elles rouleront sur les toits en pente. Celui qui a conçu ces engins a tout prévu.

Sangallo se tut et regarda le ciel. La pluie pouvait reprendre à tout moment. Serait-ce un avantage ou un inconvénient ?

L'écuyer avait suivi son regard.

— Et si on incendiait les chats, seigneur ? J'ai vu mon père faire ça. Dans le cellier, il y a un baril de résine pour faire les torches. Si on en enduisait des draps et du bois et jetait le tout enflammé sur le véhicule ? Les chevaux s'affoleraient et démantibuleraient la construction.

Sangallo se frotta le menton.

— Le chat flamberait, c'est certain, mais un feu trop vif embrasera à coup sûr le portail et les hourds… Toutefois, on pourrait l'éviter en plaçant un tonneau d'eau devant les portes. En arrosant les battants avec des seaux, et des bassines, ceux-ci seront peut-être suffisamment mouillés pour ne pas s'enflammer. Oui… ça vaudrait la peine de tenter la chose…

— Quand les chats arriveront devant l'enceinte, commençons par les cribler de viretons. Quelques carreaux passeront entre les branches et blesseront peut-être les chevaux. Il suffit qu'un seul soit touché pour qu'il s'affole et rue… Cela détruira la construction aussi sûrement que l'incendie.

— Tu as raison, approuva Sangallo. Arrange ces deux défenses. Que les hommes apportent le plus d'arbalètes possible. Occupe-toi également du baril et des seaux. Pour ma part, j'ai autre chose à faire.

Il aperçut Ugolino qui montait à son tour sur le chemin de ronde, accompagné de Cionne et de Maccio, chacun portant une arbalète à étrier sur l'épaule.

— On n'en a trouvé que deux, seigneur, s'excusa ce dernier.

— Cela suffira. Ugolino et Francesco, prenez les balestres et venez avec moi. Maccio, mets une corde à ton arc et accompagne-nous.

Il ne donna pas plus d'explications. Aussi Raffaello et Cionne les suivirent-ils des yeux en s'interrogeant sur les desseins de leur seigneur.

Ugolino, Francesco, Maccio et Pietro redescendirent dans la cour. Les frères d'Este sortaient du manoir.

— Approche, Luchino ! ordonna le Florentin. L'assaut n'est pas pour tout de suite. Aussi, que ton frère rejoigne Raffaello. Mon écuyer le mettra au courant de ce que les marauds préparent, et de notre riposte.

Theodoro s'apprêtait à protester quand son aîné le gourmanda :

— Il n'est plus temps de discuter, fais ce que te dit messire da Sangallo. Pour l'heure, j'ai confiance en lui.

Renfrogné, le cadet s'éloigna et Pietro détailla son plan aux quatre hommes. Après une courte discussion, ils pénétrèrent dans le manoir et y restèrent un moment. Lorsqu'ils en sortirent, ils étaient accompagnés des moines qui avaient revêtu leur chape de pluie à chaperon. Ensemble, ils gagnèrent la tour et, depuis le chemin de ronde, Raffaello les vit mettre un pied sur l'échafaudage. Ses compagnons portaient les arbalètes à étrier, Maccio, son arc et les moines, une simple besace.

L'écuyer comprit ce qui se préparait.

En évitant de se faire voir des guetteurs de Du Pin, Sangallo et ses compagnons examinèrent l'arrière du château depuis les merlons, et chacun choisit sa cible. Dans la tour, l'aîné des Este s'était emparé de l'arbalète à cranequin de Castracani conservée depuis la mort du capitaine de la milice de Milan. À l'abri derrière un créneau, il manipula la manivelle pour tendre l'arc de fer pendant qu'Ugolino et Francesco armaient les câbles des instruments à étriers, et que Pietro faisait de même avec sa balestre milanaise. Maccio, lui, avait encoché une flèche à son arc.

Tous se placèrent entre des merlons, à l'exception de Maccio qui resta à l'abri. Raffaello entendit les claquements des câbles. Pietro se retira et aussitôt,

Maccio fit partir sa flèche. Puis, pied dans les étriers, Ugolino et Francesco rechargèrent leur arme et tirèrent une seconde fois. Le résultat parut les satisfaire, car ils abandonnèrent les arbalètes pour replacer les cordes aux potences. Aussitôt, deux des bénédictins s'en saisirent pour descendre. Les deux autres, moins vaillants, furent attachés par la taille et déposés au sol par les Italiens.

L'entreprise terminée, les cinq tireurs revinrent sur le rempart.

Dans la cour, on avait fait rouler une barrique découverte dans l'écurie et des hommes, munis de récipients, la remplissaient avec l'eau du puits.

— Les moines vont retourner à leur abbaye, expliqua Pietro à son écuyer. Ils devraient facilement échapper aux routiers, d'autant plus qu'ils ignorent leur existence. En se pressant, ils seront à Autun avant la nuit et préviendront le bailli. Ce dernier apprendra qui nous sommes et rassemblera une compagnie afin de nous secourir.

— Voilà qui redonne un peu d'espoir, mais il ne faut rien attendre avant demain, jugea Raffaello.

— En supposant que le bailli se presse. Et qu'il dispose de suffisamment d'hommes d'armes, remarqua un Ugolino perplexe quant à la rapidité de pareils secours.

— Nous devrons donc tenir jusqu'à ce que ces renforts arrivent, conclut Sangallo.

D'après les préparatifs de l'ennemi, l'assaut n'allait pas tarder. Des dizaines et des dizaines de routiers se glissaient maintenant dans les chats.

Quant au Bascon et à Guiot du Pin, ils demeuraient

à la lisière du bois avec trois à quatre douzaines de cavaliers.

— À quel moment avez-vous décidé de faire partir les moines, seigneur ? demanda Raffaello, sans quitter l'armée ennemie des yeux.

— Quand j'ai vu les guetteurs ce matin. Là où ils s'étaient mis, il y avait une possibilité de les abattre et d'envoyer quelqu'un chercher du secours. Mais il fallait des balestres à longue portée et de bons tireurs. Des arbalètes à étrier auraient fait l'affaire, mais les nôtres avaient disparu avec le cheval qui est tombé dans un précipice. Toutefois, j'en avais vu une dans une chambre. Nous avions aussi celle à cranequin de Castracani et la mienne était suffisamment puissante. Restait à choisir les arbalétriers. Je ne t'ai pas retenu car je craignais que les hommes n'imaginent qu'on s'apprêtait à les abandonner si tu venais avec moi et ne nous voient sur le hourd avec des cordes. Ils ont peur, et quand on a peur, on est prêt à tout, surtout à s'enfuir. J'ai aussi pris Maccio, tant il est adroit avec son arc et l'ai chargé de tirer sur un guetteur qu'on aurait éventuellement raté.

Il suspendit sa phrase en observant le Bascon s'adressant à un homme qui s'apprêtait à entrer dans le second chat. Sans doute lui donnait-il d'ultimes instructions.

— Tu aurais été meilleur tireur que moi et Luchino, ajouta Pietro. Nous avons tous les deux atteint les guetteurs que l'on avait choisis, mais pas mortellement. Ils se sont relevés, d'où la flèche de Maccio qui a touché un homme tentant de fuir. Les seconds tirs ont heureusement permis d'achever les blessés. Enfin, l'important est que ces guetteurs n'aient pu donner l'alerte.

De nouveau, il se tut. Le premier chat se mettait en branle.

Sur le chemin de ronde, tous observaient la longue hutte en train d'avancer lentement, en cahotant, pareille à une tortue géante.

Le véhicule se rapprocha de l'enceinte, franchit le fossé sur le pont dormant et s'arrêta devant les battants.

— Tirez ! hurla Sangallo.

Une volée de viretons partit, presque à bout portant. Ceux qui avaient préparé une deuxième arbalète tirèrent à leur tour.

Pourtant cette pluie mortelle n'eut aucun effet. Soit les carreaux ne percèrent pas l'épaisse couche de mousse et de fougères, soit les chevaux étaient protégés. L'abri frémit néanmoins et parut même s'affaisser alors que le second chat arrivait à son tour et se plaçait derrière le premier. Comme les deux loges ne se touchaient pas entièrement, par l'espace les séparant, Sangallo vit des croupes de chevaux.

Ainsi, les animaux avaient été détachés, ce qui expliquait l'affaissement de la construction qui reposait désormais seulement sur des poteaux. Pietro ne put s'empêcher d'éprouver de l'admiration pour celui qui avait conçu pareil ouvrage.

Soudain, retentit un grand fracas. Les vantaux de bois du portail tremblèrent. Les haches attaquaient la porte.

Theodoro vint voir Sangallo pour l'interroger.

— Que doit-on faire ? s'enquit-il d'une voix blanche. Est-ce le moment d'incendier le chat ?

— On s'y résoudra en dernier recours. Tentons d'abord de dresser une barricade. Que des hommes aillent chercher les plateaux de table et les coffres qui peuvent être transportés. On les remplira de pierres.

Déjà Francesco et Cionne, qui avaient entendu, filaient vers le manoir. Luchino donna aussi des ordres à trois ou quatre milanais et Theodoro partit avec eux.

Les autres demeurèrent sur le rempart, car un assaut mené avec des échelles demeurait possible puisqu'il y avait toujours, à la lisière du bois, une cinquantaine de routiers autour de Du Pin.

Les battants de chêne étaient épais et l'ennemi peinait à briser leurs pentures de fer. Pourtant, quelques coups avaient déjà envoyé des échardes de l'autre côté de la porte quand on commença à élever la barricade formée de plateaux de tables et de huches. Sangallo surveillait l'opération.

— Que la moitié des hommes restent ici avec leurs arbalètes et la hacquebute, dit-il à Ugolino. Qu'ils tirent dès que l'ennemi apparaîtra dans la brèche.

— Pourquoi ne pas bouter le feu au chat ? demanda Theodoro qui était également descendu.

— Ce sera notre va-tout. Une ultime défense bien dangereuse, car le feu peut se retourner contre nous s'il embrase le portail.

Soudain le fracas des cognées cessa.

Que préparait encore l'ennemi ?

34

Si la peur n'avait jamais quitté les assiégés, ce silence inattendu leur noua encore plus les tripes. La hutte mobile s'agitait comme si quelque effroyable sabbat se préparait à l'intérieur. Personne n'osait parler, jusqu'au moment où quelqu'un cria :

— Ils quittent le chat !

De fait, les hommes du premier engin gagnaient le second. On les voyait passer entre les deux véhicules. Quelques tirs d'arbalète firent même mouche.

— Pourquoi partent-ils ? demanda Raffaello à son seigneur, inquiet.

— Je crains de deviner, murmura Pietro. Dieu soit loué, nous sommes prêts…

Tous comprirent quand la fumée commença à sortir du toit de mousse.

— Ils ont mis le feu ! hurla Theodoro.

— Vite… l'eau ! cria Ugolino.

Tout le monde se précipita aux bassines et aux seaux, mais il n'y en avait pas suffisamment et, surtout, il fallait les monter avant de les jeter sur le foyer, la barricade rendant inaccessibles les battants du portail.

Les routiers avaient, eux aussi, dû enduire les fagots

de résine car, malgré l'humidité du bois, des flammes commençaient déjà à jaillir du toit du chat.

— Inutile… On ne l'éteindra pas ! décréta Sangallo. Le portail est perdu, tout va s'embraser. Filons à la tour avec nos arbalètes.

Les hommes descendirent en bon ordre, malgré la peur qui les rongeait à l'idée du sort abominable que leur réserverait l'ennemi.

Une fois devant le donjon, alors que la fumée envahissait la cour, Pietro s'efforça de les rassurer :

— L'incendie va s'étendre et brûler la barricade. Ce qui nous laisse un répit pour transporter dans la tour le reste de la nourriture et surtout de l'eau car, une fois assiégés, nous devrons survivre avec ce que nous aurons. Mais à Autun, on aura appris ce qui nous arrive et demain, ou dans deux jours, nous serons secourus. Quand le portail et la barricade seront réduits en cendres, dans quelques heures, ils entreront. Nous les attendrons ici. On en occira encore facilement deux douzaines, puis nous nous réfugierons en bon ordre dans le donjon. Une fois aux fenêtres, chacun choisira sa cible. Nous ne manquons pas de viretons, et j'ai encore poudre et mitraille pour plusieurs feux. Si ces routiers sont raisonnables, ils prendront nos chevaux et disparaîtront afin d'éviter d'autres pertes.

Pietro ne croyait guère à ses affirmations, mais il se rendait compte que le discours faisait son effet. Alors que des nappes de fumée les enveloppaient, et que les flammes crépitaient, il put voir quelques sourires – tristes – apparaître sur les visages sales et épuisés de ses hommes.

Une once de confiance revenait.

Pendant que certains surveillaient l'état de la porte et de la barricade, d'autres se rendirent dans le manoir pour y ramener les vivres qui restaient. D'autres encore tirèrent de l'eau du puits et l'entreposèrent dans tous les récipients disponibles.

Ils avaient terminé quand la barricade enflammée s'effondra dans un craquement tonitruant.

Raffaello avait placé deux rangs d'arbalétriers devant la porte de la tour. Les premiers, agenouillés, comprenaient les frères d'Este, lui-même, Ugolino et les valets sachant tirer. Derrière eux, rassemblés dans un second rang, se trouvaient, debout, tous les autres survivants sauf Sangallo et Francesco, placés sur un flanc avec la hacquebute et la lanterne. Pétrarque, lui, demeurait dans la tour avec deux valets.

La pluie se mit soudain à tomber. D'abord, ce ne fut que quelques gouttes, puis un flot continu. Chacun protégea son arme de son mieux. Au portail, les vapeurs d'eau se mêlèrent aux fumées et, peu à peu, les feux s'éteignirent.

Par la trouée apparue, les Italiens constatèrent que le premier chat et une partie du pont dormant étaient consumés.

La voie étant libre, une bande de fredains avides de carnage abandonna le second chat, qui avait reculé, pour se précipiter vers le château en brandissant épées, haches et masses. Vociférations et sauvages hurlements couvrirent le bruit de la pluie.

Les routiers, avides de massacres, et ralentis par l'étroitesse du reste du pont, ne s'attendaient pas à l'accueil qui leur avait été réservé. Ceux qui étaient en tête découvrirent des arbalétriers déterminés, en position de tir. Stupéfaits, les estropiats s'arrêtèrent net tandis que ceux qui les suivaient continuaient d'avancer et les bousculaient.

Les viretons italiens partirent d'un seul jet et fauchèrent les premiers rangs des assaillants, laissant sans protection les suivants.

Sangallo demanda à son servant de mettre le feu à la mèche au plus près de la lumière du canon.

Presque aussitôt, le tonnerre éclata. De nouveau, la cour fut enfumée et quand les vapeurs soufrées se dissipèrent, ne restaient plus sur le sol que des corps morts ou gémissants. Les autres fredains avaient reflué, tandis que les Italiens s'étaient réfugiés dans la tour.

Pietro vérifia que la porte était barricadée avant de déclarer à l'aîné des Este :

— Luchino, avec ton frère et sept ou huit hommes, placez-vous au deuxième étage. Depuis les meurtrières, tirez sur ceux qui seront à votre portée. Moi et les miens, nous garderons le premier étage. En montant, emportez coffres, bagages et provisions. Qu'il ne reste rien en bas. S'ils parviennent à enfoncer la porte, ils auront du mal à grimper l'escalier. Nous venons de leur causer de lourdes pertes. Prions pour qu'ils renoncent.

Cependant les routiers ne renoncèrent pas. Ils revinrent dans la cour en s'abritant derrière des mantelets de branches sur lesquels étaient attachés des écus. Certes, du deuxième étage, les tireurs en touchèrent quelques-uns, mais les assiégés ne purent empêcher les groupes d'assaillants de déposer des fagots devant la porte de la tour. Du Pin était donc décidé à faire brûler vifs ses ennemis, même si pareil brasier risquait de faire fondre l'or transporté.

Mais il pleuvait, et il était impossible d'allumer le

feu. Aussi, une nouvelle fois, le Bascon apparut au portail, à pied et protégé de plusieurs écus tenus par des servants.

— Je vous laisse une dernière chance ! cria-t-il. Jetez l'or par les meurtrières et nous partirons. Sinon, vous brûlerez comme en enfer.

Sangallo décida de ne pas répondre. Jean de Sault et ses gens se dirigèrent alors vers le manoir. Abrités derrière des mantelets, Guiot du Pin et ses chevaliers le suivirent pour se mettre à l'abri de la pluie, se réchauffer et tenter de trouver quelque nourriture. Mais ce serait peine perdue.

Deux ou trois douzaines d'hommes les rejoignirent, mais le reste de la compagnie demeura hors du château, s'abritant sous le second chat. Les chevaux, eux, étaient demeurés attachés dans le bois, sous les arbres.

Il ferait bientôt nuit. Si la pluie cessait, l'ennemi mettrait le feu aux fagots et le donjon se consumerait avec ses occupants.

Et sonnerait la fin de la route pour les Milanais.

C'est alors que, du côté du chemin conduisant à la route d'Autun, retentirent de grêles accents de cor, qui s'amplifièrent rapidement. Dans la tour, il y eut des bousculades devant les meurtrières, chacun essayant de distinguer ce qui se passait.

On ne voyait rien qui explique le son des cors, mais ceux qui étaient dans le chat sortirent. Ils semblaient inquiets. Certains s'avancèrent même sur le chemin, dans le bois. Sault et du Pin se précipitèrent à leur tour hors du manoir.

Avec quelques chevaliers, protégés par des écus, ils gagnèrent l'escalier le plus proche. Maccio parvint à décocher une flèche qui, par malchance, ricocha sur un bouclier. D'autres arbalétriers voulaient tirer, Sangallo s'y opposa.

— Attendons de connaître l'origine de ces cors, dit-il. Si c'est du renfort pour du Pin, nous aurons besoin de nos carreaux et flèches.

L'attente se prolongeait. Le son des cors se rapprocha. Au bout d'un moment, apparurent enfin des cavaliers. Porteurs de bannières. Des dizaines de bannières collées à leur hampe par la pluie. À cette distance, les assiégés ne pouvaient identifier les armes qu'elles portaient, sinon que l'étoffe était blanche.

— On vient à notre secours ! clama Theodoro.

— Impossible que ce soit déjà le bailli d'Autun, murmura Pétrarque.

Silencieux, Sangallo secoua lentement la tête. Bouleversé au-delà du possible, il avait l'impression de vivre un cauchemar. Sur les écus des hommes, il avait identifié le cerf d'or rampant avec bordure fleurdelisée.

Cette troupe, c'était la *societa dell'acquisto*. Ce cerf, c'était les armes d'Arnaud de Cervole. Celui qu'il pensait ne jamais revoir.

Il eut confirmation de ses craintes quand d'autres écus devinrent visibles : le dragon armé de Bidault le Bourc, le sanglier retourné de Gaston de la Parade, le loup passant de Pierre de Cervole.

D'effroyables visions lui revinrent. Le corps de Clément Audiberti écorché vif et attaché à des branches devant l'armée de routiers qui s'apprêtait à prendre la ville d'Aguensi. Les sanglants combats sur les remparts.

— Cervole ! murmura-t-il.

— L'Archiprêtre ? s'enquit Pétrarque. Que ferait-il ici ?

— C'est bien lui, avec ses lieutenants. Il semble

qu'il y ait même Bidault le Bourc, que je croyais pourtant mort.

— Qui est Bidault le Bourc ? s'enquit Luchino.

— Un homme qui s'amuse à écorcher vifs les hommes et à démembrer les enfants. Cervole aime bien écorcher lui aussi, j'en ai été témoin.

— Vous les connaissez ? s'inquiéta Theodoro.

— Trop bien, hélas[1] !

L'immense compagnie s'arrêta à deux ou trois cents pieds des routiers qui étaient sortis du chat. L'Archiprêtre, reconnaissable à son cimier représentant un dragon, examinait le château, l'enceinte et le portail. Ses lieutenants, qui portaient tous des heaumes pourvus de cimiers aux couleurs éclatantes en forme de tête d'ours, de corne de licorne ou de ramure de cerfs, discutaient avec lui. La Parade désigna la tour. Pierre de Cervole montra les chevaliers qu'il venait d'apercevoir sur le chemin de ronde.

Derrière eux, le rassemblement de cavaliers ne cessait de grossir et s'étira même tout le long du bois. Une armée d'hommes farouches brandissant lances, guisarmes, haches ou marteaux d'armes. Que des gens sanguinaires.

En face, les routiers de Guiot du Pin ne bougeaient pas, encore sous le coup de la surprise.

Les deux compagnies se connaissaient. Pourtant il n'y eut ni rapprochement ni échanges. Les cors s'étaient tus.

Sur le rempart, Guiot du Pin et Jean de Sault attendaient un signe qui ne venait pas. Finalement, le premier cria :

— Cervole ! Es-tu ici pour les mêmes raisons que moi ?

1. Voir *L'Archiprêtre et la Cité des Tours*, *op. cit.*

Les chevaux des porteurs de bannières s'écartèrent. Derrière eux, des arbalétriers se rangèrent en ligne puis, sans avertissement, levèrent leurs armes et lâchèrent leurs carreaux. Comme s'il s'agissait d'un signal, l'armée de Cervole se précipita sur les soldeniers qui avaient quitté le chat pour les tailler en pièces à coups d'épée, de hache et de masse.

Le massacre ne durera guère, pensa Raffaello. D'un côté, plusieurs centaines de routiers à cheval. De l'autre, une cinquantaine de piétons.

Ils venaient de tomber de Charybde en Scylla, songea un Pétrarque désespéré.

Sur le rempart, à peine les arbalétriers avaient-ils terminé de tirer que le Bascon et ses compagnons dévalaient les escaliers en se protégeant de leurs écus. Mais personne ne leur tira dessus.

Ils pénétrèrent dans le manoir, certainement pour se rembarrer.

Sangallo détourna la tête et revint vers la boucherie qui prenait fin. On achevait les blessés.

Cervole discutait avec l'un de ses écuyers. On tendit à ce dernier une bannière, aussi détrempée que les autres.

— Regardez par là ! cria Cionne qui se tenait devant une archère donnant vers l'extérieur du château.

Où l'on avait vue sur les potences utilisées pour la sortie de la veille et la fuite des moines.

Tous se précipitèrent. Même s'ils se gênaient, puisqu'il n'y avait guère de place dans l'embrasure, ils découvrirent le Bascon, du Pin et une poignée d'hommes montés sur l'échafaudage. Sault fut le premier à saisir une corde, à passer le créneau et à se laisser glisser vers l'extérieur. Du Pin l'imita.

— Je peux leur tirer dessus ! proposa Cionne, en rage de cette fuite.

— À quoi bon ? répliqua Sangallo en haussant les épaules. Économisons nos traits. Nous allons en avoir besoin.

D'autres individus sortis du manoir envahissaient maintenant le hourd. Connaissant la férocité de Cervole, eux aussi se disputaient les cordes pour partir. Les épées furent sorties, très vite le sang coula.

Indifférent à leur sanglante querelle, Sangallo revint à l'archère ouvrant vers la cour.

L'écuyer tenant la bannière avançait prudemment, à coup sûr inquiet tant il était courant que les hérauts soient occis avant que débutent des négociations. Il passa le pont, le porche, puis s'arrêta pour clamer :

— Mon seigneur, messire de Cervole, lieutenant général en Berry et en Nivernais, capitaine du roi de France en Bourgogne avec rang de bailli royal, veut savoir ce qu'il se passe ici. Pourquoi la compagnie de Guiot du Pin a-t-elle attaqué le château de messire Montholon ?

— Lieutenant général en Berry et en Nivernais ? murmura Pietro. Impossible ! Pas Cervole !

— Il semble que le routier a fait sa pelote, observa Pétrarque, à demi rassuré.

— Mais s'il est capitaine du roi de France en Bourgogne avec rang de bailli royal, il vient nous sauver ! déclara Raffaello.

— Si c'est vrai ! Seulement si c'est vrai, observa un Pietro méfiant. Et je ne vais pas tarder à le savoir.

Il s'approcha de l'ouverture et cria :

— Allez dire à messire de Cervole que Pietro da Sangallo, capitaine de la milice de Florence, souhaite lui parler !

Le héraut fit demi-tour. Un peu vite, de l'avis de Pétrarque, et vint parler à l'Archiprêtre.

Alors, ce dernier s'avança à son tour, seul et sans crainte.

— Incroyable ! s'exclama Luchino d'Este qui venait de descendre par l'échelle. Allez-vous lui faire confiance ?

— Bien obligé… répondit un Sangallo songeur.

Quelle singulière coïncidence que Cervole arrive ici, pour le sauver. Un Cervole au service du roi de France… Comment pareil hasard était-il possible ?

35

Parvenu dans la cour, l'Archiprêtre mit pied à terre et ôta son heaume au cimier en dragon, comme il l'aurait fait en l'absence de péril. Il donna son casque au jeune servant qui avait guidé sa monture et releva le chaperon de sa chape de pluie, couvrant ainsi sa cervelière de mailles.

Depuis la meurtrière par laquelle il observait la scène, Raffaello ne put s'empêcher d'admirer son assurance. Mais Cervole savait qu'il ne risquait rien. Qui aurait osé lui tirer dessus et prendre le risque de finir sa vie dans d'atroces souffrances ?

Pietro était descendu avec Francesco. Tous deux ôtèrent les barres de la porte et le premier s'avança lui aussi sans crainte au-devant de l'aventureur qui, autant qu'il s'en souvienne, n'avait pas changé.

L'Archiprêtre était un petit bonhomme aux orbites profondes, dont le regard brillait d'un mélange de ruse, de sagacité et de violence. Il avait le teint brun des Gascons et des mains larges, couvertes de cuir et de mailles. On ne voyait de son corps que sa barbe noire, dégoulinante de pluie sur son mantel.

Les *condottieri* se regardèrent un long moment,

comme pour s'évaluer, puis Cervole éclata de rire. Pietro s'autorisa un sourire.

Il se produisit alors une étrange chose : l'Archiprêtre s'avança vers le Florentin et l'étreignit en une forte brassée.

Ayant longuement serré son ancien ennemi, le capitaine de la *societa dell'acquisto* recula d'un pas et planta ses yeux dans ceux de Sangallo en déclarant :

— Que Dieu me damne si je ne Lui rends pas grâce pour vous avoir mis sur ma route, l'Italien !

— Ma foi, messire, je reconnais que vous venez de nous tirer d'un mauvais pas et que j'apprécie votre arrivée, malgré les différends qui nous ont opposés.

— Les différends ? Je les ai oubliés ! Savez-vous que je porte toujours le haubert que vous m'avez offert ?

Il toucha sa poitrine et ajouta, avec un singulier sourire :

— Comment va dame Bérenger ?

— Fort bien, répondit plus sèchement Sangallo.

— Par le Ciel, je m'en réjouis. Est-elle avec vous, ici ?

— Point.

L'Archiprêtre soupira, plissa les yeux et interrogea :

— Mais, dites-moi plutôt, Guiot du Pin... Que vous voulait-il ?

Ainsi, Cervole savait avoir eu affaire aux gens de Du Pin. Mais il est vrai que nombre d'entre eux portaient l'arbre dessiné sur leur cotte.

— Nous faire passer de vie à trépas avec mes compagnons, annonça Pietro.

— Certes... Mais pourquoi vous, ici, et maintenant ? D'ailleurs, qu'est devenu messire de Montholon ?

s'enquit le capitaine routier en parcourant la cour du regard.

— La peste l'a emporté. Avec ma troupe, nous chevauchions sur le chemin de Paris quand j'ai repéré les gens de ce du Pin en embusque pour piller les marchands de passage. Nous avons réussi à lui échapper en nous réfugiant dans ce château vide.

— Vous n'avez pas eu de chance en effet, reconnut Arnault de Cervole en hochant la tête plusieurs fois, comme s'il compatissait… J'ai un temps été allié avec cet homme, mais cette époque est passée. Me voilà maintenant au service du roi… Ou plus exactement du dauphin Charles. Ce qui est à peu près la même chose, non ?

— Quand je vous ai quitté, vous étiez plutôt son adversaire, persifla Sangallo.

— Les temps changent, répliqua Cervole en balançant la tête.

Durant ce dialogue, ses chevaliers avaient pénétré dans la cour et s'approchaient de leur maître, chacun arborant une expression différente.

— Vous reconnaissez mes lieutenants, sire Sangallo, poursuivit l'Archiprêtre.

— Qui pourrait les oublier ? répondit laconiquement Pietro.

La Parade était le seul à se montrer souriant. Mais son amabilité de circonstance le faisait paraître ridicule à cause de son énorme menton en galoche qui avançait plus loin que son nez quand il se permettait un ris.

Bidault le Bourc, lui, ne dissimulait point. La face tordue à cause d'os mal réparés, il toisait d'un air mauvais celui qui lui avait brisé un bras, cassé la mâchoire et laissé invalide. Celui qui l'avait humilié aussi devant tous les autres chevaliers de la société.

Pierre de Cervole, lui, paraissait égaré et stupide. Bouche béante et regard vide, il ne semblait pas reconnaître l'interlocuteur de son frère. Il est vrai qu'il était ainsi depuis qu'une pierre de fronde avait heurté son crâne. Mais Sangallo savait que si Cervole ordonnait de le tuer, malgré sa cervelle en mauvais état il le ferait sans hésiter. Ou que, du moins, il essaierait.

Il y avait avec eux un quatrième chevalier, que le Florentin avait rencontré en Provence. Celui-là se nommait Guillaume Arramon. De petite taille, sous son casque à cimier portant un loup, il avait le teint blafard, le nez brisé et le visage marqué de plusieurs balafres. Lui considérait Pietro avec un respect évident. À coup sûr il connaissait sa valeur, même s'il ne manifestait aucune chaleur.

Les autres routiers lui étaient inconnus. Ils regardaient le Florentin, pour certains avec intérêt, pour d'autres non sans dédain.

— Combien êtes-vous là-dedans ? questionna Cervole en désignant la tour.

— Une petite vingtaine.

— Faible escorte pour traverser la Bourgogne… Me direz-vous ce que vous faites en France, beau sire ? Transportez-vous encore des florins pour je ne sais qui ? Êtes-vous chargé d'une besogne secrète ?

Il éclata d'un rire inquiétant, imité par son frère, tandis que la Parade et Guillaume Arramon scrutaient le Florentin à la manière de maquignons.

— Point. J'escorte un ambassadeur du seigneur de Milan qui apporte un cadeau au roi de France.

Haussements de sourcils de Cervole qui, en même temps, essuya de la main l'eau de pluie qui dégoulinait sur son visage.

— Un cadeau précieux, je présume, fit-il d'une voix égale.

— Vous étiez à Poitiers, n'est-il pas vrai ? Tout comme vos fidèles compagnons.

— Juste, et quel rapport ?

— Quand votre roi a été pris par les Anglais, un insolent mercenaire a arraché son gant avec la bague qu'il portait. Une bague magique. Le seigneur de Milan, dont le fils vient d'épouser la princesse Isabelle, a retrouvé cette bague et, en remerciement de ce mariage, envoie un ambassadeur la remettre à votre monarque.

— Ah !

Cervole considéra à tour de rôle ses compagnons avant de dire :

— J'aurai grand honneur à rencontrer cet ambassadeur.

Sangallo se retourna vers les meurtrières de la tour d'où l'on ne devait rien perdre de la scène qui se déroulait dans la cour.

— Maître Pétrarque, messires d'Este, Raffaello, vous pouvez sortir sans crainte. Le lieutenant du roi en Berry souhaite vous saluer.

L'Archiprêtre s'adressa alors à ses capitaines :

— Arramon, prends autant d'hommes qu'il te faut et fais transporter les cadavres le plus loin possible d'ici. La Parade, demande aux valets de monter les héberges et de préparer les soupes. Le Bourc, d'Orgueil[1], Cruvelier, sécurisez le camp pour la nuit. Nous repartirons pour Arlay demain…

Il s'interrompit en voyant la porte de la tour s'ouvrir et s'avancer une personne en robe sous son mantel de pluie et trois autres en harnois.

1. Raymond Bernard d'Orgueil.

Pétrarque, les frères d'Este et Raffaello s'approchèrent. Sangallo les présenta en commençant par l'ambassadeur de Milan.

— Francesco Petrarca… Quel honneur pour moi… observa Cervole en plissant les yeux.

— Me connaissez-vous, seigneur ? s'enquit le poète, un brin inquiet.

Sourire ironique de l'Archiprêtre.

— Je suis resté quelque temps à Avignon et dans le pays alentour, voici deux ans, le savez-vous ?

Pétrarque opina, sans plus. Cervole ravageait alors le comtat Venaissin, sans pitié ni merci, lui avait-on rapporté. Que d'horreurs disait-on sur celui qui spoliait, torturait, écorchait, décapitait, débauchait les femmes, violentait les veuves et abusait des religieuses consacrées au Seigneur.

— J'ai d'ailleurs dîné plusieurs fois avec le pape et ses cardinaux, et fus reçu comme si j'étais le fils du roi de France[1], ajouta le routier avec un sourire satisfait.

» Ces braves gens m'ont beaucoup parlé de vous et regrettaient votre absence et vos conseils… Pour être franc, ils souhaitaient mon départ et, quand ils ont payé les quarante mille écus que je demandais, j'ai ajouté que j'aurais aimé connaître vos écrits. Un vicaire m'a alors offert vos sonnets qui font, depuis, le régal de ma dame.

Quel que fût son dégoût envers le personnage, Pétrarque se sentit flatté et se permit un nouveau hochement de tête assorti d'un ris approbateur.

Sangallo présenta ensuite les Este et son écuyer mais l'Archiprêtre ne marqua pas la moindre déférence à

1. *Dixit* Froissart.

leur égard. Il déclara seulement après s'être à nouveau essuyé le visage :

— Je crois être assez mouillé pour être aussi propre qu'à la sortie d'une étuve… Le manoir est-il habitable ?

— Il l'est, mais des pestiférés y sont morts.

— J'ai l'habitude de faire peur au mal. Allons-y donc. Nous y souperons et vous me raconterez votre voyage depuis Milan. Je suis aussi curieux d'entendre ce que pense maître Pétrarque du Saint-Père.

Ils se dirigèrent vers la bâtisse, accompagnés du jeune servant et des derniers chevaliers demeurés auprès de Cervole, dont l'un avait fait venir une vingtaine d'hommes d'armes afin d'escorter son maître.

En traversant la cour, Sangallo prit son écuyer à l'écart pour lui ordonner *sotto voce* de retourner dans la tour et d'en confier le commandement à Ugolino. Les hommes pourraient sortir, surtout s'ils avaient des besoins naturels à soulager, mais devaient laisser la porte fermée et n'accepter aucune visite des gens de l'Archiprêtre.

De son côté, Cervole donnait un ordre à l'un de ses chevaliers :

— Léon[1], tu vas t'occuper des saquemans de Du Pin encore vifs. On n'a que faire des blessés, mais je suis bon chrétien. Qu'on les transporte dans le bois et que le Seigneur les prenne en charge. Quant aux autres, demande-leur s'ils veulent nous rejoindre. Ceux que tu jugeras aptes, fais-les jurer. Ils renouvelleront leur serment à Arlay.

— Puis-je dire un mot, messire ? s'enquit Pétrarque.

— Je serai honoré de vous entendre, mon bon maître, répondit l'Archiprêtre.

1. Pierre de Léon, compagnon de Cervole.

— Vos gens trouveront sur le chemin une charrette avec des corps dans des linceuls. Il s'agit du seigneur du château et de sa famille trépassés de la peste. Pourraient-ils les respecter ? Des moines d'Autun viendront les mettre en terre consacrée.

— Léon, as-tu entendu ?

— Oui, messire.

— Respecte les volontés de messer Pétrarque.

Raffaello et le nommé Léon s'éloignèrent, Sangallo précisa, alors qu'ils pénétraient dans le manoir :

— Du Pin venait de prendre pied au château quand vous êtes arrivés. Je l'ai vu s'enfuir en utilisant des cordes qu'on avait utilisées pour faire une sortie. Il est possible que se cachent encore ici quelques-uns de ses hommes.

— Perut[1], fit l'Archiprêtre en s'adressant au chevalier, fouille la demeure ! Toi (il s'adressa à un homme d'armes), va chercher mes valets et servantes. Qu'ils fassent du feu, dressent une table, nettoient cette salle et préparent le souper.

— Il n'y a plus de plateaux de table, messire. Ils nous ont servi de barricade contre les hommes de Du Pin. Sans doute faudra-t-il souper par terre, plaisanta Pietro.

— Que nenni ! Mes gens se débrouilleront.

Il montra un huis.

— Ces portes feront l'affaire.

Sangallo n'insista pas. Il savait que Cervole se déplaçait toujours accompagné d'un important équipage, car il aimait son confort. Quand le routier était arrivé à Aguensi pour en faire le siège, il traînait des chariots de nourriture et de mobilier, ainsi que des centaines de valets et servantes.

1. Bernard de Perut, compagnon de Cervole.

Vidée d'une partie de son mobilier, la pièce avait conservé une chaise haute, un banc et quelques escabelles. Durant le peu de temps où du Pin l'avait occupée, il avait fait allumer un feu avec des débris de tonneaux. Cervole ôta son manteau qu'il donna à son servant, retira ses gants et poussa le fauteuil devant l'âtre.

S'y étant installé, il fit signe à Sangallo et à Pétrarque de s'asseoir sur le banc, ignorant les frères d'Este, au grand dépit de ces derniers.

— Donc, vous vous rendez à Paris… fit le capitaine en joignant l'extrémité de ses mains.

— Oui, messire.

— Je doute que vous y parveniez. Le Morvan est lardé de malemaisnies. Des hordes de loups affamés et des bandes de vilains criant famine, sans toit ni terre, s'attaquent aux voyageurs. Les premiers les dévorent, et les seconds aussi, quelquefois. On y rencontre encore des soudoyers de Knolles devenus pillards.

— L'Anglais Robert Knolles ? s'étonna Pétrarque.

— Lui-même. Un petit valet d'écurie devenu capitaine d'Édouard. Il a pris et ravagé Auxerre l'an dernier. Il a depuis quitté le Morvan mais laissé nombre de ses gens vivre sur le pays. Savez-vous ce qu'ils font à ceux qui ne peuvent payer rançon ?

Comme Sangallo ne répondait pas, le routier poursuivit, arborant un sinistre sourire.

— Ils creusent une fosse dans laquelle ils allument un grand feu, et y jettent leurs prisonniers tout vifs. Ils appellent ça l'enfer. Pour conclure, si vous n'êtes qu'une vingtaine, vous ne traverserez pas ce doux pays.

Sangallo jeta un coup d'œil à ses compagnons. Tous étaient devenus blêmes.

— Nous verrons, fit-il en feignant l'insouciance. Nous avons survécu à la compagnie de Du Pin.

— Grâce à moi !

— C'est juste, et je vous en suis reconnaissant.

— Je peux vous donner une escorte… Nous en reparlerons.

Une escorte assurerait la sécurité de la suite du voyage, songea Sangallo, mais que cachait la proposition de l'Archiprêtre ? Était-il vraiment le bailli royal qu'il prétendait ?

— Me direz-vous comment vous êtes devenu lieutenant du Berry et fidèle serviteur du roi de France, messire ? s'enquit-il.

— J'ai toujours été son fidèle serviteur. Ne l'ai-je pas prouvé à Poitiers lorsque j'ai été fait prisonnier ?

— Mais vous aviez accepté ma proposition d'œuvrer pour Étienne Marcel, son adversaire. Et la somme que je vous ai remise, insista Sangallo.

Cervole leva une main indifférente.

— Marcel était l'adversaire du dauphin et j'avais donné ma foi au roi, pas à son fils. Un envoyé du prévôt des marchands à Avignon m'avait approché et j'avais accepté son offre de deux mille florins au mouton d'or[1] pour le défendre de ses ennemis. Je vous précise que, pour ce messager, l'adversaire de Marcel n'était pas le dauphin, mais le roi de Navarre. Ce maudit qui s'est allié avec les Anglais.

» Cela étant dit, je n'avais aucune estime pour le dauphin Charles qui, à Poitiers, avait quitté la bataille avant qu'elle ne soit terminée.

Sangallo ne fut pas surpris par la réponse du mercenaire. Il avait suffisamment approché Cervole pour

1. Le florin au mouton d'or était un florin de Flandre.

avoir constaté son art de manier le sophisme avec adresse. Mais, de quel droit l'aurait-il jugé ? Cervole était un mercenaire, un capitaine de compagnie, un *condottiere* comme lui-même autrefois, et la mauvaise foi était au cœur de ce métier.

À ce moment, le chevalier nommé Perut descendit l'escalier, suivi de ses hommes, qui maintenaient trois jeunes gens aux visages tuméfiés. Ceux-là ne devaient pas avoir plus de seize ans.

— Ils étaient cachés sous un lit ! expliqua Perut en riant. Dois-je les pendre ?

L'Archiprêtre balança de la tête un instant avant de décider :

— Qu'ils approchent !

Les hommes d'armes les firent avancer et les contraignirent à s'agenouiller.

— Vos noms ? s'enquit l'Archiprêtre.

— Janequin de Lescar, seigneur.

— Chappon de Comminges, seigneur.

— Menaut, seigneur.

— Je connais les Lescar et les Comminges. Vous êtes des bâtards ?

— Oui, seigneur, répondirent ensemble les deux premiers.

— Pourquoi étiez-vous chez du Pin ?

— Le hasard, seigneur, répondit Comminges. Je cherchais un engagement pour devenir écuyer. Pareil pour Chappon que je connais depuis toujours. Messire du Pin nous a engagés en Auvergne.

— Et toi, Menaut ?

— Je suis arbalétrier, seigneur, déglutit celui-ci. Je suis avec messire de Comminges.

— Pourquoi ne pas être partis avec votre chef ?

— On jouait aux dés, seigneur, répondit un Janequin de Lescar presque larmoyant. Et… on s'en est pas aperçus !

Ricanement méprisant de Perut.

— Que préférez-vous, la hart ou entrer dans ma compagnie ?

Tous trois se regardèrent, interloqués tant ils étaient persuadés d'être arrivés au bout de leur jeune vie. Comminges répondit le premier :

— Rester avec vous, seigneur !

— Perut, emmène-les. Ils prêteront serment à Arnay. Mais si tu trouves leur comportement louche, tu les pends après avoir coupé leur langue et leurs mains.

Le chevalier partit avec les jeunes gens. Il croisa Raffaello qui rejoignait son maître.

Arnaud de Cervole l'observa un moment et sembla vouloir lui parler, mais n'en fit rien. Alors, il joignit les mains, comme s'il priait.

— Où en étions-nous ? Oui, à ma charge et à ma position. Sachez d'abord que j'ai changé de jugement en ce qui concerne le dauphin.

— Pour quelle raison ? s'étonna Pétrarque qui souhaitait en apprendre le plus possible sur la cour afin de ne commettre aucun impair à Paris.

— Après l'avoir rencontré. Mais, revenons à la Provence… Avant de m'y rendre pour assaillir Aguensi, j'avais épousé dame de Graçay, la fille d'un noble seigneur du Berry. Hélas pour lui, il s'était rebellé contre le bailli d'Orléans et vu confisquer ses terres. Afin d'éviter la ruine, il avait demandé au Conseil royal que son château me soit remis en garde. J'étais donc châtelain d'une belle terre mais, alors que je me trouvais en Provence, les Anglais et les Navarrais ont envahi celle-ci. C'est la raison pour laquelle j'ai quitté

Avignon alors que j'aurais pu obtenir un peu plus du pape.

L'Archiprêtre afficha un nouveau sourire satisfait.

— Or, les Anglais ravageaient tout autant le Nivernais voisin, dont la comtesse Marguerite est fille de Philippe le Long, l'un des fils de Philippe le Bel. Bénéficiant de trois mille hommes en armes, elle me demanda de défendre son comté. J'acceptai. À la condition d'obtenir une véritable charge royale, et celle de lieutenant du roi en pays de Berry et Nivernais me convenait. Mais seul le dauphin pouvait me la confirmer. J'allai donc le trouver…

À ce moment entrèrent une armée de valets portant coffres et caisses. Le chevalier que Cervole avait appelé d'Orgueil se trouvait parmi eux.

— Nous souperons ici avec mes invités, lui annonça l'Archiprêtre. Que la salle soit préparée pour le dîner.

» Peut-on aller là-haut ? demanda-t-il à Sangallo.

— Oui, il y a une grande pièce.

— Montons-y !

Il se leva et gagna l'escalier, Sangallo dans ses pas.

— Quelle chambre ? questionna l'Archiprêtre, arrivé au palier.

— Celle-là fera l'affaire, répondit Pietro en ouvrant la porte de la plus vaste.

L'Archiprêtre la parcourut avec un air dégoûté et, avisant que seul le lit ferait un bon siège, s'y assit.

Le coffre ayant été emporté pour servir à la barricade, les Italiens durent demeurer debout.

36

— Le dauphin me reçut au Louvre, et non au palais de la Cité. Plus tard, il me confia qu'il ne supportait plus cet endroit où ses amis Robert de Clermont et Jean de Conflans avaient été assassinés à l'instigation d'Étienne Marcel. Mais, ce jour-là, nous n'en étions pas aux confidences. Je sentais bien qu'il n'éprouvait que mépris à mon égard. Le régent m'avait reçu par curiosité, peut-être même pour me faire saisir. Il me fallait amener ma requête de telle sorte qu'elle soit acceptée.

» Je commençai donc par lui annoncer que j'avais scrupuleusement obéi aux ordres reçus du maréchal de Normandie : j'avais semé la terreur en Provence, même si, à cause d'un Florentin, je n'avais pas réussi à prendre sa capitale.

Il gratifia Sangallo d'un rictus sarcastique en le désignant du doigt :

— Vous ! Comme je m'en doutais, la curiosité l'a emporté et le prince me demanda des explications sur ce qu'il s'était passé.

» Je lui racontai l'essentiel et, quand j'ai eu terminé, il m'a fait reproche de mes relations avec le prévôt des marchands. Je ne lui avais rien révélé, mais il savait

– j'ignore comment – que j'avais accepté de mettre ma compagnie au service de Marcel. Aussi m'annonça-t-il qu'il ne pouvait nommer un lieutenant général soutenant ses ennemis. Comprenant que je n'obtiendrais pas ma charge, je lui ai fait la même réponse qu'à vous tout à l'heure : l'envoyé de Marcel que j'avais rencontré souhaitait que je protège le prévôt des marchands du roi de Navarre, ce qui n'était en aucun cas contraire à ma foi, car j'avais toujours combattu les Anglais et leurs alliés, les Navarrais.

» Devant son expression incrédule, et méprisante, j'ai ajouté, par défi je l'avoue, que m'étant renseigné sur Marcel, on m'avait assuré qu'il voulait le bien de la France. Et que la seule loyauté que je reconnaissais était celle due à son père, le roi de France.

» Contre toute attente, ma franchise – ou mon insolence – ne joua pas en ma défaveur. Le dauphin ne me fit pas arrêter. Il me considéra en silence un long moment avant de demander : "Combien d'hommes avez-vous dans votre compagnie ? – Trois mille", répondis-je. Il me déclara alors : "Je pourrais valider votre charge de lieutenant général avec un préalable." J'ai opiné et il a livré sa condition : lui jurer ma foi et le servir jusqu'à la prochaine nativité de Notre-Seigneur contre le comte d'Évreux qui, aux portes de Paris, pillait et ravageait les bons Français.

» J'ai accepté et repoussé Navarre, ce qui a permis au régent de desserrer l'étau qui le broyait. Je l'ai de nouveau rencontré plus tard avec l'un de ses conseillers, audience où il m'a fait part de sa satisfaction. Puis, cet été, il m'a fait appeler alors que je me trouvais en Normandie. L'entrevue a eu lieu dans un hôtel qu'il avait acheté à proximité de

Saint-Gervais[1]. Il a sollicité un nouveau service. La Bourgogne était ravagée par les compagnies franches, en particulier celles du Petit Meschin et de Séguin de Badefol, lequel disposait de plus de seize mille hommes. Le duché était dirigé par le petit-fils du duc Eudes, un garçon de quinze ans, Philippe de Rouvres, sans argent ni moyens. Son oncle Charles, l'empereur, l'avait émancipé, mais il était incapable de défendre son héritage contre les compagnies franches. Or, ces bandes étaient soutenues par le frère de Charles de Navarre qui revendiquait la Bourgogne. Pareille situation inquiétait fort le dauphin, qui ne voulait pas que le Navarrais prenne pied dans le duché, juste à côté de son domaine du Dauphiné. Pouvais-je y envoyer mes gens ? m'a-t-il demandé.

» “Ce ne sera pas simple, lui ai-je répondu. Ma compagnie est en Normandie où elle ravage les possessions du comte d'Évreux. Je ne peux les retirer si vite. Et si je pars avec eux en Bourgogne, où les logerai-je ? Mille à deux mille hommes demandent de la place !”

» En fin de compte, j'ai accepté, car je ne peux vivre en repos. Il a été convenu que je laisserais une moitié près de Rouen et que j'emmènerais le surplus en Bourgogne, le régent ayant obtenu du jeune duc qu'on me laisse un château.

Après ce long discours, prononcé d'un ton suffisant, le routier afficha une expression mielleuse qui inquiéta Pétrarque.

— Votre château est-il loin d'ici ? s'enquit Pietro qui s'interrogeait sur la part de vérité de ce plaidoyer.

1. Sans doute l'hôtel Saint-Pol.

— À Arnay. Une dizaine de lieues.

Une belle journée de cheval, songea le Florentin. Quand lui et ses gens étaient-ils donc partis de leur repaire ?

— C'est grande chance que vous nous ayez secourus, alors que nous étions en si mauvaise fortune.

— Nous avancions sur la route d'Autun quand les fumées nous ont alertés.

— Un fort détachement… Vous avez avec vous plusieurs centaines d'hommes, des héberges et des vivres.

— Ce n'est pas à vous que j'apprendrai l'importance de surpasser en nombre ses adversaires. Et qu'une rencontre peut durer des jours quand l'ennemi évite l'affrontement. Auquel cas il faut pouvoir nourrir et loger ses soldats. Surtout en hiver. Mais, je crois avoir assez parlé. Je vous ai dit cela, Sangallo, pour vous convaincre n'avoir aucune arrière-pensée et être capable de vous aider à gagner Paris. Mais, avant d'en discuter, dites-moi comment il se fait que vous voyagiez en si faible équipage.

— Nous avons subi l'attaque d'une *condotta* dans les Alpes, et perdu beaucoup d'hommes. Quelques autres ici aussi.

De nouveau, Cervole joignit les mains et considéra attentivement les cinq personnes devant lui, comme s'il voulait lire dans leurs pensées ou simplement évaluer leur valeur.

— Demain, nous retournerons à Arnay. Venez avec moi. Gaston de la Parade doit conduire en Normandie des renforts recrutés ici pour la compagnie que j'ai là-bas. Il commandera trois ou quatre cents guerriers. Faites route avec lui, vous serez protégés.

Sangallo considéra Pétrarque, puis Luchino d'Este qui, à l'évidence, approuvaient tous deux une proposition censée les faire voyager sans péril.

— Nous mènera-t-il à Paris ?

— Non, car il ne s'y rend pas. Il vous laissera à Auxerre, à quarante lieues de la capitale, et filera ensuite vers la Normandie. Mais à partir d'Auxerre, les routes sont sûres. Certes, une rencontre avec quelque incursion de gens de Navarre est possible, mais j'en doute, car le Mauvais a suffisamment à faire avec ma compagnie qui le harcèle en Normandie.

— La *societa dell'acquisto*, plaisanta Sangallo, tout en continuant à peser le pour et le contre.

En vérité, il ne voyait pas d'obstacle à accepter la suggestion de l'Archiprêtre, car s'il était venu ici, informé par on ne sait qui, afin de voler la rançon, il l'aurait déjà fait. Malgré tout, un fond de méfiance le tourmentait. Qu'y avait-il de vrai dans le récit que le routier venait de lui livrer ? Pietro ne pouvait croire à une arrivée par hasard. Depuis leur départ de Milan, se succédaient trop d'événements inattendus.

— La *societa dell'acquisto* n'existe plus, sire Sangallo. Le régent jugeait qu'elle avait… mauvaise réputation. Il m'a demandé de la nommer la Compagnie blanche. Vous avez dû remarquer les croix de cette couleur que mes gens portent sur les épaules.

— C'est entendu, nous irons avec messire de la Parade. Mais cela ne va-t-il pas nous retarder ? Nous allons devoir faire un détour…

— Détour sans conséquence. Et la Parade rassemblera vite ses hommes. En partant demain, nous serons à Arnay en soirée. Vous pourrez repartir le surlendemain. Et vous voyagerez plus vite sans avoir à vous préoccuper de votre sécurité.

— Nous sommes dimanche, intervint Pétrarque, l'air soucieux. Nous quitterions donc votre château le 23 décembre ?

— Deux jours avant Noël, confirma un Cervole ironique.

— Combien de temps nous faudra-t-il pour gagner Paris ?

— À mon avis vous arriverez le surlendemain de Noël, ou un ou deux jours plus tard.

— Bien… approuva le poète en hochant le chef. Bien… Je souhaitais rencontrer votre roi après les fêtes de la Nativité.

— S'il est à Paris, ce sera possible. Mais nous reparlerons de tout cela à table. Mon ventre gargouille de faim.

Autour de Guiot du Pin, ils étaient dix-sept à avoir fui le château de Montholon, le Bascon de Mareuil et ses deux servants inclus. Ils n'avaient pris que leurs épées, et encore, pas tous. Peu avaient mantel ou casque. Mal protégés de la pluie glaciale, ils grelottaient.

Ils s'étaient rassemblés sous un chêne, à quelque cinq cents pieds du château, effrayés à l'idée d'être poursuivis par les soudards de Cervole alors qu'ils ne pouvaient se défendre. Les gens de Guiot du Pin attendaient la décision de leur capitaine et le Bascon rageait d'avoir perdu la partie alors qu'il était sur le point de la gagner. De surcroît, il se demandait ce que Friquet était devenu puisqu'il n'avait pas rejoint les routiers, comme il l'avait promis. Il aurait bien besoin de lui en ce moment. Friquet aurait su quoi faire. Il jeta un regard sur ses servants, fidèles valets d'armes mais hommes de peu d'esprit, qui attendaient ses ordres.

— Il nous faut des chevaux, décida du Pin. Je connais Hugues d'Igornay dont le château se trouve à trois lieues. Il ne m'aime pas, mais il est cupide. En payant le prix fort, il nous accordera l'hospitalité et nous vendra des montures. Demain soir, on sera à la butte Saint-Pierre. Là-bas, nous réglerons les comptes.

— Comment cela ? demanda le Bascon qui avait perçu la menace dans le ton du capitaine.

— J'ai perdu ma compagnie et cinq cents chevaux à cause du roi de Navarre. Il faudra qu'il me rembourse ces frais.

— Depuis quand doit-on payer pour un capitaine incapable de conduire la mission dont il est chargé ? Tu avais trois cents guerriers, pas très aguerris, il est vrai, mais les Italiens étaient dix fois moins nombreux. Pourtant, ils ont exterminé tes pendards. Ne t'en prends donc qu'à toi si tu as été incapable de l'emporter.

En entendant de tels reproches formulés devant ses hommes, du Pin tira l'épée, mais l'un de ses chevaliers le retint :

— Assez de morts ! Tout se paiera plus tard !

— Sans moi ! clama alors le Bascon, conscient que s'il partait avec du Pin, il deviendrait son otage.

Le gueux était même capable de ne le libérer que contre finance réclamée au comte d'Évreux.

Le château d'Igornay se situait au nord d'Autun, aussi Jean de Sault tourna les talons et fila vers le couchant.

— Où vas-tu ? aboya le capitaine des routiers.

— Par là ! décida Bascon sans se retourner.

— Essaie de me quitter et je te cours sus !

Sault se retourna et tira épée, ses servants firent de même.

— Tu me meurtriras peut-être, mais peu d'entre vous resteront vifs.

En face, personne ne bougea. Trois des routiers n'avaient emporté que des dagues. Avec une arbalète, du Pin aurait pu tirer sur le Navarrais. Mais il n'en avait pas. Et le Bascon était réputé redoutable à l'épée.

Après lui avoir lancé un regard de défi, ce dernier se retourna et s'efforça de suivre une sente dans les taillis.

— Où va-t-on, seigneur ? lui demanda le plus jeune de ses hommes.

— Vers La Celle[1]. Je sais qu'il y a là-bas une maison forte. Des écorcheurs s'y étaient installés, m'a-t-on raconté à Chalon, mais le bailli d'Autun les en a chassés. Il a dû y laisser une petite garnison.

La Celle se situait à un peu plus d'une lieue. Le hameau avait été abandonné à cause des fredains qui occupaient la maison forte, et le Bascon n'en connaissait que la direction approximative.

Ils marchèrent en silence plus d'une heure sous une pluie glacée. Le crépuscule approchait et les trois fuyards perdaient courage quand Jean de Sault huma une odeur de brûlé portée par la brise. Ils gravirent une pente et aperçurent de la fumée, puis le sommet d'une petite tour carrée crénelée.

Très vite, ils arrivèrent sur un édifice protégé par une enceinte de bois, visiblement réparée depuis peu. On distinguait la tour basse ainsi qu'un autre bâtiment.

Au portail fermé, ils appelèrent. Très vite, des molosses déboulèrent en aboyant. À coup sûr des animaux féroces qui, Dieu soit loué, ne pouvaient sortir.

1. La Celle-en-Morvan.

Aussi, l'un des servants du Bascon continua-t-il de s'époumoner, provoquant des jappements et grognements de plus en plus menaçants, jusqu'à ce qu'une voix interroge :

— Qui êtes-vous ?

— Jean de Sault, chevalier du comte d'Évreux, avec ses servants. Nous avons été attaqués par des saquemans. Je vous demande gîte et soupe. Je paierai largement.

— Combien ?

— Un mouton d'or chacun. Nous sommes trois.

L'homme discuta avec d'autres individus qui l'avaient rejoint. À l'évidence, tous se méfiaient. Mais, trois moutons d'or…

— C'est pas tout, si vous avez des chevaux, je vous en achète deux ou trois avant de repartir demain. Je donnerai cinquante livres par monture. En or.

Bien sûr qu'ils avaient des chevaux. Quatre, même. Cela les décida d'autant plus que les bêtes, de vieilles rosses, ne valaient pas dix livres !

Donc, le portail s'ouvrit et les fuyards entrèrent. Les mâtins les entourèrent en grondant, sans chercher pour autant à mordre.

La tour se situait à côté d'un bâtiment de ferme et d'une écurie.

— La ferme est vide, dit l'un des hommes qui semblait être le chef. Vous pouvez y loger pour la nuit, mais n'en sortez pas car les chiens demeurent en liberté dans la cour. Il y a une salle avec une cheminée. Vous pourrez faire du feu. Pour souper, on a un reste de cuissot de daim.

— Cela suffira.

— Vous voulez voir les montures ? Je ne peux en

vendre que deux et, je vous avertis, ce sont pas des destriers.

— Je m'en contenterai.

Ils se rendirent dans l'écurie où les fuyards découvrirent deux vieux roussins et deux juments de vingt ans d'âge. Sault choisit les roussins et paya. L'argent ne lui manquait pas puisqu'il disposait des cinq cents écus qu'il aurait dû remettre à Passac.

Réconfortés et réchauffés, ils partirent le lendemain à l'aurore dès que l'on vint enfermer les chiens. Les servants montaient à deux sur le plus solide des roussins.

Le soir, ils furent à Castro Canino[1] où ils achetèrent des coursiers. Ensuite, mis à part pour dormir, ils ne firent que galoper.

Quatre jours plus tard, ils franchissaient le pont-levis du châtelet du château d'Ivry.

En se rendant dans la salle du souper, Pietro demanda discrètement à son écuyer de tenter d'apprendre à quel moment la troupe de Cervole avait quitté le château d'Arnay. Il aurait voulu faire la même requête à Luchino d'Este, mais n'en trouva pas l'occasion.

Trois tables arrangées en angle avaient été dressées avec, installés autour, des sièges de fortune, certains construits de bric et de broc à partir de reliquats de meubles, d'autres n'étant que des morceaux de troncs d'arbre.

Le repas commença par un bénédicité débité par un chapelain maigrelet et surtout pressé de manger. Puis l'Archiprêtre annonça à ses chevaliers qu'ils rentre-

1. Château-Chinon.

raient le lendemain à Arnay avec messire Sangallo et ses compagnons, qu'ils escorteraient ensuite sur la route de Paris.

Après ces paroles, des valets servirent la nourriture et les vins. Si Cervole et quelques chevaliers disposaient d'assiettes d'argent, la plupart se contentaient d'écuelles en fer. Les Italiens, eux, se partagèrent à deux la vaisselle en terre émaillée du seigneur de Montholon.

Quant au repas, le plat principal en fut une bouillie d'orge et d'avoine écrasée, cuite avec des morceaux de porc salé, suivie de tranches de pâté et de saucisses. À la table d'honneur, où se tenaient Cervole, son frère, la Parade, Sangallo et Pétrarque, les convives eurent toutefois de la viande de gibier fumée.

Les frères d'Este, furieux de ne pas s'y trouver, n'adressèrent pas la parole aux chevaliers assis auprès d'eux et ce fut donc Raffaello qui fit les frais de la conversation. Il répondit fort aimablement aux questions des lieutenants de l'Archiprêtre qui avaient connu son seigneur à Aguensi et l'interrogèrent sur sa vie à Florence et leur voyage depuis Milan. Lui-même apprit beaucoup de choses que son maître ne lui avait pas racontées sur ce qui s'était passé à Aix.

La conversation restait superficielle jusqu'à ce que l'écuyer révèle que son père, tout comme Pietro da Sangallo, était un lieutenant de Gualtieri de Brienne.

Or, Arramon avait combattu au côté de Brienne à Poitiers. Dès lors, la glace fut brisée entre eux deux et Raffaello, ayant décrit la maison de son maître à Florence, l'interrogea sur le château que la compagnie de Cervole occupait en Bourgogne.

— Ce doit être une immense forteresse pour abriter un millier d'hommes et le double ou le triple de chevaux.

— Nous ne sommes pas tous au château ! répliqua Arramon dans un rire. Nous avons construit un camp d'héberges et de baraques dans l'enceinte et beaucoup d'entre nous logent chez l'habitant. De plus, messire de Cervole possède plusieurs autres châteaux et Arnay n'est qu'un bivouac pour ses troupes. Quant aux chevaux, nous en manquons cruellement. Aussi, les quatre ou cinq centaines que nous venons de prendre à du Pin vont nous être fort utiles.

— Il faut compter une journée pour se rendre à Arnay, nous a appris messire de Cervole.

— C'est cela.

— Lorsque vous faites de longues chevauchées, et durant plusieurs jours, vous êtes sans doute suivis d'innombrables chariots et mulets de nourriture et provisions. Mon père me disait que l'armée de Brienne comprenait autant de charrettes que d'hommes, trois fois plus de valets et de domestiques et même quelques centaines de femmes.

— C'était notre cas en Provence. Mais, en Bourgogne, nous ne nous éloignons guère d'Arnay ou des autres châteaux de messire de Cervole.

— Quelle chance que vous nous ayez trouvés ! Avez-vous combattu d'autres marauds depuis votre départ d'Arnay ?

— Point.

Une réponse froide qui déçut Raffaello.

— Nous allons donc interrompre votre chevauchée ! fit-il d'un ton peiné.

Après avoir avalé une bouchée de pâté, il ajouta :

— Mais peut-être messire de Cervole a-t-il envisagé de nous faire conduire à son château par quelqu'un d'entre vous, afin de poursuivre sa propre expédition.

— Je ne crois pas. La Parade, qui s'occupe des

subsistances, n'a pas ordonné de faire préparer des chariots de vivres lorsque nous sommes partis ce matin.

Raffaello tendit le pot devant lui à un valet, qui le remplit.

— Ce vin est succulent ! dit-il.

Mon seigneur sera satisfait de ce que j'ai appris, songeait-il.

37

En route pour Arnay, Sangallo chevaucha aux côtés de Cervole et de Pétrarque tandis que ses hommes entouraient les montures qui portaient les coffres aux florins. Nombre de routiers les remarquèrent, mais aucun n'osa demander ce que ces derniers contenaient.

Si les Milanais restaient groupés, Raffaello remarqua avec curiosité que Theodoro d'Este tenait compagnie au chevalier au dragon, Bidault le Bourc. La veille, durant le souper, il avait déjà observé leur rapprochement. Les deux frères affichaient une méprisante distance envers les chevaliers de l'Archiprêtre et, pourtant, Theodoro s'était soudain montré attentif lorsque Bidault le Bourc avait grommelé à son voisin qu'il ne comprenait pas pourquoi leur seigneur traitait le Florentin avec une telle considération. Puis, présentant son bras invalide, il avait ajouté :

— Si j'en ai l'occasion, moi, je lui ferai payer ça.

À présent, Theodoro bavardait cordialement avec ce routier qui n'aimait rien tant qu'écorcher… et fut bientôt rejoint par son frère Luchino.

Le château de la Motte-Forte à Arnay appartenait donc aux ducs de Bourgogne, mais quand les gens de

Cervole s'y étaient installés, il n'était plus occupé que par une garnison.

La troupe avait creusé de nouveaux fossés et érigé une double enceinte de bois et de pierres. Dans cette nouvelle cour se dressaient de nombreuses dépendances, des tentes, des masures, quelques maisons à colombes ainsi que des écuries pour les centaines de coursiers de la compagnie.

À l'extérieur, autour de l'église Saint-Laurent, la plupart des demeures du village abritaient valets, servantes et plusieurs familles de chevaliers.

Les Milanais furent logés dans un bâtiment monastique abandonné, mitoyen de l'église. Cervole s'en excusa, mais il n'y avait plus la moindre place dans les lits du château, et la bâtisse des moines, bien que désertée, leur serait plus confortable, assura-t-il.

Redoutait-il ce qu'ils pourraient apprendre au château, pour les éloigner ainsi ? s'interrogea Sangallo.

Leur lieu d'hébergement, sorte de prieuré, n'était qu'une pauvre maisonnée à pans de bois et torchis avec un réfectoire en bas, qui servait de poulailler au curé, et un dortoir à l'étage. Les moines qui l'occupaient n'avaient jamais été plus de six et les derniers avaient rejoint le monastère d'Autun.

Tandis que sa troupe nettoyait les lieux envahis de vermine et d'araignées, Pétrarque se rendit chez le curé installé dans le logis d'à côté. Ce dernier, homme âgé mais au regard vif, se montra de prime abord méfiant envers ces Italiens qui chassaient ses poules et s'établissaient quasiment chez lui. Mais il avait entendu parler du poète et, après que celui-ci lui eut dit avoir passé des années à la cour d'Avignon, connu plusieurs papes, nombre de cardinaux, et surtout déclaré qu'ils partiraient le lendemain, la confiance s'établit.

Les vivres transportés par les Milanais avaient été déjà bien entamés depuis leur entrée en Bourgogne et Pietro se doutait qu'ils ne pourraient se ravitailler dans un Morvan dévasté par les routiers. Mais ils avaient emporté du château de Montholon des sacs de pois, d'orge, de froment, et des tonnelets de saucisses sèches, de porc salé, de jambon et de lard, aussi pouvaient-ils s'offrir un grand souper, qui remonterait le moral de ses hommes et marquerait la fin de leurs malheurs.

Le curé fut convié.

Le repas terminé, ce fut lui qui proposa à Pétrarque et à Sangallo de venir dans son presbytère goûter aux confitures qu'il confectionnait. Raffaello se joignit à eux, mais pas les frères d'Este qui refusaient de s'abaisser à fréquenter un prêtre de village. En vérité – Pietro l'apprit plus tard par Ugolino – ils avaient rejoint Bidault le Bourc qui leur avait confié qu'une maison occupée par des bougresses était aussi un tripot et qu'on pouvait y satisfaire tous les vices.

Les confitures du curé étaient réellement délicieuses, notamment accompagnées du vin de messe sorti des vignes proches.

Pétrarque parla au prêtre de leur voyage et en vint à la divine Providence qui s'était manifestée dans la venue du lieutenant général du roi.

Le curé avait alors ouvert grands les yeux en haussant les sourcils et déclaré :

— Lieutenant général du roi ? Messire de Cervole vous a dit ça ?

Brusquement alerté, Sangallo intervint :

— Oui, il nous a raconté comment la comtesse Marguerite lui avait proposé la charge de lieutenant général en Berry et en Nivernais pour chasser les brigands de sa province, charge que votre dauphin avait confirmée en y ajoutant celle de capitaine du roi de France en Bourgogne avec rang de bailli royal, afin de défendre votre duché.

— Hum… Avant toute chose, sachez que je me refuse à dire du mal de messire de Cervole. En s'installant ici, il nous a protégés des pillages et des sévices du Petit Meschin et de Séguin de Badefol. Il est notre protecteur. Néanmoins, et ce n'est pas un secret, il n'est plus lieutenant général ni capitaine du roi. Le régent l'a chassé de ces offices voilà tout juste un an.

Échange de regards aussi stupéfaits qu'inquiets des trois Italiens.

— Pourquoi ? demanda Sangallo.

— Messire de Cervole est arrivé ici au service du roi, mais comme on dit, « routier un jour, routier toujours ». Le dauphin l'avait chargé de chasser du pays Robert Knolles, l'un des capitaines du roi Édouard qui, avec un millier de mercenaires anglais et gascons, ravageait les alentours d'Auxerre, car Knolles travaillait aussi pour le roi de Navarre. Ce capitaine avait pris une forteresse, à Malicorne, qui lui servait de quartier général. Cervole y a mis le siège avec quelque deux mille hommes, pour moitié à lui et pour le reste des habitants des villages voisins. Mais, après plusieurs assauts sans résultat, il a abandonné. À la suite de son départ, Knolles s'est jeté sur Auxerre, située à une dizaine de lieues, qu'il a prise, pillée et mise à rançon. Il y est resté un an et demi ! Il a fait subir le même sort à Saulieu, qui a été incendiée avec son église, puis à toutes les bourgades environnantes. Vous jugerez vous-mêmes de ces ravages, car vous traverserez ce pays en vous rendant à Paris.

» Devant pareilles horreurs, des rumeurs ont circulé : Cervole aurait pu faire tomber Malicorne, mais aurait secrètement négocié son départ avec Knolles. Des chevaliers gascons proches de sa famille se trouvaient dans ce bourg, et lui-même avait engagé des soudoyers anglais. Entre eux, les routiers sont camarades comme cochons.

» D'autres assurent qu'il s'agit de médisance. Que l'Archiprêtre a seulement jugé la lutte bien incertaine à Malicorne et que s'il perdait trop d'hommes, le Nivernais, le Berry et la Bourgogne se retrouveraient sans défense. On dit qu'il n'est pas homme à s'épuiser en efforts imprudents. Peut-être y a-t-il eu quand même des engagements entre Knolles et lui, l'Anglais promettant de ne s'en prendre qu'à l'Auxerrois, si on le laissait tranquille.

» Quoi qu'il en soit, la réputation de messire de Cervole en fut ternie et sa conduite a inspiré méfiance. C'est ainsi que lorsqu'il s'est rendu à Nevers pour se procurer des vivres, le bruit s'est répandu que son escorte abritait des ennemis du royaume, Anglais et Gascons. L'émotion s'est tellement emparée de la population que quand l'Archiprêtre a voulu quitter la ville, une foule de Nivernais lui a barré le passage. Il y a eu bataille, nombre de morts, et Cervole s'est vu pris. Or, puisque vous le connaissez, dit le prêtre en s'adressant à Sangallo, vous avez dû vous rendre compte que l'Archiprêtre a la parole facile et convaincante…

À ces mots, Pétrarque songea à ce que le routier lui avait raconté. Qu'y avait-il de vrai dans son beau discours ?

— Il a assuré aux bourgeois qu'il leur pardonnait et comprenait leurs craintes. On l'a donc laissé partir. Grave erreur car, huit jours plus tard, c'est avec une armée qu'il est revenu, assurant qu'il venait faire justice. Les habitants ont hésité à lui refuser l'entrée, car ils ne voulaient pas se montrer rebelles. En fin de compte, après pourparlers et promesses de pardon, ils ont ouvert leurs portes. Une fois en ville, messire de Cervole a exercé de cruelles représailles. Les principaux habitants de Nevers, dont le bailli et l'avocat de la comtesse, ont été torturés et mis à mort, d'autres furent bannis. Cervole a confisqué leurs biens et frappé la ville d'une imposition générale de soixante mille deniers au mouton d'or.

» Lorsqu'elle a pris connaissance de ces déplorables événements, la comtesse Marguerite a demandé justice au régent. L'Archiprêtre s'est défendu en présentant la conduite des Nivernais comme une atteinte à l'autorité royale dont il était le délégué. N'avaient-ils pas osé porter la main sur un lieutenant du roi ? Mais il n'a pas su convaincre le régent. Par lettres patentes, celui-ci a accordé aux habitants de Nevers la pleine et entière remise des condamnations qu'ils avaient encourues et, quelques mois plus tard, nommé Charles de Poitiers à sa place.

» Or Cervole avait pris des garanties en investissant plusieurs châteaux dans lesquels il avait installé des garnisons dévouées à sa personne. Il avait aussi passé des accords avec nombre de seigneuries et de châtellenies. Il dispose tout de même d'un millier d'aventuriers et de trois mille chevaux. Il tient ainsi le pays entre Dijon et Nevers.

— Donc, il se considère toujours comme lieutenant du roi, conclut Sangallo.

— Et le régent doit le ménager, puisqu'il lui a demandé une compagnie pour la Normandie, observa Pétrarque.

Si toutes ces informations remettaient en cause les

affirmations du capitaine de la *societa dell'acquisto*, ou plutôt de la Compagnie blanche, puisque c'est ainsi qu'elle se nommait à présent, elles ne signifiaient pas pour autant que Cervole envisageait de le tromper, songea Sangallo. Reste qu'il n'ignorait pas à quel point l'Archiprêtre pouvait être retors.

Ils évoquèrent encore un moment la façon dont le chef routier se comportait dans le pays, qui n'était ni pire ni meilleure que celle des autres capitaines d'aventure. Puis, estimant qu'ils en avaient appris suffisamment, ils prirent congé de l'obligeant curé.

Quand ils regagnèrent le prieuré, Ugolino les attendait devant une réconfortante flambée. Après leur avoir annoncé que les hommes dormaient tous à l'étage et que les frères d'Este n'étaient pas revenus, il leur montra avec fierté les matelas et même les draps qu'il s'était procurés et qu'il avait installés dans un recoin de la salle.

Le lendemain, quand Pietro da Sangallo et Raffaello sortirent, la neige voletait. Les Este n'étaient toujours pas rentrés. L'écuyer fit la remarque qu'il espérait ne plus les revoir.

Une fois les hommes rassemblés pour la soupe, Ugolino distribua de la besogne à chacun. Puisqu'ils devaient passer la journée à Arnay, au moins qu'elle soit bien utilisée.

Il fallait avant toute chose vérifier, nettoyer et réparer les harnois. Les hauberts devaient être brossés et rollés[1], les plates d'armure, frottées et polies, toutes les pièces de buffle, cirées et les sangles, armatures de cuir

1. Battus à coups de bâton pour en chasser rouille et poussière.

et aiguillettes, vérifiées ou changées. Les rivets des parties mobiles, éprouvés. Plusieurs cuirasses devaient également être réparées ou recousues. Le curé, qui vint leur rendre visite, leur assura qu'il y avait dans le bourg des artisans capables de fournir aide et nécessaire. De même, plusieurs rémouleurs y affûteraient leurs lames.

Enfin, les chevaux nécessitaient d'être soignés, quelques-uns seraient conduits chez le maréchal-ferrant et toutes les brides et selles, frottées.

Chacun s'étant mis à sa tâche, Sangallo, son écuyer et Pétrarque se rendirent au château pour rencontrer Gaston de la Parade afin de préparer le départ du lendemain. Au portail de la palissade, des gardes leur indiquèrent un grand brehant de cuir peint, avec un auvent monté sur perches. C'était là que se tenaient le chevalier et ses lieutenants.

La Parade salua les Italiens courtoisement, souhaitant avec une visible sincérité que Dieu soit garant de leur âme. C'était l'un de ses traits de caractère : au combat ou en équipée, le chevalier se montrait aussi féroce que Cervole, le Bourc ou Arramon, mais toujours il s'efforçait de louer le Seigneur, de respecter les bonnes manières de la chevalerie et, quand il ne s'agissait pas de se battre, se révélait modéré, digne et raffiné.

— En fin de compte, je n'aurai qu'un peu plus de trois cents hommes, annonça-t-il en soupirant. Une épidémie pestilentielle se répand et beaucoup de ceux censés partir sont malades.

— Craignez-vous de rencontrer une compagnie plus nombreuse ? L'on nous a parlé de Robert Knolles. Est-il toujours dans le pays ? interrogea le Florentin qui s'inquiétait d'un affrontement avec le capitaine anglais.

— Non, il a quitté Auxerre. Au demeurant, il ne s'en serait pas pris à nous. Nous nous connaissons... Les périls viendraient plutôt de déserteurs ou de soldeniers qui cherchent à faire leur pelote. Mais notre nombre suffisant les écartera.

— Qu'en sera-t-il des haltes ? s'enquit Pétrarque.

— Des châteaux amis nous recevrons. Messire de Cervole me donnera des lettres pour les châtelains. Il m'a d'ailleurs dit qu'il en préparait une pour le régent, qu'il vous remettra.

— Je vais donc le rencontrer avant le départ ?

— Oui, il vous fera chercher. Nous partons demain au lever du jour.

La Parade leur faisait ainsi comprendre que son temps était précieux et qu'il n'avait plus rien à dire.

— Nous serons prêts, répondit le poète, la bouche pincée.

À leur retour, les Italiens se réunirent chez le curé qui laissa sa salle à leur disposition pendant qu'il préparait la fête de Noël dans son église. Là, à l'abri des oreilles indiscrètes, ils convinrent de la conduite à tenir en cas de guet-apens et s'ils devaient être séparés. Ils reparlèrent aussi de l'attitude de l'Archiprêtre.

Ce dernier fit chercher Sangallo à la relevée et le reçut très brièvement en tête à tête dans sa chambre, une pièce agréable réchauffée par une belle flambée. L'ameublement y était fastueux, mêlant tapisseries et tapis de qualité.

Quand Pietro entra, le routier, qui portait une robe de laine écarlate fourrée de martre au col et aux manches, fit partir le secrétaire à qui il venait de dicter du courrier.

— Comment avez-vous passé la nuit ? s'inquiéta-t-il.

— Bien mieux que la précédente, messire.

— J'espère que vous êtes convaincu de ma bonne foi, déclara sans ambages le chef de la Compagnie blanche, après que Pietro eut pris un siège.

— Je n'ai pas de raisons d'en douter, messire.

— Sur cette desserte se trouve une lettre pour le duc de Normandie. Je vous charge de la lui remettre.

— Je le ferai.

— Je souhaite aussi vous mettre en garde…

— En garde ?

— Au sujet de l'entourage du duc, de celui du roi, et d'autres choses.

— Je vous écoute.

— J'ai approché le roi à Poitiers. C'est un homme affable mais trop suspicieux. Évitez-le après avoir rencontré le dauphin, car il a toujours été persuadé que ce dernier œuvrait contre lui. Quant à ce fils, s'il vous fait des propositions, recevez-les avec méfiance. Autour du duc, la traîtrise rôde. N'ayez confiance en personne et ne croyez rien de ce que l'on vous affirmera.

— Pourquoi le prince s'intéresserait-il à moi ? J'escorte messire Pétrarque et, une fois qu'il aura remis au roi de France les cadeaux du seigneur de Milan, nous rentrerons en Toscane.

Cervole eut une moue dubitative avant de poursuivre :

— À Paris, les anciens amis d'Étienne Marcel demeurent puissants, même s'ils sont désunis. Ils pourraient aussi vous approcher, prenez garde à eux. Certains ont choisi d'être des soutiens du Navarrais, d'autres sont proches du roi, d'autres encore tenus à l'écart de la cour, bien qu'ils souhaitent redevenir de bons sujets. Mais le dauphin se méfie d'eux. Quoi qu'il en soit, tous ces gens manient le poignard, ou le poison, quand ils n'engagent pas des tueurs. Enfin, en ce qui concerne Charles de Navarre, vous avez compris combien il est dangereux. Il pourrait vous punir de ne pas vous être laissé voler.

— Mille mercis pour ces avertissements, messire, fit Sangallo d'un ton amusé.

Il balança un instant la tête, toujours souriant, et ajouta :

— Mais pourquoi vouloir prendre ainsi soin de moi ?

— Entre *condottieri*... C'est ainsi qu'on se nomme en Italie, non ?

Pietro opina du chef.

— N'est-il pas normal de se soutenir ?

— Sachez que j'apprécie votre aide à sa juste valeur, messire, déclara Sangallo d'un ton soudain sérieux. Mais je ne suis plus *condottiere*. Je commande la milice de Florence et ne me mêlerai en rien des affaires de la France.

Il se leva et, cette fois, ce fut l'Archiprêtre qui le considéra avec un demi-sourire amusé. Passant ses doigts dans sa barbe, il conclut :

— N'oubliez pas la lettre.

Le lendemain, la troupe des Italiens quitta l'ancien prieuré après avoir entendu la messe dans l'église. Les frères d'Este, revenus dans l'après-midi, communièrent tout comme les autres.

Ils étaient vingt, dont cinq valets mais trois de ces derniers portaient désormais harnois. Chaque cavalier menait deux destriers en longe, l'un chargé des bagages et l'autre servant de secours. Pour manœuvrer plus facilement, maintenant qu'ils étaient moins nombreux, Sangallo avait décidé que seuls deux chevaux porteraient les coffres. Deux sur chaque animal. Le premier était confié à Luchino, parfois remplacé par son frère, et le second avait été affecté à Raffaello et Ugolino. En cas de danger et s'il fallait fuir, il serait plus aisé de n'entraîner qu'un cheval.

La troupe rejoignit le château. La petite armée de la Parade avait entamé sa marche et les premiers cavaliers étaient déjà loin. Sangallo galopa jusqu'à rejoindre un chevalier avec qui il avait échangé quelques mots la veille. L'homme lui dit de placer ses gens entre les chariots, une douzaine de véhicules à roues pleines qui transportaient vivres, armes, meubles et héberges. À ça, s'ajoutaient une trentaine de mulets.

Évidemment, pareil train avançait lentement. Par chance, ils s'engagèrent assez vite sur une ancienne voie romaine bien pavée. Autour d'eux, les champs étaient en culture et les cheminées des fermes fumaient.

Mais ce plaisant paysage ne tarda pas à changer. Après leur première halte, ils ne rencontrèrent plus que maisons incendiées, terres en friche et granges dévastées.

Au bout d'un moment, Sangallo et Pétrarque remontèrent le convoi jusqu'à Gaston de la Parade, qui chevauchait au début de sa compagnie.

Le capitaine de l'expédition prit poliment des nouvelles des Italiens et, comme Pétrarque lui disait qu'il ne reconnaissait pas le beau royaume de France qu'il avait traversé trente ans plus tôt, le routier lui répondit sans s'émouvoir :

— Par ici, c'est l'œuvre de Knolles. Cette route conduit à Saulieu, que nous éviterons car il n'en reste pas grand-chose. Les Anglais l'ont pillée et incendiée.

L'évêque envisage de reconstruire ses remparts, mais il faudra des années pour que la ville retrouve sa prospérité.

— Je suis déjà passé par Saulieu, dit Pétrarque. Ce pays était si riche… Pourquoi les Anglais agissent-ils ainsi ? *Che fan qui tante pellegrine spade*[1] *?* Quel plaisir à détruire et à brûler ?

La Parade haussa les épaules avec fatalisme.

— Ils font comme tous les routiers. Après avoir pris ce qu'ils veulent, ils détruisent ce qui reste pour que personne ne puisse ravitailler les troupes royales.

Sangallo ne disait mot. Il avait agi de même autour de Naples.

Les paysages désolés n'en finissaient pas. Ils ne virent pas une maison sur pied, pas un champ cultivé, pas de bétail non plus. Quand ils traversaient des bois, ils apercevaient des malheureux qui s'enfuyaient, terrorisés devant leur troupe. Des vilains qui, après avoir été pillés et violentés, vivaient dans la forêt comme des bêtes sauvages. Quelques routiers s'amusèrent à leur tirer dessus à l'arc ou à l'arbalète, hurlant de joie quand ils avaient touché un manant. Au bout d'un moment, la Parade dut intervenir pour faire cesser ce jeu stupide qui gaspillait carreaux et flèches.

Puis, ils changèrent de direction pour s'engager dans une voie plus étroite qui serpentait sous les futaies. À partir de là, ils avancèrent lentement et, au bout d'un moment, découvrirent une motte, sur un éperon rocheux, où se dressait un château. Ils s'en rapprochèrent par un chemin sinueux et bientôt les premiers cors d'alerte se firent entendre.

1. Que font ici tant d'épées vagabondes ?

La Parade envoya un messager annoncer sa venue.

— C'est notre étape de la nuit, dit-il au Florentin. Eudes de Bussière a prêté allégeance à messire de Cervole.

— Y aura-t-il assez de place pour nous ?

— Oui da. Il y a quatre bâtiments dans l'enceinte, dont deux servent de grange.

De fait, la forteresse se révéla plus grande qu'elle en avait l'air. Entourée d'un très large fossé, elle avait vaillamment résisté à un siège de Knolles, précisa encore la Parade[1].

Ils furent en effet bien reçus. D'autant mieux qu'ils demandaient juste le gîte. Pétrarque bénéficia toutefois d'une chambre dans le château tant Eudes de Bussière fut flatté de recevoir un poète dont son chapelain lui avait vanté la renommée.

La journée du lendemain se déroula sans histoires, même s'ils aperçurent de nouveau des miséreux réfugiés dans les bois, et parmi eux de nombreux enfants, ce qui provoqua les larmes de Pétrarque. Il voulut aller leur porter des provisions, mais l'un des sergents d'armes l'en dissuada, lui expliquant qu'il s'agissait d'un piège, car des vilains, cachés derrière les enfants, se saisiraient de lui pour le mettre à mort.

Le poète n'insista pas, mais demeura silencieux, le visage fermé, durant des heures. Pietro devina qu'il méditait sur la méchanceté humaine.

Le soir, ils logèrent au château de Thory, nom impropre car en réalité il s'agissait d'une vaste ferme à pont-levis appartenant à la famille d'Étaules dont le patriarche avait été grand maître de l'hôtel du Roi.

1. Ce château se situait à Montlay-en-Auxois.

En cette nuit de Noël, le châtelain avait prévu un banquet auxquels chevaliers et écuyers furent conviés. Le domaine, épargné par les Anglais, était riche et ni la nourriture ni les vins ne manquèrent.

Le jour suivant, les voyageurs traversèrent un pays entièrement ruiné où la moindre construction avait été incendiée. Quelques grands chênes portaient encore les restes de malheureux que les troupes de Knolles avaient pendus, histoire de s'amuser à les voir danser durant leur agonie. À plusieurs reprises, Pétrarque s'abandonna aux larmes, submergé par le désespoir. « Pourquoi, murmura-t-il plusieurs fois, la paix et le repos ont-ils disparu d'un royaume de France où n'existe plus aucune sûreté ? »

La halte du soir se fit dans le château de Senoy. Comme il ne put recevoir tout le monde, pavois et brehants furent dressés tout autour[1].

La nuit suivante, ils s'installèrent dans les ruines du château de Cudot qui lui aussi avait été pris par Knolles. L'Anglais l'avait incendié en partant, comme tous les lieux qu'il avait occupés.

Ce fut le lendemain, après une halte au château de Vallery, que Gaston de la Parade prit congé des Italiens. Il leur montra la route de Fontainebleau, qui se situait à huit lieues. On était le lundi 28 décembre. Il neigeait.

1. Ce château construit par Mahaut de Courtenay au début du XIIIe siècle se situait à trois kilomètres de Saint-Bris. Il n'en reste que trois tours.

38

Quatre jours plus tôt,
jeudi 24 décembre 1360

Le château d'Ivry se situe sur un promontoire, au bord du plateau qui domine l'Eure. Par sa situation, la forteresse défendait les frontières orientales du duché de Normandie.

Philippe de Picquigny en était le lieutenant depuis que le comte d'Évreux avait occupé les lieux durant la maladie de Charles d'Ivry, le capitaine nommé par le roi.

Tout au long de sa chevauchée, le Bascon de Mareuil avait invoqué le Seigneur, la Vierge et son Fils en les implorant d'empêcher Philippe de partir à Mantes pour les fêtes de la Nativité. Car s'il s'y trouvait avec le comte d'Évreux, il lui faudrait avouer son échec et c'en serait fait de sa réputation.

Véritable miracle, la divine famille avait exaucé ses prières car, non seulement Philippe était à Ivry, mais également son frère Robert, capitaine de Pont-Audemer.

Ce que lui annonça le chevalier de garde.

Laissant ses servants s'occuper des chevaux, le

Bascon traversa la grande cour enneigée et pénétra à pied dans un petit préau, seul passage permettant de gagner le donjon bâti sur un rocher. Il grimpa sur une estacade en bois et franchit la porte située à une toise du sol. Étant connu de tous, aucune sentinelle ne l'interpella.

Dans la grande salle, où brûlait un feu d'enfer, on préparait Noël. Surpris par la chaleur, Jean de Sault retira sa chape enneigée pour la jeter sur un coffre avant de parcourir la pièce du regard.

Les dames du château étaient presque toutes présentes, certaines cousaient des tentures, d'autres aidaient valets et servantes à décorer la salle à l'aide de gui et de houx, d'autres encore bavardaient avec les jongleurs et les musiciens engagés pour les festivités. L'allégresse régnait. Les serviteurs couvraient les tables dressées de grandes nappes blanches en prévision des ripailles de la Nativité, qui auraient lieu après la messe.

C'est dire si l'arrivée de cet homme trapu, au visage sombre, rebutant, envahi d'une barbe épaisse, sale et neigeuse, en haubergeon serré par une ceinture supportant épée de taille, hache normande, dague, couteau et boursette, et surtout accompagné d'une infecte puanteur de crasse et de déjections de chevaux, provoqua surprise inquiétude. Tous s'interrompirent. La réalité et la guerre venaient de faire intrusion.

Tous savaient que le comte d'Évreux, leur seigneur suzerain, occupait les lieux sans l'accord du roi. Le retour de ce dernier en France allait-il marquer le début des hostilités ? Ne disait-on pas que les troupes de l'Archiprêtre attendaient des renforts et que le capitaine breton, Bertrand du Guesclin, rôdait aux alentours pour préparer un de ses coups de force aussi mauvais qu'audacieux ?

Comme personne ne bougeait, Jean de Sault se dirigea vers dame Agnès, l'épouse de Philippe de Picquigny, qui se tenait devant le chouquet, cette énorme bûche qu'un serviteur était en train de décorer de rubans et feuillages. Le rondin de chêne, béni par le maître du château et arrosé de vin cuit, serait mis dans le foyer après la messe et se consumerait une journée entière, peut-être plus. Ses tisons soigneusement conservés protégeraient toute l'année le château de la foudre.

— Messire de Sault, balbutia-t-elle en le reconnaissant, tandis qu'il s'inclinait devant elle avec grand respect. Que Dieu vous accompagne de Sa bonté et de Sa miséricorde en ce jour béni.

— Qu'il en fasse de même avec vous, noble et gracieuse dame. Votre époux est-il céans ?

— Oui… dans sa chambre, avec son frère et quelques amis…

— J'ai à lui parler.

Il allait se diriger vers l'étroit passage conduisant à l'escalier bâti dans la muraille quand elle l'arrêta :

— Êtes-vous porteur de mauvaises nouvelles, messire ?

Le Bascon laissa filtrer un rictus.

— Mauvaises seulement pour moi, noble dame. Je viens donc solliciter l'aide de votre époux.

Il n'en dit pas plus et disparut.

Dans la salle, où tout le monde avait écouté, l'allégresse s'était envolée.

L'escalier était plongé dans une quasi-obscurité, mais il connaissait un peu les lieux. Il le gravit, marche après marche, en songeant à la suite. Il parvint ainsi jusqu'au deuxième niveau et entra sans frapper dans la chambre de Philippe de Picquigny.

La pièce, grande et sombre, n'était éclairée que par les flammes de la cheminée et une torche qui faisaient vaciller les ombres. Il découvrit un lit en bois fermé de tous côtés, des huches de différentes tailles, dont une très haute, une armoire dressoir, un coffre de fer et une massive table à entretoises où sept ou huit hommes assis sur des bancs ou des tabourets s'interpellaient bruyamment.

Les taxologues[1] roulaient sur la table, entre hanaps et coupes dont plusieurs renversés. Du vin avait coulé jusque sur le tapis de paille du parquet. Quelques poignées de pièces d'argent s'étalaient sur le plateau, entre un cruchon et un plat dans lequel errait une pauvre saucisse.

Le Bascon connaissait tous les joueurs, pour la plupart revêtus de robes fourrées tachées de vinasse. Leurs faces congestionnées, rougeaudes, et leurs yeux brillants ne laissaient aucun doute quant à leur ivresse. Aucun ne portait d'armes, hormis des couteaux, et les épées étaient empilées sur le dessus d'une fourme. Le lieutenant du château était, lui, affalé sur l'un des coffres. Il tenait un grand hanap à la main et interpellait son frère de la voix pâteuse qu'ont les gens enivrés :

— Tu tricherais pas un peu, Robert, en ce jour saint ? Oublies-tu que Jésus te voit ?

Robert lissa sa barbe à deux pointes en déclarant d'une voix avinée :

— Tricher avec Pontieu n'est pas pécher puisque c'est le roi des pipeurs. Je ne suis que son sujet !

1. Dés.

Les rires fusèrent, et s'arrêtèrent quand l'aîné des Picquigny, qui venait de découvrir la silhouette dans l'encadrement de la porte, lança :

— Mais c'est notre Bascon ! Viens-tu te joindre à nous pour fêter la naissance du petit bâtard ?

— Tais-toi, Philippe, tu blasphèmes, protesta l'un des hommes en se signant.

— Je blasphème pas ! Jésus était bien le bâtard de Dieu !

— D'où sors-tu, Sault ? interrogea Robert de Picquigny, moins soûl que les autres. Je te croyais en Bourgogne.

— J'en arrive. Monseigneur de Navarre m'avait chargé d'une mission, vous le savez.

— Oui... Oui... je m'en souviens, balbutia Philippe. Avec Friquet. Où est-il, d'ailleurs, notre gentil Friquet ?

— Je ne sais... Mort peut-être... Il y a eu des difficultés imprévues...

Philippe descendit du coffre et, se tenant au meuble, il demanda d'une voix un peu plus assurée, en plissant les yeux :

— Quel genre de difficultés ?

Le Bascon soupira en s'approchant de la table. Il saisit la saucisse, puis le cruchon, ramassa un hanap, le remplit et le vida avec un gloussement de satisfaction. Ensuite, il s'approcha d'un autre coffre en rongeant la saucisse.

— Ça va être long. Et, je vous préviens, avant de commencer, que si je suis ici, c'est pour obtenir votre aide. Il me faut dix à douze hommes en armes tout de suite...

— Tout de suite ? Tu rêves ! C'est Noël ! répliqua Robert en haussant les épaules.

— Tu diras ça à monseigneur… répliqua Jean de Sault en s'affalant sur un tabouret.

— Bon… raconte toujours, proposa Robert, conciliant. Après tout, s'il s'agit de se battre, pourquoi pas ? J'ai besoin de me dérouiller…

— Moi aussi ! clama l'un des hommes.

Les autres approuvèrent, dans des rires terribles.

Jean de Sault commença, expliquant, pour ceux qui l'ignoraient, que le comte d'Évreux l'avait envoyé à Chalon guetter une troupe d'Italiens qui amenaient cent mille florins en or à Paris, une partie de la rançon du roi Jean.

— Corne diable ! s'exclama l'un des chevaliers en soulevant haut paupières et sourcils. Cent mille !

— Oui, mais pas pour toi !

— Je le devine. Cependant, pareille troupe doit aussi avoir des pécunes pour le voyage, et sans doute de précieux bagages, sans compter les destriers.

— Ça oui. Friquet les avait espionnés. Ne me demandez pas comment, mais il savait qu'ils avaient l'or. Il savait d'ailleurs pas mal de choses, en particulier qu'ils n'étaient plus qu'une dizaine après avoir été attaqués par d'autres bandes. Il pensait aussi connaître les chemins qu'ils prendraient mais, en cela, il se trompait.

Le Bascon parla alors de son alliance avec Guiot du Pin. Le comte d'Évreux offrant le dixième de la rançon transportée à celui qui la prendrait.

Les regards s'allumèrent à l'idée de pareille récompense.

— C'est finalement deux de ses espions qui ont trouvé nos Italiens, après Autun. Ils les ont vus sur la route où ils faisaient le guet et l'un d'eux leur a demandé la charité. L'un des voyageurs lui a donné un blanc en s'adressant à lui dans son jargon. Un blanc qu'il avait tiré d'une bourse bien garnie, elle-même sortie d'une grande escarcelle.

Sans rien laisser paraître, il passa en revue les visages attentifs, s'arrêtant sur la double barbe de Robert de Picquigny que ce dernier tortillait, puis sur la face rude et balafrée de Richard de Bracquemont, frère de Renaud, un fidèle de Navarre qui avait participé à l'évasion de son seigneur avec Jean de Picquigny et Jean de Ham.

Richard de Bracquemont était un Picard d'une taille exceptionnelle réputé pour sa force au marteau d'armes, son arme favorite. D'ailleurs, un pareil outil figurait sur le blason de sa famille. Réputé mauvais comme le diable, il avait toujours besoin d'argent. Ce serait bien qu'il vienne avec moi, songeait le Bascon.

Jean de Saint-Fuscien, un autre chevalier, marquait son intérêt. Lui aussi, avec son père, avait participé à l'évasion de Charles de Navarre. Cupide et brutal, mais maniant adroitement la lance, il ferait une bonne recrue. Son regard brillait déjà à l'idée de massacrer sans risque des voyageurs.

— Avec Guiot et ses hommes, on leur a tendu une embusque, poursuivit-il. Hélas, l'un d'eux nous a repérés, ils nous ont échappé et se sont réfugiés dans un château abandonné.

— Un château abandonné ? Juste à cet endroit ? persifla un Philippe dubitatif.

— Oui, les occupants venaient tous de trépasser du mal de Saint-Roch.

Il raconta le siège, les erreurs de Guiot du Pin, l'astuce des Italiens, et les pertes provoquées par leur canon à main. Pour conclure, il en vint à l'arrivée de la compagnie de Cervole, à sa fuite pour éviter de tomber entre les mains de l'Archiprêtre, à sa dispute avec du Pin, et à sa course à brides abattues jusqu'à Ivry.

— Tout ce que tu racontes est bel et bon, agréa Robert en se servant du vin, mais que veux-tu ? Notre aide pour les retrouver et prendre l'or ?

— Bien sûr ! Je ne peux pas faire ça seul ! Et vous aurez votre part ! Le dixième des cent mille florins !

Lèvres serrées et mimique sceptique, Robert secoua la tête.

— Tu as quitté les Italiens voici trois jours. Comment savoir où ils se trouvent ?

— Ils doivent se rendre à Paris. Et depuis la Bourgogne, la route la plus courte passe par Fontainebleau. Les bois de bruyère… endroit parfait pour une embusque.

— Admettons, intervint Philippe d'une voix pâteuse. Mais comment peux-tu imaginer que Cervole n'ait pas gardé l'or de ces Italiens ? Je connais l'Archiprêtre : personne n'est plus rapace que lui.

— C'est vraisemblable, je l'admets, mais nullement certain. Cervole clame partout qu'il est fidèle au dauphin. Ne se bat-il pas contre nous, ici ?

— Supposons que l'Archiprêtre soit loyal et généreux, ce dont je doute. Dans ce cas, il aura proposé une escorte aux Italiens, car il sait impossible de traverser le Morvan sans se faire étriper. Donc, tu ne trouveras pas une dizaine d'hommes devant toi, mais cinquante ou cent.

— Plausible. Si j'étais l'Archiprêtre, j'aurais en effet donné une solide escorte à ces voyageurs, mais uniquement en Bourgogne. Cervole ne peut pas se priver de guerriers longtemps et sait qu'en ce moment, il n'y a plus guère de périls autour de Paris. Surtout depuis que le comte d'Évreux et le roi se sont juré amitié.

Autour de la table, les chevaliers approuvèrent sentencieusement. Ils avaient déjà écarté les périls de l'affaire et ne voyaient plus que les gains et plaisirs de l'étripement.

— Combien devrons-nous être ? demanda Bracquemont.

— Une douzaine suffira si on bénéficie de la surprise. Voilà comment je vois la chose : partons demain pour Fontainebleau. Je connais quelqu'un qui nous logera là-bas. On enverra un espieur à Moret. En venant de Bourgogne, les Italiens passeront par ce bourg. Dès que notre homme les verra, il galopera vers Fontainebleau nous prévenir. On les attendra à mi-chemin.

Robert de Picquigny frottait son menton en s'efforçant de peser le pour et le contre. L'affaire paraissait séduisante, mais pleine d'aléas.

— Et s'ils ne passent pas par Moret ? questionna-t-il.

— J'aurai joué et perdu. Au demeurant, on ne peut mettre des guetteurs partout.

— Alors on sera allés là-bas pour rien, grimaça Bracquemont.

— Fortune de guerre ! répliqua un Jean de Sault fataliste.

— Cela vaut le coup d'essayer, approuva Jean de Saint-Fuscien après avoir pris une grande inspiration. J'en suis !

D'autres voix s'élevèrent :

— Moi aussi…

— J'en suis…

— D'accord…

— Je veux en être…

En fin de compte, Robert approuva à son tour et interrogea son frère du regard.

— Pour moi, c'est non ! décida Philippe de Picquigny que la discussion avait quelque peu dégrisé. Et j'ai deux bonnes raisons pour te refuser mon aide. La première tient à ma charge. Je ne peux quitter ce château dont le comte m'a confié la lieutenance avec un du Guesclin qui rôde alentour.

— Et la seconde ? interrogea le Bascon sans animosité.

— C'est Noël. Si l'officialité de Rouen apprend que nous avons conduit une sanglante embusque un jour de grâce, nous serons condamnés.

— Mon frère, tes arguments se défendent, mais si l'embusque a lieu, elle se fera après Noël. Par ailleurs, je conçois que tu veuilles demeurer au château dont tu as la garde, mais laisse-nous aller. Récupérer cette rançon est primordial pour le comte et il approuvera que tu aies donné ton accord.

Après un long moment de réflexion, alors que tous le regardaient, Philippe de Picquigny opina du chef avant de préciser :

— Il y aura un ambassadeur parmi ces gens, car la rançon ne sera pas remise au roi par un guerrier. Je ne veux pas, le Bascon, que tu te comportes avec lui comme avec Charles de La Cerda à la *Truie qui file*. J'ai le sentiment que notre seigneur serait fâché si on meurtrissait pareil représentant de la ville de Milan. Cela pourrait provoquer une nouvelle guerre et notre maître ne veut en rien déplaire aux familles milanaises. N'oublie pas qu'il est beau-frère du fils de ce Visconti.

Comme Jean de Sault faisait la moue, Robert de Picquigny prit la parole :

— Je te promets que nous éviterons de faire couler le sang, mais comment reconnaître un ambassadeur dans cette troupe ?

— Il doit s'agir d'un individu sans arme, un clerc ou un religieux… Ce pourrait être celui à la grande escarcelle, car c'est l'ambassadeur qui détient les fonds du voyage.

— Justement, je veux cette escarcelle ! clama le Bascon.

— Tu te l'attribueras sans violence. Cela te changera !

Tous rirent, y compris l'intéressé.

— Vous n'emporterez ni bannières ni cottes à vos armes ou à celle du comte. À Fontainebleau, soyez discrets et présentez-vous sous d'autres noms. En aucune manière le roi ne doit pouvoir accuser notre maître.

— Pas de témoins, pas de preuves, grommela Jean de Sault.

— Pas de crimes inutiles ! répliqua durement le lieutenant du château d'Ivry. De mon côté, je vais prévenir monseigneur de votre entreprise en envoyant un messager à Mantes. Dès que vous aurez la somme, apportez-la-lui.

Mardi 29 décembre 1360

En fin de compte, les craintes de Pietro da Sangallo au sujet de Cervole étaient infondées. Gaston de la Parade s'était conduit en loyal capitaine. Il avait permis aux Italiens de voyager sans péril et d'être chaque soir confortablement hébergés. Dans trois jours, ils seraient à Paris, fêtés par le roi et le dauphin.

Il n'empêche… Le capitaine de la milice de Florence se confia à plusieurs reprises à Pétrarque : rien n'expliquait le comportement de Cervole ni la raison pour laquelle il était arrivé juste à temps pour les sauver.

Après avoir fait étape à Moret, ils reprirent la route conduisant au château de Fontainebleau. C'était un large chemin qui serpentait au milieu de vastes landes parsemées de bruyères, de genévriers, de bouleaux et d'érables. La neige voletait autour d'eux. Le convoi s'étendait sur une centaine de pieds.

Comme toujours, les frères d'Este marchaient en tête, entourés de quelques gardes, puis suivaient Sangallo et Pétrarque, Raffaello et Ugolino dans leurs pas.

Avant qu'ils ne quittent sa demeure, Erard de Thianges, le seigneur de Vallery, leur avait indiqué qu'ils n'avaient qu'à suivre la route à travers les bois de Bière pour arriver au château royal, dont ils apercevraient le donjon à mi-chemin. C'est là, avait-il dit, qu'était né et mort Philippe le Bel. Nul doute qu'on les hébergerait en tant qu'ambassadeurs, et si la place manquait, leurs hommes trouveraient gîte dans l'une des nombreuses hôtelleries, ou même au couvent des Trinitaires, fondé par Saint Louis et qui servait d'hôpital aux voyageurs.

Aux questions de Pétrarque sur les périls qu'ils pourraient rencontrer sur la route, il avait répondu en se montrant rassurant : la garnison du château, importante, protégeait le logis royal mais aussi les maisons et manoirs construits autour par des officiers de la cour et de la chancellerie ainsi que des clercs. Guillaume de Nogaret n'y avait-il pas eu le sien en son temps ?

Quant aux étapes suivantes, auxquelles s'intéressaient les frères d'Este, il n'y aurait que Corbeil avant Paris, et s'ils ne pouvaient loger au château ou dans la commanderie hospitalière, les auberges étaient nombreuses dans cette ville.

Pour l'heure, le donjon du château royal n'était pas encore en vue. Le ciel demeurait bas et chargé de nuages.

Theodoro plaisantait avec son frère, discutant des avantages des garces qu'ils avaient rencontrées à Arnay, quand cinq ou six cavaliers, masqués jusque-là par de hautes fougères, surgirent de derrière un bosquet d'érables. Trois avaient leur lance pointée en avant, les autres brandissaient des haches.

— Mortaille ! hurla le seul qui ne portait pas de heaume.

Le sol trembla sous le martèlement des sabots de leurs chevaux. Les deux frères eurent juste le temps de se protéger de leurs écus qui furent si violemment frappés par les piques des assaillants que Theodoro et Luchino, désarçonnés, tombèrent lourdement sur le sol.

Le troisième agresseur embrocha un garde de sa hast puis, l'ayant lâchée, il abattit sa hache sur l'encolure du destrier d'un autre Milanais.

Derrière, se trouvaient des chevaux de bagages et, surtout, celui qui portait les coffres de florins. Plus loin, se tenaient deux hommes d'armes et un valet. Ce dernier s'enfuit dès qu'il vit les inconnus charger, mais les gens d'armes milanais lâchèrent les brides des montures en longe, tirèrent l'épée et engagèrent un furieux combat.

À l'instant où étaient apparus ces malveillants, Sangallo avait hurlé à Raffaello :

— Fuis !

Sans vérifier si son écuyer obéissait, il s'était rué vers les agresseurs avec Francesco, Cionne, Maccio et quelques gardes, bousculant les chevaux de bât dispersés dans une incroyable confusion. Le capitaine de la milice de Florence vit avec effroi deux des chevaliers contraindre leurs chevaux à piétiner les frères d'Este. Hélas, impossible pour lui de les secourir, car il se trouva pris dans une mêlée où tous se frappaient de toutes leurs forces, un enchevêtrement d'où on ne pouvait sortir sans risquer de recevoir un coup mortel.

Les combattants se retrouvaient parfois à deux ou trois contre un, certains délaissant leur propre adversaire pour tenter de meurtrir un ennemi à leur portée. Les chevaux n'obéissaient plus, se heurtaient, titubaient, reculaient. L'air résonnait de clameurs, de jurons et d'insultes. Les « sang Dieu ! » et les « ribaud puant ! » répondaient aux « *figlio puttana !* » et aux « *pezzo di merda !* ». Le sang coulait. Des hommes tombèrent et furent piétinés.

Dans ce tourbillon enragé, les assaillants avaient l'avantage puisqu'ils portaient armure. La plupart des coups d'épée donnés par les Italiens ne provoquaient guère que des étincelles nées des chocs du métal contre le métal. Pis, les chevaux des ennemis étaient protégés par des plates de fer, des chamfrons et des mailles, aussi était-il fort difficile de les blesser.

Deux gardes milanais étaient tombés, mais Francesco les vengea en frappant si fort de son marteau l'un des chevaliers assaillants que la pointe de fer perça le heaume, faisant jaillir sang et cervelle.

— À l'aide, seigneur ! hurla une voix derrière les combattants.

Sangallo rompit un instant son propre combat et tourna la tête pour découvrir que la situation était désespérée : une autre poignée de cavaliers venait de surgir à l'arrière du convoi. Les valets se débandaient dans toutes les directions au travers des fougères, suivis par les chevaux porteurs de bagages, abandonnés et effrayés. Le valet qui avait crié tentait de se protéger avec un pauvre bouclier d'un homme en armure qui brandissait un énorme marteau d'armes.

D'un moulinet rageur, Pietro heurta de son épée le bras de son adversaire qui, profitant de son inattention, s'apprêtait à lui porter un coup de hache normande. Le choc fut d'une telle violence que l'autre lâcha son arme, ce dont Sangallo profita pour se dégager franchement de l'estourmie en hurlant à ses compagnons :

— Repli !

Contre toute attente, leurs ennemis ne profitèrent pas de la situation et se regroupèrent au lieu de les poursuivre.

Le Florentin lança sa monture vers les nouveaux assaillants mais arriva trop tard pour secourir le courageux valet qui tomba, le crâne fendu. Il fut toutefois aussitôt vengé, car Sangallo parvint à glisser sa bonne épée dans l'attache du corselet du tueur, lui traversant cœur et poumons.

Francesco, Cionne, Maccio et les autres venaient de le rejoindre. Désormais ils se retrouvèrent à deux contre un. Un des chevaliers s'écroula dans un bruit de ferraille, atteint par l'épée de Cionne.

Les derniers assaillants, qui n'étaient plus que quatre, cessèrent alors le combat, reculèrent et détalèrent.

— À l'aide !

C'était la voix de Pétrarque.

39

Mardi 29 décembre 1360, suite

Maître du champ de bataille, Sangallo se tourna dans la direction d'où venaient les cris pour découvrir que le poète, réfugié dans les fougères afin d'échapper aux dangers du combat, venait d'être rattrapé par deux assaillants qui avaient saisi les brides de sa monture et l'entraînaient de force.

Ceux-là rejoignaient des acolytes qui, de leur côté, emmenaient les chevaux des frères d'Este, dont celui portant les coffres.

Pietro n'hésita pas un instant : avant tout il devait sauver Pétrarque. Tant pis pour les coffres, qui d'ailleurs l'indifféraient.

Mais trois ou quatre douzaines de destriers affolés occupant la largeur du chemin, il lui fallut donc les contourner ou les repousser. Le temps qu'il y parvienne, les ennemis avaient disparu.

Par chance, grâce aux traces dans la neige, il retrouva la sente qu'ils avaient suivie et mit sa bête au galop, s'interrogeant sur les raisons pour lesquelles ces chevaliers s'étaient emparés du poète.

C'est alors qu'il l'aperçut : Pétrarque gisait sur un

tapis de mousse. Sans conscience. Mort peut-être. Quelques flocons recouvraient déjà son corps.

Il sauta au sol et le prit dans ses bras, pour constater avec soulagement qu'il respirait et ne paraissait pas avoir de blessure sanglante.

— *Per la Madonna !* murmura l'ambassadeur en reprenant ses sens.

— Comment allez-vous ?

— J'ai été mieux… Ouille, que j'ai mal ! Ces sauvages m'ont jeté de cheval comme un sac de pois chiches…

— Que vous voulaient-ils ?

— Je l'ignore… Aidez-moi, je vous prie.

Il se leva avec difficulté, en gémissant et haletant : en tombant, il avait heurté une souche et sa cuisse gauche était contusionnée et douloureuse. Mais il n'avait apparemment aucun os brisé.

— Ces marauds se sont emparés des brides de mon cheval, j'ai alors pensé qu'ils m'enlevaient dans l'espoir d'obtenir une rançon, même si je me demandais comment ils pouvaient savoir qui j'étais. Ils ont galopé jusqu'ici et j'ai dû me cramponner à la selle pour ne pas tomber. Enfin, ils se sont arrêtés. L'un d'eux a placé sa monture contre la mienne et, avec un mauvais sourire, a tiré sa dague, l'a pointée sur mon ventre. J'ai fermé les yeux et murmuré quelques mots pour la Madone, persuadé qu'il allait m'éventrer et que je m'apprêtais à rejoindre mon père. Mais, soudain, j'ai senti qu'il attrapait mon pied, le sortait de l'étrier, le relevait, ainsi que ma jambe. En déséquilibre, j'ai basculé de l'autre côté.

Il regarda autour de lui.

— Par chance, je ne suis pas tombé sur une pierre : j'aurais pu me briser le crâne.

— Ils ont pris votre cheval, constata Sangallo.

— Mon escarcelle ! cria soudain Pétrarque d'une voix désespérée. Ils ont tranché ma ceinture et pris l'escarcelle que m'avait offerte monseigneur Colonna. Malheur à moi ! Elle contenait l'argent du voyage… Et les bagues pour le roi Jean !

Il se cacha le visage dans les mains en murmurant :

— Dieu tout-puissant… Je suis déshonoré.

— Je vais les rattraper et reprendre les bagues… Et les coffres, décida Pietro.

— C'est folie. Seul contre dix ! De plus, ils sont déjà loin !

— Pas si loin et leurs traces sont bien marquées dans la neige. Je ne serai pas seul, Francesco et Ugolino m'accompagneront. D'ailleurs, voilà Francesco.

Le servant muet arrivait en effet, affolé à l'idée d'avoir perdu son maître. Ce dernier l'informa de l'agression contre Pétrarque, lui fit part de sa décision et lui demanda de rassembler le nécessaire pour deux ou trois jours. Francesco approuva avec un « ahgrrr ! » significatif.

— Montez sur mon coursier, décida Sangallo en s'adressant au poète. Je vais vous aider.

En se retenant de trop gémir, Pétrarque se mit en selle. Sangallo s'installa derrière lui.

Ils revinrent sur le lieu de l'embusque et, en chemin, le Florentin déclara :

— Je vous confie à Raffaello qui sera désormais le capitaine de l'expédition. Je ne sais quel est l'état des frères d'Este, mais ce que j'en ai vu ne me rassure pas. Vous allez vous rendre à Fontainebleau, à l'hospice des Trinitaires dont le seigneur de Valéry nous a parlé. Vous m'y attendrez en faisant soigner les blessés par les religieux. Quant à nos morts, mettez-les sur des chevaux et qu'ils les inhument en terre chrétienne.

— Je m'en occupe.

— Je serai de retour avant trois jours. Si ce n'était pas le cas… vous vous rendrez à Paris, verrez le roi et le dauphin et leur raconterez nos déboires.

— Il faudrait savoir qui nous a attaqués…

— Deux chevaliers sont trépassés, trois peut-être. Nous allons les fouiller. Nous découvririons peut-être de qui il s'agit.

Ils approchaient du lieu du combat quand Raffaello vint à leur rencontre.

Pietro lui cria :

— Nos gens ? Les frères d'Este ?

— Trois gardes milanais sont morts, deux sont blessés, dont un gravement. Grâce au ciel, Cionne et Maccio n'ont rien. Deux valets ont été tués. Luchino est très atteint, mais Theodoro n'a pas grand-chose.

— Les coffres et les bagages ?

— Nous n'avons rien perdu, messire. On a filé au plus vite avec Ugolino et trouvé où nous cacher. Ugolino est retourné ici à pied quand on n'a plus entendu les bruits du combat. Ayant constaté que les assaillants étaient partis, il est revenu me chercher. Trois de nos agresseurs sont morts. L'un vivait encore quand Tomaso – c'était l'un des valets milanais – l'a égorgé après lui avoir retiré son heaume. Cet homme avait tué son cousin Ranuccio.

Pietro soupira.

— Dommage… Celui-là aurait pu nous apprendre d'où ils venaient.

— Autre chose… Deux chariots de marchands viennent d'arriver. Ils se rendent à Fontainebleau et sont prêts à nous aider.

Sur le champ de bataille, chemin boueux mêlé de neige et de sang, valets et gardes rassemblaient les chevaux et déplaçaient les corps. Ugolino discutait avec des individus à côté de mules attelées à des chariots chargés de ballots. Sangallo et ses compagnons approchèrent et se présentèrent.

Le maître marchand se nommait Jean Augier. Son visage rond, aux épais sourcils broussailleux, avec des touffes de poils sortant des oreilles qui dépassaient de son chaperon enneigé, exprimait un mélange de crainte, de respect et d'indignation. Il revenait à Paris avec son frère Pierre – plus jeune, mais affublé des mêmes oreilles – et un chargement de soie lyonnaise, expliqua-t-il. Ses compagnons, douze en tout, étaient ses gardes et ses valets.

— Vous le voyez, on nous a attaqués, poursuivit Pietro. Maître Pétrarque (il le désigna) est l'ambassadeur du seigneur de Milan auprès du roi de France.

Augier hochait la tête. Sans doute venait-on de le lui dire.

— Jamais il n'y a eu d'embuscade ici ! assura-t-il, insistant sur cette agression inimaginable, si proche d'une garnison royale.

— Acceptez-vous de transporter nos blessés et nos morts à Fontainebleau ? Je vous paierai pour ce service. Mes gens peuvent mettre vos marchandises sur nos chevaux.

— Je suis bon chrétien et je le ferai sans gage, messire ! protesta le drapier.

— Raffaello, occupe-toi de tout et rejoins-moi auprès des frères d'Este. Maître Pétrarque, si vous vous en sentez la force, venez aussi. Ensuite, vous pourrez faire le voyage dans un chariot.

— Jamais ! Je suis capable de monter !

— Ugolino, viens avec nous ! As-tu regardé les blessures de Luchino ?

— Rapidement. Elles ne sont pas belles. Son frère et lui sont à l'abri de la neige sous ce chêne. Un valet retire leurs pièces d'armure, répondit le moine médecin.

Les trois hommes approchèrent des bâtards : l'aîné, allongé sur son manteau, le cadet, assis, appuyé contre le tronc. Deux valets se trouvaient près d'eux. L'un tranchait avec un couteau les lanières des plates d'armures de Theodoro, l'autre découpait le gippon de Luchino après avoir écarté la chemise de mailles. Il avait déjà ôté les pièces de fer.

Inconscient, le blessé gémissait. Près de lui s'entassaient plates, casque, corselets et autres morceaux d'acier, tous cabossés.

Le visage de l'aîné d'Este était livide. Ses oreilles, sa bouche son nez saignaient. Des croûtes noirâtres déjà parsemées de flocons de neige s'y étaient formées. Les cheveux du Milanais étaient poisseux de sang. « Pas bon », grimaça Sangallo qui avait trop vu ce genre de plaies et de traumatismes.

— Ugolino, examine-le et tente de le panser et de le soulager.

Il se tourna vers son frère.

— Tu t'en es bien tiré, Theodoro, dit-il seulement. As-tu des blessures ?

— La cuisse écrasée, douloureuse, mais je ne crois pas que l'os soit cassé. Les autres entailles sont dues aux coups de pique, même si le haubert m'a protégé.

— Tu t'en remettras. Voici ce que j'ai décidé : les marchands vont transporter les blessés dans leur chariot à l'hôpital de Fontainebleau. Vous y resterez jusqu'à mon retour. Je pars retrouver les coffres dont vous aviez la garde.

Theodoro sentit le reproche et murmura :

— Que pouvait-on faire ? On a été surpris.

— Quand on est en tête d'un détachement, on prend ses précautions pour que cela n'arrive pas. Heureusement, Ugolino a sauvé les autres coffres.

Pietro se tourna vers ce dernier en haussant les sourcils, dans une question muette au sujet de Luchino.

— La jambe est brisée, mais l'os n'est pas sorti des chairs, répondit le moine médecin. Un bon chirurgien pourra le soigner. Mais pas moi, et pas ici. Son épaule gauche est aussi démise, un rebouteux adroit la remettra. Ce qui m'inquiète le plus, c'est sa tête et les saignements. J'ai l'impression qu'un os est enfoncé. Il faudra raser ses cheveux pour le savoir. Je ne peux rien faire de plus.

Il se leva.

Le regard de Pietro glissa sur le cadet qui avait les paupières fermées et la mâchoire crispée de douleur pendant qu'on retirait les pièces d'armure. Theodoro avait entendu mais pas eu un mot de compassion pour son frère.

Il soupira et s'adressa à Ugolino :

— Nous partons à la poursuite de nos marauds, et tu m'accompagnes. J'ai promis à maître Pétrarque de revenir dans trois jours, avec les coffres et son escarcelle.

— Ils les ont volés ?

— Oui.

— Va aider Francesco à préparer les montures, on en prendra quatre en longe. Trois de rechange et une avec les bagages, des armes et la hacquebute.

L'ancien moine s'éloigna et Sangallo prit Pétrarque par l'épaule tout en revenant vers les chariots :

— Grâce au ciel, il me reste ma bourse et deux ou trois cents florins dans une aumônière sous mon jaseran. Je vais vous en remettre la moitié. À Fontainebleau ou dans une autre ville, vendez quelques chevaux pour faire de l'argent.

Le poète lui dit alors *mezza voce* :

— Je vous en prie, ne partez pas. Vous savez très bien que les coffres n'ont aucune importance. Quant aux bagues, le roi comprendra quand il verra l'état de nos blessés.

— Je serai prudent. Si je ne trouve pas d'opportunité, je reviendrai. Mais je suis confiant, ces marauds n'imaginent pas un instant qu'on va se mettre à leurs trousses. Avec mon canon à main, je peux en éliminer bon nombre. Ensuite, à trois, on s'occupera aisément des survivants.

Pétrarque soupira, se sachant incapable de convaincre le Florentin.

— Attendez notre retour. Pendant ce temps, que les blessés soient bien soignés… Surtout, faites attention à Theodoro. Si son frère trépasse, il n'en fera plus qu'à sa tête. Vous pouvez vous reposer sur Raffaello. Il est jeune, mais son jugement est sûr, il a de l'audace et du courage. Il saura faire face à l'adversité. Vous aurez aussi Cionne et Maccio sur qui vous appuyer.

Un silence.

— Si je ne revenais pas…

Triste sourire.

— Il faut tout prévoir. Allez voir ma famille et dites à tous que je les aime. Faites aussi attention à vous. N'ayez confiance en personne. Souvenez-vous de ce qu'a dit Cervole, sur la cour de France… N'oubliez pas qu'on ne sait si c'est vraiment Navarre qui a payé Sanson et Passac, ni comment l'Archiprêtre a eu connaissance de notre présence, ni de quelle manière ces chevaliers ont su où nous attendre. Dans l'obscurité, s'agitent de redoutables adversaires.

Pétrarque l'arrêta pour l'étreindre avec émotion.

— Vous reviendrez ! Dieu ne peut nous abandonner ainsi. Quant à la cour du roi, n'ayez pas d'inquiétude. Lorsqu'on a survécu aux nids de vipères de Rome et d'Avignon, les traîtrises n'ont plus de secret.

— Avant que je ne parte, essayons tout de même d'en apprendre plus sur nos ennemis.

Cionne et deux gardes dépouillaient consciencieusement les chevaliers, leur ôtant les pièces d'armure et leurs vêtements.

— Qu'avez-vous trouvé ? demanda Pietro.

— De bonnes épées, des haches, un marteau, des dagues de prix et trois bourses. Les armures, les hauberts et les gippons pourront être facilement revendus. Ils ont aussi laissé deux beaux destriers.

Il désigna un tas d'objets posés près des cadavres.

— Je prends les bourses et vous vous partagerez le reste avec vos compagnons, décida le Florentin. Mais sans dispute. S'il y a désaccord, vous tirerez au sort les pièces de harnois et les armes. En dernier recours, maître Pétrarque décidera.

Il commença à examiner les corps les uns après les autres. Le premier était déjà nu. Un homme grand, robuste, au visage balafré mais quelconque, qui présentait une entaille au niveau du cœur. Pietro reconnut le cavalier au marteau qu'il avait tué.

Le second avait le crâne écrasé. L'œuvre de Francesco.

Cionne cessa un instant de dépouiller le troisième homme.

— Celui-ci, c'est moi qui l'ai eu, seigneur, fit-il fièrement.

— Alors, tu prendras son harnois et ce que bon te semble. Tu l'as mérité. En attendant, donne-moi les bourses que vous avez trouvées.

Deux étaient des sortes d'escarcelles plates décorées d'armes colorées peintes dans le cuir. L'une représentait un chevron d'argent et un maillet d'or, l'autre était blasonnée à deux chevrons et trois besants d'argent.

La dernière n'était qu'un petit sac en peau de chèvre muni d'un cordon.

Pietro les ouvrit les unes après les autres. Chacune contenait à peine quelques pièces d'argent, qu'il rassembla dans la bourse avant de la donner à Pétrarque.

— Gardez-la, vous en aurez besoin. Vous offrirez quelques deniers au marchand pour son obligeance.

Il se retourna vers Cionne.

— Comme tu le sais, je pars maintenant pour retrouver les coffres volés. Messire de Buondelmonti est à présent ton nouveau capitaine. N'obéis qu'à lui, fais-m'en serment.

— Je vous le jure, seigneur.

— Vous prêterez tous serment à messire de Buondelmonti après mon départ, décida Pietro.

Ces paroles dites, Pétrarque et lui retournèrent auprès des marchands.

— Rien chez ces trois-là n'indique qui les a envoyés. À Paris, j'essaierai d'en savoir plus sur leurs armes.

Il leva la main qui tenait les escarcelles décorées.

— Pour l'heure, je les garde. En poursuivant nos marauds j'aurai peut-être l'occasion de les identifier. Ces gens-là nous attendaient. Ils doivent être du pays.

L'un des chariots était presque vide et plusieurs ballots étaient déjà attachés sur les chevaux.

Pétrarque donna deux gros blancs à Jean Augier qui les refusa d'abord avant de les prendre dans sa main pour les examiner.

— On ne voit pas souvent ces pièces, dit-il d'un ton à la fois amusé et satisfait.

— Qu'ont-elles de particulier ?

— Elles ont été frappées par le comte d'Évreux... Charles de Navarre. Voyez, ici...

Il montra l'inscription que Sangallo déchiffra : *Kar. Dei. Gra. Rex Navarre.*

— Elles circulent surtout dans ses terres, la Navarrerie, entre Évreux et Mantes.

— Nos agresseurs pourraient donc venir de là...

— Une indication précieuse, conclut Pétrarque en se mordillant la lèvre supérieure.

Sangallo montra alors les escarcelles au marchand.

— Ces symboles vous disent-ils quelque chose ?

L'autre les regarda et secoua la tête.

— Non, j'ai pu les voir, mais sans y prêter attention.

— Tant pis !

Il vit Francesco approcher, tenant la bride de son coursier. Près de lui, Ugolino, déjà à cheval avec trois destriers harnachés tenus en longe, et un quatrième chargé de bagages et de la hacquebute.

Pietro enlaça Pétrarque dans une forte brassée, puis monta en selle en assurant :

— Je serai à Fontainebleau dans trois ou quatre jours, promis !

La piste des assaillants était bien visible. Il est vrai qu'ils étaient une dizaine, sur des chevaux de combat, donc lourds et massifs, et qu'ils emmenaient plusieurs montures, dont l'une chargée de pesants coffres. D'après les traces, ils galopaient chaque fois qu'ils se trouvaient sur un chemin dégagé. Leurs poursuivants faisaient de même.

Il neigeait toujours, mais pas suffisamment pour effacer les marques de sabot.

Cela faisait des heures qu'ils chevauchaient. À deux reprises, ils avaient fait halte pour changer de coursier. Lors du dernier arrêt, Ugolino avait fait remarquer à son maître :

— Nous nous rapprochons. Il y a de moins en moins de flocons dans les traces. Ils doivent aussi aller moins vite… Leurs montures fatiguent.

Pietro avait levé les yeux vers le ciel.

— Ça s'assombrit, la neige va tomber plus fort. Quel dommage qu'on ne connaisse pas le pays. Si on savait où ils vont, on pourrait les contourner.

— Ils s'arrêteront avant la nuit. Que fait-on si on les rattrape ?

— Il ne faut pas les rattraper. Si on les aperçoit, on attendra en se cachant. L'endroit s'y prête.

Depuis leur départ, les marais succédaient aux fourrés et aux bois. On pouvait facilement s'y dissimuler.

Un peu plus tard, ils arrivèrent en vue d'un donjon. En approchant, ils virent que la forteresse avait été incendiée. Autour des restes se dressaient quelques maisons, pour la plupart ruinées. Ils découvrirent un enfant et une chèvre qui, à leur vue, détalèrent par un jardin. Le gamin était terrorisé, aussi Sangallo tenta-t-il de le rassurer en lui criant qu'il lui donnerait un blanc s'il le renseignait.

Pas de réponse. Pietro répéta sa proposition. Ils

allaient repartir quand la tête de l'enfant dépassa d'un mur.

Pietro sortit la pièce et la montra :

— On n'est pas du pays, l'ami. Comment s'appelle ce château ?

Le gamin hésita, ses yeux méfiants allant de l'un à l'autre des cavaliers, comme pour évaluer leur sincérité. En fin de compte, il lâcha :

— Brétigny, seigneur.

— As-tu vu passer d'autres cavaliers ?

Il montra de nouveau la pièce.

— Oui, seigneur.

— Combien étaient-ils ?

L'enfant leva ses deux mains, écartant les doigts.

— Et ils avaient des chevaux en plus. Un avec des coffres.

— Ils sont passés voici longtemps ?

— Non, seigneur…

Sangallo envoya la pièce et ils repartirent.

D'après lui, cela faisait quatre heures qu'ils avaient quitté l'endroit de l'embusque. Ils avaient dû parcourir cinq bonnes lieues et il restait trois heures de jour.

Ils avançaient un peu moins vite, à présent. Les traces de leurs agresseurs restaient visibles, mais nettement atténuées par la neige qui s'amoncelait partout autour d'eux. Le ciel s'assombrissait, les flocons semblaient plus épais.

Plus d'une heure passa. De nouveau, ils découvrirent un château. Lui n'avait pas brûlé.

Au pied de la forteresse, ils traversèrent un hameau fait de quelques maisons de torchis. Une grange avait été incendiée. Sa carcasse se dressait encore, sinistre comme un échafaud. Bien que boueuses, les ruelles étaient blanches. On ne distinguait plus qu'à peine les marques des sabots de ceux qu'ils poursuivaient. Les marauds ne s'étaient pas arrêtés, et pourtant le crépuscule approchait. Où comptaient-ils passer la nuit ?

Ils croisèrent une femme portant un gros fagot. Elle ne parut pas effrayée.

— La mère, avez-vous vu des cavaliers ? l'interpella Pietro.

Elle les considéra en relevant son maigre cou de sous sa cotte à capuchon. Le résultat sembla la satisfaire car elle répondit :

— Je les ai pas vus, seigneur, j'étais derrière à attacher mes fagots, mais j'ai entendu une galopade aussi bruyante que celle des quatre de l'Apocalypse dont nous parle souvent notre bon prêtre.

Sangallo sortit un autre blanc et le lui donna.

Elle eut un sourire édenté, plein d'étonnement.

— Vous ne portez pas la mort, vous, messire, fit-elle d'une voix douce.

— Où est-on ici ?

Elle désigna le château :

— Palaiseau, seigneur.

— Où va cette route ?

— Plus loin, il y a Bièvres. Ma sœur habite là-bas. Plus loin encore, j'y suis jamais allée.

Ils repartirent.

La neige tournait à la tempête quand ils découvrirent un nouveau château. Était-ce enfin la destination des cavaliers ?

Toujours pas, car d'après les traces, leurs assaillants avaient poursuivi. Se trouvaient-ils à Bièvres ?

Ils avançaient maintenant plus lentement. Les marques de ceux qu'ils poursuivaient avaient disparu.

Ils prirent plusieurs chemins et découvrirent finalement du crottin encore fumant. Ce pouvait être eux.

Ils continuèrent sur ce qui semblait être un chemin en suivant une haie. L'obscurité tombait. Alors ils entendirent les loups.

40

Mardi 29 décembre 1360, suite

Ils avaient continué à avancer, repérant ici ou là ce qui pouvait être des signes laissés par ceux qu'ils poursuivaient.

Bien qu'il fasse nuit, l'épais rideau de neige diffusait une faible luminosité. Soudain brillèrent devant eux deux ou trois douzaines de lueurs rouges.

Des loups les attendaient.

Prudents, les cavaliers avaient préparé leurs arbalètes. Ils avancèrent, et tirèrent. Des hurlements et jappements de douleur se firent entendre, la meute disparut.

Les trois cavaliers poursuivirent à pas comptés, en silence.

— De la fumée, seigneur, lança tout à coup Ugolino en reniflant. Je sens des feux pas loin !

L'ancien moine marchait en tête et, tant bien que mal, essayait de leur indiquer le chemin grâce à la lanterne utilisée pour la hacquebute. Mais on ne distinguait plus rien : peut-être traversaient-ils des champs.

L'odeur de brûlé était de plus en plus prégnante. Tout à coup, ils distinguèrent un mur de torchis : ils étaient arrivés près d'une maison. Des chiens aboyèrent.

Du haut de son cheval, Pietro frappa du pied le battant d'une porte peinte en rouge et cria :

— Nous sommes des voyageurs perdus ! Hébergez-nous, on paiera un écu pour la nuit !

Aboiements féroces et déchaînés de l'autre côté. Sans pour autant qu'il n'y ait de réponse.

Le Florentin recommença à plusieurs reprises. En fin de compte, il abandonna. Les trois cavaliers passèrent la maison et devinèrent, plus loin, une vaste construction. Pas de lumière, mais la cheminée fumait.

Pietro repéra la porte surmontée par la peinture d'un cerf masquée en partie par la neige.

Il frappa l'huis et cria de nouveau.

Alors – miracle ! – au troisième appel, le battant s'ouvrit.

Sangallo se retrouva face à plusieurs individus armés de piques ou d'épieux.

— Un écu d'or pour la nuit ! assura-t-il. On est trois avec sept chevaux.

— Si vous êtes pas trop difficiles, vous pouvez dormir dans la salle, grogna l'un. Il y a déjà des voyageurs. La seule chambre à l'étage est occupée.

— Ça ira. Et les chevaux ? interrogea l'Italien en mettant pied à terre.

— Étienne va montrer à vos compagnons où les mettre, se radoucit l'hôte. Vous pouvez entrer, seigneur.

Un des hommes, celui avec un épieu, sans doute Étienne, sortit et prit les chevaux de Sangallo par leurs brides. Il s'éloigna et les deux cavaliers le suivirent.

À peine éclairée par la lueur de braises, la salle puait la sueur. Des gens dormaient un peu partout, allongés sur de la paille. Plusieurs grognèrent en raison du froid qui venait de pénétrer à cause de la porte ouverte.

L'hôtelier – car Pietro avait compris qu'il s'agissait d'une auberge – le conduisit dans une alcôve à l'écart. Elle sentait la vinasse et un tonneau y trônait. Il n'y avait guère de place. Le sol, en terre, était couvert de joncs séchés.

— Voilà l'endroit, seigneur. J'ai plus de soupe à vous proposer. Le feu est éteint. Mais il me reste du pâté de lièvre et de la fouace[1].

— Va pour le pâté et la fouace, et du vin… Vous en avez ?

— Oui, seigneur.

Puis désignant un recoin :

— Par là, c'est la porte de l'écurie qui se trouve derrière ma maison. Étienne et vos compagnons reviendront de ce côté.

— Je vais les rejoindre. Je veux soigner les chevaux, avant toute chose.

Un long moment plus tard, les Italiens étaient installés dans l'alcôve. Ils avaient retiré leurs harnois, les avaient entassés avec leurs bagages ou déposés sur le tonneau, et s'étaient assis sur la paille, se passant de main en main une coupe en bois pleine de vin du pays. Une piquette douceâtre.

Ils étaient au chaud, à l'abri, repus, mais amers. Ils avaient perdu ceux qu'ils poursuivaient et doutaient de jamais pouvoir les retrouver dans cette campagne qui leur était inconnue.

1. Fougasse.

Après une dernière gorgée, Pietro annonça :

— Demain nous interrogerons les gens de ce village. Peut-être quelqu'un aura-t-il vu nos cavaliers. Ils ont bien dû faire halte quelque part…

— Sans doute avant nous, et on ne s'en est pas aperçu, grommela Ugolino.

— Maudite neige ! Si nous ne découvrons rien, nous rentrerons à Fontainebleau.

Mercredi 30 décembre 1360

Le bruit des premiers clients réveillés et l'odeur d'une soupe aux choux les tirèrent du sommeil. L'hôtelier avait rallumé le feu. Quelques hommes étaient déjà installés autour de la table, barbus, hirsutes, pouilleux, de la paille plein les cheveux.

— Je vais m'occuper des chevaux, décida Ugolino en bâillant.

Il se couvrit de son manteau de laine et rabattit son capuchon en se rendant au passage vers l'écurie.

Pietro opina et alla à la porte d'entrée, après avoir enfilé son manteau clouté, mis un bonnet de laine et serré le ceinturon supportant son épée. Francesco, lui, rassemblait leurs affaires, puisqu'il leur fallait partir.

Sangallo dégagea les gros verrous et poussa le battant.

En vain. L'huis était bloqué.

L'hôtelier arriva en trottinant.

— J'ai déjà essayé, seigneur ! La neige entassée dehors empêche l'ouverture. Mes valets iront la dégager tout à l'heure en passant par l'écurie mais, d'après le ciel, la tempête durera toute la journée. La soupe est prête, en voulez-vous ?

— Oui… Neige-t-il encore beaucoup ?

— Plus que jamais, hélas ! Par endroits, la couche atteint pas loin de deux pieds !

Impossible de partir ! ragea Sangallo en son for intérieur.

— Dites-moi, hier, avez-vous vu des cavaliers ? questionna-t-il.

— Oui, seigneur, deux hommes ont fait halte bien avant vous. C'est à eux que j'ai donné ma chambre à l'étage. Ils avaient six chevaux. Des chevaliers importants.

Se pourrait-il que ce soient nos agresseurs ? s'interrogea le Florentin.

— Avaient-ils deux coffres sur l'une de leurs montures ?

— Oui, seigneur.

Il retourna auprès de Francesco.

— On ne part plus ! annonça-t-il.

Et il le mit au courant de la situation.

Ugolino revint à son tour, expliquant que la tempête de neige ne faiblissait pas, que les chevaux avaient de l'avoine et qu'il avait remarqué six destriers. De belles montures, appartenant sûrement à des chevaliers.

Pietro répéta ce qu'avait dit l'aubergiste et ajouta :

— As-tu reconnu les chevaux ?

— Non, seigneur. Aucun des nôtres parmi eux.

Moue déçue du Florentin.

— Allons avaler la soupe, décida-t-il. Si ces hommes se montrent, parlons français entre nous. S'ils nous interrogent, nous venons de Provence. Je saurai répondre à leurs questions.

Ils s'installèrent à une extrémité de la grande table, à l'écart des autres clients. Un valet leur porta deux écuelles contenant du pain recouvert d'une épaisse couche de soupe aux choux garnie d'andouille.

Ils terminaient ce repas revigorant quand descendirent de l'échelle deux hommes en épaisse robe fourrée et chaperon à cornette enroulée autour du cou. Peut-être des chevaliers, car des épées pendaient à leur baudrier et le plus grand arborait des éperons dorés.

C'est le plus petit des deux qui attira l'attention de Pietro. L'inconnu avait une énorme tête ronde posée sur un corps difforme. Ses épaules paraissaient démesurément larges et se terminaient par des bras immenses. En revanche, ses jambes semblaient extrêmement courtes. Quant à son visage, il était d'une rare laideur, tant par la forme de son nez, de son menton que de ses yeux ronds comme des billes. Une ridicule petite moustache tombante parvenait néanmoins à lui donner un air féroce. Même sa peau, sombre et tachetée comme celle d'un sanglier, se révélait hideuse.

Tous baissèrent les yeux dans la salle devant son regard menaçant. Les siens s'arrêtèrent sur Pietro. Constatant que cet inconnu osait le considérer d'une singulière manière, la colère parut saisir le petit homme. Son visage vira au rouge foncé ; serrant les poings, il s'approcha.

C'est alors que son compagnon le retint par l'épaule et lui murmura quelques mots. Le laideron se ressaisit et sembla abandonner l'idée d'aller chercher querelle. Il s'installa à l'autre bout de la table, conservant quand même l'air mauvais.

— Qu'en penses-tu ? demanda Pietro à Ugolino qui n'avait rien perdu de la scène. Ces deux-là pourraient-ils faire partie de ceux que nous cherchons ?

— Où seraient leurs compères et nos chevaux ?

— Dans une autre auberge, qui sait.

— Avez-vous remarqué que l'un de nos agresseurs était tout aussi petit, seigneur ?

— Non... Mais je n'ai guère eu le temps de les examiner.

— Pourquoi ne pas les interroger ? plaisanta l'ancien moine.

— C'est ce que j'envisageais. Qu'en dis-tu Francesco ?

— Ahgrrr ! Ahgrrr ! se réjouit le muet qui avait déposé son marteau d'armes près de lui.

Ils vidèrent le dernier pot de vin et se levèrent pour se diriger vers l'autre bout de la table. Le regard du Florentin avait rapidement évalué l'espace disponible s'ils devaient en venir aux mains.

Tandis qu'ils approchaient, Pietro observa les traits du petit bonhomme aux larges épaules se contracter car, même en mangeant une platée de tripes, il ne l'avait jamais lâché des yeux.

— Très honoré seigneur, dit l'Italien en s'inclinant à la mode florentine, bonnet à la main. Mon nom est Pietro da Sangallo. Je suis le capitaine de la milice de Florence. Avec mes compagnons, nous avons été pris dans la tempête de neige, ce qui nous a contraints à nous arrêter ici. Comme vous, je suppose.

— Quel nom avez-vous dit ? répondit l'autre chevalier en plissant le front.

À l'évidence il avait dépassé la trentaine de quelques années. Un visage carré, nerveux, un menton volontaire, des yeux sombres et enfoncés dans leurs orbites, surmontés d'épais sourcils broussailleux, des mains larges et noueuses, un couteau de chasse pour trancher le pain de sa soupe, tout contribuait à lui donner un air dur, peut-être violent, même si, par instants, une sorte de rictus qu'on pouvait considérer comme bienveillant venait tempérer l'impression.

— Pietro da Sangallo.

L'homme mâchonna sa bouchée de tripes et s'en tint là, comme s'il en savait assez.

Connaissait-il son nom ? Mais comment l'aurait-il appris ? s'interrogea Pietro, qui poursuivit :

— N'étant pas de votre pays, j'ignore tout des armoiries des gentilshommes de France. Pourriez-vous m'aider ?

— En quoi ? aboya le nabot à la face de sanglier avant d'essuyer sa bouche à l'aide de sa manche.

Nullement impressionné par cette agressivité, Sangallo continua :

— Nous avons trouvé des escarcelles contenant une belle somme et j'aurais aimé connaître leurs propriétaires.

Les deux chevaliers le considérèrent avec plus d'attention, se demandant, à l'évidence, ce que cachait ce discours inattendu.

— Voulez-vous les voir ? interrogea Pietro, tout sourires.

Intrigué, le cavalier au couteau de chasse opina.

Le Florentin déposa alors les deux escarcelles qu'il avait retirées de dessous son gippon où elles étaient attachées par un cordon. Il les étala de manière que les figures soient bien visibles sans quitter des yeux les inconnus.

Leurs bouches s'entrouvrirent et leurs yeux se figèrent.

— Où avez-vous eu ça ? gronda « large d'épaules » en laissant descendre une main vers la poignée de son épée.

— Sur les corps de leurs propriétaires. J'ai oublié de vous dire qu'ils s'en étaient pris à nous.

— Sur les… corps ? Les avez-vous tués ?

— Je le crains. Le fer d'une épée à travers un torse provoque souvent le trépas, expliqua Pietro d'un ton compassé.

— Et vous ignorez qui sont ces gens ?

— J'ignore ! soupira le Florentin avec une expression faussement dépitée.

« Large d'épaules » désigna l'escarcelle au chevron d'argent et au maillet d'or en annonçant :

— Ce sont les armes des Bracquemont.

— Et celle-ci doit appartenir à un Saint-Fuscien, ajouta l'autre chevalier.

— Ces noms ne me disent rien, mes seigneurs, fit Pietro, déçu.

— Vous auriez occis un Bracquemont et un Saint-Fuscien ? Parce qu'ils vous auraient attaqués ? insista le second chevalier.

— S'ils possèdent ces armoiries, oui. Celui à l'escarcelle au marteau était très grand et maniait le marteau d'armes. Il a meurtri deux de mes hommes avant que je ne l'envoie au royaume des taupes.

— À mon avis, il s'agit de Richard de Bracquemont. Il est en effet plus grand que toi et que moi, plaisanta le nabot d'un ton réjoui en s'adressant à son compagnon. Je l'ai combattu une fois et j'aurais pu m'en débarrasser s'il n'avait eu l'aide de son frère. Quoi qu'il en soit, prenez garde à vous, sire florentin, car son aîné, Renaud de Bracquemont, est moult redoutable. Tous les deux sont des fidèles du comte d'Évreux et vous venez de vous mettre à dos la Navarrerie.

— La Navarrerie ? J'ai déjà entendu ce terme. Ce serait le pays du comte d'Évreux ?

— Le pays, et tous les gens du roi de Navarre.

— En êtes-vous ? demanda alors Sangallo, plutôt rassuré par le ton de son interlocuteur.

— Moi ? Je suis leur épouvante et leur crainte !

Sangallo regarda ses compagnons. Francesco n'avait pas tout compris, parlant mal le français d'oïl, d'autant que le petit homme usait d'un singulier accent, mais Ugolino avait saisi que, contrairement à leurs craintes initiales, ils n'avaient pas affaire à des ennemis.

— Asseyez-vous avec nous, messire, proposa « large d'épaules ».

Les Italiens ne se firent pas prier et les clients se poussèrent pour leur laisser de la place.

— Mon nom est Bertrand du Guesclin, déclara leur hôte. Je suis lieutenant de Normandie, d'Anjou et du Maine. Mon ami, Perrin de Viviers, est le meilleur chevalier que je connaisse.

— Vous êtes donc au roi de France, murmura Sangallo.

— Et pas vous, messire, laissa tomber durement Perrin de Viviers.

— D'où tenez-vous cela ?

— N'avez-vous point écrit à maître Étienne Marcel ?

— Vous semblez connaître des choses que personne ne sait, messire… Voulez-vous qu'on en parle ?

— Je le veux ! décida le lieutenant de Normandie.

— Ici ?

— Non. Allons dans ma chambre.

Ayant avalé une dernière bouchée, du Guesclin et Perrin de Viviers se levèrent. Arrivé à l'échelle, le premier interpella l'hôtelier pour demander de porter du vin dans sa chambre, puis fit signe aux Italiens de passer devant lui.

Ils obtempérèrent. En haut, deux portes.

— Celle peinte en vert ! cria du Guesclin.

Pietro, qui était devant, l'ouvrit. Il pénétra dans une pièce fort grande dotée d'un large lit, meublée de coffres, d'une chaise à retrait, de bancs de plusieurs tailles et même d'une écritoire à lectrin. Il y avait également une cheminée où rougeoyaient quelques braises. La fenêtre, aux carreaux de peau de porc huilée, était ouverte et la neige pénétrait en rafales.

Il s'approcha de l'ouverture. Mais un rideau blanc d'épais flocons empêchait d'y voir grand-chose. Il repéra malgré tout ce qui semblait être les ailes d'un moulin à vent, en haut d'une butte proche.

— C'est un pays de marais et de bois, très giboyeux, déclara une voix près de lui.

Perrin de Viviers l'avait rejoint. Sangallo se permit de rire :

— Je ne sais même pas où nous sommes. Hier, nous avons avancé dans l'obscurité et si nous n'avions trouvé cette auberge, je crois que les loups nous auraient croqués !

— Ils sont nombreux par ici, en effet, intervint du Guesclin.

— Ce monticule surmonté d'un moulin, qu'on distingue à peine, se nomme le mont de Versalias ; on dit aussi Versailles, expliqua Perrin de Viviers. Sans la neige, vous verriez à senestre le clocher de Saint-Julien et un prieuré fondé par l'abbaye de Marmoutiers. Entre les deux, plus loin, s'élève un château qui possède courtine et tourelles.

— Il y a donc un châtelain… observa Sangallo.

— Oui, mais très pauvre. D'ailleurs, tout le pays est pauvre, par ici. Les moines et les habitants ont péniblement gagné quelques lopins sur la forêt de chênes et les marécages.

— Vous connaissez bien les lieux…

— Ma mère a épousé un conseiller du roi, châtelain de Viviers, qui possédait une terre aux alentours. Quand il venait y chasser, je l'accompagnais.

— Pourquoi logez-vous dans cette auberge plutôt qu'au château alors ? Vous y auriez plus de confort et moins de promiscuité.

— J'apprécie l'hôtellerie du *Grand Cerf* et cette chambre. Ne sommes-nous pas bien installés ? intervint du Guesclin.

— Certainement ! reconnut Sangallo en se retournant.

— Mais il existe une autre raison : je tiens à la vie, fit le petit homme en un rire grinçant.

— Que voulez-vous dire ?

— Que je suis un serviteur du roi alors que Gilles de Versailles, le seigneur du château, est un Navarrais !

41

— Un Navarrais… murmura Sangallo.

— Oui, loger chez lui, pour des gens comme nous, c'est la quasi-certitude ne pas se réveiller le matin ! ricana Viviers.

Sangallo referma la fenêtre et, brusquement sérieux, demanda à Perrin de Viviers :

— Qu'avez-vous voulu dire dans la salle ? Vous sembliez m'accuser de ne pas être un serviteur de votre roi, ce que je vous confirme puisque je suis au service de la seigneurie de Florence. Et ce qui m'intrigue plus encore, c'est que vous paraissez me connaître.

Viviers tira un banc pour s'y installer, tandis que du Guesclin ajoutait une bûche dans la cheminée.

— Je vous connais en effet. Ou, plus exactement, je sais qui vous êtes, reconnut le chevalier. Mais, prenez place plutôt. Vous ne risquez rien avec nous.

Du Guesclin était allé s'asseoir sur le lit. Ugolino, resté debout près de son maître – tout comme Francesco –, observa que ses pieds ne touchaient pas le sol et en sourit intérieurement. Pietro tira à lui l'autre banc.

— Vous souvenez-vous de Jean Donat ? reprit Perrin.

— Avignon ?

— C'est cela. Donat est l'un de mes amis.

— C'est lui qui voulait engager l'Archiprêtre pour maître Étienne Marcel ! affirma Sangallo, surpris par cette révélation.

— Je suis un neveu d'Étienne Marcel. C'est moi qui avais conseillé à mon oncle de le prendre à son service.

La surprise de Pietro ne faisait que croître. Il observa longuement le chevalier en songeant que, décidément, depuis le début de ce voyage, le passé le rattrapait : d'abord, il rencontrait Cervole, maintenant un proche d'Étienne Marcel. Hasard ? Après un moment, il déclara, plein de prudence :

— Je connais mal les brigues du royaume de France, qui semblent aussi embrouillées que celles de Florence mais, si vous êtes un proche, peut-être même un partisan de l'ancien prévôt des marchands de Paris, comment pouvez-vous être le compagnon de messire du Guesclin, officier du roi ? Par ailleurs, l'on m'a dit que Marcel et Navarre étaient *amici per la pelle*[1]. Or, vous ne semblez pas porter Charles de Navarre dans votre cœur.

— C'est le moins qu'on puisse dire, et vos réflexions sont pleines de bon sens. Le comportement et le caractère du dauphin sont des sujets de désaccord entre Bertrand et moi. Cependant, notre amitié et notre aversion envers le comte d'Évreux constituent un ciment indestructible. Je vais vous expliquer cela ; seulement, avant de continuer, j'aimerais en apprendre plus sur vous. Tout ce que je sais est que vous êtes un capitaine de compagnie et que la ville de Florence vous avait demandé d'apporter quelques milliers de florins à Aguensi afin que la capitale de la Provence achète

1. S'entendre comme larrons en foire.

des armes ; que vous avez combattu Cervole et l'avez empêché de prendre la cité ; et que vous avez obtenu qu'Aguensi le paye pour qu'il s'en aille et se mette au service de mon oncle. Ce qu'il n'a pas fait, d'ailleurs[1].

— Il l'a reconnu devant moi, voici à peine une semaine. À l'en croire, s'il n'a pas été de parole, c'est parce que Marcel avait été assassiné entre-temps.

— Vous avez rencontré l'Archiprêtre ? intervint du Guesclin en se redressant.

— Il m'a sauvé la vie. Et notre ambassade auprès du roi de France.

Grattements à la porte. L'aubergiste apportait du vin et trois coupes dépareillées, une en bois et deux en faïence.

— Mettez tout sur ce coffre ! ordonna le lieutenant de Normandie, contrarié d'être dérangé.

L'hôtelier obéit et se retira.

— Puis-je vous servir, mes seigneurs ? s'enquit Ugolino.

Ayant obtenu l'agrément de Du Guesclin, il emplit la plus grande coupe qu'il remit au lieutenant du roi. La seconde fut pour Perrin, et celle en bois, pour son maître.

— Souhaitez-vous apprendre d'où je viens ? demanda Sangallo aux Français.

— Je suis certain que cela nous intéressera, répliqua le lieutenant de Normandie.

Sa moue, accentuée par sa moustache tombante et les plis entre ses yeux, exprimait un mélange de curiosité et de méfiance.

Pietro raconta donc sa vie. Ses origines d'orphelin adopté, sa jeunesse à Florence, son départ de la ville

1. Voir *L'Archiprêtre et la Cité des Tours*, *op. cit.*

après un conflit avec le grand inquisiteur. Pourquoi il avait rejoint Gauthier de Brienne, qui lui avait tant appris. Son retour à Florence, sa mission en Provence et sa lutte contre Cervole. Ensuite, son existence dans la *Signoria* où il coulait des jours heureux jusqu'à ce que Pétrarque vienne le chercher. Enfin, l'expédition en France, et ses déboires. Il présenta aussi, bien sûr, ses compagnons.

Le tout prit près d'une heure, et plusieurs coupes de vin. Les Français ne l'interrompirent pas, se contentant à certains moments du récit de haussements de sourcils et de sourires.

— Donc, quand vous êtes arrivés ici hier vous étiez à la recherche de vos voleurs, parmi lesquels s'étaient trouvés Bracquemont et Saint-Fuscien, conclut Perrin.

— Voilà. Maintenant, à mon tour d'être curieux. Ainsi, vous êtes le neveu d'Étienne Marcel ?

— Son petit-neveu exactement. Mon arrière-grand-père Pierre, qu'on appelait l'Ancien, était changeur et drapier dans l'île de la Cité. Mon grand-père était son quatrième enfant et le père d'Étienne, son septième. Ce dernier est resté drapier, tandis que mon grand-père, échevin, faisait fortune. Sa fille Marie, trépassée voici quinze ans, était ma mère. En troisièmes noces, elle avait épousé un argentier du roi anobli, mon père donc, qui avait été serviteur de monseigneur Charles de Valois[1]. J'étais attiré par le métier des armes. Mon père m'a équipé et j'ai rejoint l'armée conduite par notre roi – qui n'était alors que duc de Normandie – pour aider Bertrand de L'Isle-Jourdain, le lieutenant de Philippe VI en Languedoc, en difficulté dans le Périgord face aux Anglais de Henri de

1. Frère de Philippe le Bel.

Lancastre. L'Isle-Jourdain a même été fait prisonnier. J'ai été fait chevalier après que le duc a repris la ville d'Angoulême. J'ai continué à combattre l'Anglais, jusqu'à Poitiers, où je me suis retrouvé avec Arnaud de Cervole et Gauthier de Brienne. Mais là j'ai été fait prisonnier. Il a fallu quelque temps pour payer ma rançon : mon oncle Étienne m'a aidé car la succession de ma mère et de mon père m'avait laissé en partie spolié. Je suis revenu à Paris quelques semaines avant la mort de mon oncle et, dans le conflit qui l'opposait au dauphin, j'ai pris sans hésitation son parti. Ceci pour deux raisons : le dauphin, je l'avais vu abandonner le champ de bataille à Poitiers tant il craignait d'être capturé, et pour cela, je ne l'estimais guère. Par ailleurs, je connaissais mon oncle, un homme pieux, réputé pour sa droiture et son honnêteté. Prévôt de la Grande Confrérie de Notre-Dame et désigné par ses pairs prévôt des marchands de Paris, il défendait les intérêts des bourgeois, des commerçants et des artisans de la capitale. Il avait toujours été loyal à la France et à son roi. Quand il me confia se sentir pris en étau entre le dauphin et le roi de Navarre, avec qui il s'était un temps allié, je lui expliquai que pour gagner il fallait disposer d'une armée. « Mais les marchands de Paris ne sont pas des soldats, m'avait-il répliqué. – Fais comme Navarre, avais-je dit. Engage une compagnie. Tu as l'argent pour la payer. » Hélas il ne savait à qui se fier, m'avait-il répondu. Je lui parlais alors d'Arnaud de Cervole. Un capitaine violent, rapace, mais possédant trois mille hommes commandés d'une main de fer. Que je savais loyal à sa parole, et à ce moment-là, en Provence. Mon oncle ayant donné son accord, j'envoyais mon ami Jean Donat à Avignon avec deux mille florins d'or. Vous connaissez la suite.

» J'ai fait une partie du voyage avec Donat, car je devais me rendre sur mon fief de Viviers près de Valence. Quand j'en suis revenu, j'ai appris l'assassinat de mon oncle et de ses plus fidèles compagnons par leurs propres partisans. Ce qui était arrivé dépassait l'imagination : l'échevin Jean Maillart, que mon oncle considérait comme un frère, lui avait fendu la tête d'un coup de hache en l'accusant de vouloir livrer Paris aux Navarrais.

Il planta ses yeux dans ceux du Florentin :

— Marcel n'était pas homme à trahir le royaume de France, à livrer la ville qu'il aimait aux Anglais et aux pillards de Navarre ! martela-t-il. Pour comprendre ce qui s'était passé, j'ai tenté de rencontrer Maillart et ceux qui avaient occis mon oncle, mais sans succès. J'ai pourtant appris de quelques-uns de ses amis, cachés pour ne pas subir le même sort, que mon oncle était en train de négocier un accord avec le régent. Qu'en échange d'une enquête sur certains de ses proches – des notables corrompus qui l'avaient spolié – et d'une rémission, il ouvrirait les portes de Paris aux troupes royales. Jamais donc il n'avait songé à trahir.

— Singulière histoire, reconnut Sangallo.

— En rage contre le dauphin, je ne me maîtrisais plus et j'ai commis une erreur. Quand il a fait son entrée dans la ville, je me suis placé sur le chemin du cortège et je lui ai crié : « Par Dieu, sire, si j'en fusse, vous n'y fussiez jamais entré ! Mais au fond, on fera peu pour vous ! »

» Mes amis, près de moi, ont tancé mon imprudence et m'ont contraint à disparaître. Ils avaient raison, car les serviteurs du dauphin m'ont fait chercher. Or, des complices des assassins de mon oncle m'ont dénoncé.

» À ce moment-là, on arrêtait les fidèles du prévôt des marchands, et plusieurs furent exécutés. Si on m'avait pris, j'aurais fini à Montfaucon. Mais, compte tenu de mon passé, de ma vaillance contre les Anglais et de mon comportement à Poitiers, le dauphin a choisi de ne pas persister à me poursuivre. J'ai tout de même été banni de la capitale. Et n'ai jamais pu terminer mon enquête.

» Ce qui s'est passé n'enlève rien à ma loyauté à mon souverain, mais celui-ci se nomme Jean. Jean le Bon, auprès de qui j'ai combattu. Le dauphin n'était que son lieutenant. Pourtant, malgré mes réticences, quand le connétable de France m'a demandé de le rejoindre au siège de Melun, je m'y suis rendu. C'est là que j'ai rencontré le dogue noir de Brocéliande.

Tout sourires, il désigna du Guesclin.

— Je ne sais si je dois être flatté d'un tel surnom, releva ce dernier d'un air mi-figue mi-raisin.

— Bertrand s'est distingué à Melun et le dauphin, présent, lui a donné plusieurs commandements, dont le dernier est celui de lieutenant de Normandie. Depuis, je ne le quitte plus.

— Pourquoi le dogue noir de Brocéliande ? s'enquit un Sangallo amusé.

— Les Anglais m'ont collé ce sobriquet qui, ma foi, me convient. Les Godons disent que je suis tenace comme un dogue ; moi, je dirais plutôt comme un Breton. Et Brocéliande est la plus grande forêt de Bretagne. De plus, vous voyez ma peau !

— Voulez-vous que je vous raconte l'histoire de Bertrand ? intervint Perrin en souriant. Elle est instructive.

— Les récits de nos vies respectives vont nous empêcher de nous ennuyer, puisque nous sommes confinés ici jusqu'à la fin de la tempête, plaisanta Pietro en indiquant la fenêtre.

— Bertrand du Guesclin est l'aîné d'une famille issue d'une petite seigneurie bretonne. Son père l'a trouvé si laid et si brutal qu'il ne l'acceptait même pas à sa table. Tout jeune, le garçon se battait sans cesse avec les enfants des paysans.

— Mes parents me détestaient et disaient qu'il m'aurait préféré mort ou noyé, intervint sombrement le petit homme.

— À six ans, alors qu'on l'avait relégué dans un coin de la pièce lors d'un repas, il a été saisi d'une crise de rage telle qu'il a renversé la table familiale et a exigé la place due à son rang. Effrayés par cette sorte de démon, ses parents ont cédé, mais ont refusé qu'il devienne chevalier. Alors, dès qu'il l'a pu, il est parti chez un oncle. Où il a appris le métier des armes. Et où, lors d'un tournoi auquel il ne pouvait participer car il ne possédait aucun harnois, il s'en est fait prêter un par un cousin. Masqué, il a défié successivement une douzaine de chevaliers. Qu'il a tous vaincus. C'est alors qu'il fut défié par un chevalier. Un chevalier qu'il a refusé de combattre car c'était ni plus ni moins son père. Quand celui-ci a découvert dans le héros du tournoi son propre fils, il l'a repris chez lui et équipé. Dès lors, Bertrand a commencé à batailler inlassablement l'Anglais aux marches de la Bretagne. Adoubé chevalier, il a pris pour devise « Le courage donne ce que la beauté refuse ». Voici quelques mois, le dauphin l'a remarqué au siège de Melun.

— Une carrière qui vous conduira sûrement à la charge de connétable, messire ! conclut un Sangallo impressionné. J'aurai donc eu l'honneur de vous rencontrer avant.

Il s'adressa au neveu de Marcel :

— Mais, votre histoire, ou plutôt celle de la mort de votre oncle, messire de Verniers, m'a laissé dégorgeant de questions… Vous dites que ce dernier négociait un accord avec le régent en échange d'une enquête sur des notables corrompus qui l'avaient spolié. Cette enquête s'est-elle poursuivie ?

— Peu avant que mon oncle soit assassiné s'étaient ouvertes des négociations entre le régent, qui bloquait l'approvisionnement de Paris, le roi de Navarre et les Parisiens. L'un de mes amis et ami de Marcel, l'échevin Jean Belot, faisait partie des négociateurs parisiens. En privé, il avait déclaré au dauphin que le prévôt des marchands était prêt à se soumettre si un enquêteur royal se rendait à la Chambre des comptes pour vérifier l'existence de documents qui auraient prouvé une forfaiture d'officiers royaux dans le but de spolier maître Étienne Marcel. Les personnes mises en cause étaient, de surcroît, des traîtres, des soutiens cachés du roi de Navarre.

» Intrigué, le régent avait accepté. Grimé, un trésorier de France était entré en ville et, en l'absence de son président laïc, avait fouillé les archives de la Chambre. Il avait bel et bien découvert des papiers donnant raison à mon oncle. Et les avait pris – je ne sais comment, car il est impossible de sortir le moindre document de cette cour royale. Hélas, en partant il a été reconnu et aurait été pendu comme espion sans l'intervention de Marcel, qui l'a chassé de la ville. Sans qu'il puisse rien emporter pour autant.

— Qui avait gardé les documents saisis par ce trésorier ?

— Marcel, qui avait donc atteint son but. Seulement, quelques jours plus tard, alors qu'il se faisait remettre les clefs des portes de Paris, afin de les confier à des proches pour qu'ils laissent entrer le régent, lui-même se vit accusé par certains de ses partisans, dont ce Maillart dont je viens de parler, de vouloir livrer la ville à Navarre. Ils l'ont tué, lui et ses compagnons. Après le massacre, toutes les victimes ont été dépouillées et ce que Marcel avait sur lui a disparu.

— Votre récit fait naître d'autres questions, messire. Le duc de Normandie a dû interroger ce trésorier, auquel cas il connaît la réponse aux accusations de malversations du prévôt de Paris.

— S'il sait ce qui en est, il n'en a rien révélé. Quoi qu'il en soit, certains connaissent cette vérité. Voyez-vous, je suis persuadé que, dans l'entourage de mon oncle, plusieurs ont vu le document pris par ce trésorier et en ont compris l'importance. Ils ont prévenu celui ou ceux qui avaient spolié mon parent. Ces personnes ont conclu que si le régent revenait à Paris et avait connaissance de leurs malversations, elles perdraient tout. Elles ont donc accusé, ou fait accuser, Étienne de trahir le royaume en faveur de Navarre. Et sont parvenues à leurs fins en le faisant assassiner par des crédules convaincus de la fable.

— Si vous avez raison, pareille perfidie dépasse de loin les fourberies qui se font en Italie où cabales, assassinats politiques et intrigues sont pourtant monnaie courante. Seulement, ces affirmations reposent uniquement sur votre conviction qu'Étienne Marcel n'envisageait pas de céder aux sirènes du roi de Navarre.

— Je connaissais mon oncle ! protesta Perrin.

— Je comprends ta position, mon ami, intervint du Guesclin. Tu es de son sang et tu le défends, c'est normal. À ta place, j'agirais de même. Mais j'ai vu tant d'hommes honorables changer de parti que je suis convaincu de la versatilité de la nature humaine. Et les faits sont têtus : Étienne Marcel s'est allié à Charles de Navarre !

— Une alliance de circonstance qui n'a duré qu'un temps. Quand il s'est rendu compte que Navarre était prêt à donner la moitié du royaume à l'Anglais pour en garder le reste, dont il aurait été roi, il a rompu avec lui.

Sangallo balança de la tête, à demi convaincu, avant d'ajouter :

— Vous ne m'avez pas dit quelle était cette concussion. La connaissez-vous ?

— Bien sûr. Étienne était marié avec la fille de Pierre des Essars, un riche maître des comptes qui fut mis en cause pour avoir provoqué la défaite de Crécy par ses trafics. Il avait été condamné à une énorme amende, aussi, à sa mort, mon oncle a-t-il refusé la succession, persuadé qu'en l'acceptant il deviendrait débiteur de cette dette. Mais d'autres héritiers l'ont acceptée. Qui, ensuite, à coup sûr par intrigues et pots-de-vin, ont obtenu l'abandon des poursuites.

— Les documents de la Chambre des comptes auraient-ils pu prouver la corruption ?

— En tout cas, ils auraient permis d'ouvrir une enquête.

— Mais Marcel n'aurait-il pu obtenir lui-même ces pièces ? Après tout, il était prévôt des marchands et avait grand pouvoir à Paris, m'a-t-on dit.

— Pas sur la Chambre des comptes dont grande est l'indépendance. Ses présidents, il y en a deux, auraient interdit la moindre recherche dans leurs archives. Lui le savait. Et il était impossible de passer en force, sauf à devenir dictateur. Ce qui n'était pas sa nature.

— Et vous, messire du Guesclin, que pensez-vous d'Étienne Marcel ? s'enquit Sangallo en s'adressant au lieutenant de Normandie.

— Il cherchait à abaisser la toute-puissance royale, et en cela je le désapprouve.

— On m'a dit, à Aguensi, qu'il voulait instaurer en France une sorte de seigneurie à la manière de Florence, une république des marchands.

— Il est vrai qu'il rêvait de transformer les États en un parlement des communautés…

On gratta à la porte. C'était à nouveau l'aubergiste. Qui affichait un air inquiet, comme s'il craignait une remontrance pour avoir dérangé.

— Mes seigneurs, souhaitez-vous que je vous porte à dîner dans la chambre ? s'enquit-il.

— Nous avons tant parlé que nous avons oublié nos ventres ! s'exclama du Guesclin. Qu'en dites-vous, mes amis ? Ripaillons, vous êtes mes invités !

— Voilà une proposition qui m'enchante ! approuva Sangallo.

— Faites dresser une table, ordonna le lieutenant de Normandie, et porter haute graisse et salaison !

Tandis qu'ils poursuivaient leur discussion sur les événements survenus à Paris depuis la défaite de Poitiers, un valet – le prénommé Étienne – vint monter un plateau sur tréteaux et placer nappe, écuelles et pots. Peu après, une servante apporta un chapon dont ils se régalèrent.

Plus tard, ils sortirent un moment, mais le froid et la neige les firent vite rentrer. Ce fut à cet instant, en considérant les bagages des Italiens toujours dans l'alcôve, que du Guesclin proposa :

— Vous n'allez pas encore passer une nuit sur

la paille ! Il y a de la place à profusion dans notre chambre. Venez-vous y installer.

Pietro accepta volontiers et Ugolino et Theodoro transportèrent donc leurs bagages. À cette occasion, du Guesclin remarqua la hacquebute.

— Un canon à main ? interrogea-t-il.

— Oui, il vient d'Allemagne.

— Je savais que cela existait mais n'en avais jamais vu.

— Voulez-vous que je vous montre comment il s'utilise ?

— Avec plaisir !

Dans la chambre, jusqu'au souper, qui consista en andouillettes caparaçonnées de moutarde, ils évoquèrent leurs campagnes guerrières. Sangallo, celles qu'il avait conduites en Italie avec Gauthier de Brienne, puis sa lutte contre Cervole en Provence. Viviers parla de Poitiers et du Guesclin de ses combats contre les Anglais.

Le lendemain, jeudi 31, il neigeait un peu moins, mais un départ ne s'avérait guère possible. Aussi la journée se passa-t-elle encore à l'intérieur. Néanmoins, quand l'aubergiste vint leur porter à dîner, il s'adressa particulièrement à Sangallo :

— Messire, mardi, vous m'avez demandé si j'avais aperçu des cavaliers, et je vous ai répondu que je n'avais vu que messires du Guesclin et de Viviers.

— Oui…

— Songeant à vous rendre service, j'ai questionné quelques clients sur des chevaucheurs de passage et, tout à l'heure, un fermier qui me porte de la viande m’a dit avoir vu une dizaine de chevaliers. Justement le soir de votre arrivée.

— Ils traversaient le village ?

— Non, ils se sont rendus au château de messire de Versailles.

42

Retour au mardi 29 décembre,
à Fontainebleau

Debout au milieu des stigmates du champ de bataille, Pétrarque regarda Sangallo et ses deux serviteurs s'éloigner. Le poète murmura une courte prière, suppliant la Vierge Marie de protéger ses compagnons et de les ramener sains et saufs.

Après quoi, il revint au chariot, maintenant vide de son chargement. Les hommes transportaient Luchino dans un grand manteau qu'ils tenaient par les côtés. L'aîné des Este fut allongé sur une couche de vêtements récupérés sur les cadavres des chevaliers. Puis, on installa à côté de lui les deux autres Milanais blessés. À l'aide de perches, une sorte de dais fut édifié au-dessus d'eux pour les protéger des flocons. Quant aux cinq cadavres, ils furent attachés au travers de chevaux.

Pétrarque monta finalement sur le siège du conducteur, à côté de maître Augier. Les valets du drapier voyagèrent, eux, sur les destriers des Milanais. Personne n'eut donc à faire la route à pied.

Néanmoins, le périple pour arriver à Fontainebleau

allait prendre des heures, expliqua maître Augier, tant les mules marchaient lentement. Sans compter la neige qui ne cessait de tomber et s'accumulait sur le chemin.

Incorrigible bavard, le drapier ne cessa de clabauder toute la matinée. Il parla de ses voyages, de son commerce, de sa boutique à Paris, de sa famille, des tailles et des aides exigées comme de la bourgeoisie parisienne. Pétrarque n'y prêta qu'une oreille distraite, posant seulement de temps en temps des questions sur la ville de Paris. Il se fit faire ainsi le récit de l'assassinat des maréchaux dans le Louvre et celui de la fin d'Étienne Marcel. Il apprit que le dauphin avait désormais le palais de la Cité en horreur, raison pour laquelle il avait acheté un hôtel près de la porte Saint-Antoine, dans le quartier Saint-Pol.

Comme maître Augier connaissait bien Fontainebleau, le marchand livra à Pétrarque une foule d'informations sur ce village.

— Voici un siècle et plus, ne se trouvait sur place qu'un manoir d'agrément construit par le père de Philippe Auguste, dans une clairière parcourue par des sources et des fontaines, expliqua-t-il. C'est là qu'est né le grand roi Philippe le Bel, et c'est là qu'il a rendu l'âme. On dit, à Paris, que la même couche lui a servi de berceau et de tombeau. Il est vrai que le roi aimait s'y rendre. Plusieurs de ses serviteurs y avaient d'ailleurs fait construire une maison, la plus importante étant celle de Guillaume de Nogaret, désormais occupée par les clercs de la Chancellerie.

» Ce château, sans enceinte ni pont-levis, mais pourvu d'un donjon, est devenu la résidence favorite du bon roi Saint Louis. Comme à proximité se dressait un prieuré, il l'a transformé en couvent qu'il a offert aux Trinitaires à qui il avait confié son aumônerie.

» Les Trinitaires, vous le savez, ont vocation à racheter les chrétiens captifs des infidèles. Ils ont donc érigé dans leur monastère un hôpital destiné à les soigner, un hospice qui est désormais précieux pour les pèlerins de Compostelle.

» Bien sûr, ces travaux et la présence fréquente des rois et de leur cour ont favorisé le développement du village. Il y a maintenant beaucoup de demeures de gens de qualité, des commerces et surtout des hôtelleries. Pour ma part je loge toujours au *Lion d'Or* ou, quand il n'y a pas de place, à la *Fleur de Lys*.

— Pensez-vous que nous pourrions avoir difficultés à y trouver chambre ?

— Non, au pire il restera *L'Écu de France* qui dispose d'un grand dortoir. On trouve aussi de petites auberges comme *Le Cygne* ou *La Chasse Royale* avec de petits appartements.

Les flocons tombant de plus en plus épais, ils cessèrent de parler pour concentrer leur attention sur la route qui commençait à disparaître. Si les chutes de neige devenaient plus importantes, ils ne pourraient poursuivre. Or, passer la nuit dehors, c'était la mort assurée. Il fut donc décidé de ne pas faire de halte.

Le rideau blanc qui les enveloppait masquait entièrement le chemin quand ils aperçurent les premières maisons, le clocher d'une église et les tourelles du château. Depuis un moment Raffaello avait fait chevaucher les cavaliers devant les véhicules afin que les sabots écrasent la neige et marquent la route.

Enfin, ils pénétrèrent dans le village. Les boutiques étaient closes mais les fumées des cheminées témoignaient que chacun était rentré se mettre à l'abri. Guidée par les drapiers, la troupe tourna et passa devant plusieurs auberges reconnaissables à leurs enseignes et à leurs cours abritant des écuries.

Le convoi s'arrêta devant *Le Lion d'Or*, une belle hôtellerie aux pans de bois peints et sculptés. Pierre Augier descendit de son siège et rejoignit le premier chariot où se trouvaient son frère et Pétrarque, tous deux blanchis par un linceul de flocons.

— Je reste ici avec nos gens et le second chariot pendant que tu poursuis jusqu'à l'hôpital, annonça le drapier à son frère. Quand tu reviendras, nos draps seront au sec et notre chambre, chaude !

C'était ce qu'ils avaient convenu un peu plus tôt. Raffaello devait aussi demeurer sur place afin de trouver des chambres et mettre coursiers et bagages à l'abri. Seuls Cionne, Maccio, deux valets et Theodoro d'Este poursuivraient jusqu'à l'hôpital avec les blessés et les morts.

Le couvent des Trinitaires se trouvait un peu plus loin. On y accédait par une large allée conduisant à l'église. À droite de cet édifice, se dressait le monastère lui-même avec son cloître, et à gauche, l'hôpital. Derrière ces constructions, on apercevait vaguement les tourelles du château royal ainsi que son donjon.

Le véhicule s'arrêta devant une voûte ronde fermée à l'intérieur par une lourde porte de bois. Pétrarque descendit du chariot pour aller tirer une chaîne qui pendait. Une cloche tinta. Assez vite, l'huis s'écarta et un jeune moine en soutane blanche ornée d'une croix rouge, avec scapulaire de même étoffe, parut.

— J'arrive du Milanais, mon père, annonça le poète en frissonnant sous le porche. Nous avons été attaqués dans la forêt et ramenons des blessés dans ce chariot. Parmi eux, messire d'Este, un important gentilhomme de Milan. Quant à ces chevaux, ils portent cinq des nôtres, trépassés, qui doivent être mis en terre consacrée.

— Nous nous occuperons des morts et soignerons vos blessés, s'ils ne sont pas trop gravement atteints, répondit le religieux. Transportez-les ici le temps que j'aille quérir de l'aide.

Pétrarque s'aperçut que Theodoro l'avait suivi.

— Que l'on déplace mon frère avec tous les égards dus à son rang ! tonna-t-il.

Le poète haussa imperceptiblement les épaules, ressortit et répéta à Cionne et Maccio ce que le Trinitaire venait de proposer.

Les Milanais descendirent de cheval et, après avoir retiré le dais enneigé, sortirent à grand-peine Luchino du chariot. Le visage de l'aîné des Este était tellement crispé par la douleur que l'on voyait saillir les os de sa mâchoire.

Des deux autres blessés, le moins atteint parvint à sortir seul. Un coup d'épée lui avait tranché le flanc mais un bandage serré avait limité les pertes de sang. L'autre en revanche, poumon percé, gémissait faiblement en crachant des bulles rougeâtres.

Luchino se trouvait sous le porche qui se prolongeait sur toute la largeur du bâtiment. Par un passage à main droite, quatre moines se précipitèrent, dont un homme à la peau sombre et à la blanche chevelure, qui se présenta comme le prieur.

Penché sur Luchino, il serra les lèvres avec une expression pessimiste, et ordonna :

— Portez-le dans le dortoir. Qu'il soit seul dans

un lit. Frère François, examinez-le et tentez de soulager ses maux.

L'un des Trinitaires alla ouvrir une porte. Les autres soulevèrent l'aîné des Este, puis le transportèrent dans une salle basse faiblement éclairée par deux coupelles d'huile contenant une mèche à la flamme vacillante. Theodoro resta près de son frère tandis que Pétrarque et les Milanais allaient chercher le dernier blessé dans le chariot. Son compagnon s'était assis sur un banc dans la voûte. Des moines enlevaient déjà les cadavres restés sur les chevaux.

Le garde au poumon percé, qui se nommait Giuseppe, fut transporté dans la salle, ce qui permit à Pétrarque, qui l'accompagna, d'examiner les lieux.

La pièce, large de trois toises et longue de cinq, contenait trois grands lits. Le premier abritait déjà quatre mal-en-point. Luchino avait été installé dans la dernière couche où il demeurerait seul. Un moine – Pétrarque apprit qu'il s'agissait de l'infirmier – l'examinait.

Comme Theodoro répétait sans cesse qu'il fallait guérir son frère, le religieux, exaspéré, se tourna vers lui.

— Mieux vaudrait me laisser, lâcha-t-il sèchement.

— C'est mon frère ! Je veux qu'il vive ! Il faut réparer sa jambe et son épaule !

— Sa jambe n'est pas le plus grave. Je pourrai la soigner, même s'il boitera à l'avenir. Pour son bras, je vais faire chercher un rebouteux. Mais sa tête…

Il serra les lèvres en plissant le front.

— C'est une bosse ! Il en a déjà eu ! clama Theodoro, péremptoire.

— Il a saigné du nez et des oreilles. Peut-il parler ?

— Non, répondit Pétrarque.

— S'est-il endormi ?

— Pendant le voyage, oui.

Nouvelle grimace.

— À la palpation, j'ai senti un énorme caillot, prévint l'infirmier. S'il ne se résorbe pas, il mourra.

— Je sais qu'on peut percer les caillots, proposa Pétrarque.

— Oui, mais il faut en général traverser l'os du crâne, avec tous les risques que cela présente. Je suis incapable de le faire. Il faudrait le conduire à Paris où se trouvent de grands chirurgiens.

Theodoro se tourna vers Pétrarque.

— Partons demain !

— Non ! J'ai promis à messire da Sangallo de l'attendre. Au demeurant, votre frère ne peut voyager.

— Attendez un jour ou deux pour prendre une décision, conseilla l'infirmier. Je vais laver son crâne au vin chaud. Parfois, cela suffit.

— Je vous fais confiance, dit Pétrarque. Nous reviendrons demain prendre des nouvelles. N'oubliez pas qu'un troisième blessé attend sous la voûte.

— Je vais le mettre dans le même lit que son compagnon.

— Voici quelques florins pour nos morts. Nous viendrons à la messe d'obsèques.

Tous regagnèrent le chariot où maître Augier les attendait. Impuissant, Theodoro avait accepté de quitter son frère.

Le véhicule revint jusqu'au *Lion d'Or*. Un valet milanais, qui attendait à l'abri de la neige sous un encorbellement, se précipita vers eux en lançant à maître Pétrarque :

— Messire de Buondelmonti a obtenu une chambre dans l'hôtellerie, mais elle n'a qu'un grand lit. Nous avons donc trouvé une autre chambre à *L'Écu de France*, plus loin.

Soulagé d'être assuré d'un gîte, le poète descendit du véhicule en même temps que le drapier. Il demanda à Cionne de l'accompagner, tandis que les autres cavaliers, à l'exception de Theodoro qui refusait de faire le palefrenier, conduisaient les montures à l'écurie.

Pierre Augier se trouvait dans la salle de l'hôtellerie du *Lion d'Or* avec ses serviteurs. Il annonça que les Milanais s'occupaient des bagages dans leur chambre.

La chambre se trouvait au deuxième étage. Theodoro, Pétrarque et Cionne y montèrent rapidement pour découvrir une pièce, plutôt grande, mais encombrée par les deux coffres contenant la rançon, les pièces d'armure, les armes et les vêtements récupérés sur les gens du roi de Navarre. Sans oublier tous leurs bagages. Raffaello surveillait valets et gardes en train de mettre de l'ordre dans ce bric-à-brac.

Assis sur le lit, Pétrarque raconta ce qu'il s'était passé au couvent, puis la discussion porta sur l'attribution des chambres. Il restait quatre gardes et trois valets valides. Theodoro avait choisi comme servant un prénommé Maneto qui lui obéissait au doigt et à l'œil, et comme valet Vittore, un jeune homme timide et respectueux qu'il se plaisait à martyriser. Tous deux avaient survécu à l'agression des chevaliers navarrais, tout comme Bonaccorso, le valet de Pétrarque et Chiaro, le servant de Raffaello. Il fut donc convenu que ces quatre-là dormiraient à même le sol sur des matelas de vêtements. Que le cadet des Este, Raffaello et le poète partageraient le lit tandis que les autres, c'est-à-dire Cionne, Maccio et le dernier valet, iraient s'installer à *L'Écu de France*.

Un peu plus tard, Italiens et drapiers se retrouvèrent pour un gros souper.

Le lendemain, les Augier partirent, après que Pétrarque eut promis de leur rendre visite une fois à Paris.

Pendant que Raffaello et ses hommes allaient vendre pièces d'armure, armes et chevaux en surplus aux boutiquiers du village, Theodoro et le poète se dirigèrent vers l'hôpital.

Au fond de son lit, Luchino paraissait ne plus avoir aucune conscience mais l'infirmier assura qu'il avait marmonné quelques mots dans la nuit. Pour l'heure, il était sous l'effet de grains d'opium qu'on lui avait fait avaler afin d'atténuer ses souffrances. Sa jambe était maintenue dans des planches, son épaule avait été remise. Quant aux gardes blessés, l'un se mourait et l'autre, prénommé Niccolo, assura qu'il pouvait rejoindre ses compagnons maintenant qu'on l'avait pansé.

Pétrarque l'emmena donc, laissant les frères d'Este ensemble.

À l'auberge, ceux chargés des ventes étaient revenus. La recette avait été bonne et tous les hommes, à l'exception de Vittore qui ne s'était pas battu, avaient reçu leur part, soit une dizaine d'écus. Quant à Cionne, il en avait encaissé près de cinquante en cédant ce qui avait appartenu au chevalier que lui-même avait occis.

Après un dîner réconfortant, constatant qu'il neigeait moins, Pétrarque et Raffaello décidèrent de se rendre au château pour informer le lieutenant du bailli de leur présence. Mais ce dernier était parti à Melun et personne ne savait quand il serait de retour.

Theodoro reparut au crépuscule. Son frère avait repris ses sens mais n'y voyait plus et n'arrivait pas à parler correctement. D'après l'infirmier, ces troubles s'expliquaient par la bosse pleine de sang. Il fallait la purger, sinon il trépasserait.

Le jeune Este exigea donc un départ pour Paris dès le lendemain.

— Votre frère est incapable de voyager, lui répliqua Pétrarque.

— Et nous avons promis à messire da Sangallo de l'attendre, insista Raffaello.

— Mon frère peut monter pour peu qu'on l'attache sur sa selle. Rester ici, c'est être mort dans quelques jours. Quant à messire da Sangallo, il n'a aucune chance de retrouver les voleurs. Et s'il les a rattrapés, il n'a pu que se faire tailler en pièces. Je n'ai d'ailleurs pas compris pourquoi il nous a quittés.

— Il l'a fait pour rapporter la partie de la rançon dont vous aviez la garde, rétorqua Raffaello d'un ton dur.

— Je crois plutôt qu'il est parti pour de tout autres raisons ! persifla le jeune d'Este.

L'écuyer se figea.

— Lesquelles ? Videz votre sac !

— Il ne vous a pas échappé que, depuis Milan, nous subissons des attaques inexplicables ! Ces ennemis savent toujours où nous sommes. Qui les renseigne ainsi ?

— Accusez-vous mon seigneur ?

La haine enfouie depuis tant de jours explosa brusquement :

— Tout le monde sait qu'il est l'ami de Cervole… Et vous-même êtes le fils d'un *condottiere*. Vous êtes tous les mêmes et vous n'avez entrepris ce voyage que pour voler les florins de mon oncle ! cracha le jeune homme.

Raffaello lui sauta à la gorge et le précipita au sol. Il l'aurait roué de coups de poing et peut-être tué sans l'intervention de Pétrarque, Cionne, Maccio, du garde et du valet de Theodoro qui les séparèrent.

Libéré, Theodoro se releva et essuya de sa manche le sang qui coulait de ses lèvres.

— Vous paierez pour ça ! vomit-il.

— Je ne veux plus de dispute ! ordonna Pétrarque. Theodoro, je veux bien admettre que l'état de ton frère égare ton jugement, aussi j'oublierai tes accusations. J'essaierai de convaincre messire da Sangallo que seul le chagrin que tu éprouves est la cause de ton attitude, mais ne recommence jamais, car notre capitaine pourrait te faire payer cher tes paroles. Quant à un départ avant son retour, il n'en est pas question. D'ailleurs la neige nous empêcherait de voyager.

— Les drapiers sont bien partis, grommela Este d'un air mauvais en quittant la chambre.

Le soir, Raffaello dormit à *L'Écu de France.*

Le lendemain, jeudi 31, dès l'aurore tous se rendirent à la messe pour les morts. L'office terminé, Theodoro demeura à l'hôpital avec Maneto et Vittore, son servant et son valet.

Il revint deux ou trois heures plus tard et pénétra dans la salle du *Lion d'Or* où il trouva Pétrarque et Raffaello attablés.

— Je suis allé chercher mon frère. Et pars avec lui pour Paris.

Pétrarque, sidéré, se leva. Raffaello, resté assis, secouait la tête en serrant les lèvres.

— Où est-il ? demanda le poète.

— Dehors. Une dernière fois, je vous conjure de venir avec moi.

Sans répondre, le poète sortit.

Il découvrit Luchino attaché sur une selle, serré entre plusieurs pièces de bois qui l'empêchaient de bouger. Visage figé, bouche ouverte, yeux hagards et vides d'expression, il avait tout du mort-vivant.

— Il faut qu'un chirurgien l'opère ! martela Theodoro. S'il meurt, mon oncle vous punira !

Pétrarque restait immobile sous les flocons qui recouvraient son bonnet. Que décider ? Il ne craignait point Visconti, mais y avait-il vraiment une chance de sauver Luchino ?

Il prit finalement sa décision et rentra.

Il s'approcha de Raffaello, posa une main sur son épaule et lui dit :

— Nous partirons pour Paris.

— Non ! décida l'écuyer en se levant.

— Je dois accompagner les Este, Raffaello, et j'ai besoin de ton aide. Nous allons laisser Cionne, Maccio et Niccolo ici. Pietro arrivera demain ou après-demain. Il nous rattrapera, et il comprendra.

Silence de Raffaello.

— Nous n'avons pas le choix, mon ami. Ton seigneur aurait pris la même décision que moi.

Raffaello céda, ne pouvant abandonner l'ambassadeur et la rançon, puisque c'était à lui de les protéger.

Cionne et Maccio prévenus, Pétrarque paya leur chambre pour une semaine et leur laissa une lettre à remettre à Pietro da Sangallo. Ils auraient aussi à prévenir le prieur des Trinitaires et à lui remettre deux florins d'or, l'un pour les soins donnés, l'autre pour des messes.

Après quoi, les chevaux furent préparés.

Une heure plus tard, les Milanais avaient quitté Fontainebleau sous une légère neige. Theodoro s'était fait expliquer par les moines la route à prendre pour rejoindre la capitale du royaume de France.

43

Jeudi 31 décembre 1360, à Versailles

— Cet homme est-il encore ici ? s'enquit Sangallo.

— Oui, seigneur. Je lui ai demandé de rester, pensant que vous voudriez l'interroger.

— Comment est-il venu jusqu'à votre auberge, avec cette neige ? demanda Viviers.

— Sa ferme se trouve derrière ma maison. Il y élève des poules, des lapins et des cochons. Il a tracé un chemin dans la neige pour m'apporter deux poulardes.

— Je vais lui parler, décida Pietro.

Ils descendirent tous.

Dans la salle, les clients étaient les mêmes, mis à part de rares nouveaux. L'aubergiste conduisit les Italiens et les chevaliers français dans un cellier mitoyen où se tenait un homme âgé, voûté, maigre comme une chèvre, le nez cassé et une bouche édentée au milieu de sa barbe blanche en bataille. Il bavardait avec une matrone, sans doute l'épouse de l'aubergiste. Au sol, deux grosses poules attachées par les pattes caquetaient avec colère en tentant d'échapper à leur sort.

— Mathieu ! annonça l'hôtelier en montrant le barbu maigre.

— C'est vous qui avez aperçu des chevaucheurs, hier ? interrogea Pietro.

— Oui, messire.

— Dites-moi ce que vous avez vu et je vous donnerai un denier.

— C'était le soir, il faisait encore jour. Je vérifiais les barrières de ma clôture, à cause des loups qui viennent rôder. J'ai entendu des chevaux hennir, des éclats de voix et des paroles confuses. On a toujours peur dans ces cas-là. J'ai pris le chemin jusqu'à l'auberge et je l'ai contournée. De loin, j'ai vu des cavaliers, nombreux, mais pas plus de dix, j'en suis sûr, qui prenaient le chemin du château. Ça m'a intrigué, car le seigneur de Versailles vit seul avec quelques serviteurs. Il a à peine cinq ou six hommes d'armes et deux ou trois montures.

» Je me suis avancé pour mieux voir, mais pas très loin, car il neigeait déjà fort, et la couche était épaisse.

— Que pouvez-vous dire sur ces cavaliers ?

— Deux ou trois tenaient des lances. Ils avaient quelques chevaux en longe, certains chargés de coffres et de bagages. Des voyageurs, nul doute.

Sangallo regarda Ugolino et Francesco. Le premier hochait la tête. Le muet n'avait pas tout compris.

Le Florentin réfléchit un instant en frottant de sa main les poils de son menton.

— Portez-vous parfois des poulardes comme celles-ci au château ? demanda-t-il en désignant les poules.

— Oui, mais pas souvent, car le seigneur n'est pas riche.

— Accepteriez-vous d'aller vendre l'une de ces deux-là ?

— Mais je les ai déjà vendues, seigneur !

— Je vous la rachète, annonça le Florentin à l'aubergiste. Le double de ce que vous l'avez payée.

— Dans ce cas, elle est à vous ! sourit l'autre, visiblement satisfait.

— Mais pourquoi, seigneur ? s'étonna le fermier.

— Vous irez proposer la bête avec mon servant.

Il désigna Ugolino.

— Vous direz qu'il s'agit de votre neveu, inventerez n'importe quoi à son sujet... Sa famille est morte. Il vient vous aider...

» Ugolino, tu ouvriras bien les yeux.

— Ce sont vos ennemis, seigneur ? demanda le fermier, soudain inquiet.

— Aucun besoin de le savoir. Mais je vous remettrai un écu pour votre aide.

— Un écu ?

Le barbu en demeura bouche bée.

Sangallo se tourna vers l'aubergiste et la femme.

— Et vous, silence sur tout ça, d'accord ?

Ils promirent.

Ugolino demanda quelques instants pour retirer son harnois et enfiler d'autres vêtements. Mais comme il n'avait rien lui permettant de passer pour un vilain, le fermier lui proposa de l'accompagner chez lui où il lui prêterait des vieilleries.

En fin de compte, ils partirent avec la poule qui crételait de toute sa gorge en perdant moult plumes.

Florentins et Français allèrent s'installer autour d'un vieux tonneau qu'ils tirèrent dans l'alcôve où les Italiens avaient passé la nuit.

— Supposons que ce soient vos agresseurs, demanda du Guesclin à Pietro, que ferez-vous ?

— Ce sont eux, j'en suis certain. Ne m'avez-vous

pas dit que le seigneur de Versailles est un partisan de Navarre ? Dans leur expédition, mes marauds avaient prévu de faire halte ici, ne voulant pas courir le risque de mettre en danger les coffres qu'ils avaient volés. Mais Ugolino m'en dira plus… Ensuite, je vais guetter leur départ, les rattraper et reprendre ce qu'ils m'ont volé.

— À trois contre dix, ou plus ?

— Ce ne sera pas la première fois, et j'ai un canon à main. Si je peux les surprendre, un tir de grenaille en mettra la moitié à bas.

— Cela ne suffira pas, objecta Viviers.

— Francesco peut se montrer très féroce, plaisanta Pietro.

Le muet grogna ce qui ressemblait à un rire.

— Si ce sont des Navarrais, j'aimerais en être, suggéra Viviers.

— Ce n'est pas votre querelle, messire. Ne risquez pas votre vie inutilement.

— Certes mais il s'agit d'une occasion d'affaiblir Navarre. Et pareille opportunité ne peut être manquée ! S'il y avait un Bracquemont et un Saint-Fuscien dans cette bande, sans doute d'autres fidèles du comte d'Évreux, tout aussi importants, s'y trouvent-ils. Pourquoi pas des Picquigny ?

— Tu as raison, Perrin ! Dieu nous offre une chance unique, approuva du Guesclin. Nous irons avec vous, messire !

— Je ne refuse pas ! En premier lieu à cause de votre vaillance, mais aussi parce que vous connaissez le pays. Où pourraient-ils se rendre, selon vous ?

— Je parierais pour Mantes, avança du Guesclin après un instant de réflexion. Navarre devait s'y rendre pour Noël, m'a-t-on dit. S'ils ont volé cette rançon à sa demande, ils vont la lui porter.

Il s'adressa à Sangallo :

— Il y a un peu plus de dix lieues entre ici et Mantes. Une journée de cheval.

— Voyez-vous un endroit, non loin d'ici, où l'on pourrait les embusquer ?

Les Français se consultèrent du regard, puis Vivier suggéra :

— Avant d'arriver à Villepreux, le chemin passe entre des haies très touffues. Évidemment, je ne sais si la neige permet d'aller jusque-là.

L'aubergiste arriva et leur proposa du vin et un ragoût de lapereaux. Du Guesclin accepta et demanda en retour s'il neigeait encore.

— Moins, seigneur. On a même aperçu le soleil tout à l'heure.

Quand il fut reparti, du Guesclin déclara :

— S'il se confirme que ce sont vos Navarrais, une sortie à la relevée est envisageable. J'ai besoin de prendre l'air !

— Aller jusqu'à Villepreux ?

— Par exemple.

— Entendu, j'ai hâte de chevaucher moi aussi.

Pietro annonça la chose à Francesco qui grogna avec un sourire hideux. Le muet aimait bien du Guesclin, car il était aussi laid que lui.

On leur porta ragoût et boisson. Ils venaient de terminer leur repas quand Ugolino parut, affublé encore d'une cotte de grosse laine grise avec capuchon.

— *Sono loro, signore !* ne put-il se retenir de clamer en arrivant.

— Ce sont eux ! traduisit Sangallo pour les Français. Es-tu certain ?

— Certain ! Le fermier est allé proposer sa poule à la cuisine. Je suis resté dans la cour. Comme j'étais seul, je me suis rendu dans l'écurie. J'y ai vu nos chevaux. Les trois pris à messire d'Este et celui de maître Pétrarque.

— Bien ! Comment est la neige ?

— Elle a cessé de tomber.

— Va demander à l'aubergiste qu'il te donne de quoi manger et équipe-toi. Avec Francesco, nous allons préparer les montures. On sort.

— S'en va-t-on ? s'étonna l'ancien moine en écarquillant les yeux.

— Non, il s'agit juste de faire une promenade avec messire du Guesclin et Viviers. Nous avons besoin de chevaucher.

Un peu plus tard, ils sortaient de l'écurie, équipés en guerre. Sangallo avait même emporté la hacquebute. En montant en selle, il regarda le ciel qui se dégageait et se mâchouilla les lèvres, comme quelqu'un qui se demande s'il a pris la bonne décision.

— Ils ne partiront pas aujourd'hui, dit alors Viviers d'un ton amusé.

— Vous avez deviné ma pensée ! Pourtant, ils doivent avoir hâte de s'en aller. La neige va commencer à fondre…

— Mais où iraient-ils ? Ils ne sont pas en pays navarrais. Dans trois heures, ils devront trouver un logis. Avec la neige, ils n'iront pas vite et auront fait tout au plus quatre ou cinq lieues. Or, leur seule sûreté serait Mantes, ou Ivry, beaucoup plus loin. Croyez-vous qu'ils courraient le risque de passer la nuit dans une auberge avec cinquante mille florins susceptibles de tenter bien du monde ?

— Vous avez raison.

Une heure plus tard, sur la route de Mantes, à bonne distance de Villepreux selon Viviers, ils avaient repéré un endroit parfait pour une embusque.

Le lendemain vendredi, bien avant l'aurore, Ugolino sortit pour rôder autour du château de Versailles. Il dénicha un coin, à mi-chemin du village, d'où il voyait le pont-levis et la porte, tout en restant invisible d'éventuelles sentinelles. Il n'en avait point observé la veille – à l'évidence le château avait peu d'hommes d'armes –, mais un guetteur pouvait toujours se trouver dans l'une des tours.

L'aurore naissait quand le pont-levis fut abaissé et les battants de la porte s'ouvrirent. Il entendit les interjections des valets d'écurie et des hennissements, puis des chevaux sortirent dans la cour. Cela lui suffit ; au demeurant il n'aurait pu en apprendre plus. Il regagna l'hôtellerie.

Ses compagnons étaient prêts, équipés et en selle. Sans montures de secours, car ils avaient prévu de revenir.

— J'ai vu des chevaux. Tout indique qu'ils s'apprêtent à s'en aller ! déclara Ugolino.

— Allons ! décida Pietro.

Il savait qu'ils s'engageaient hasardeusement en prenant la route sans certitude : rien n'assurait que la bande partirait aujourd'hui pour Mantes, peut-être ne sortait-elle qu'afin d'aller chasser. Et même si elle quittait définitivement le château, rien ne garantissait non plus qu'elle se rendrait à Mantes.

Mais la guerre n'est-elle pas autant une question de chance que de raison ?

Ils laissaient beaucoup de traces dans la neige. Aussi, arrivés au lieu du guet-apens, poursuivirent-ils sur le chemin afin qu'on ne se doute pas qu'une troupe s'y était arrêtée pour se cacher. Ils revinrent ensuite en arrière en faisant un large détour et attachèrent leurs montures à des arbres situés à l'écart.

Du Guesclin avait conduit quantité de coups de main en Bretagne avec quelques jeunes partisans, aussi connaissait-il toutes les ruses de ce genre d'entreprise.

Ils se dissimulèrent et armèrent leurs arbalètes. Francesco prépara la lanterne pour allumer la mèche de la hacquebute.

Une heure s'écoula, dans le froid et la neige.

Les Français se trouvaient d'un côté du chemin, les Italiens, de l'autre. Au début, ils bavardèrent un peu mais, le temps passant, bientôt chacun demeura silencieux. Si les Navarrais étaient partis peu après eux, ils auraient dû être là depuis un moment, songeait Ugolino, pessimiste. Donc, ils n'avaient pas pris la route. En tout cas, pas celle-là.

Pietro partageait ces pensées, mais décida d'attendre encore au moins une heure de plus. Il en était là de ses réflexions quand retentirent les *floc* de sabots écrasant la neige.

Ils se tinrent prêts. Francesco s'était rapproché de son maître qui avait posé la hacquebute sur son épaule.

Le canon à main est une arme redoutable et puissante, mais peu précise. Quand Pietro demanda à son valet d'allumer la mèche à la longueur d'un demi-pied, ce dernier obtempéra, mais le coton brûla plus vite qu'il n'aurait dû et le coup partit trop tôt.

Certes la mitraille atteignit la troupe qui se trouvait encore à une centaine de pieds. Les hommes en tête furent touchés, mais ce furent surtout les montures qui reçurent les éclats de fer. Deux animaux tombèrent sur les genoux tandis que les autres, affolés, aveuglés et blessés, détalèrent en tous sens, faisant parfois tomber leur cavalier.

Les hommes à terre se relevèrent et furent atteints par les carreaux d'arbalètes des Français. Ugolino sortit alors de la haie et visa un fuyard. Touché dans le dos, le chevaucheur s'écroula.

Mais les autres étaient déjà loin, galopant à travers champs, emportant coffres et destriers volés.

Quittant la haie, Pietro et Francesco rejoignirent Ugolino, couteau en main, déjà prêt à achever les blessés.

Il y en avait trois, tous touchés par la mitraille ou les carreaux. Autour d'eux, couchés sur le flanc, des chevaux se débattaient dans la neige tachetée de rouge avec des ébrouements de peur et des hennissements douloureux. D'autres, sanglants et soufflant des naseaux, parvenaient à se relever mais demeuraient titubants et tremblants.

— Pas d'exécution de ces marauds, je veux les interroger ! ordonna Sangallo.

Les Français arrivèrent à leur tour. Découvrant un chevalier à la barbe roussâtre à deux pointes qui gisait, impuissant à se lever à cause du poids de son armure et peut-être aussi de membres brisés.

— Robert de Picquigny !

— Du Guesclin ! répliqua ce dernier, incapable de comprendre comment il venait de tomber entre les mains du lieutenant de Normandie.

» Je suis à ta merci, achève-moi, poursuivit le blessé, le visage déformé par la douleur. Le roi te récompensera pour m'avoir occis.

— Crois-tu ? ironisa le lieutenant de Normandie, qui tenait une épée presque aussi grande que lui. J'ai entendu dire qu'il t'avait pardonné[1].

— Oui… J'ai reçu rémission. Et si tu m'épargnes, je te promets que je paierai rançon…

— Tu n'es pas mon prisonnier, tu es celui de messire da Sangallo que tu as volé aux aguets, comme un maraud de chemin.

Pietro s'inclina, sourire satisfait aux lèvres. Faisant passer son épée dans la main gauche, il tira sa dague et s'agenouilla près de Picquigny, tandis que Francesco et Ugolino tiraient les deux autres chevaliers sans ménagement afin de les dépouiller.

Mis à part sa jambe, le Navarrais ne semblait guère blessé. Un éclat de mitraille lui avait éraflé une joue, lui faisant une balafre qui compléterait celle qu'il avait déjà au front. D'autres morceaux de fer avaient touché son armure, la cabossant par endroits.

— Qui vous a donné l'ordre de nous voler ? interrogea Pietro.

Picquigny lui jeta un regard de défi. Comme il ne portait pas son heaume, Sangallo le gifla avec une telle force que le nez du prisonnier éclata, couvrant les deux barbiches de sang, ce qui raviva leur couleur naturelle.

— Écoute-moi bien, larron, tu as vu cet arbre ?

Il montra un orme proche.

1. Picquigny faisait en effet partie des trois cents partisans du comte d'Évreux auxquels Jean le Bon avait accordé rémission dans le cadre de la paix avec l'Angleterre.

— Je vais t'y pendre. C'est le châtiment des maraudeurs, non ? Tu resteras là en exemple, mangé par les corbeaux. D'ailleurs, ils y sont déjà et t'attendent !

Une nuée noire tournoyait au-dessus d'eux, dans l'espoir de becqueter.

— Monseigneur le comte d'Évreux voulait la rançon offerte par le seigneur Visconti… haleta Picquigny.

— Comment nous avez-vous trouvés ?

— L'un des nôtres, Jean de Sault, vous attendait à Chalon…

— Le Bascon !

— Je vois que vous le connaissez. Avec la compagnie de Guiot du Pin, il vous a tendu un piège en Bourgogne… Mais, alors qu'il vous tenait, il m'a dit que l'Archiprêtre vous avait porté secours. Sault est parvenu à s'enfuir pour prévenir mon frère et moi, à Ivry… Il était persuadé que vous passeriez à Fontainebleau et ne s'est pas trompé.

— Le Bascon de Mareuil était-il avec vous ? interrogea du Guesclin qui s'était approché.

— Oui…

— Où est-il ? demanda le lieutenant de Normandie en le cherchant des yeux sur le champ de bataille.

— Il a filé… répondit en souriant Picquigny.

— Quel dommage ! Je l'aurais volontiers pendu.

Puis s'adressant à Sangallo :

— Au siège de Melun, ce lâche se trouvait parmi les défenseurs et m'a poussé sans chercher à combattre comme un gentilhomme. J'étais sur la courtine et suis tombé dans le fossé où j'ai failli me noyer. Depuis, j'ai juré de lui faire payer cette infamie.

— Votre vengeance est remise à plus tard, répliqua Picquigny. À moins que ce ne soit lui qui vous trouve.

— A-t-il filé avec mes coffres ? demanda Sangallo.

— Oui.

De sa dague, le Florentin trancha les cordons du manteau du blessé, puis la ceinture qui tenait le fourreau d'épée. C'est alors qu'il découvrit l'escarcelle de Pétrarque. Le cuir en avait été fendu, elle avait été ouverte.

Il coupa fébrilement les attaches et la prit, fouilla, vit la bourse de florins qu'avait remise Visconti au poète. Mais surtout, dans deux petits coffres plats en argent ciselé, se trouvaient encore les précieuses bagues.

— S'agit-il de celles que vous deviez offrir à Sa Majesté ? s'enquit du Guesclin en les regardant avec intérêt.

— Ce sont elles…

— Achevons ces gueux ! asséna Viviers et poursuivons les autres. On peut les rattraper et récupérer vos coffres.

Pietro remit tout dans l'escarcelle, se releva et prit les deux Français par les épaules pour s'éloigner. Là, il leur dit quelques mots *mezza voce* avant de revenir vers Picquigny.

— Je n'en ai pas fini avec toi, gronda-t-il. J'ai d'autres questions. Dont je connais les réponses pour certaines, alors efforce-toi de ne pas mentir. Je peux toujours te pendre.

» L'un de nos guides nous trahissait… Navarre l'avait-il soudoyé ?

— Oui…

— Était-il le seul espion parmi nous ?

Picquigny ferma les yeux, se refusant à dénoncer ses amis. Il choisit de ne livrer qu'une partie de la vérité.

— Non… Il y en avait un autre…

— Son nom ?

— Je ne sais pas… Je l’ai appris par le Bascon. Il avait rencontré cet homme à Chalon… Qui n’était dans votre troupe mais vous avait quittés.

Roubaud était donc le traître, songea Sangallo, déçu.

Il se tourna vers Francesco qui retirait les pièces d’armure d’un des blessés. Ugolino n’était plus là.

Il l’appela.

— J’arrive, seigneur ! répondit l’ancien moine qui parut soudain par un trou dans la haie, un cheval tenu par la bride.

— J’avais entendu son hennissement. Celui-là a seulement eu peur et n’est pas blessé !

C’était un superbe destrier noir.

— Bien joué, Ugolino ! Finissons de dépouiller ces gens, chargeons ce coursier avec la picorée et que ces larrons soient laissés à nu.

44

Le voyage était long et éprouvant. Certes, il ne neigeait presque plus mais une épaisse boue gelée couvrait la route, heureusement fréquentée par beaucoup de voyageurs dont les véhicules et montures avaient tassé la neige.

À cause de Luchino, ils avançaient lentement. Ce dernier semblait déjà porter un masque mortuaire. À plusieurs reprises, Pétrarque eut même l'impression qu'il avait trépassé et qu'il ne tenait plus sur sa selle que grâce au harnachement.

L'autre difficulté venait des chevaux de bât qu'il fallait surveiller. Il y en avait dix. L'un portait les coffres de Galéas Visconti, deux, les bagages des frères d'Este, les autres, ceux de Pétrarque, Raffaello et Sangallo.

Malgré le froid, la neige et ses blessures, l'aîné des Este tint bon. Lors de l'étape à Corbeil, où ils logèrent dans une hôtellerie, son frère parvint d'ailleurs à le faire boire et à le nourrir de bouillie.

Le lendemain, vendredi, Theodoro annonça pourtant que son aîné allait plus mal et qu'il souffrait affreusement. Tous deux traînaient en fin de convoi avec Maneto et Vittore. La troupe dut faire plusieurs haltes si bien que la nuit était tombée quand ils aperçurent les tours de l'enceinte de Paris. La porte Saint-Jacques, devant laquelle ils se présentèrent, était fermée. Trop tard.

Raffaello bouillait de colère, ne comprenant pas pourquoi ils avaient fait tant d'arrêts car il ne lui semblait pas que l'état de Luchino se soit aggravé. À plusieurs reprises, il avait voulu augmenter l'allure, mais Theodoro s'y était opposé et Pétrarque, souhaitant éviter une nouvelle querelle, avait diplomatiquement cédé.

Heureusement, les hôtelleries étaient nombreuses devant la porte de Paris. Le poète ambassadeur choisit *Le Coq et la Pie* dont il se souvenait. La grande auberge disposait de plusieurs chambres. Les deux frères en obtinrent une pour eux et leurs serviteurs.

Singulièrement, lors du souper, le cadet se montra aimable. Ce qui ne lui était jamais arrivé depuis le début du voyage. Constatant qu'il n'y avait presque plus de vin dans le cruchon qu'il utilisait avec Raffaello et Pétrarque, il se leva même pour le porter à l'hôtelier afin qu'il le remplisse et servit en personne ses compagnons.

— L'espoir de voir prochainement soigner son frère l'a changé, murmura le poète.

L'écuyer secoua la tête. Il n'y croyait pas.

Samedi 2 janvier 1361,
auberge Le Coq et la Pie

Pourquoi le secouait-on si fort ? s'interrogeait Pétrarque qui n'arrivait pas à soulever ses paupières. Il voulait dormir… Dormir.

— Maître ! Maître ! Réveillez-vous ! hurlait-on dans ses oreilles.

Peu à peu, il reprit ses sens. Son crâne était douloureux. Sa langue pâteuse. Où était-il ? Que se passait-il ?

Il crut ouïr la voix de Raffaello, à peine reconnaissable, qui gémissait qu'on le laisse tranquille.

Une secousse plus forte et il ouvrit les yeux. De troubles silhouettes s'agitaient autour de lui. Il reconnut vaguement l'un des valets qui l'empoignait par l'épaule.

— Maître, réveillez-vous !

On lui présenta une coupe de liquide. Il en prit une goulée qu'il recracha aussitôt. Du vinaigre !

Il se mit à tousser et parvint à ânonner.

— Mais qu'y a-t-il ?

À côté de lui, Raffaello se redressait aussi.

Maintenant qu'il y voyait mieux, il reconnut près de lui Bonaccorso, son valet, et Albizzo, un palefrenier. La fenêtre de la chambre était ouverte et le froid glacial y pénétrait. Cela acheva de le réveiller complètement.

— Il fait jour ! s'étonna-t-il.

— Oui, maître, fit Bonaccorso d'un ton paniqué. Vous avez dormi longtemps, comme messire de Buondelmonti, que Chiaro vient tout juste de parvenir à réveiller.

Pétrarque sortit ses jambes du lit et s'assit.

— Pourquoi ai-je tant sommeillé ?

Il entendit Raffaello déclarer à son tour :

— Il fait jour !

— On vous a drogué, maître… Sans doute un philtre.

L'affirmation de Bonaccorso réveilla entièrement le poète :

— Qui aurait fait cela ?

— Messire Theodoro d'Este. Il est parti à l'aurore avec son frère, Maneto et Vittore.

— Quoi ?

À côté de lui, Raffaello réagit de la même façon :

— Que dis-tu ?

— Ils ont emporté les coffres, seigneur ! ajouta Chiaro.

Cette fois, Raffaello se dressa.

— Les coffres de la rançon ?

— Oui, seigneur.

Pétrarque, levé aussi, chancela sous ce nouveau coup du sort.

— Vous les avez laissés partir ? gémit-il en s'adressant à Chiaro.

— Que pouvions-nous faire, seigneur ? Messire d'Este nous a ordonné de vous laisser dormir. Il nous a dit que vous le retrouveriez à Paris. Il était pressé, à cause de son frère. Bien sûr, j'étais conscient que c'était singulier, et pendant qu'ils chargeaient les chevaux je suis venu à plusieurs reprises tenter de vous prévenir. Mais vous dormiez trop profondément ! Impossible de vous réveiller, et je ne pouvais m'opposer à leur départ… Il m'aurait tué et n'aurait fait qu'une bouchée de Bonaccorso et Albizzo.

— Depuis deux heures, on essaye de vous ranimer, maître, ajouta Bonaccorso.

— Je ne vous reproche rien ! Aidez-nous à nous préparer. Nous allons partir au plus vite. Albizzo, va t'occuper des chevaux.

— Theodoro a-t-il dit où il allait ? demanda Raffaello à son servant.

— Non, seigneur…

Avec l'aide de Bonaccorso, Pétrarque commença à s'habiller. Il était soucieux, mais finalement guère abattu.

— Ils ont les coffres, donc Theodoro va les porter

au roi pour obtenir sa reconnaissance et nous dénigrer, conclut un Raffaello lucide.

— Auquel cas, il aura une belle surprise, ricana Pétrarque, ce qui provoqua un sourire de l'écuyer.

L'ambassadeur ajouta après un instant :

— Nous n'irons donc pas chez le roi. Mieux vaut rencontrer le dauphin. Après tout, c'est lui qui a arrangé notre voyage avec messire Visconti.

— Le dauphin ne se trouverait pas avec son père ? s'enquit Raffaello.

— Je suis persuadé que non. Ils ne s'entendent guère, et maintenant que Charles n'est plus régent il ne doit en aucune manière souhaiter demeurer à ses côtés.

— Et s'il n'est pas à Paris ?

— Cela m'étonnerait. Il nous attend… Quoi qu'il en soit, nous ne tarderons pas à le savoir.

— Comment apprendre où il se trouve ?

— À Paris, nous nous rendrons à l'abbaye Sainte-Geneviève qui n'est pas loin. On devrait d'ailleurs apercevoir son clocher depuis la cour. Cette abbaye est la plus ancienne et la plus sainte de la ville. Je m'étais lié avec l'abbé, voici trente ans. Peut-être se souviendra-t-on de moi. Et s'il y a maintenant un autre abbé, ou un curé, il nous dira où loge le dauphin. Il ne peut l'ignorer.

Pétrarque enfila ses bottines en ajoutant :

— Je n'aurais jamais cru à pareille félonie de Theodoro. J'espère que nous nous trompons sur lui.

Avec l'aide de son servant, Raffaello venait d'enfiler son haubert. Il commença à en serrer les boucles et s'arrêta pour dire :

— Ne nous trompons pas, maître Pétrarque, Theodoro a prémédité son départ et le vol des coffres depuis longtemps. Voilà pourquoi nous avancions si lentement ! Il ne voulait pas que nous arrivions au palais du roi dans la soirée. Il fallait qu'on fasse halte pour la nuit. Comprenez-vous pourquoi il s'est montré si serviable hier ? Il est allé remplir lui-même le pot de vin et y a versé le philtre qui nous a fait dormir. Ensuite, il nous a servis, mais pas lui. S'il avait possédé du poison, nous aurions trépassé.

— Oui… Vous avez sans doute raison, Raffaello… Cela signifie aussi qu'il a ce philtre depuis Milan.

— Nous n'en avons pas terminé avec ce félon.

Ils n'entrèrent pas dans Paris par la porte Saint-Jacques mais par la porte Bordelle[1], un peu plus loin, suivant là un conseil donné par l'hôtelier lorsqu'il avait entendu que Pétrarque voulait se rendre à l'abbaye Sainte-Geneviève. Cette porte se situait juste devant le saint monastère.

Ils avaient donc suivi le chemin qui serpentait le long des lices extérieures et n'avaient eu aucune difficulté à pénétrer dans Paris après que le poète ambassadeur eut montré l'un des sauf-conduits de messire de Passac. Document qui, rappelons-le, avait été remis par le cardinal de Boulogne au chevalier. Les autres laissez-passer avaient été donnés à Pietro da Sangallo, à Luchino d'Este et à Castracani, pour parer à l'éventualité où ils seraient séparés durant le voyage.

Du côté de la ville, l'abbaye était ceinte d'un mur et munie d'un seul portail pour entrée. Là encore, le sauf-conduit fit merveille. Ils pénétrèrent dans une cour, s'arrêtèrent devant l'abbatiale que jouxtaient les bâtiments conventuels. Des religieux s'approchèrent

1. Porte Saint-Marcel.

et Pétrarque leur expliqua, en latin, qui il était et d'où il venait. Il précisa qu'il souhaitait rencontrer l'abbé.

Le père Jean de Saint-Leu, aussi prieur-curé de la paroisse, se trouvait par chance dans son hôtel, à quelques pas de l'abbaye, répondit-on. L'un des religieux proposa de l'y guider.

Ils revinrent dans la rue Bordelle[1] et empruntèrent une ruelle qui se dirigeait vers la muraille de la ville. Là, au fond d'une cour dans laquelle on pénétrait par un portail encadré de tourelles, se dressait, formant un angle, un corps de logis fort ancien si l'on se fiait aux portes voûtées et aux archères basses. Les deux étages supérieurs possédaient d'étroites fenêtres protégées par d'épaisses grilles forgées. À l'une des extrémités se trouvait une petite chapelle et, à l'autre bout, s'étendait une écurie dans laquelle on apercevait quelques roussins et une mule.

À peine étaient-ils entrés dans la cour avec leurs chevaux de bât que sortirent deux valets brandissant d'inquiétants hasts. Le curé de Sainte-Geneviève se protège des inconnus, songea un Raffaello amusé. Mais, somme toute, c'était aussi le cas de ceux de Florence.

Le religieux qui les avait accompagnés présenta Pétrarque qui, seul, descendit de cheval. Les valets les accompagnèrent tous deux jusqu'à l'étage supérieur du premier bâtiment où ils trouvèrent le curé en discussion avec un gentilhomme en corselet.

Jean de Saint-Leu, la quarantaine, était un petit homme au visage rond et souriant. Revêtu d'une robe noire et d'un bonnet carré, il arborait une croix d'or sur le torse. Ses mains, fines et soignées, étaient serrées l'une contre l'autre. Il se montra charmé de recevoir le

1. Actuelle rue Descartes.

célèbre poète et, quand celui-ci annonça qu'il arrivait à Paris comme ambassadeur du seigneur de Milan, un sourire chaleureux illumina son visage.

— Avant de m'incliner auprès de votre roi, dit Pétrarque, j'ai besoin de transmettre un message au dauphin de France, duc de Normandie. Or, j'ignore où le trouver. Est-il au Louvre ? Au palais ? Le savez-vous ?

Jean de Saint-Leu ouvrit de grands yeux, ne dissimulant pas sa surprise.

— Sa Majesté est en ce moment au Louvre, observa-t-il d'un ton prudent, après un rapide regard vers le gentilhomme, toujours présent, mais qui s'était éloigné vers l'une des fenêtres d'où il regardait la cour.

» Souhaitez-vous un guide pour vous y conduire ?

— Je vous remercie de cette proposition mais je suis déjà venu à Paris, et je retrouverai le Louvre sans difficulté. Comme je vous l'ai dit, il me faut voir le dauphin Charles en premier lieu.

— Hum… les relations entre Sa Majesté et son aîné ne sont pas très bonnes. Sa Majesté pourrait se fâcher que vous ayez rencontré son fils avant lui.

— Père abbé, j'en suis conscient. Mais voici quelques heures, j'ai été victime d'une trahison. L'un des gentilshommes qui m'accompagnait s'est peut-être déjà rendu auprès du roi. Je dois en priorité expliquer cette fâcheuse situation au dauphin.

Le curé écarta les mains.

— Je n'insisterai donc pas, maître Pétrarque. Monseigneur le duc de Normandie a acheté un hôtel rue Saint-Pol, près de la porte Saint-Antoine. Il doit s'y trouver.

— Merci, mon père. Vous m'enlevez une épine du cœur.

Il s'inclina pour prendre congé. Le curé ajouta avec un doux sourire :

— Si vous avez la moindre difficulté durant votre séjour à Paris, je demeure à votre service.

Nouveaux remerciements. Pétrarque s'en alla.

Se souvenant du quartier Saint-Antoine, il y conduisit sa petite troupe, ayant cependant du mal à reconnaître certaines rues de la capitale. Il se remémorait une ville fort bruyante et animée et retrouvait une cité triste et appauvrie, avec nombre de boutiques fermées. Mais la situation avait ses avantages, car les rues étaient moins encombrées. À cinq pour conduire sept chevaux en longe, il leur était difficile de rester groupés. Theodoro et Chiaro étaient les seuls hommes d'armes, si des gens s'en étaient pris à eux ils auraient eu grand-peine à leur résister.

Dans la rue de l'Aigle, Pétrarque interrogea plusieurs personnes pour se faire indiquer la demeure du dauphin. En fin de compte, un gamin les guida, expliquant qu'il s'agissait de l'ancien hôtel du comte d'Étampes.

Le bâtiment possédait une grande cour et un jardin agrémenté d'une fontaine, ce jour-là couverte de neige. Une garde de sergents et d'archers aux cottes armoriées du lion normand les laissa pénétrer dans ce préau tandis qu'un écuyer se rendait à l'intérieur de l'hôtel prévenir le chambellan de service.

Pétrarque avait donné son nom, présenté le sauf-conduit paraphé par le cardinal de Boulogne. Le document produisit son effet : ils n'eurent pas à attendre. L'écuyer reparut très vite sur le perron et proposa aux voyageurs de le suivre dans une antichambre.

Raffaello accompagna le poète après avoir demandé

aux palefreniers venus s'occuper de leurs chevaux d'attendre son retour avant de les conduire dans une écurie.

Alors que Chiaro, Bonaccorso et Albizzo demeuraient près des bêtes, Pétrarque et Raffaello se retrouvèrent avec l'écuyer dans une pièce qu'ils examinèrent avec curiosité. Ce n'était qu'une antichambre précédant un bel escalier, mais elle était magnifiquement décorée de tapisseries représentant des scènes champêtres. Sur un côté trônait une statue en bois peinte de sainte Anne tenant sa fille dans ses bras. La future grand-mère de Jésus était représentée dans sa jeunesse, un visage fin au teint clair, un front haut et un nez un peu long. Elle portait une coiffe de dentelle et des perles serraient sa courte chevelure blonde. Son regard attentif et ses lèvres fines inspiraient le respect et même une ombre de crainte.

Soudain, une portière s'écarta et une jeune fille parut, qui demeura interloquée devant les deux inconnus, dont l'un portait armure.

Quant à Raffaello, il sembla se pétrifier sur place. La jouvencelle ressemblait trait pour trait à la sainte statufiée.

— Pardonnez-moi, mes seigneurs. J'avais entendu du bruit et je croyais qu'il s'agissait de mes cousins, dit-elle d'une voix ferme.

Raffaello s'abîma dans la plus profonde révérence qu'il connaissait et balbutia quelques mots inaudibles, tandis que Pétrarque s'inclinait courtoisement, mais sans plus, d'après sa simple vêture et son absence de bijoux la bachelette n'étant vraisemblablement qu'une domestique. Il avait cependant remarqué la ressemblance entre sainte Anne et la meschinette, et s'apprêtait à en plaisanter lorsque deux hommes arrivèrent par l'escalier.

Le plus jeune, de petite taille mais à l'allure souple et vigoureuse, portait un hérigaut fourré sans manches, sur un justaucorps en soie amarante serré autour des reins par un large baudrier en peau de cerf soutenant une épée d'estoc dans un précieux fourrel ouvragé. Coiffé d'un chaperon noir à longue cornette entourée autour de son cou, il affichait l'expression autoritaire qu'ont souvent les petits qui craignent le dédain des plus grands, tempérée toutefois par une évidente curiosité.

Le plus âgé, la cinquantaine, en coule noire avec chasuble et chaperon vert sombre qui laissait paraître sa blanche chevelure, regarda successivement les deux visiteurs. L'écuyer annonça avec un ample geste de la main :

— Messire Jean de Dormans, chancelier de monseigneur le duc de Normandie.

Il venait de désigner l'homme en coule noire et ajouta en montrant le second personnage :

— Messire Philippe des Essars, chambellan de monseigneur le duc.

Avec un sourire cordial, Dormans tendit les bras pour accoler le poète en déclarant :

— Maître Pétrarque, je présume…

Les deux hommes s'enlacèrent.

— Comment saviez-vous que Pétrarque n'était pas mon compagnon ? plaisanta le poète.

— J'ai eu l'occasion de voir un portrait de vous quand vous étiez à Avignon, répondit Dormans avec un ris amusé.

Il se tut un instant, recula d'un pas et, avec une expression ironique car la confusion du jeune Italien ne lui avait pas échappé, poursuivit en le regardant :

— Quant à cette jouvencelle dont vous venez de

faire la connaissance, elle se prénomme Clémence et joue de la harpe pour monseigneur.

— Pardonnez-moi, messires, fit la jeune fille d'un ton nullement contrit, j'attendais mes cousins pour préparer une aubade avec eux et j'ai cru qu'ils arrivaient.

— Ses cousins et elle forment la Bonne Compagnie. La troupe de ménestrels de monseigneur, précisa Dormans avec affabilité.

Il s'adressa à elle :

— Vous pouvez nous laisser maintenant, gentille Clémence.

Elle eut un ultime regard vers les visiteurs, comme si elle voulait ancrer leurs visages dans sa mémoire, puis s'inclina et repartit vers la pièce d'où elle était sortie. Raffaello demeurait bouche entrouverte, l'esprit en désordre à cause de ce qu'il ressentait.

Pétrarque n'y prêta pas attention et déclara en le désignant :

— Ce damoiseau est messire Raffaello de Buondelmonti, écuyer de messire da Sangallo qui nous a conduits jusqu'ici, mais qui, en ce moment, pourchasse des gens qui nous ont agressés.

Dormans fronça les sourcils et son visage s'assombrit, tandis que des Essars demeurait coi de saisissement.

— Vous allez me raconter cela, décida le chancelier. Monseigneur ne peut vous recevoir, car il chasse à Vincennes mais, dès son retour, ce soir, vous le rencontrerez.

— Mes gens sont fatigués, messire. Et j'ai avec moi des bagages importants.

— Bien sûr ! J'étais persuadé qu'après avoir vu le roi, vous viendriez ici. Aussi ai-je demandé à l'intendant de vous faire préparer des appartements au deuxième étage. Vous disposerez de deux chambres. On y déposera votre équipage.

Il s'adressa à Pépin des Essars :

— Demandez que l'on porte les affaires de nos visiteurs dans le logis dont l'intendant nous a parlé.

— Je n'ai pas encore rencontré le roi, messire. Notre voyage s'est mal passé, comme je viens de vous le dire, et nous avons perdu la plus grande partie de notre escorte. J'espère que messire da Sangallo nous rejoindra vite.

— Venez ! intima Dormans.

Tandis que Pépin des Essars sortait avec Raffaello, qui ne voulait pas quitter les bagages, Pétrarque suivit le chancelier à l'étage, puis dans une galerie en angle jusqu'à une chambre de parement. Deux valets attendaient. Dormans leur demanda d'apporter vin et collation et fit asseoir le poète sur une banquette tapissée. Lui-même demeura debout.

— J'étais le négociateur du traité de Brétigny, maître Pétrarque. Monseigneur de Boulogne m'a tenu informé de votre venue en France, et de ce que vous apportez de la part de messire Visconti.

— Nos coffres ont été volés, messire.

Le gentilhomme qui se trouvait avec le curé Jean de Saint-Leu quand il avait reçu Pétrarque et son compagnon était son frère Guillaume. Tous deux avaient obtenu rémission du roi de France pour avoir comploté avec le comte d'Évreux. C'était dans cette même maison qu'ils réunissaient les Picquigny, Jean de Ham, Jean de Fricamp et Jean de Sault, le Bascon de Mareuil. Étienne Marcel les y avait retrouvés plusieurs fois avec ses proches, jusqu'à sa rupture avec le cousin du dauphin.

Les Saint-Leu faisaient partie des trois cents partisans pardonnés. Et, comme Jean de Ham, ils étaient restés fidèles au roi de Navarre.

— Pars tout de suite pour Mantes, Guillaume, et préviens monseigneur de ce que tu as entendu.

45

Route de Mantes, vendredi 1er janvier 1361

Avant de quitter le lieu de l'embusque, Sangallo avait proposé aux Français de choisir ce qu'ils désiraient parmi les armes, harnois et vêtements ayant appartenu aux Navarrais. Il y avait, entre autres, des dagues et des couteaux ciselés, de belles épées allemandes, des heaumes à visière, des gantelets, des genouillères et de riches manteaux. Ugolino et Francesco gardèrent ce que du Guesclin et Perrin ne voulaient pas et Pietro conserva pour lui toutes les bourses et les bijoux, Picquigny et un autre chevalier portant bagues et bracelets.

Ils laissèrent les vivants dans la neige, presque nus. Aux bons soins des loups et des corbeaux.

Ce n'était pas seulement pour châtier leurs agresseurs qu'ils avaient agi ainsi, mais aussi pour les humilier. Un coupable de vol devait être dépouillé de la vêture qui exprimait sa condition. Enlever ses armes et ses vêtements à un gentilhomme revenait à le chasser d'un état dont il n'était plus jugé digne.

Du Guesclin avait décidé de passer une nouvelle nuit à l'auberge du *Grand Cerf*, mais Sangallo voulait retrouver Pétrarque et ses gens le plus vite possible. Après des adieux au cours desquels ils promirent de se revoir tout en sachant la chose difficile, puisque Perrin de Viviers était banni de la capitale, les Italiens prirent la route.

Au moment du départ, Perrin confia à Pietro que, s'il avait la moindre difficulté, il devait se rendre chez Nicolas de La Courtneuve, dont il lui donna l'adresse et le moyen d'être reçu. La Courtneuve était son meilleur ami, et un proche d'Étienne Marcel.

Comme le leur avait conseillé Perrin de Viviers, les Italiens firent halte à Chastres[1], petit bourg fortifié qui possédait un hôtel-Dieu recevant les voyageurs. Ils arrivèrent le lendemain, en fin d'après-midi, à Fontainebleau. Se rendirent aussitôt au couvent des Trinitaires où ils apprirent que maître Pétrarque avait quitté le bourg deux jours auparavant.

Pietro demeura interloqué. Il se savait en retard puisqu'il avait promis de revenir avant trois jours, mais le poète aurait dû l'attendre au moins jusqu'à la veille. Pressé de questions, le prieur lui apprit que Giuseppe était à l'hôpital, agonisant, que deux Milanais séjournaient avec un autre blessé, sans doute Niccolo, à *L'Écu de France* – l'une des quatre ou cinq hôtelleries du bourg royal – et que messire Luchino d'Este avait été emmené par son frère malgré son état pitoyable. Ce dernier était persuadé qu'un chirurgien parisien pourrait sauver son aîné.

Sangallo se rendit au chevet de Giuseppe mais ne put rien pour lui. Il repartit avec chevaux et bagages pour l'auberge.

1. Arpajon.

À *L'Écu de France*, les trois hommes découvrirent Cionne, Maccio et Niccolo dans la salle, à l'écart des autres clients, assis sur des rondins de tronc.

Les gardes milanais, qui ne parlaient pas le français, furent visiblement soulagés en entendant leur maître les interpeller. Ils se dressèrent aussitôt comme des diables dans un bénitier et se précipitèrent vers lui.

En quelques mots, Pietro leur annonça en toscan avoir retrouvé et châtié les voleurs. Puis il leur demanda pourquoi maître Pétrarque était parti si vite.

Cionne lui remit la lettre qu'avait laissée le poète. Il allait se lancer dans des explications quand Pietro se rendit compte que leur discussion semblait intéresser des clients en surcotte à fleurs de lys. Craignant que ceux-là ne comprennent la langue de Florence, il proposa à ses compagnons de se retrouver dans leur chambre.

— Nous logeons dans un dortoir, seigneur. Mieux vaut aller dehors.

— N'y a-t-il point de chambre dans cette hôtellerie ? s'étonna le capitaine florentin.

— Si, seigneur, nous allons vous expliquer. Mais lisez d'abord.

Le Florentin brisa le cachet aux armes de Pétrarque et parcourut le texte, qu'il relut une seconde fois, fort contrarié.

Après quoi, ils sortirent. Dans la ruelle boueuse, ils s'installèrent sous un colombage et Cionne raconta :

— C'est messire Theodoro d'Este qui a exigé de partir, seigneur. Il assurait que son frère était au plus mal, qu'il trépasserait s'il restait ici, qu'il lui fallait les soins d'un médecin. Il y a eu querelle et coups échangés avec votre écuyer quand messire d'Este vous a accusé…

Il n'osa poursuivre.

— Accusé de quoi ?

— Pardonnez-moi, seigneur… D'être complice des gens de Navarre… Nous avons empêché messire de Buondelmonti de tuer messire d'Este.

Pietro hocha lentement la tête. Ce petit scorpion était encore plus redoutable qu'il ne le craignait.

— Maître Pétrarque a finalement cédé, sinon messire Theodoro serait parti seul, fit Maccio en se grattant la barbe. Il nous a demandé de vous attendre au moins une semaine et nous a laissé quelques gros. Seulement, ne parlant pas la langue, on s'est fait voler par des gens de l'hôtellerie qui nous ont proposé de jouer aux dés. La partie était pipée et on a perdu presque tout ce qu'on avait. On misait des deniers et, après avoir perdu, les Français nous ont dit que les mises étaient en écus.

— Quand on s'est rendu compte de la tricherie, on s'est querellés mais des compères se sont joints à nos voleurs, ajouta Cionne. On se serait quand même battus s'ils n'avaient pas porté des jaquettes fleurdelisées. Ces gens du roi pouvaient nous faire saisir, et même nous faire pendre.

— Vous êtes des sots et méritez votre sort ! Quand on est dans un pays inconnu dont on ne connaît pas la langue, on ne joue pas ! les réprimanda Sangallo. J'espère que vous retiendrez la leçon. Mais pourquoi avez-vous quitté votre chambre ? Maître Pétrarque ne l'avait-il pas payée ?

— Elle était payée, seigneur, mais on n'avait plus d'argent pour manger, déclara Maccio, à la fois désespéré et soulagé. L'aubergiste a accepté de nous donner de la soupe s'il reprenait la chambre et la louait à d'autres clients. Et si vous n'étiez pas arrivé, dans quelques jours il nous aurait mis dehors. Nous hésitions à vendre une partie de nos armes. Dieu soit loué, vous êtes là.

Pietro s'adressa à Niccolo :

— Et toi, dans quel état es-tu ?

— Je peux voyager, seigneur. Hélas, Giuseppe ne retrouvera jamais l'Italie.

— Je sais… Je l'ai vu.

Il retint de se mordre les lèvres. Combien d'hommes avait-il perdus depuis Milan ? Il préférait ne pas compter et se dit qu'il avait de rudes comptes à régler avec le roi de Navarre. En attendant, il lui fallait passer sa colère sur quelqu'un. Sur des marauds à cottes fleurdelisées, par exemple.

— Ceux qui vous ont volés sont-ils là ?

Il montra l'auberge.

— Oui, seigneur. Ce sont ceux qui étaient attablés.

— Allons-y !

Ils revinrent dans l'hôtellerie. Sept ou huit soldeniers en casaque bleue jouaient aux dés. Ils s'interrompirent en voyant les Italiens rentrer et échangèrent regards et coups de coudes.

— Montre-moi tes voleurs, ordonna Sangallo à Cionne.

— Lui nous a presque tout pris !

Il désigna un colosse bedonnant à moitié chauve, avec des oreilles en feuille de chou d'où sortaient d'énormes touffes de poils noirs. Pietro remarqua ses mains, larges et noueuses comme celles d'un tailleur de pierre.

— Combien vous a-t-il volé ? demanda-t-il en français.

— Tout ce qu'on avait gagné en vendant le butin pris aux chevaliers, seigneur. Pour moi, cinquante écus et une dizaine de gros que m'avait laissés maître Pétrarque. Maccio, lui, a perdu onze écus d'or.

Les entendant parler ainsi, les soldeniers les regardaient, intrigués mais absolument pas inquiets. Ils se savaient intouchables.

— Toi, le gros porc, tu me dois soixante écus. Je vais déjà prendre tout ce que tu as, articula lentement le capitaine de la milice de Florence en s'approchant du colosse.

En soulevant sa grosse lèvre supérieure, dévoilant une canine brisée et d'autres dents gâtées, le géant se permit un ricanement ressemblant à un caquètement de poule, qui fit rire ses compagnons. Il se leva en appuyant ses mains sur la table et en roulant les épaules.

— Tu sais à qui tu parles ?

— À un gros porc. Tu vois mon servant, Francesco ?

Sangallo le désigna du doigt.

— D'un geste, il plantera son marteau dans ton crâne si tu ne me rends pas l'argent de mes hommes.

Le colosse tenta de dégainer son épée, mais le poing de Sangallo, qui portait un gantelet de mailles, s'écrasa sur son groin. Lèvres et nez éclatèrent. La canine tomba, pleine de sang, sur la paille répandue au sol.

Les compagnons du sergent royal se dressèrent pour tirer épées, mais trop tard aussi. Les Italiens pointaient déjà les leurs sur leurs torses.

Le colosse chancela, visage en sang. Sangallo lui donna un autre coup dans le ventre et, comme l'homme se pliait en deux de douleur, il frappa sa nuque de ses deux mains serrées.

Le garde s'écroula.

— Tous à genoux ! ordonna Sangallo.

Les compères hésitèrent mais, devant l'inquiétant sourire de Francesco qui, outre son épée, tenait un marteau à pointe de son autre main, ils laissèrent tomber leurs lames les unes après les autres.

Dans la salle, plus personne ne bronchait.

— Cionne, prends l'escarcelle du porc.

Le Milanais s'exécuta. Il trancha les cordons de la poche de cuir, l'ouvrit et la vida sur la table.

Parmi beaucoup de pièces d'or, il reconnut les siennes, remit tout dans la bourse et la donna à son seigneur.

— Les autres vous ont-ils aussi volés ?

— Lui et lui, accusa Maccio en désignant deux hommes.

— Vos bourses ! exigea Pietro.

— On n'a rien volé, seigneur, protesta l'un des mis en cause.

— Vos bourses, ou je coupe vos oreilles et vous les fais manger !

Tous deux détachèrent leur escarcelle, dont Maccio s'empara.

Sangallo fit quelques pas vers l'aubergiste qui s'était approché, sidéré qu'on s'en prenne aux soldeniers du roi.

— Nous serons trois de plus dans la chambre de mes serviteurs.

Il lui remit deux gros.

— Allez changer les draps, secouer le tapis, et portez-nous à boire et à manger ! ordonna-t-il.

— Oui, messire… balbutia l'hôtelier.

— Tout est arrangé.

Il s'adressa alors aux comparses de celui qui gisait par terre :

— Dites au gros porc de ne pas insister. S'il veut la bagarre, je lui couperai les pieds, en plus des oreilles. D'ailleurs les siennes sont trop grosses. Conduis-nous à ta chambre, Cionne !

Un peu plus tard, ils étaient tous les cinq installés avec chacun un hanap de vin clairet. Un plat de saucisses ne contenant plus grand-chose – tout ayant été dévoré – trônait sur un tabouret. Maccio et Francesco étaient allés chercher les chevaux qui se trouvaient maintenant dans l'écurie de l'hôtellerie, et des valets avaient apporté les bagages.

Sangallo et Ugolino avaient raconté leur expédition à Versailles, et Cionne et Maccio, narré ce qui s'était passé à Fontainebleau. Quant à Giuseppe, l'infirmier de l'hôpital avait confirmé qu'il n'y avait plus d'espoir pour lui. Pietro irait le voir un peu plus tard et laisserait les sommes nécessaires à son inhumation. Il paierait aussi plusieurs messes pour les morts.

Brusquement, la porte s'ouvrit.

Un homme fervêtu entra avec un air mauvais, l'épée à la main. Derrière lui, des arbalétriers.

Ceux-là comptaient bénéficier de l'effet de surprise, mais Pietro avait anticipé leur visite. Leurs propres arbalètes se trouvaient à portée de main. À l'instant où l'huis s'ouvrit, ils s'en étaient saisis et les pointaient sur les intrus.

— Lâchez tous vos armes ! ordonna Sangallo.

Ne s'attendant pas à pareille réception, les nouveaux venus ne surent comment réagir. Leur chef demeura un instant stupéfait avant de déclarer d'un ton incertain :

— Je suis le lieutenant de la châtellenie. Envisagez-vous de vous opposer à l'autorité du roi ?

— Je suis le capitaine de l'ambassade du seigneur de Milan auprès du roi de France. Le fils du seigneur de Milan vient d'épouser la princesse Isabelle. Si vous me causez du tort, vous en causez au seigneur de Milan, à sa fille et à votre roi.

L'autre demeura bouche bée, incapable de répondre à pareille déclaration.

— Pour votre gouverne, nous avons déjà subi

toutes sortes d'agressions. La vôtre en serait-elle une nouvelle ? J'arrive de Versailles où j'ai rattrapé des serviteurs du roi de Navarre qui s'en sont pris, voici quelques jours, à l'ambassadeur du seigneur de Milan, tuant plusieurs de nos gens dans les terres de votre châtellenie. J'ai fait justice à votre place. Le roi l'apprendra.

— Vous avez occis des gens du comte d'Évreux ?

— Cinq ou six de ses chevaliers, et j'ai repris ce qu'ils avaient volé. Maintenant, j'arrive à Fontainebleau et j'apprends que vos gens viennent de voler les miens. Votre bourg est-il aux mains de marauds ?

— Je crois être loyal sujet et gentil lieutenant. Je vous interdis ces reproches !

— Entendu ! Demandons au Seigneur de juger. Je vois derrière vous le voleur que j'ai corrigé. Il semble n'avoir rien compris. Descendons dans la cour et réglons cette querelle dans une joute de gentilshommes. Vous contre moi, le maraud contre mon homme. À l'épée et à la hache.

Devant ces rudes paroles, le lieutenant parut démonté. Il n'avait aucun désir de se battre, de prendre le risque d'être vaincu ou blessé, et dans tous les cas de recevoir des remontrances royales qui pouvaient le conduire au gibet.

— J'ignorais tout cela, messire, dit-il après un silence. Thibaud, as-tu volé ces étrangers ? questionna-t-il en s'adressant au colosse.

Le sergent aux grandes oreilles ouvrit sa bouche édentée avant de finalement baisser la tête. Il aurait donné n'importe quoi pour être ailleurs.

— Thibaud sera puni pour ses agissements, décida le lieutenant.

Il s'inclina avant d'annoncer à ses hommes :
— On s'en va, vous autres.

Milanais et Florentins partirent le lendemain, dimanche, à l'aurore et chevauchèrent toute la journée. Ils s'égarèrent plusieurs fois mais arrivèrent tout de même à Paris avant la fermeture de la porte Saint-Jacques.

Alors qu'ils pénétraient sous la voûte en arc brisé, un passage encadré par deux grosses tours rondes crénelées, ils furent arrêtés par des sergents en casaque fleurdelisée.

— Mon nom est Pietro da Sangallo, leur déclara le Florentin du haut de sa monture. J'arrive de Milan. Je suis le capitaine de l'escorte de l'ambassadeur Francesco Pétrarque qui a dû franchir cette porte hier ou avant-hier pour aller rencontrer votre roi. À la suite d'une attaque de routiers, nous avons été séparés.

— Avez-vous un sauf-conduit ou une sauvegarde, messire ? demanda l'un des sergents.

Pietro écarta son manteau, ouvrit l'escarcelle à sa taille et en tira le laissez-passer du cardinal de Bourgogne qu'il tendit à son interlocuteur.

L'homme le prit, le déplia et le parcourut trop vite pour le lire réellement.

— Laissez vos montures, messire, décida-t-il. Je vais avertir mon capitaine, qui voudra vous poser des questions.

— N'est-il pas écrit sur ce document donné par le cardinal de Boulogne : « Nous vous mandons et enjoignons expressément de laisser librement et sûrement passer et séjourner le porteur du présent passeport » ?

— Sans doute, messire, mais notre capitaine a des ordres du roi.

Sangallo soupira, comprenant l'inutilité de protester

auprès d'un sergent. Mais il ne s'en priverait pas avec le capitaine.

Il ressentit toutefois un certain malaise en mettant pied à terre, car il surprit des regards singuliers chez les gardes qui les entouraient. Il chassa cependant cette impression de son esprit. Qu'avait-il à craindre à Paris où Pétrarque l'attendait auprès du roi ?

— Que vos gens laissent leurs chevaux, ajouta le sergent. Les palefreniers de l'écurie s'occuperont d'eux pendant que vous rencontrerez le capitaine.

Sangallo souhaitait partir sans tarder. Mais il ignorait où se trouvait le roi. De plus, les destriers étaient fatigués après la longue course depuis Fontainebleau. Les soigner et les abreuver ne leur ferait pas de mal. Par ailleurs, le capitaine de la porte pourrait lui fournir de précieux renseignements sur la situation à Paris.

— Descendez de selle, ordonna-t-il à ses compagnons, mais restez près des bagages.

Le sergent avait ouvert une porte située du côté gauche et pénétré dans l'une des tours.

— Soyez sans crainte, vos biens et vos chevaux seront en sûreté et bien gardés, promit un autre sergent, tandis que trois valets se saisissaient des brides des destriers.

— Ugolino, Francesco, accompagnez-les, et revenez me prévenir si quelque chose vous déplaît, dit Sangallo en toscan.

Bêtes et hommes sortirent de la porte fortifiée, le sergent d'armes reparut.

— Le capitaine vous attend, dit-il.

Il désigna la porte à main droite.

— Pourquoi la porte opposée ? s'interrogea le Florentin.

— Le capitaine se trouve à l'étage, dans la salle des

mécanismes de la herse, fit-il en montrant la voûte. Il va descendre dans cette salle.

— Cionne, va chercher Ugolino et Francesco, décida Sangallo, tout d'un coup suspicieux.

Le Milanais s'éloigna et revint presque aussitôt, car les Florentins arrivaient.

— Les chevaux sont dans l'écurie, seigneur, dit Ugolino. Personne ne touchera à nos bagages.

— Bien.

Ils entrèrent dans la tour mais, à peine se trouvèrent-ils à l'intérieur que la porte se referma derrière eux et qu'ils entendirent une clef tourner dans la serrure.

Immédiatement, Pietro tenta de l'ouvrir. En vain. L'huis était verrouillé.

Avisant un escalier, Ugolino s'y était précipité. Hélas, la porte du haut était également close.

— Nous sommes prisonniers ! ragea Pietro qui comprit enfin qu'on les avait piégés.

— Pourquoi, seigneur ? Pourquoi nous enfermer ? demanda Cionne.

Sans répondre, le Florentin alla à l'huis et frappa le bois ferré de la garde de son épée.

— Ouvrez-nous !

Pas de réponse.

— Nous allons briser vos portes ! hurla-t-il.

— N'essayez pas ! répondit une voix, car nous serions obligés de vous occire.

— Pourquoi ? Qu'avez-vous contre moi ? Le roi vous punira !

— Vous êtes saisis sur ordre de Sa Majesté. Messire Jean le Bâcle, garde de la prévôté de Paris, va venir vous interroger. Un jour ou l'autre. Peut-être jamais…

La suite de ce roman s'intitule

LES ASSASSINS
D'ÉTIENNE MARCEL

VRAI ET FAUX

Ce livre est un roman d'imagination et nous avons pris quelques libertés avec la vérité historique. Néanmoins, le voyage de Pétrarque en France, pour apporter les fameuses bagues offertes par Galéas Visconti à la suite du mariage de la fille de Jean le Bon avec son fils, a vraiment eu lieu. Transportait-il à cette occasion une partie des six cent mille florins ? On ne sait, car on ignore comment la somme a été portée en France.

Nous sommes restés très près de la vérité quant aux relations entre le dauphin, Charles de Navarre et Étienne Marcel. En particulier, il y a bien eu une négociation entre le dauphin et des proches de Marcel juste avant l'assassinat du prévôt des marchands.

Concernant la mort de ce dernier, il existe plusieurs versions, parfois assez différentes. Nous avons retenu l'une d'elles.

Sur les causes de l'assassinat du prévôt des marchands, le lecteur en saura plus dans le second tome de ce roman.

C'est le fils de Jean de Picquigny qui sera capitaine d'Ivry, et non Philippe de Picquigny.

Les Picquigny, le Bascon de Mareuil et Friquet sont des personnages authentiques.

Au siège de Melun, le Bascon a bien poussé du Guesclin depuis la courtine où il venait de prendre pied, et l'a fait tomber dans le fossé où il a failli se noyer.

Guiot du Pin sera décapité à Chalon-sur-Saône en octobre 1364 pour avoir pillé et rançonné.

Quant à Arnaud de Cervole, nous avons respecté sa biographie, même s'il ne se trouvait pas au château d'Arnay au moment de notre histoire. Mais il est à noter que, depuis la fin de l'année 1359 jusqu'au commencement de l'année 1361, sa vie demeure inconnue.

BIBLIOGRAPHIE

AVOUT, Jacques d', *Le Meurtre d'Étienne Marcel*, Gallimard, 1960.

BALLE, François, *La Gestion des compagnies marchandes en Italie centre-nord au début du XIIIe siècle*, Université de Lyon, 2018.

BARBEU du ROCHER, Alfred, *Ambassade de Pétrarque auprès du roi Jean le Bon*, Mémoires présentés par divers savants étrangers à l'Académie, 1854.

BEAUJOINT, Jules, *Histoire de l'hôtel de ville de Paris. Grandeurs et misères du peuple depuis Étienne Marcel jusqu'à la Commune de 1870*, Fayard, 1882.

BORDONOVE, Georges, *Charles V le Sage*, Pygmalion, 1985.

BOUTIER, Jean et SINTOMER, Yves, « La République de Florence (XIIe-XVIe siècle) », *Revue française de science politique*, 2014.

BOVE, Boris, *Alliance ou défiance ? Les ambiguïtés de la politique des Capétiens envers leur capitale, XIIe-XVIIe siècle*, Persée, consultable en ligne, 2005.

BRAY, Albert, « Les origines de Fontainebleau. Fontainebleau avant François Ier », *Bulletin monumental*, 1935.

CALMETTE, Joseph, *Charles V*, Tallandier, 1979.

CAZELLES, Raymond, « Étienne Marcel au sein de la haute bourgeoisie d'affaires », *Journal des savants*, 1965.

—, *Étienne Marcel. La révolte de Paris*, Tallandier 2006.

CHAREYRON, Nicole, *Crimes et châtiments dans la Chronique de Jean le Bel*, Presses universitaires de Provence, 1994.

CHARRON, Philippe, « Un hôtel royal et ses dignitaires au XIVe siècle. L'exemple de l'hôtel de Charles II roi de Navarre », *Revue historique*, 2013.

CHÉREST, Aimé, *L'Archiprêtre, Arnaud de Cervole*, Claudin, 1879.

CONTAMINE, Philippe, *Les Compagnies d'aventure en France pendant la guerre de Cent Ans*, Mélanges de l'école française de Rome, 1975.

—, *Guerre, État et société à la fin du Moyen Âge. Deuxième partie. L'armée de la reconquête (1369-1380)*, École des hautes études en sciences sociales, 2004.

COULET, Noël, *Les Hôtelleries en France et en Italie au Bas Moyen Âge. L'homme et la route*, Presses universitaires du Midi, 1982.

DAY, John, *La Circulation monétaire en Toscane en 1296*, Annales, 1968.

DELACHENAL, Roland, *Premières négociations de Charles le Mauvais avec les Anglais (1354-1355)*, Bibliothèque de l'École des Chartes, 1900.

DEMOTZ, Bernard, « L'État et le Château au Moyen Âge. L'exemple savoyard », *Journal des savants*, 1987.

DESCOMBES, Manon, *Les Enceintes de Chalon-sur-Saône*, Université Lumière Lyon 2.

DEVIOSSE, Jean, *Jean le Bon*, Fayard, 1985.

DOTTI, Ugo, *Pétrarque*, Fayard, 1991.

FRÉVILLE, Ernest de, *Des grandes compagnies au XIVe siècle. Prise de Vire en 1368*, Bibliothèque de l'École des Chartes, 1842.

FROISSART, Jean, *Chroniques*, texte établi par J. A. C. Buchon, 1835.

GRIMALDI-HIERHOLTZ, Roseline, *Les Religieux trinitaires du château de Fontainebleau*, Les cahiers de la SAMCF, 2011.

GROS-COLLOMB, Colette, *Florence en guerre au XIVe siècle. Villes en guerre, XIVe-XVe siècle*, Presses universitaires de Provence, 2008.

GUICHONNET, Paul, « Tracés et contextes de la traversée des Alpes au cours des siècles », *Revue de géographie alpine*, 2002.

HONORE-DUVERGE, Suzanne, *Des partisans de Charles le Mauvais. Les Picquigny*, Bibliothèque de l'École des Chartes, 1948.

JUGIE, Pierre, *L'Activité diplomatique du cardinal Gui de Boulogne en France au milieu du XIVe siècle*, Bibliothèque de l'École des Chartes, 1987.

LACABANE, Léon, *Mémoire sur la mort d'Étienne Marcel*, Bibliothèque de l'École des Chartes, 1840.

LEBER, Constant, *D'Arnaud de Cervole, Archiprêtre, chevalier et de ses relations avec les compagnies dites des routiers*, Histoire de l'Académie royale des inscriptions et belles-lettres, 1754.

LÉTHENET, Benoît, *Les Espions au Moyen Âge*, Université de Strasbourg.

MAQUET, Adrien, *Versailles aux temps féodaux*, recherches historiques et généalogiques sur la seigneurie, 1889.

MINOIS, Georges, *Poitiers*, Tallandier, 2014.

ONDE, Henri, « La route de Maurienne et du Cenis de

la fin du XVIIIe au milieu du XIXe siècle », *Revue de géographie alpine*, 1932.
PELLEGRIN, Élisabeth, *Portraits de Galéas II Visconti, seigneur de Milan*, Scriptorium, 1954.
PERRENS, François Tommy, *Étienne Marcel et le gouvernement de la bourgeoisie au XIVe siècle (1356-1358)*, Librairie de Louis Hachette, 1860.
PIETRI, François, *Chronique de Charles le Mauvais*, Berger Levrault, 1963.
POULAIN, Claude, *Étienne Marcel*, Denoël, 1994.
REDON, Bruno et LAURIOUX, Odile, *La Constitution d'une nouvelle catégorie culinaire ? Les pâtes dans les livres de cuisine italiens de la fin du Moyen Âge*, Médiévales, 1989.
RENOUARD, Yves, *Du nouveau sur les hommes d'affaires italiens du Moyen Âge*, Annales, 1952.
ROMAN, Jean, *Vie de Pétrarque*, Athénée de Vaucluse, 1804.
ROOVER, Raymond de, *Le Marché monétaire au Moyen Âge et au début des temps modernes*, Problèmes et méthodes, revue historique, 1970.
TRECCANI, *Dizionario-Biografico*, consultable en ligne.

REMERCIEMENTS

Tous mes remerciements à ma chère épouse pour le temps qu'elle a consacré à relire et à corriger ce roman.

Bien sûr, sans les pertinentes remarques et les talentueuses suggestions de Thierry Billard, le fantastique éditeur avec qui je travaille depuis tant d'années, et les adroites corrections d'Emmanuelle Coppeaux, ce livre aurait présenté d'innombrables défauts.

Ceux qui restent sont de ma faute.

Vous pouvez joindre l'auteur :
aillon@laposte.net
www.grand-chatelet.net

Du même auteur

Aux éditions Le Grand-Châtelet

La Devineresse
Nostradamus et le Dragon de Raphaël
Les Premières Enquêtes de Louis Fronsac
Le Mystère de la Chambre bleue
L'Enlèvement de Louis XIV
La Conjuration des Importants
L'Énigme du clos Mazarin
L'Exécuteur de la haute justice
Le Dernier Secret de Richelieu
Menaces sur le roi
Le Vol du Sancy
Guilhem d'Ussel dans la tourmente
L'Épouvantable Meurtre du marquis de Fors
Attentat à Aquae Sextiae
Le Complot des Sarmates
L'Archiprêtre et la Cité des Tours
Marius Granet et le trésor du Palais Comtal
Le Duc d'Otrante et les Compagnons du Soleil
La Vengeance du Baphomet
Sauver Marie Mancini

Aux éditions Flammarion

Le Secret de l'enclos du Temple
La Malédiction de la Galigaï
Dans les griffes de la Ligue
La Bête des Saints-Innocents
Rome, 1202
Rouen, 1203
Le Grand Arcane des rois de France
L'Évasion de Richard Cœur de Lion
Béziers, 1209

Aux éditions J'ai lu

Marseille, 1198
Paris, 1199

Londres, 1200
Montségur, 1201
La Vie de Louis Fronsac
Récits cruels et sanglants
Les Premières Enquêtes de Louis Fronsac

Aux Presses de la Cité

De taille et d'estoc
Férir ou périr
Les Collèges fantômes
La Quête du trésor du Temple
À lances et à pavois
Nostradamus et le dragon de Raphaël
Marius Granet et le trésor du Palais Comtal
Félonies et malaventures

Aux éditions Plon

Le Grand Incendie
Wartburg, 1210

Aux éditions Robert Laffont

La Rançon du roi Jean
Les Assassins d'Étienne Marcel
Cordoue, 1211

Aux éditions 10/18

Une étude en écarlate
Le Chien des Basqueville
La Ville de la peur
Les Exploits d'Edward Holmes
Le Pont de Montereau
Le Dernier Secret de Richelieu
Menaces sur le roi
La Danse macabre
La Maison de l'abbaye
Le Mystère de la Chambre bleue
L'Exécuteur de la haute justice

L'Énigme du clos Mazarin
L'Enlèvement de Louis XIV
Le Signe des Trois
L'Épouvantable Meurtre du marquis de Fors
La Vengeance du Baphomet
Nostradamus et le dragon de Raphaël
Marius Granet et le trésor du Palais Comtal
Le Rat géant de l'hôtel Saint-Pol
La Rançon du roi Jean
Les Assassins d'Étienne Marcel

Pour plus d'information :

#lisez engagé !

www.lisez.com

Imprimé sur du papier issu de forêts gérées durablement.

10/18 – 92 avenue de France, 75013 PARIS

Imprimé en France par
CPI Brodard & Taupin

N° d'impression : 3054971
X08281/01